suhrkamp taschenbuch
wissenschaft 1317

Eine soziologische Reflexion des Verhältnisses von Risiko und Gesellschaft hat erst vor wenigen Jahren eingesetzt. Seitdem vollzog sich ein bemerkenswerter Aufschwung der Risikosoziologie, die sich in der deutschsprachigen Literatur zunächst mit der Klärung ihres theoretischen Standorts beschäftigte. Eine theoretisch angeleitete, systematische Untersuchung ausgewählter Gegenstandsbereiche ist demgegenüber eher selten zu finden und bedarf noch erheblicher Forschungsanstrengungen. Dazu möchte dieser Band einen Beitrag leisten. Die hier versammelten Aufsätze konzentrieren sich auf den Gegenstandsbereich technisch-ökologischer Risiken, deren adäquate Bearbeitung ein weitgehend ungelöstes Problem darstellt. Sie verfolgen das Ziel, theoretische Einsichten der Risikosoziologie und konkrete Fragen der regulativen Bewältigung technisch-ökologischer Risiken zueinander in Beziehung zu setzen. Dabei werden sowohl unterschiedliche Regulierungsbereiche (Umwelt-Altlasten, Gentechnik, Klimawandel usw.) als auch unterschiedliche Regulierungsinstrumente (Grenzwerte, Mediationsverfahren, Versicherungen usw.) berücksichtigt. Mit dieser Ausrichtung wendet sich der Band nicht nur an ein soziologisches Fachpublikum, sondern auch an benachbarte Disziplinen, insbesondere die Politik- und Rechtswissenschaft, die sich ebenfalls mit Fragen der politischen Risikoregulierung beschäftigen. Bei allen in diesem Band enthaltenen Texten handelt es sich um Originalbeiträge, die aus Forschungszusammenhängen der Fakultät für Soziologie der Universität Bielefeld hervorgegangen sind.

Petra Hiller und Georg Krücken arbeiten als wissenschaftliche Mitarbeiter an der Fakultät für Soziologie der Universität Bielefeld.

Risiko und Regulierung

Soziologische Beiträge zu Technikkontrolle und präventiver Umweltpolitik

Herausgegeben von Petra Hiller
und Georg Krücken

Suhrkamp

Die Deutsche Bibliothek – CIP-Einheitsaufnahme
Risiko und Regulierung :
soziologische Beiträge zu Technikkontrolle
und präventiver Umweltpolitik /
hrsg. von Petra Hiller und Georg Krücken. –
1. Aufl. – Frankfurt am Main : Suhrkamp, 1997
(Suhrkamp-Taschenbuch Wissenschaft ; 1317)
ISBN 3-518-28917-9
NE: Hiller, Petra [Hrsg.]; GT

suhrkamp taschenbuch wissenschaft 1317
Erste Auflage 1997

Druck: Wagner GmbH, Nördlingen
Printed in Germany
Umschlag nach Entwürfen von
Willy Fleckhaus und Rolf Staudt

1 2 3 4 5 6 – 02 01 00 99 98 97

Inhalt

III. Grenzen und Alternativen regulativer Politik

Einleitung

Unerwünschte Folgen des Technikeinsatzes und Schädigungen der natürlichen Umwelt sind und bleiben Gegenstand gesellschaftlicher Auseinandersetzungen. Trotz einer Intensivierung der sozialwissenschaftlichen Forschung seit Mitte der achtziger Jahre kann von einer systematischen Beschäftigung mit den Formen der politischen Risikoregulierung in der Bundesrepublik Deutschland kaum die Rede sein. Dies gilt in besonderer Weise für die Soziologie. Gleichzeitig vollzog sich in der deutschsprachigen Literatur ein bemerkenswerter Aufschwung theoretisch reflektierter Arbeiten zum Verhältnis von Risiko und Gesellschaft. Die Intention dieses Bandes ist es, den Ertrag dieser theoretischen Bemühungen aufzugreifen und den daraus hervorgegangenen *soziologischen Risikobegriff* zur Analyse *politischer Risikoregulierung* einzusetzen. Als Ausgangspunkt einer soziologischen Fassung des Risikobegriffs gilt die Unterscheidung von »Risiko« und »Gefahr«. So unterschiedliche Autoren wie Ulrich Beck und Niklas Luhmann stimmen darin überein, *extern zugerechnete Gefahren* und *auf Entscheidungen zugerechnete Risiken* deutlich voneinander zu trennen. Damit lassen sich soziale Zurechnungsprozesse analysieren, in denen technisch-ökologische Risiken als Entscheidungsrisiken konstituiert und von fatalistisch hinzunehmenden Gefahren unterschieden werden.

Da das politisch-administrative System bei der gesellschaftlichen Bearbeitung technisch-ökologischer Risiken eine exponierte Stellung einnimmt, produziert es auch *politische Entscheidungsrisiken*, die sich nur begrenzt reduzieren lassen. An diese Ausgangsüberlegung knüpfen die einzelnen Beiträge des vorliegenden Bandes an. Der Band gliedert sich in drei Teile: Zuerst werden die spezifischen Risiken der Verwaltung im Umgang mit technisch-ökologischen Problemen herausgearbeitet. Die Beiträge befassen sich mit dem politisch-administrativen Implementationsprozeß und damit verbundenen Risikokonflikten im Technik- und Umweltbereich. Hieran schließen im zweiten Teil Fallstudien zu einzelnen Regulierungsfeldern an, die Formen der Konstituierung und Bewältigung politischer Entscheidungsrisiken behandeln. Die kritische Reflexion von Bedingungen politischer Risikoregulierung steht im Mittelpunkt des abschließenden dritten Teils. Hierbei werden nicht nur Grenzen, sondern auch Alternativen diskutiert. Damit ist der Bezugsrahmen abgesteckt, in dem sich die Beiträge dieses Bandes bewegen, die allesamt aus Forschungszusammenhängen der Fakultät für Soziologie der Universität Bielefeld hervorgegangen sind.

Hendrik Vollmer zeigt zu Beginn des ersten Teils am Beispiel eines Mediationsverfahrens, daß sich das Verwaltungshandeln auch in Risikokonflikten an Eigenrisiken orientiert. Das Verwaltungsrisiko besteht hierbei, so Vollmer, im Akzeptanzrisiko. Die Bewältigung dieses Risikos wird zunehmend problematisch und zieht alternative Formen der Konfliktvermittlung nach sich. Die häufig beklagte mangelnde Umsetzung rechtlicher Vorgaben durch die Verwaltung im Bereich der Technik- und Umweltregulierung bildet den Ausgangspunkt des Beitrags von *Klaus Dammann*. Mit der Unterscheidung von Vollzugsdefiziten und Vollzugsfehlern legt er einen neuen Ansatz zur soziologischen Analyse dieses Phänomens vor, der insbesondere die Bedeutung juristischer Risiken für das Verwaltungshandeln betont. Der Aufsatz von *Raimund Hasse* untersucht ebenfalls die spezifische Risikoorientierung von Regulierungsbehörden. Er zeigt am Beispiel der Implementation des deutschen Gentechnikgesetzes, in welcher Weise die administrative Risikoaversion beim Umgang mit der hochgradig politisierten Regulierungsmaterie »Gentechnik« eine rigide Regulierungspraxis im Vollzug erzeugen kann. An ihr bricht sich die sowohl bei Politikern als auch bei Adressaten des Gentechnikgesetzes vorherrschende Erwartung »kooperativen« Verwaltungshandelns.

Die Fallstudien im zweiten Teil erweitern den engeren Bereich des Verwaltungshandelns. Der Beitrag von *Anita Engels* und *Peter Weingart* rekonstruiert am Beispiel der Klimaproblematik den vor der Risikoregulierung stattfindenden Thematisierungs- und Definitionsprozeß, der in der Regel die Voraussetzung regulativer Eingriffe durch die Politik bildet. Hierbei wird insbesondere die Rolle der Wissenschaft bei der Konstituierung des globalen Klimawandels als politisches Entscheidungsproblem herausgearbeitet. *Georg Krücken* untersucht den von der soziologischen Risiko- und Regulierungsforschung bislang weitgehend ignorierten Bereich der Arzneimittelregulierung. Am Beispiel der Bundesrepublik Deutschland, Großbritanniens und der USA wird gezeigt, daß die Transformation von Arzneimittelgefahren in politische Entscheidungsrisiken je nach politisch-institutioneller Entscheidungsstruktur variiert und unterschiedliche regulative Optionen nach sich zieht. Mit einer Fallstudie zur Regulierung ökologischer Altlasten in den neuen Bundesländern geht *Petra Hiller* der Frage nach, welche Transformationsleistungen politisch-administrative Verhandlungssysteme bei der Risikoregulierung erbringen. Sie zeigt, daß Verlauf und Regulierungseffekte von Verhandlungssystemen davon abhängen, ob die beteiligten Akteure als Monoreferenten oder als Multireferenten agieren. *Adrienne Héritier* untersucht den interessanten Fall der Instrumentenwahl auf europäischer Ebene. Dabei wird deutlich, daß Umweltrisiken national differierenden gesellschaftlichen Definitionen und Wertungen unterliegen, was zur Bevorzugung unterschiedlicher Regulierungsformen führen kann. Am Beispiel der Luftreinhaltepolitik, die mit der Straßengüterverkehrspolitik verglichen wird, werden dann die konkreteren Stufen der nationalen Einflußnahme im Rahmen der Europäischen Union nachgezeichnet.

Der Beitrag von *Niklas Luhmann* eröffnet den abschließenden dritten Teil des vorliegenden Bandes. Er setzt sich kritisch mit dem Grenzwertkonzept in der Umweltpolitik auseinander. Grenzwerte stellen Luhmann zufolge eine Zwei-Seiten-Form der politischen Risikoregulierung dar. Indem Grenzwerte nur danach differenzieren, ob der festgesetzte Wert über- oder unterschritten wird, erlauben sie die systeminterne Prozessierung von Informationen im politischen System. Ihre externen Auswirkungen lassen sich solchermaßen allerdings nur begrenzt erfassen. *Klaus P. Japp* beschreibt mit den Mitteln der soziologischen Systemtheorie die Ausdifferenzierung regulativer Risikopolitik. Insbesondere am Beispiel der technischen Normung wird verdeutlicht, daß die Reduzierung von Unsicherheiten in komplexen Systemen der Risikoregulierung nur temporär gelingen kann. Dies wird darauf zurückgeführt, daß die hierfür notwendige Latenz der Kommunikation immer wieder aufgebrochen wird. Stellt gesellschaftliche Risikoübernahme eine langfristig zu Sicherheitsgewinnen führende Alternative zur politischen Gefahrenprävention dar? Diese provokante These Aaron Wildavskys wird in der Arbeit von *Dieter Kerwer* diskutiert. Seine kritische Analyse zeigt, daß Risikoübernahme und Gefahrenprävention keine sich wechselseitig ausschließenden, sondern zueinander komplementäre Strategieelemente im Umgang mit technisch-ökologischen Risiken sind. Der Schlußbeitrag von *Johannes F. K. Schmidt* untersucht am Beispiel des bundesdeutschen Haftungsgesetzes die Bedeutung von Gefährdungshaftung und Versicherung als vergleichsweise neuartige Instrumente der politischen Risikoregulierung. Sie gelten dem Autor als Bestandteile eines iterativen Prozesses der Risikoverschiebung zwischen Politik, Recht und Wirtschaft und werden kritisch auf ihre Leistungsfähigkeit hin überprüft.

Es mag vielleicht verwundern, daß die Beiträge des vorliegenden Sammelbandes durchgängig den Begriff der *Regulierung* verwenden, während Soziologinnen und Soziologen üblicherweise von *Steuerung* reden. Dem in internationalen Forschungskontexten gebräuchlicheren Regulierungsbegriff haben wir aus forschungspragmatischen Gründen den Vorzug gegeben. Zum einen ermöglicht er die Rezeption dieser Arbeiten, ohne die Hürde des Steuerungsbegriffs nehmen zu müssen. Zum anderen zeigt er an, daß wir den in der US-amerikanischen Tradition stehenden Forschungen wichtige Impulse zum Gegenstand »Risiko und Regulierung« verdanken.

Für praktische Hilfe bei der Erstellung des Buches danken wir Heike Scheidemann, Gabi Schulte und Dagmar Rüger.

Petra Hiller · Georg Krücken

Hendrik Vollmer
Zur Akzeptanzorientierung des Verwaltungshandelns in Risikokonflikten

1. Akzeptanzorientierung als Institution

Daß sich die öffentliche Verwaltung im Kontext sozialer Risikokonflikte stärker als vielleicht sonst an Akzeptanzchancen und Akzeptanzproblemen ihrer Entscheidungen orientieren muß, ist ein Allgemeinplatz der öffentlichen Risikodiskussion. Doch nicht nur »Umweltgruppen« und Parteipolitiker fordern akzeptanzorientiertes Entscheiden – auch die Verwaltung selbst begibt sich auf die Suche nach »Alternativen zum einseitig-hoheitlichen Verwaltungshandeln« (Kunig 1990; vgl. dazu auch Würtenberger 1993).

Versuche von Verwaltungsorganisationen, Akzeptanzanforderungen nachzukommen, können schließlich zu Situationen führen wie bei der Erstellung eines Abfallwirtschaftskonzeptes für den Kreis Neuss. Nachdem die dortige Kreisverwaltung für ihre Pläne bereits auf unterschiedlichen »naiven« Wegen (Fragebogenaktion, Informationsveranstaltung) Akzeptanz zu erzeugen versuchte – mit Resultaten, die »überwiegend Peinlichkeit« erregten (Fülgraff 1994, S. 35), war sie, auf Anregung von Sozialwissenschaftlern des Wissenschaftszentrums Berlin, letztlich bereit, einen »alternativen« Weg der Entscheidungsfindung zu beschreiten und ein Mediationsverfahren durchzuführen (vgl. Sapotnik/Christian 1993; Fietkau/Weidner 1994). Bei diesem in den USA und Japan überaus gängigen, in Deutschland jedoch zur damaligen Zeit noch weitgehend unerprobten Entscheidungstyp (vgl. Claus 1994, S. 91 ff.) werden die Konfliktparteien, hier also: Kreisverwaltung, politische Parteien, Bürgerinitiativen und Umweltgruppen, von einem neutralen Dritten – dem Mediator – zu Verhandlungen eingeladen (Fietkau/Weidner 1992; Dally/Fietkau/Weidner 1994; Claus/Wiedemann 1994). In Neuss sollte nun in einem Mediationsverfahren mit Beteiligung möglichst aller Konfliktparteien eine Entscheidung gefunden werden, von der man sich Akzeptanz versprach. Tatsächlich gab die Neusser

Kreisverwaltung ihre »Verfahrensherrschaft« (Hoffmann-Riem 1990b, S. 32) freiwillig an ein Entscheidungsgremium ab, dessen Entscheidungshandeln kaum abzusehen war.

Der Neusser Fall verdeutlicht, daß weder Annahmen über Notwendigkeit und Problemlösungsfähigkeit akzeptanzorientierten Verwaltungshandelns mit verwaltungsintern klar ausgearbeiteten Problemdefinitionen korrelieren noch Verwaltungsorganisationen wissen, auf welche Weise sie Akzeptanzanforderungen nachkommen könnten. So bleibt die Frage nach der Angemessenheit der im Akzeptanztopos zum Ausdruck kommenden Vorannahmen über das Verwaltungshandeln in Risikokonflikten: Weder kann als bekannt gelten, wie sich die Probleme des Verwaltungshandelns in Risikokonflikten angemessen beschreiben lassen, noch ist klar, welche Problemlösungsmöglichkeiten akzeptanzorientiertes Verwaltungshandeln bieten könnte.

Sucht man hier nach einem soziologischen Verständnis der Position der öffentlichen Verwaltung in Risikokonflikten, um daraus Rückschlüsse auf die Möglichkeiten administrativer Risikoregulierung ziehen zu können, so müßte man zumindest ansatzweise klären, was mit einer Akzeptanzorientierung des Verwaltungshandelns in Risikokonflikten überhaupt gemeint sein kann. Dann rücken die damit angesprochenen Entscheidungsprozesse der Verwaltung, Probleme des Entscheidungshandelns in Risikokonflikten, die Suche nach alternativen Entscheidungsformen und Anforderungen an Verwaltungsorganisationen bei der Durchführung administrativer Risikoregulierung ins Blickfeld.

2. Akzeptanzorientierung als Risikoorientierung

Das Akzeptanzthema begleitet von jeher das wissenschaftliche Interesse am Risikophänomen (vgl. Starr 1969). Dabei wird der Zusammenhang von Entscheidungsakzeptanz und Entscheidungsrisiko traditionell insoweit konkretisiert, als er sich in der gesellschaftlichen Problematisierung riskanter Entscheidungen niederschlägt. Auch die Wendung zu einem beobachtungsabhängigen Risikobegriff hat sich hinsichtlich des Akzeptanzthemas vor allem darauf konzentriert, wie Risikowahrnehmungen, die je nach Beobachter ganz unterschiedlich ausfallen können, die

Akzeptanz von Entscheidungen erschweren (zum Beispiel Luhmann 1990, S. 145 ff.).

Mit der These der Abhängigkeit jeder Risikodefinition von spezifischen Beobachtungsstandpunkten wird jedoch ebenso eine aus sich heraus schon besondere Relevanz einer bestimmten Risikodefinition unwahrscheinlich (vgl. Luhmann 1991, S. 128 ff.). Und als nichts anderes denn eine bestimmte Risikodefinition erscheint nun das Akzeptanzproblem: als Entscheidungsaspekt, der von kontingenten Risikodefinitionen abhängig bleibt; als Risiko der Nicht-Akzeptanz von Entscheidungen, das sich nur aus einer von vielen Beobachtungsperspektiven, aus einer von vielen Möglichkeiten der Entscheidungsinterpretation, zeigt. Akzeptanzorientierung kann dann nichts anderes bedeuten als die Orientierung am *Akzeptanzrisiko* einer Entscheidung (vgl. Lucke 1995, S. 100). Die Akzeptanzorientierung impliziert also eine besondere Form der Interpretation des Entscheidungsproblems: An der Entscheidung wird der Akzeptanzaspekt beobachtet, und dieser unterscheidet sich von anderen Entscheidungsaspekten und Risiken (zum Beispiel individuell krank machende Entscheidungsfolgen).[1]

Dieses besondere Interpretationswissen, das die *Akzeptanzorientierung als Risikoorientierung* auszeichnet, zeigt sich in seiner Eigenart weiterhin dadurch, daß Akzeptanzrisiken vom Typus *aktueller evolutionärer Risiken* abweichen. Deren Charakteristikum ist ein Mangel an historischen Erfahrungen; technisch-ökologische Risiken sind ihr Paradebeispiel (vgl. Krohn/Krükken 1993, S. 21 ff.). Ein Erfahrungsmangel trifft auf Akzeptanzrisiken nicht zu, denn diesbezügliches Interpretationswissen schöpft aus einer Tradition, die mindestens so alt ist wie der

1 Die Beobachterabhängigkeit kehrt nachfolgend als Wissensabhängigkeit wieder, die im Begriff des Interpretationswissens ihren Ausdruck findet. Dieser Begriff bezieht sich grob auf den Wissensbegriff in Anschluß an Berger/Luckmann (1980, S. 20 ff.), versucht aber, in der Betonung der Interpretationsleistung sozialen Wissens dessen dynamischen Charakter hervorzuheben. Hier ließe sich eine Brücke schlagen zu Erkenntnissen aus dem Zusammenhang des »cognitive turn«, was sowohl hinsichtlich des Risikobegriffs (zum Beispiel Jungermann/Slovic 1993) als auch der Einbeziehung neuerer organisationssoziologischer Theorieteile (siehe unten, Abschnitt 7.; Vollmer 1996b) von Vorteil sein sollte.

Legitimitätstopos. So stellt das Akzeptanzrisiko von Entscheidungen kein unbekanntes Risiko dar, sondern einen Aspekt von Entscheidungen, mit dem Verwaltungen umgehen müssen, seit es sie gibt.

Einerseits setzt die Akzeptanzorientierung des Verwaltungshandelns also eine *besondere* Risikoorientierung voraus, andererseits wäre jedoch nicht zu erwarten, daß Akzeptanzrisiken eine von der Entscheidungsroutine abweichende Orientierung des Verwaltungshandelns erforderten, da sie für die Verwaltung keine ungewöhnlichen oder neuartigen Probleme implizieren. Die Notwendigkeit einer gegenüber Normalbedingungen verstärkt erforderlichen Akzeptanzorientierung kann sich somit nur daraus ergeben, daß unter den besonderen Rahmenbedingungen gesellschaftlicher Risikokonflikte das Akzeptanzrisiko von Verwaltungsentscheidungen zu einem Problem wird, das die Verwaltung mit konventionellen Mitteln nicht in den Griff bekommt. Damit wird man auf die Entscheidungsprozesse der Verwaltung verwiesen, die ihr unter Normalbedingungen Akzeptanz gewährleisten und Akzeptanzorientierungen ersparen sollten.

3. Die Verfahrenspraxis der Akzeptanzbeschaffung

Diese Entscheidungsprozesse lassen sich zusammenfassend als Verfahrenspraxis des Verwaltungshandelns charakterisieren. Sie betreffen die verfahrensmäßige Einbindung von Verwaltungsentscheidungen in übergreifende politische und rechtliche Entscheidungspfade, aber auch das Entscheidungshandeln der Verwaltung selbst. Entscheidungsprozesse entlang institutionalisierter Verfahren sollten dort unter Normalbedingungen die routinemäßige Befreiung des Verwaltungshandelns von Akzeptanzproblemen garantieren (vgl. Luhmann 1983; Luhmann 1972, S. 259 ff.).

Verfahren erreichen dies durch die Institutionalisierung von Entscheidungsabläufen, die ein *gesellschaftliches Lernen von Entscheidungsakzeptanz* ermöglichen (Luhmann 1983, S. 33 ff.). Dazu stellen sie Fassungen von Entscheidungsproblemen her, die die Akzeptanz von Entscheidungen einschließen. Akzeptanzlernen bedeutet dann: Lernen der besonderen *Interpretation des Entscheidungsproblems*, die mit der jeweiligen Verfahrensfassung einer Entscheidung einhergeht.[2] Legitimität als institutionalisierte Akzeptanz muß hiernach von ganz unterschiedlichen miteinander verknüpften Verfahren von Politik und Recht erbracht werden (Luhmann 1972, S. 264 ff.). Die öffentliche Verwaltung bindet ihre Verfahren in übergreifende Verfahrenszusammenhänge ein und nutzt so Akzeptanzchancen, die durch andere Verfahren (politische Wahl, Gesetzgebung) bereits geschaffen wurden.[3] Doch wie schaffen es Verfahren im einzelnen, Interpretationen von Entscheidungen zu vermitteln, die Akzeptanz einschließen?

Auf jeden Fall muß eine Institutionalisierung normativer Akzeptanzerwartungen erreicht werden, die es erst ermöglicht, Ergebnisse des einen Verfahrens als Grundlage anderer Verfahren weiterzuverwenden und damit übergreifende Verfahrenszusammenhänge zu schaffen.[4] Um dies zu erreichen, müssen dementsprechende Lernprozesse in Richtung von Entscheidungsakzeptanz den jeweiligen Verfahrensbeteiligten, also den vom Entscheidungsproblem nach der Verfahrensdefinition betroffenen Konfliktparteien, aber vor allem dem *Publikum* des Verfahrens zugänglich gemacht werden (Luhmann 1983, S. 34 ff.).

Während das Publikum das eigentliche Ziel von Verfahren ist, wenn es darum geht, die Verfahrensfassung eines Entscheidungsproblems zu propagieren, liegt die Rolle der Verfahrensbeteiligten darin, »unbezahlte zeremonielle Arbeit« (Luhmann 1983, S. 114) zu leisten. Die *dramatische Realisierung* der Verfahrensfassung der Entscheidung durch die zeremonielle Arbeit der Verfahrensbeteiligten (vgl. dazu Goffman 1969, S. 40 ff.) inszeniert eine Interpretation der Entscheidung, die sich von gesellschaft-

2 Ausführlicher zum Akzeptanzbegriff vergleiche Vollmer (1996a, S. 148 f.; mit Bezug auf Akzeptanzbeschaffung durch Verfahren: S. 151 ff.).

3 Damit korreliert dann das traditionelle Modell der Verwaltung als Instrument politisch bereits vorbestimmter Entscheidungen; kritisch dazu: Mayntz (1985, S. 60 ff.).

4 Normative Erwartungen begriffen als Erwartungen, die selbst bei Erwartungsenttäuschung kontrafaktisch aufrechterhalten werden (vgl. Luhmann 1984, S. 436 ff.); hier also die Erwartung, daß jeder die Entscheidung akzeptieren müßte, die nicht dadurch gestört werden kann, daß auch Protest gegen die Entscheidung vorkommt (bezogen auf den Legitimationsbegriff vergleiche Luhmann 1972, S. 260 ff.).

lichen Konfliktlinien durch die Entbindung der Beteiligten von verfahrensexternen Rollen (zum Beispiel als Liebhaber) unter gleichzeitiger Übernahme von Verfahrensrollen (zum Beispiel als Antragsteller) abtrennt (vgl. Luhmann 1983, S. 47 ff.). Zu dieser separierten Fassung des Entscheidungsproblems, durch die gesellschaftliche Konflikte vom Entscheidungsprozeß ferngehalten werden, gehört auch die vorgängige Unbestimmtheit des Verfahrensergebnisses: Die Entscheidungsfassung des Verfahrens kann durch die Handlungen der Verfahrensbeteiligten auf der Verfahrensbühne vor allem deswegen sinngerecht dargestellt werden, weil diese Ereignisse (Anträge, Plädoyers, Beweisführungen) benutzt werden können, um eine Entscheidung Schritt für Schritt erst zu erzeugen. Weil die Verfahrensbeteiligten mit bestimmten Handlungen bestimmte Selbstdarstellungen produzieren, lassen sich ihre Konfliktpositionen im Verfahren spezifizieren, indem gerade so viele Festlegungen erfolgen, bis der Konflikt in eine sozial isolierte und damit: entscheidungsfähige Form gebracht wurde (vgl. Luhmann 1983, S. 102 ff.). Die dann resultierende Entscheidung ist konsistent zur Verfahrensfassung des Entscheidungsproblems und *aufgrund dieser besonderen Interpretation des Entscheidungsproblems* akzeptabel.

Diese Einzelheiten des Verfahrensmechanismus brauchen hier nur angedeutet zu werden, um festzuhalten, was für die Akzeptanzbeschaffung durch Verfahren entscheidend ist: die Herstellung einer von gesellschaftlichen Konfliktlinien abgeschotteten Fassung des Entscheidungsproblems, die durch bestimmte Rollenkonstellationen eingeschränkte Teilnahme von Konfliktparteien am Verfahren und die Inszenierung des Verfahrensprozesses für das Publikum. Dabei wird eine allgemeine Zumutbarkeit der Verfahrensfassung des jeweiligen Entscheidungsproblems angestrebt, denn diese besondere Entscheidungsinterpretation ermöglicht die Akzeptanz einer zu ihr konsistenten Entscheidung.

Verfahren sollten dann auf zwei Wegen für Verwaltungsentscheidungen Akzeptanz bereitstellen können: zum einen durch die Einbindung der Verwaltung in übergreifende Verfahrenszusammenhänge, wodurch der Verwaltung bereits geschaffene Akzeptanzressourcen zugänglich werden[5]; zum anderen durch

5 Deswegen kann die Außendarstellung von Verfahrensprozessen vielfach begrenzt bleiben (vgl. Luhmann 1983, S. 191 ff.).

die Verfahrensbeteiligung potentieller Konfliktparteien, deren Handlungen zur Inszenierung einer akzeptanzfähigen Fassung des Entscheidungsproblems verwendet werden. Dem Publikum wird die spezifische Verfahrensfassung des Entscheidungsproblems unter Mithilfe der Verfahrensbeteiligten vorgeführt, und diese *normativ zumutbare Fassung des Entscheidungsproblems* ist es, die danach die Akzeptanz einer Entscheidung ermöglichen sollte.

4. Das Auftreten von Akzeptanzrisiken in der Verfahrenspraxis der Verwaltung

Beide Elemente der traditionellen Akzeptanzsicherung durch rechtsförmige Verfahren (übergreifende Verfahrensstrukturen und der Inszenierungswert einzelner Verfahren) werden jedoch durch Konflikte um evolutionäre Risiken in Mitleidenschaft gezogen – sofort dann, wenn Verwaltungsentscheidungen im Kontext sozialer Risikokonflikte thematisiert werden. Denn damit kommen Interpretationen des Entscheidungsproblems ins Spiel, die den gängigen Verfahrensfassungen von Entscheidungen widersprechen. Divergierende Fassungen von Entscheidungsrisiken konstituieren die Konfliktparteien in dem entstehenden Risikokonflikt. Diese Konfliktparteien gewinnen ihren Bestand aus der Orientierung an spezifischen Risikointerpretationen. Es handelt sich bei ihnen um »Advocacy Coalitions« (Sabatier 1993), und besonders für Protestgruppen gilt, daß diese sich ausschließlich anhand ihrer wie auch immer verfeinerten Auffassung des Entscheidungsproblems reproduzieren (Japp 1993, S. 236 ff.). So trat im Neusser Konflikt um die Erstellung eines Abfallwirtschaftskonzeptes eine Konfliktkoalition aus Bürgerinitiativen, Umwelt- und Naturschutzverbänden sowie den Grünen gegen die Kreisverwaltung an. Die Ablehnung der Müllverbrennungstechnik einte diese Konfliktkoalition und prägte ihr Interesse an der Entscheidung (Fülgraff 1994, S. 40).

Verfahrensfassungen von Entscheidungsproblemen liegen nun zumeist quer zu den Risikointerpretationen solcher Konfliktparteien. Aus deren Sicht läßt das die verfahrensmäßigen Entscheidungsgrundlagen von Verwaltungsorganisationen fragwürdig erscheinen. Gerade deren formelle Entscheidungsbefugnisse, die sich aus der Verkettung von Verfahren ableiten, erzeugen Mißtrauen (vgl. Douglas/Wildavsky 1993, S. 129 f.). Das Infragestellen der Entscheidungsgrundlage der Verwaltung bringt so einen Rechtfertigungsdruck hervor, dem diese nicht standhalten kann, denn die Akzeptanz einer Verfahrensentscheidung hängt davon ab, daß die Entscheidung *innerhalb* ihrer Verfahrensfassung thematisiert wird, die Verfahrensfassung der Entscheidung also als nicht-kontingente Interpretationsgrundlage dient (Luhmann 1983, S. 195 f.). Das Infragestellen der Verfahrensfassung des Entscheidungsproblems rückt aber genau diese Interpretationsgrundlage ins Zentrum und verlangt nach einer Rechtfertigung dafür, warum gerade in dieser Form entschieden wird. Der Rückzug auf nicht-kontingentes Terrain wird der Verwaltung um so mehr verstellt, als sie Gründe zur Verteidigung ihrer Entscheidungspraxis anführt und damit unfreiwillig die Kontingenz derart begründungsbedürftiger Entscheidungsgrundlagen vorführt. Wenn die Verwaltung dann Informationsveranstaltungen abhält, erscheint sie bloß noch als »besserwisserisch« (wie in Neuss; vgl. Fülgraff 1994, S. 35), und ihre Informationen werden als Bevormundung empfunden – erst recht, wenn diese als »objektiv« ausgegeben werden.

Das allein mag vielleicht noch keine hinreichende Erklärung für das Versagen der Akzeptanzbeschaffung durch Verfahren liefern, denn Ziel von Verfahren ist gerade, ihre Fassung des Entscheidungsproblems durch die Teilnahme von Konfliktparteien an Verfahren zu untermauern und dabei deren Konfliktpositionen zu isolieren. Doch wie sollen Konfliktparteien, die ihre Identität nur aus einer Interpretation des Entscheidungsproblems gewinnen, an Verfahren beteiligt werden, die das Verfahren gar nicht kennen will? Das Problem liegt darin begründet, daß Konfliktparteien ihre *Konflikt*positionen nicht in das Verfahren einbringen können, da die Verfahrensfassung des Entscheidungsproblems gesellschaftliche Konflikte aus dem Verfahren verbannen muß. Damit kann sich zwar jede Konfliktpartei als Organisation an Verfahren beteiligen, doch garantiert eine bloß formelle Beteiligung noch nicht die Abarbeitung der jeweiligen Konfliktposition und damit die Einbeziehung der Identität der *Konflikt*parteien in die enge Verfahrensfassung des Entscheidungsproblems. Beispielsweise neigen »Umweltgruppen« in der Regel dazu, eine Verfahrensbeteiligung als Teil ihrer jeweiligen Konfliktstrategie zu betrachten (zum Beispiel Verhinderung des Baus einer Müllverbrennungsanlage), und verharren dabei auf Konfliktpositionen, die auch *nach* Verfahrensentscheidungen (zum Beispiel Erteilung einer Betriebsgenehmigung zur Müllverbrennung) unverminderte Geltungschancen besitzen.

Die Konfliktpositionen in modernen Risikokonflikten erweisen sich zudem als zu stark generalisiert, als daß sie ohne Störung des Verfahrensmodus in Verfahren auftauchen könnten. Ansonsten lassen solche generalisierten Konfliktpositionen die Verfahrensfassung eines Entscheidungsproblems, die darauf angewiesen ist, in einer von gesellschaftlichen Konflikten ungestörten Interpretation des Entscheidungsproblems eine Entscheidung zu erzeugen, von innen heraus und dabei vor allem in ihrer Inszenierung für ein Publikum scheitern. Solche Konfliktpositionen weichen der Spezifikation aus und generalisieren sich stets von neuem, da jede Selbstdarstellung der Konfliktparteien im Verfahren eine Darstellung und Neuinszenierung generalisierbarer Konfliktpositionen leistet (zum Beispiel als Anwalt nachfolgender Generationen).

Es stellt sich aber ebenso die Frage, ob das Publikum überhaupt am Verfahrensablauf interessiert ist. Wieso sollte es ausgerechnet der »künstlichen« Verfahrensfassung des Entscheidungsproblems Aufmerksamkeit schenken? Schließlich kann es seine Aufmerksamkeiten bezüglich des Entscheidungsproblems frei verteilen und ist durch nichts gezwungen, der Verfahrensfassung besondere Aufmerksamkeit zu schenken. Die Massenmedien eröffnen dem Publikum Selektionschancen bei der Wahrnehmung des Entscheidungsproblems[6], indem sie ein umfangreiches Arsenal an Interpretationen anbieten (vgl. Dunwoody/Peters 1993; Peters 1994; Luhmann 1996, S. 196 f.). Bereits innerhalb dieses Angebotes besitzen konflikthafte Risikodefinitionen einen Darstellungsvorteil (Luhmann 1996, S. 59). Und wie steht es allgemeiner um die Chancen verfahrensförmiger Entscheidungsinterpretationen, sich in den Massenmedien etwa gegenüber parallel dokumentierten Risikodefinitionen der Konfliktparteien durchzusetzen, während durch den Wechsel der Entscheidungsinterpretationen in der Berichterstattung fortlaufend neuer Rechtfertigungsbedarf entsteht? Da Verfahren Akzeptanz *nur* durch ihre

6 Auf diesen Aspekt der Wirkung von Massenmedien weist nachhaltig bereits Katz (1968) hin.

begrenzte Fassung des Entscheidungsproblems beschaffen können, erscheinen sie bei hohem Drohpotential ungewisser Entscheidungsfolgen (werden die Gartenfrüchte durch die Emissionen der Müllverbrennungsanlage vergiftet?) nicht gerade als verlockende Interpretationsvorlagen, sondern legen es nahe, in der Verfahrenspraxis eine an den Sicherheitsbedürfnissen der Bürger desinteressierte und fern der vermeintlichen Sachlage arbeitende Bürokratiemaschine zu erblicken.

So macht es die *durch Massenmedien und Risikokonfliktparteien kanalisierte Pluralität generalisierter Entscheidungsinterpretationen* unmöglich, eine einzige Fassung des Entscheidungsproblems sozial verpflichtend zu machen (Vollmer 1996a, S. 153 ff.). Verfahren versagen in Risikokonflikten also deshalb, weil sie auf eine *einzige Fassung des Entscheidungsproblems* setzen, die die Akzeptanz der Entscheidung ermöglichen könnte. Damit wird das Akzeptanzrisiko von Verwaltungsentscheidungen tatsächlich zu einem besonderen Problem des Verwaltungshandelns. Die gängige Verfahrenspraxis kann die Akzeptanz von Entscheidungen nicht mehr gewährleisten.

Dieses Problem verschärft sich auf der Verwaltungsebene ironischerweise durch den *evolutionären Erfolg* der Verfahrenspraxis, der in den umfassenden Verfahrenswegen gesellschaftlicher Entscheidungsabläufe sichtbar wird. Trotz des Verlustes des institutionellen Bezugsrahmens der Akzeptanzbeschaffung und trotz der Unmöglichkeit, die Entscheidung durch eigene Verfahren akzeptanzfähig abzuarbeiten, bleibt der Verwaltung weiterhin die institutionelle Verpflichtung, eine Entscheidung zu fällen. Die Gründe für das Erscheinen von Akzeptanzrisiken auf der Verwaltungsebene liegen also zum einen im Versagen der Verfahrenspraxis zur Akzeptanzbeschaffung im sozialen Kontext von Risikokonflikten, zum anderen aber genauso darin, daß anderswo Verfahren reibungslos Entscheidungsvorgaben produzieren: Mit dem Infragestellen verfahrensmäßiger Entscheidungsgrundlagen der Verwaltung werden andere Verfahrensmechanismen wie politische Wahl oder Gesetzgebung gerade *nicht* thematisiert, obwohl derartige Verfahren Entscheidungen auf der Verwaltungsebene erst anfallen lassen. So wird der Entscheidungsbedarf auf der Implementationsebene routinemäßig nachgefüllt, ohne daß Alternativen des Umgangs mit Akzeptanzproblemen mitgeliefert würden.

Das Problem, auf das die Verwaltung in Risikokonflikten reagieren muß, ließe sich so in groben Zügen skizzieren. Doch sollten Verwaltungsorganisationen nun auf das Auftauchen von Akzeptanzrisiken mit einer Akzeptanzorientierung ihres Entscheidungshandelns reagieren und damit gerade dieses wohl sehr unangenehme Risiko als für sich maßgebend betrachten?

5. Verhandlungen als Einlösung der Akzeptanzorientierung

Ein Potential akzeptanzorientierten Verwaltungshandelns wird gewöhnlich in Entscheidungsprozessen vermutet, die durch eine Logik des Aushandelns gekennzeichnet sind. Diese Entscheidungsprozesse lassen sich als Einlösung der Akzeptanzorientierung begreifen, weil es bei ihnen tatsächlich darum zu gehen scheint, die Akzeptanz einer Verwaltungsentscheidung »direkt« von den Konfliktparteien einzuholen. Der am Anfang erwähnte Typ des Mediationsverfahrens ist hierfür beispielhaft und kann in gängige Vorstellungen der Einlösung akzeptanzorientierten Entscheidungshandelns in Verhandlungen eingeordnet werden (vgl. zum Beispiel Nelkin/Pollak 1980; Callies/Striegnitz 1989).[7] Will man klären, wie mit Verhandlungen auf Akzeptanzrisiken reagiert werden kann, dann sollte zunächst die besondere Form bestimmt werden, in der sich Akzeptanz durch Verhandlungen beschaffen läßt.

Wie schon bei rechtsförmigen Verfahren geht es auch bei Verhandlungen um Lernprozesse in Richtung auf Entscheidungsakzeptanz (vgl. Benz 1991, S. 50 f.). Auch diese Lernprozesse bezeichnen im erweiterten Sinne Verfahren (Peters 1991, S. 237), jedoch nicht mehr in der Form der Akzeptanzbeschaffung. Genau das macht sie zu möglichen Fällen einer Verarbeitung von

7 Holzinger (1994) vermutet dagegen, daß Verhandlungsprozesse im Kontext von Mediationsverfahren eher unwahrscheinlich sind. Ein solcher Befund ist vor allem auf einen zu engen Verhandlungsbegriff zurückzuführen (vgl. Saretzki 1996, S. 24 ff.), was auch dem Eindruck des Neusser Mediators entspricht (vgl. Fülgraff 1994, S. 60). Die Besonderheit, die Mediationsverfahren von anderen Verhandlungsformen unterscheidet, liegt tatsächlich wohl alleine in der Rolle des Mediators.

Risikokonflikten, bei der rechtsförmige Verfahren scheitern (Vollmer 1996a, S. 157 ff.).[8]

Obwohl sozialwissenschaftliche Thematisierungen von Verhandlungsprozessen vielfach das Ziel der Herstellung einer gemeinsamen Problemfassung im Übergang vom Konfliktmodus zu einer Problemlösungsorientierung betonen (zum Beispiel Mayntz 1993, S. 50 ff.), liegt der Dynamik von Verhandlungsprozessen eine *durchgängige Doppelorientierung* zugrunde, die sich *sowohl* auf die Verhandlungsform der Entscheidung *als auch* auf die Konfliktpositionen der an Verhandlungen beteiligten Konfliktparteien bezieht. Bereits in den achtziger Jahren ist diese Doppelorientierung in der Korporatismusdiskussion mit der Unterscheidung zwischen *Einfluß- und Mitgliedschaftslogik* herausgearbeitet worden (im Rückblick darauf vgl. Streeck 1994, S. 13 ff.). Diese Doppelorientierung prägt das Handeln der Verhandlungsteilnehmer, genauer: der Unterhändler, denn sie folgen nicht nur der Einflußlogik, die sich aus strategischen Erwägungen der Einflußnahme auf den Entscheidungsprozeß und pragmatischen Abschätzungen im Hinblick auf die Durchsetzbarkeit eigener Zielsetzungen ergibt. Ebenso müssen sich Verhandlungsteilnehmer hinreichend an der Mitgliedschaftslogik, also der konstitutiven Konfliktposition ihrer Hausmacht, orientieren. Diese Doppelorientierung ermöglicht nun aber auch Lernprozesse im Publikum, die über die Möglichkeiten des Lernens in Verfahren hinausgehen, weil sie Lernchancen eröffnen, die nicht mehr nur im Ablauf der Entscheidungsfindung, sondern auch in unterschiedlichen Entscheidungsinterpretationen der beteiligten Konfliktparteien Unterstützung finden.

Verhandlungen sind denkbar als Lernprozesse, die sich durch eine fortwährende Vermittlung von Entscheidungsinterpretationen entlang Konflikt- *und* Verhandlungspositionen formen – vom Lernen des Unterhändlers (zum Beispiel pragmatische Strategien in der Entscheidungsbeeinflussung zu verfolgen und dabei die Konfliktposition seiner Hausmacht zu berücksichtigen) über das Lernen der institutionalisierten Konfliktpartei (zum Beispiel

8 Da der Gegensatz von Verfahren und Verhandlungen fortan nur hinsichtlich der Akzeptanzbeschaffungsform thematisiert wird, bleibt er eine strenge Unterscheidung – ungeachtet dessen, daß dann von Mediations*verfahren* als Beispiel von Verhandlungen die Rede sein muß.

eigene Positionen als mobilisierbar für die Entscheidungsbeeinflussung wahrzunehmen und dies als Bestätigung und nicht als Gefährdung ihrer Konfliktposition aufzufassen) bis hin zum Lernen des Publikums, das sich zum Akzeptanzlernen nicht nur an der Verhandlung selbst, sondern auch am Lernen einer je nach Sympathie wählbaren Konfliktpartei und deren besonderer Entscheidungsinterpretation orientieren kann. Diese Lernprozesse sollen schließlich in die Akzeptanz einer aus dem Verhandlungsprozeß folgenden Entscheidung münden, wobei diese Akzeptanz nicht mehr auf einer generell zumutbaren Entscheidungsfassung beruht, sondern auf der Mehrzahl nebeneinander fortbestehender Entscheidungsinterpretationen der Verhandlungsparteien, die dem Publikum Akzeptanz unabhängig voneinander und jeweils zielgruppenspezifisch vermitteln.

Die Verbesserung der Akzeptanzchancen im Vergleich zu rechtsförmigen Verfahren beruht also auf der *Mehrzahl an Interpretationen des Entscheidungsproblems*, die für das Lernen von Entscheidungsakzeptanz rekrutiert werden können. Verfahren legen der Entscheidungsfindung eine Entscheidungsfassung zugrunde, die andere Interpretationen ausschließt und auf die Thematisierung der eigenen Problemfassung und verstärkten Druck devianter Entscheidungsinterpretationen äußerst empfindlich reagiert. Verhandlungen hingegen versuchen, verschiedene Interpretationen in den Entscheidungsfindungsprozeß einzubinden und sie in den Sog der Einflußlogik zu ziehen. Daß das Publikum seine Aufmerksamkeiten in bezug auf das Entscheidungsproblem nach eigenen Kriterien steuert, entwickelt für Verfahren ausschließlich destruktive Wirkungen – Verhandlungen hingegen können die Selbststeuerung der Publikumsaufmerksamkeit zur Aufrechterhaltung von Lernprozessen rekrutieren. Denn wo im Publikum Lernwiderstände zu überwinden sind, weil eine Orientierung an konflikthaften Entscheidungsinterpretationen bevorzugt wird, wird bereits eine selektive Aufmerksamkeit im Hinblick auf das Entscheidungsproblem vorliegen. Deswegen schlagen gerade dort die verbesserten Lernmöglichkeiten von Verhandlungen durch, die in der Mehrzahl der zum Akzeptanzlernen verwendbaren Orientierungspunkte der Entscheidungsinterpretation begründet sind. Die Selektivität in der Wahrnehmung des Entscheidungsproblems, die dem Publikum durch das Angebot an Risikodefinitionen in den Massenmedien ermöglicht wird, kann so den Lernprozeß unterstützen und Entscheidungsakzeptanz erleichtern.

Damit wird es zwingend, Akzeptanzorientierungen, sollen sie in eine gegenüber Verfahren konfliktbeständigere Akzeptanzerzeugung münden, von anspruchsvolleren Konsensorientierungen zu unterscheiden. Die über die bloße Zustimmung zu einer (unterschiedlich interpretierbaren) Entscheidung hinausgehende Einigung auf eine einheitliche Fassung des Entscheidungsproblems oder auch eine gemeinsame Risikobewertung ist nicht nur nicht realistisch, sondern auch nicht wünschenswert (vgl. Hiller 1994, S. 123; Ladeur 1995, S. 37 ff.). Die Verhandlungslogik kann intensivere Konfliktlagen als Verfahren betreuen, weil sie *nicht* auf eine einzige Entscheidungsfassung setzt, sondern die Akzeptanz der Entscheidung von den verschiedenen Entscheidungsinterpretationen abhängig macht, die sich aus jeweils nach Verhandlungspartei und Sympathisantengruppe unterschiedenen Wirklichkeitsauffassungen ergeben. Auch eine konsensuelle Zustimmung zu einem besonderen Verhandlungsergebnis sollte dann nicht davon abhängig sein, daß eine einheitliche Problemfassung gefunden wurde, denn dies würde die Akzeptanzchancen auf die schon durch Verfahren erreichbare Lernkapazität absenken, die sich aus der (in Risikokonflikten unzumutbaren) Privilegierung einer bestimmten Definition des Entscheidungsproblems ergibt. Demgegenüber liegen die erhöhten Lernchancen in Verhandlungen gerade nicht in der Isolierung konflikthafter Entscheidungsinterpretationen (sei es nun durch Recht oder Konsens), sondern in deren *Generalisierung*, die dem Publikum erst eine Orientierung an Entscheidungsinterpretationen der Konfliktparteien ermöglichen kann. Besonders in Risikokonflikten wäre zu erwarten, daß eine Einigung auf bestimmte Sachlagen der Bildung divergierender Risikodefinitionen und Protestpotentiale aus ihrer vermeintlichen Isolation heraus Vorschub leistet und letztlich genau die Kontingenz der Entscheidungsgrundlage zur Folge hat, die der Konsens verdecken wollte.

Die Leistung von Verhandlungen liegt also darin, *die Kontingenz der Entscheidungsinterpretationen für den Prozeß des Akzeptanzlernens erträglich zu machen* und dem Publikum die Wahl zwischen Entscheidungsinterpretationen überlassen zu können, ohne damit bereits alle Akzeptanzchancen zu verspielen.

6. Mediationsverfahren: Konsequenzen akzeptanzorientierten Entscheidens

Versucht die Verwaltung nun tatsächlich, akzeptanzorientiertes Entscheiden in Verhandlungsprozesse umzusetzen, werden schon bald einige Schwierigkeiten und Folgeprobleme sichtbar. Diese offenbaren sich besonders klar in Mediationsverfahren und dort wiederum im Aufgabenbereich des Mediators.

Da wäre zuerst das Problem, neben den jeweiligen Risikodefinitionen und Konfliktpositionen überhaupt noch andere Orientierungen bezüglich des Entscheidungsproblems zu etablieren, um Lernpotentiale für Verhandlungen freizusetzen.[9] Die Literatur berücksichtigt dieses Problem bereits implizit mit der Forderung nach der gleichmäßigen Verteilung von Tauschmacht als notwendige Rahmenbedingung für Verhandlungslösungen (vgl. Hoffmann-Riem 1990a, S. 33 f.): Durch die Vergabe von Tauschmacht an solche Verhandlungsparteien, die sonst keinen nennenswerten Druck auf andere entfalten könnten, sollen sich verhandelbare Elemente in ihrer Interpretation des Entscheidungsprozesses niederschlagen, die zum Ausgangspunkt der Erarbeitung von Zustimmungschancen werden können. Doch stellt sich somit die Frage, welcher Konfliktpartei man Verhandlungsmacht anvertraut und wie eine Zweckentfremdung dieser Verhandlungsmacht (etwa als Blockademacht) verhindert werden kann. Schon hiermit ist eine Entscheidung verknüpft, die den Prozeß der Akzeptanzbeschaffung durch Verhandlungen gefährden kann. Es ist bezeichnend, daß es in Mediationsverfahren nicht die Verwaltung ist, die solche Entscheidungen treffen muß.

Die Entscheidung über die Weitergabe von Verhandlungsmacht fällt in Mediationsverfahren in den *Entscheidungsspielraum* des Mediators (vgl. Schulze-Fielitz 1990, S. 81 ff.). Dort finden sich eine Reihe weiterer Probleme, die sich aus der Verhandlungslogik ergeben und sowohl die Schaffung günstiger Rahmenbedingungen für Verhandlungen wie auch deren Ablauf betreffen. Dieser Entscheidungsbedarf beginnt bei der Ausgestaltung des Verhandlungsforums und der Auswahl der Verhandlungsteilnehmer (Schulze-Fielitz 1990, S. 79 f.). Denn wo Verfahren aus sich her-

9 Hier erwies sich die Beteiligung der Grünen am Neusser Mediationsverfahren als besonders schwierig (Fülgraff 1994, S. 38 f.).

aus bestimmte Zugangsschranken festlegen, stellen Verhandlungen zunächst keine Fassung des Entscheidungsproblems zur Verfügung, die den Teilnehmerkreis begrenzen könnte. So wurden zum Neusser Mediationsverfahren zunächst alle interessierten Gruppen eingeladen. Es erschienen über siebzig Personen aus achtundzwanzig Organisationen (vgl. Fülgraff 1994, S. 49) – eine unkontrollierbare Quelle potentieller Probleme! Schließlich können Verhandlungen zur Inszenierung von Protesten oder zur Sicherung von Möglichkeiten der »Nicht-Zustimmung« instrumentalisiert werden, und eine zu große Teilnehmerzahl scheint insgesamt die Eigendynamik der Entscheidungsfindung zu belasten (vgl. Schulze-Fielitz 1990, S. 79). Andererseits muß bedacht werden, daß Akzeptanzchancen von der Verarbeitung mehrerer vom Publikum wählbarer Entscheidungsinterpretationen abhängen, weswegen es darauf ankommt, möglichst viele Zielgruppen im Publikum bedienen zu können. Demnach müssen »Demokratieprinzip« und »Effizienz der Entscheidungsfindung« bei der Auswahl der Verhandlungsteilnehmer abgewogen werden (vgl. Fietkau/Weidner 1994, S. 21). Dabei kann der Mediator bei der Auswahl der Verhandlungsteilnehmer nicht einmal auf klare Entscheidungskriterien zurückgreifen. Die Liste der Anforderungen an potentielle Verhandlungsteilnehmer ist nicht nur lang – persönliche Integrität, hohes Engagement, fachliches Wissen, Ausdauer, Geduld, Konzentrationsfähigkeit, persönliche »Reife«, Verhandlungsgeschick, Überzeugungsfähigkeit, kommunikative Kompetenzen (vgl. Pfingsten 1994, S. 69) –, sondern läßt sich auch kaum für die Auswahl der Verhandlungsteilnehmer operationalisieren, da es sich um diffuse Eigenschaften handelt, deren tatsächliche Virulenz hinsichtlich des Verhandlungsprozesses erst im Ablauf der Mediation zutage treten kann.

So stellt schon die Auswahl der Verhandlungsteilnehmer eine Entscheidung dar, die sich auf später noch mögliche Akzeptanzchancen auswirkt. Für deren Aufrechterhaltung und weitere Bearbeitung bleibt wiederum der Mediator zuständig: Mit der Übernahme der Moderatorenrolle ist er in der Pflicht, den Verhandlungslauf zu einer akzeptanzfähigen Entscheidung zu führen, und das erfordert eine Reihe subtiler Entscheidungen der Einflußnahme und Zurückhaltung.[10]

10 Beispielsweise hat einerseits die Arbeit an akzeptanzfähigen Entscheidungsformeln Vorrang, doch andererseits müssen Unterhändler

Der Verhandlungsablauf enthält also eine Reihe von Unsicherheiten, die zur Gefährdung der Akzeptanz einer resultierenden Entscheidung beitragen können. Die Einlösung der Akzeptanzorientierung durch Verhandlungen reproduziert daher eine Reihe von Akzeptanzrisiken *im Verlauf* von Verhandlungen. Diese Akzeptanzrisiken können in Mediationsverfahren zumindest teilweise von der Verwaltung externalisiert und dem Mediator aufgeladen werden. Genau darin scheint die besondere Leistung von Mediationsverfahren zu liegen. Die Mediatorrolle ist insofern ein Symptom für das Wiederauftauchen von Akzeptanzrisiken in der Form des Entscheidungsprozesses, der eine Reaktion auf genau diese Risiken darstellen soll.

Doch es zeigen sich auch andere Folgeprobleme akzeptanzorientierten Entscheidens: Mit der Externalisierung von Akzeptanzrisiken auf den Mediator verschiebt sich das Akzeptanzrisiko auf die Entscheidung der Verwaltung, einen bestimmten Mediator auszuwählen, von dem nachfolgend ein Großteil der Akzeptanzchancen abhängen wird. Der Verlust ihrer »Verfahrensherrschaft« verstärkt dieses Entscheidungsrisiko, weil spätere Berichtigungschancen entfallen. Die Anforderungen an Mediatoren sind also gar nicht hoch genug zu setzen (Fietkau/Weidner 1994, S. 25 f.). Dazu gelingt es der Verwaltung trotz der Bestellung eines Mediators anscheinend nur bedingt, sich auf eine neutrale Position zurückzuziehen, was beispielsweise in dem Verdacht mancher Neusser Konfliktparteien Ausdruck fand, es könne sich bei Mediationsverfahren um ein besonders manipulatives Instrument der Entscheidungsdurchsetzung handeln (vgl. Fietkau/Weidner 1994, S. 22). Vielleicht verblassen derartige Anfangsvorbehalte im Mediationsverlauf, so wie etwa der Mediator von Neuss eine deutliche Wende hin zu gegenseitigem Verständnis der Konfliktparteien wahrnahm (Fülgraff 1994, S. 49). Doch das Mißtrauen regeneriert sich, da die Entscheidung letztlich bei der Verwaltungsebene verbleibt. Denn nach dem Ende der Verhandlungen setzt schon bald die »Gravitationskraft des politischen Normalprozesses« ein (Fietkau/Weidner 1994, S. 43 ff.), die die Implementation der Entscheidung in ihren Bann zieht und alte Konfliktkonstellationen erneuert. So stellt der BUND im Rückblick auf das Neusser Mediationsverfahren

von Kompromissen abgehalten werden, die aus Sicht ihrer Hausmacht zu schnell erfolgen (vgl. Fietkau/Weidner 1994, S. 24 ff.).

fest: »Die Verwaltung ... nutzte ihre besondere Rolle, um gezielt ihre Interessen durchzusetzen« (Dally/Fietkau/Weidner 1994, S. 265).

Damit aber hat sich das Akzeptanzrisiko nicht nur innerhalb des Verhandlungsablaufs, sondern auch durch die bloße Durchführung von Verhandlungen reproduziert. Mit der Wahl eines Verhandlungsprozesses zur Entscheidungsfindung stellt die Verwaltung ihre Akzeptanzorientierung heraus und muß nun mit den Folgen dieser Selbstbezichtigung leben. Die Verwaltung hat eine Interpretation ihrer Entscheidungen propagiert, die das Akzeptanzrisiko ihrer Entscheidungen festschreibt (vgl. dazu Japp 1992, S. 40 ff.). Sie hat die Akzeptanz ihrer Entscheidung von kontingenten und nicht mehr normativ abgesicherten Problemdefinitionen abhängig gemacht. Verhandlungen können diese Konstellation selbst bei optimalem Verlauf nicht mehr auflösen, da selbst bei einer einstimmigen Entscheidung die Akzeptanzchancen von *mehreren* Entscheidungsinterpretationen abhängig bleiben. Nur die Pluralität möglicher Entscheidungsinterpretationen verbessert Akzeptanzchancen in Verhandlungen und gewährleistet die nachträgliche Stabilisierbarkeit dieser Akzeptanz. Die Akzeptanz einer Entscheidung aus unterschiedlichen Entscheidungsinterpretationen heraus wird diese – zudem noch auf einer für das Akzeptanzlernen des Publikums notwendig generalisierten Ebene – eher bestätigen, da alle Entscheidungsinterpretationen nun die Relevanz ihrer Akzeptanzfähigkeit für den Entscheidungsprozeß verzeichnen können. Gerade bei optimalem Verhandlungsverlauf und chancenreicher Vermittlung von Entscheidungsakzeptanz zum Publikum muß sich die Verwaltung die Akzeptanz dieser Entscheidung durch die Zementierung der sozialen Zurechnung des Akzeptanzrisikos auf ihre Entscheidung und die Preisgabe bisher normativ abgesicherten Terrains der Entscheidungsfindung erkaufen.

So kann einerseits durchaus behauptet werden, daß akzeptanzorientiertes Verwaltungshandeln in dem Sinn, daß von den Konfliktparteien die Akzeptanz einer spezifischen Entscheidung in Verhandlungsprozessen eingeholt wird, eine Möglichkeit darstellt, im Kontext sozialer Risikokonflikte administrative Risikoregulierung aufrechtzuerhalten. Doch andererseits läßt sich akzeptanzorientiertes Verwaltungshandeln keinesfalls als Problemlösung bezeichnen, die das grundlegende Problem in der

Form behandeln könnte, daß danach das Problem verschwunden wäre und die Problemlösung selbst überflüssig würde – im Gegenteil: Akzeptanzorientiertes Verwaltungshandeln führt letztlich zu einer *sozialen Propagierung des Akzeptanzrisikos von Verwaltungsentscheidungen.* Aber disqualifiziert dies die Akzeptanzorientierung in ihrer Brauchbarkeit für die administrative Risikoregulierung? Oder gehören solche unbeabsichtigten Folgen nicht doch zur besonderen Funktionalität der Akzeptanzorientierung?

7. Die Brauchbarkeit der Akzeptanzorientierung für die Verwaltungsorganisation

Bisher wurde nur geschildert, wie sich ein verstärktes Akzeptanzproblem des Verwaltungshandelns in Risikokonflikten ergeben kann und welche Möglichkeiten der Problembewältigung durch akzeptanzorientiertes Verwaltungshandeln eröffnet werden. Fragt man allgemeiner, ob eine Bewältigung derartiger Probleme nicht auch anders möglich ist, dann müssen die Überlegungen erheblich erweitert werden. Dies kann hier nur in sehr begrenztem Umfang geschehen, doch können plausible Thesen aus gängigen Vorstellungen des Verwaltungshandelns unter Risikobedingungen gewonnen werden.

Strategische Alternativen zur Akzeptanzorientierung vereint der Vorschlag, Entscheidungen möglichst unauffällig abfließen zu lassen und Thematisierungen von Entscheidungsrisiken soweit wie möglich auszuweichen. Derartige Strategien lassen sich beobachten, wenn die Verwaltung durch langwierige prozedurale Arrangements Zeit zu gewinnen versucht oder Entscheidungsprozesse so weit dezentralisiert, daß die Verantwortungszurechnung schwerfällt (vgl. zum Beispiel Kaufmann 1989). Ebenso kann sie versuchen, protestfähige Gruppen durch informelle Absprachen zu binden (vgl. Benz 1992, S. 35 ff.; Winter 1985), oder Entscheidungsnormen (Grenzwerte etc.) bereits auf Vorrat entwickeln, wenn das dazugehörige Risikothema noch weitgehend unbekannt ist, um späteren Protesten wenigstens gewisse Normhürden in den Weg zu stellen, die erst einmal überwunden werden müssen (was natürlich dann besonders effektiv sein sollte, wenn damit langwierige und unübersichtliche Dienstwege verbunden sind).[11]

Selbst wenn man sieht, daß damit bürokratietaugliche Entscheidungsstrategien bezeichnet werden, bedeutet dies noch nicht, daß diese Strategien eine Akzeptanzorientierung des Verwaltungshandelns insgesamt überflüssig machen. Akzeptanzorientierungen scheinen spätestens auf der Ebene interner Abstimmungen und der Außendarstellung der Verwaltung unumgänglich zu werden. So wird die Möglichkeit, an gesellschaftlichen Risikokonflikten vorbei im stillen neue Doktrinen angemessenen Entscheidens zu entwickeln, durch die Aufmerksamkeit begrenzt, die der öffentlichen Risikodebatte geschenkt werden muß: Das Thema katastrophaler Entscheidungsrisiken kann jederzeit durch die Massenmedien entdeckt werden und kann dann eine glaubwürdig praktizierbare Rechtfertigungsrhetorik verlangen. Die Beachtung von Akzeptanzproblemen läßt sich wohl nur dann vermeiden, wenn das Akzeptanzrisiko einer Entscheidung öffentlich unbeachtet bleibt, durch Zeitverbrauch hinreichender Korrosion ausgesetzt werden kann oder wenn durch informelle Absprachen potentielle Protestquellen abgebunden werden können – eine Möglichkeit, die sich wiederum nur dann ergreifen läßt, wenn sich Akzeptanzrisiken überhaupt spezifischen Protestquellen zuordnen lassen. Ebenso kann schon der richtige Zeitpunkt für einen Übergang von »organisierter Unverantwortlichkeit« (Beck 1988) zu organisierter Verantwortungsrhetorik nur anhand von Akzeptanzeinschätzungen abgepaßt werden. Solche Koordinationsprobleme des Verwaltungshandelns in Risikokonflikten bekommt die Verwaltung letztlich nur durch die verwaltungsinterne Institutionalisierung von Akzeptanzorientierungen in den Griff.[12]

11 Allerdings begrenzt die Institutionalisierung politischer Entscheidungswege solche Strategien – schließlich kann die öffentliche Verwaltung aus eigenem Antrieb keine Gesetze erlassen. Des weiteren ist das Verhältnis von Verwaltung und Recht gerade unter der Bedingung von Legitimationsdruck überaus ambivalent (vgl. dazu: Japp 1994, S. 137 f.).

12 Man mag vermuten, daß derartige Institutionalisierungsprozesse mit einer Differenzierung der Verwaltungsorganisation einhergehen (vgl. Luhmann 1964, S. 79), wobei die Frage nach den Durchgriffschancen akzeptanzorientierten Verwaltungshandelns innerhalb der Verwaltung vorerst offenbliebe. Zur Vorstellung institutionalisierter Orga-

Das mag dann zwar bedeuten, daß akzeptanzorientiertes Verwaltungshandeln genau diesen Koordinationsbedarf reproduziert, doch es sollte dabei nicht verkannt werden, daß gerade mit der Akzeptanzorientierung eine *bestimmte* Interpretation der Entscheidung nahegelegt wird, die andere Interpretationen ausschließt und damit eine *Reflexionsschranke* setzt. Den Pluralismus der Entscheidungsinterpretationen und Entscheidungsrisiken im gesellschaftlichen Risikokonflikt kann die Verwaltung nicht mehr verhindern, doch sie kann eine *Einschränkung eigener Risikoorientierungen* in der Orientierung an Akzeptanzrisiken ihrer Entscheidungen finden, die es ihr ermöglicht, andere Risikoaspekte zu vernachlässigen.[13]

Die Reproduktion des Koordinationsbedarfs, die durch die Selbstzuschreibung des Akzeptanzrisikos bewirkt wird, läßt sich dann geradezu als besondere Leistung der Akzeptanzorientierung begreifen, weil sie so ihre eigene Angemessenheit und Durchhaltbarkeit abstützt. Die verwaltungsintern institutionalisierte Akzeptanzorientierung eröffnet der Verwaltung eine an ihre Entscheidungsprobleme angepaßte Form des »enactment« ihrer Umwelt (Weick 1977; Weick 1979). Sie liefert der Verwaltung ein Wirklichkeitsbild, das ihre Entscheidungsprobleme sinnvoll aufnehmen kann (vgl. Starbuck 1976). In diesem Bild erkennt sie die erfahrbaren Restriktionen des Verwaltungshandelns und verschafft sich dadurch Lernmöglichkeiten. Nun kann sie, etwa in der Beobachtung von Risikothemen in den Massenmedien, Informationen erreichen und zur Anpassung ihres Entscheidungshandelns nutzen, die ihr bei der Bindung an inhaltlich enger vorbestimmte Entscheidungsvorgaben verbaut bleiben müßten.[14]

nisationen vergleiche Zucker (1987), Vollmer (1996b). Eine in diesem Zusammenhang interessante Frage wäre die nach einer Isomorphie von Verwaltungsorganisationen, die sich dann aus den Begleitumständen der Institutionalisierung von Akzeptanzorientierungen ableiten ließe, wenn diese für viele Verwaltungsorganisationen ähnlich ausfielen (vgl. DiMaggio/Powell 1991).

13 Damit wird das Phänomen der Risikotransformation angesprochen, hier also die Politisierung von Risiken (vgl. Luhmann 1991, S. 171 ff.; Krücken, in diesem Band).

14 Eine Diskussion derartiger Flexibilisierungen im Lichte des im Hinblick auf organisationale Risikoregulierung erarbeiteten Programms der »Prozeduralisierung« könnte in diesem Zusammenhang vertieft

Bisheriges Interpretationswissen der Verwaltungsorganisation, wie es sich durch eingeengte Verfahrensfassungen von Entscheidungsproblemen einschleift, wird so durch eine Umweltorientierung ersetzt, die die instabilen Umweltbedingungen an das Entscheidungshandeln der Verwaltung zurückbindet. Dies läßt sich durchaus so verstehen, daß ein zu begrenztes »conditioned viewing« anhand rechtsförmiger Verfahrensroutinen durch ein »enacting«, durch eine aktivere Umweltorientierung der Verwaltungsorganisation, ersetzt wird (vgl. Daft/Weick 1984, S. 289). Die Akzeptanzorientierung bezeichnet dann gleichermaßen die Linse eines besonderen *sozialen Sinns*, einer institutionalisierten Interpretationsleistung, anhand deren die Verwaltung dennoch Selektivitäten produzieren und zur internen Koordination administrativer Risikoregulierung nutzen kann.

8. Risikoregulierung

Es zeigt sich also, daß die verwaltungsinterne Institutionalisierung der Akzeptanzorientierung auf besondere Probleme ihres Entscheidungshandelns reagiert und der Verwaltung eine sinnvolle (und sinnhaft-selektive) Orientierung zur Erfassung und Verarbeitung von Restriktionen ihres Entscheidungshandelns bietet. Diese Erkenntnis läßt sich nun hinsichtlich der Möglichkeiten administrativer Risikoregulierung und der Form gesellschaftlicher Risikoregulierung analysieren.

Die Überlegungen zeigten, daß öffentliche Risikothematisierungen, wie sie in modernen Risikokonflikten zum Ausdruck kommen, für die Verwaltung vor allem aus der Problematisierung des Akzeptanzaspektes ihrer Entscheidungen resultieren und dieses *besondere* Risiko für die Verwaltung in den Vordergrund schieben. Gerade der Versuch akzeptanzorientierten Verwaltungshandelns sorgt dafür, daß das Verwaltungshandeln an Akzeptanzrisiken gebunden bleibt und die öffentlich themati-

werden (vgl. etwa Ladeur 1995, S. 131 ff., S. 243 ff.). Denn erforderlich sind schließlich bestimmte organisationsinterne Verfahren, jedoch solche, die nur einen geringen Grad an »Rechtsförmigkeit« im engeren Sinn (Normiertheit) aufweisen; in dieser Hinsicht ist die Diskussion um unbestimmte Rechtsbegriffe und »zeitoffene Gesetzgebung« bemerkenswert (vgl. Hiller 1993; Schulze-Fielitz 1994).

sierten individuell krank machenden Entscheidungsfolgen (was ist in den Emissionen enthalten, und wie schädlich ist es?) vor allem Positionen der Konfliktparteien betreffen, denen zusammen mit den Massenmedien die eigentliche Kompetenz zur Beurteilung dieser Entscheidungsaspekte zufällt. Die Verwaltung *fördert* diesen Zustand durch akzeptanzorientiertes Entscheidungshandeln.

Der Verwaltung geht es also *nicht* um die Akzeptanz *von* Risiken, sondern ausschließlich um *Akzeptanzrisiken* ihrer Entscheidung. Es ist das Akzeptanzrisiko, das die Verwaltung zu neuen Formen des Entscheidungshandelns zwingt, und es ist das Akzeptanzrisiko, das ihr dann noch Orientierungsmöglichkeiten bieten kann. So werden andere Risikoaspekte für die Verwaltung nur insofern relevant, als sie sich auf Akzeptanzrisiken auswirken.

Sollte man dies nun deswegen verurteilen, weil sich die Verwaltung damit an Entscheidungsaspekten orientiert, die nicht die »menschlich« krank machenden Entscheidungsfolgen betreffen? Nicht nur die bisherigen »pessimistischen Befunde der Risikosoziologie« (Wiesenthal 1994, S. 137) lassen Zweifel an der Angemessenheit einer solchen Kritik aufkommen. Evolutionäre Risiken sind Nebenprodukte des Innovationstempos einer Gesellschaft (Krohn/Krücken 1993, S. 22 f.), die ihre Entwicklungsgeschwindigkeit aus disparat strukturierten Wissensbereichen schöpft. Tiefergreifende Konsensorientierungen erscheinen unter diesen Umständen als fragwürdige Konzepte der Risikoverarbeitung, da eine Zukleisterung von Differenzen und der damit einhergehende Verlust von Wissensmöglichkeiten mit dem Tempo der Risikogenerierung wohl kaum Schritt halten kann. So zeigte sich selbst bei Verhandlungen, denen man intuitiv eine grundlegende Konsensausrichtung zuschreiben mag, daß diese Orientierung nicht zu weit gehen darf, sollen nicht Akzeptanzchancen aufs Spiel gesetzt werden.

Die Akzeptanzorientierung ermöglicht es der öffentlichen Verwaltung hingegen, sich innerhalb divergierender Wissensstrukturen und pluralisierter gesellschaftlicher Wirklichkeiten einen durch institutionalisierte Sinnstrukturen abgesicherten Platz zu reservieren und dabei weniger Wissenschancen zu verbauen als vielmehr Wissensmöglichkeiten aufrechtzuerhalten und Innovationspotentiale zu schützen (vgl. Ladeur 1995, S. 64). Ausgerechnet die Akzeptanzorientierung des Verwaltungshandelns in Risikokonflikten bezeugt somit, daß keinesfalls die *Einigung über Risikowahrnehmungen,* sondern nur die *Fragmentierung von Risikowahrnehmungen* die Form sein kann, in der die »Risikogesellschaft« ihre Entscheidungsprobleme meistert.

Literatur

Beck, U., 1988, *Gegengifte. Die organisierte Unverantwortlichkeit,* Frankfurt am Main.

Benz, A., 1991, »Umverteilung durch Verhandlungen? Kooperative Staatspraxis bei Verteilungskonflikten«, in: *Staatswissenschaften und Staatspraxis* 2, S. 46-75.

–, 1992, »Normanpassung und Normverletzung im Verwaltungshandeln«, in: A. Benz und W. Seibel (Hg.), *Zwischen Kooperation und Korruption. Abweichendes Verhalten in der Verwaltung,* Baden-Baden, S. 31-58.

Berger, P. L., und Th. Luckmann, 1980, *Die gesellschaftliche Konstruktion der Wirklichkeit. Eine Theorie der Wissenssoziologie,* Frankfurt am Main.

Callies, J., und M. Striegnitz (Hg.), 1989, »Um den Konsens streiten – Neue Verfahren der Konfliktbearbeitung durch Verhandlungen«, in: *Loccumer Protokolle* 12/89, Loccum.

Claus, F., 1994, »Konfliktlösungsverfahren in Deutschland«, in: A. Dally, H.-J. Fietkau und H. Weidner (Hg.), *Mediation als politischer und sozialer Prozeß. Loccumer Protokolle* 73/93, Loccum, S. 91-112.

– und P. M.Wiedemann (Hg.), 1994, *Umweltkonflikte. Vermittlungsverfahren zu ihrer Lösung,* Taunusstein.

Daft, R. L., und K. E. Weick, 1984, »Toward a Model of Organizations as Interpretation Systems«, in: *Academy of Management Review* 9, S. 284-295.

Dally, A., H.-J. Fietkau und H. Weidner (Hg.), 1994, *Mediation als politischer und sozialer Prozeß. Loccumer Protokolle* 73/93, Loccum.

DiMaggio, P. J., und W. W. Powell, 1991, »The Iron Cage Revisited: Institutional Isomorphism and Collective Rationality in Organizational Fields«, in: W. W. Powell und P. J. DiMaggio (Hg.), *The New Institutionalism in Organizational Analysis,* Chicago/London., S. 63 bis 82.

Douglas, M., und A. Wildavsky, 1993, »Risiko und Kultur. Können wir wissen, welchen Risiken wir gegenüberstehen?«, in: W. Krohn und G. Krücken (Hg.), *Riskante Technologien: Reflexion und Regulation,* Frankfurt am Main, S. 113-137.

Dunwoody, S., und H. P. Peters, 1993, »Massenmedien und Risikowahrnehmung«, in: Bayerische Rück (Hg.), Risiko ist ein Konstrukt. München, S. 317-339.
Fietkau, H.-J., und H. Weidner, 1992, »Mediationsverfahren in der Umweltpolitik. Erfahrungen in der Bundesrepublik Deutschland«, in: *Aus Politik und Zeitgeschichte* 39-40, S. 24-34.
– und H. Weidner, 1994, »Umweltmediation. Das Mediationsverfahren zum Abfallwirtschaftskonzept im Kreis Neuss«. Veröffentlichungsreihe der Abteilung »Normbildung und Umwelt« des Forschungsschwerpunktes »Technik–Arbeit–Umwelt« am Wissenschaftszentrum Berlin für Sozialforschung. Schriften zu Mediationsverfahren im Umweltschutz 6, FS II, Berlin, S. 94-322.
Fülgraff, G. M., 1994, »Das Mediationsverfahren zum Abfallwirtschaftskonzept des Kreises Neuss«, in: A. Dally, H.-J. Fietkau und H. Weidner (Hg.), *Mediation als politischer und sozialer Prozeß. Loccumer Protokolle* 73/93, Loccum, S. 33-61.
Goffman, E., 1969, *The Presentation of Self in Everyday Life*, London.
Hiller, P., 1993, *Der Zeitkonflikt in der Risikogesellschaft. Risiko und Zeitorientierung in rechtsförmigen Verwaltungsentscheidungen*, Berlin.
Hiller, P., 1994, »Risiko und Verwaltung«, in: K. Dammann, D. Grunow und K. P. Japp (Hg.), *Die Verwaltung des politischen Systems*, Opladen, S. 108-125.
Hoffmann-Riem, W., 1990a, »Interessenausgleich durch Verhandlungslösungen«, in: *Zeitschrift für angewandte Umweltforschung* 3, S. 19 bis 35.
–, 1990b, »Verhandlungslösungen und Mittlereinsatz im Bereich der Verwaltung: Eine vergleichende Einführung«, in: W. Hoffmann-Riem und E. Schmidt-Aßmann (Hg.), *Konfliktbewältigung durch Verhandlungen*, Bd. 1, Baden-Baden, S. 13-41.
Holzinger, K., 1994, »Verhandeln in der Mediation. Ein verhandlungstheoretischer Ansatz, in: A. Dally, H.-J. Fietkau und H. Weidner (Hg.), *Mediation als politischer und sozialer Prozeß. Loccumer Protokolle* 73/93, Loccum, S. 191-211.
Japp, K. P., 1992, »Selbstverstärkungseffekte riskanter Entscheidungen«, in: *Zeitschrift für Soziologie* 21, S. 31-48.
– 1993, »Die Form des Protestes in den neuen sozialen Bewegungen«, in: D. Baecker (Hg.), *Probleme der Form*, Frankfurt am Main, S. 230 bis 251.
– 1994, »Verwaltung und Rationalität«, in: K. Dammann, D. Grunow und K. P. Japp (Hg.), *Die Verwaltung des politischen Systems*, Opladen, S. 126-141.
Jungermann, H., und P. Slovic, 1993, »Die Psychologie der Kognition und Evaluation von Risiko«, in: G. Bechmann (Hg.), *Risiko und Ge-*

sellschaft. Grundlagen und Ergebnisse interdisziplinärer Risikoforschung, Opladen, S. 167-207.

Katz, E., 1968, »On Reopening the Question of Selectivity in Exposure to Mass Communications«, in: R. P. Abelson, E. Aronson, W. J. McGuire, T. M. Newcomb, M. J. Rosenberg und P. H. Tannenbaum (Hg.), *Theories of Cognitive Consistency: A Sourcebook*, Chicago, S. 788-796.

Kaufmann, F. X., 1989, »Über die soziale Funktion von Verantwortung und Verantwortlichkeit«, in: *Jahrbuch für Rechtssoziologie und Rechtstheorie* 14, S. 204-224.

Krohn, W., und G. Krücken, 1993, »Risiko als Konstruktion und Wirklichkeit. Eine Einführung in die sozialwissenschaftliche Risikoforschung«, in: W. Krohn und G. Krücken (Hg.), *Riskante Technologien: Reflexion und Regulation*, Frankfurt am Main, S. 9-44.

Krücken, G., 1997, »Risikotransformation: Voraussetzungen, Strukturen und Folgen der politischen Regulierung von Arzneimittelgefahren«, in diesem Band, S. 116-146.

Kunig, P., 1990, »Alternativen zum einseitig-hoheitlichen Verwaltungshandeln«, in: W. Hoffmann-Riem und E. Schmidt-Aßmann (Hg.), *Konfliktbewältigung durch Verhandlungen*, Bd. 1, Baden-Baden, S. 43-66.

Ladeur, K.-H., 1995, *Das Umweltrecht der Wissensgesellschaft. Von der Gefahrenabwehr zum Risikomanagement*, Berlin.

Lucke, D., 1995, *Akzeptanz. Legitimität in der »Abstimmungsgesellschaft«*, Opladen.

Luhmann, N., 1964, *Funktionen und Folgen formaler Organisationen*, Berlin.

–, 1972, *Rechtssoziologie*, 2 Bde., Hamburg.

–, 1983, *Legitimation durch Verfahren*, Frankfurt am Main.

–, 1984, *Soziale Systeme. Grundriß einer allgemeinen Theorie*, Frankfurt am Main.

–, 1990, »Risiko und Gefahr«, in: ders., *Soziologische Aufklärung*, Bd. 5, Opladen, S. 131-169.

–, 1991, *Soziologie des Risikos*, Berlin/New York.

–, 1996, *Die Realität der Massenmedien*, 2., erw. Auflage, Opladen.

Mayntz, 1985, *Soziologie der öffentlichen Verwaltung*, Heidelberg.

–, 1993, »Policy-Netzwerke und die Logik von Verhandlungssystemen«, in: A. Héritier (Hg.), *Policy-Analyse. Kritik und Neuorientierung. Politische Vierteljahresschrift*, Sonderheft 24, Opladen, S. 39 bis 56.

Nelkin, D., und M. Pollak, 1980, »Problems and Procedures in the Regulation of Technological Risk«, in: R. C. Schwing und W. A. Albers (Hg.), *Societal Risk Assessment. How Safe Is Safe Enough?*, New York, S. 233-248.

Peters, B., 1991, *Rationalität, Recht und Gesellschaft*, Frankfurt am Main.
Peters, H. P., 1994, »Risikokommunikation in den Medien«, in: K. Merten, S. J. Schmidt und S. Weischenberg (Hg.), *Die Wirklichkeit der Medien. Einführung in die Kommunikationswissenschaft*, Opladen, S. 329-351.
Pfingsten, K., 1994, »Psychologische Aspekte von Mediationsverfahren: Anforderungen an Mediationsteilnehmer/innen. Ergebnisse der Arbeitsgruppe«, in: A. Dally, H.-J. Fietkau und H. Weidner (Hg.), *Mediation als politischer und sozialer Prozeß. Loccumer Protokolle* 73/93, Loccum, S. 69-73.
Sabatier, P. A., 1993, »Advocacy-Koalitionen, Policy-Wandel und Policy-Lernen: Eine Alternative zur Phasenheuristik«, in: A. Héritier (Hg.), *Policy-Analyse. Kritik und Neuorientierung. Politische Vierteljahresschrift*, Sonderheft 24. Opladen, S. 116-148.
Sapotnik, J., und K. Christian, 1993, »Mediation auf dem Prüfstand. Das Mediationsverfahren im Kreis Neuss«, in: *Wechselwirkung* 64, S. 37 bis 40.
Saretzki, T., 1996, »Wie unterscheiden sich Argumentieren und Verhandeln? Definitionsprobleme, funktionale Bezüge und strukturelle Differenzen von zwei verschiedenen Kommunikationsmodi«, in: V. von Prittwitz (Hg.), *Verhandeln und Argumentieren. Dialog, Interessen und Macht in der Umweltpolitik*, Opladen, S. 19-39.
Schulze-Fielitz, H., 1990, »Der Konfliktmittler als verwaltungsverfahrensrechtliches Problem«, in: W. Hoffmann-Riem und E. Schmidt-Aßmann (Hg.), *Konfliktbewältigung durch Verhandlungen*. Bd. 2, Baden-Baden, S. 55-86.
–, 1994, »Zeitoffene Gesetzgebung«, in: W. Hoffmann-Riem und E. Schmidt-Aßmann (Hg.), *Innovation und Flexibilität des Verwaltungshandelns*, Baden-Baden, S. 139-198.
Schuppert, G. F., 1990, »Konfliktmittlung bei Verhandlungen und Verwaltungsverfahren«, in: W. Hoffmann-Riem und E. Schmidt-Aßmann (Hg.), *Konfliktbewältigung durch Verhandlungen*., Bd. 2, Baden-Baden, S. 29-53.
Starbuck, W. H., 1976, »Organizations and Their Environments«, in: M. D. Dunette (Hg.), *Handbook of Industrial and Organizational Psychology*, Chicago, S. 1069-1123.
Starr, C., 1969, »Social Benefit versus Technological Risk. What Is Our Society Willing to Pay for Safety?«, in: *Science* 165, S. 1232-1238.
Streeck, W., 1994, »Staat und Verbände: Neue Fragen. Neue Antworten?«, in: W. Streeck (Hg.), *Staat und Verbände. Politische Vierteljahresschrift*, Sonderheft 25, Opladen, S. 7-34.
Vollmer, H., 1996a, »Akzeptanzbeschaffung: Verfahren und Verhandlungen«, in: *Zeitschrift für Soziologie* 25, S. 147-164.

–, 1996b, »Die Institutionalisierung lernender Organisationen. Vom Neoinstitutionalismus zur wissenssoziologischen Aufarbeitung der Organisationsforschung«, in: *Soziale Welt* 47, S. 315-343.

Weick, K. E., 1977, »Enactment Processes in Organizations«, in: B. Staw und G. Salancik (Hg.), *New Directions in Organizational Behavior*, Chicago, S. 267-300.

–, 1979, *The Social Psychology of Organizing*, 2. Auflage, Reading.

Wiesenthal, H., 1994, »Lernchancen der Risikogesellschaft«, in: *Leviathan* 22, S. 135-159.

Winter, G., 1985, »Bartering Rationality in Regulation«, in: *Law and Society Review* 19, S. 219-250.

Würtenberger, T., 1993, »Konfliktlösung durch Akzeptanzmanagement«, in: H. Zilleßen, P. C. Dienel und W. Strubelt (Hg.), *Die Modernisierung der Demokratie*, Opladen, S. 72-86.

Zucker, L. G., 1987, »Institutional Theories of Organization«, in: *Annual Review of Sociology* 13, S. 443-464.

Klaus Dammann
Vollzugsdefizite oder Vollzugsfehler?
Juristische Risiken bei Umweltschutz- und Technikkonflikten[1]

Ein neuer Ansatz zur Erklärung von Vollzugsdefiziten im Bereich der Technik- und Umweltregulierung – warum denn das? Die deutschen sozialwissenschaftlichen Forschungen zur Implementation von Recht haben sich, nachdem in den frühen siebziger Jahren dieses Jahrhunderts der Begriff »Vollzugsdefizit« als Nachfolgebegriff für bürokratische Sabotage (Brecht 1937; Lipset 1959, S. 255 ff.) in die Welt gesetzt worden war und die Forschung angetrieben hatte, im letzten Jahrzehnt geradezu von diesem Leitbegriff weg bewegt. Juristen hatten sich selbst und auch Sozialwissenschaftler davon überzeugt, daß nicht alles eindeutig illegal ist, was man früher dafür gehalten hatte, insbesondere nicht beim »informalen« Verwaltungshandeln. Nach dieser Belehrung ging man dann zu Verhandeln oder, spezieller noch, zu Tauschhandel (vgl. vor allem Winter 1985) und Mediation in Verhandlungen (vgl. Hoffmann-Riem/Schmidt-Aßmann 1990) als Themen über und bezeichnete damit auch Phänomene, die vorher als Vollzugsdefizite erfaßt worden waren. Die Perspektive des Implementationsdefizits war nicht widerlegt, sie war auch nicht auf andere Weise obsolet geworden, sondern wieder einmal (vgl. Luhmann 1995, S. 398) hatte die schiere Langeweile den Wechsel einer leitenden Unterscheidung in der Wissenschaft hervorgebracht.

Ich möchte noch einmal zum alten Thema Vollzugsdefizit zurückkehren. Mein Begriffspaar soll aber nicht Vollzugsdefizit/Vollzug heißen, sondern Vollzugsdefizit/Vollzugsfehler. Ich werde zeigen, daß so eine Erklärung dafür geliefert werden kann, daß gerade in Umweltschutz- und Technikkonflikten Abweichungen

1 Meine Argumentation in diesem Aufsatz hätte vielleicht noch gewonnen, wenn ich alle Verbesserungsvorschläge von Petra Hiller und Georg Krücken eingearbeitet hätte. Ich danke ihnen für die sorgfältige Lektüre der Entwürfe.

von rechtlichen Erwartungen als Vollzugsdefizit problematisiert werden – und nicht als Fehler! Vollzugsdefizite gehören in die politischen Auseinandersetzungen, rechtliche Fehler vor die Gerichte.

Die überlieferten Erklärungen für »Defizit«problematisierung beim Vollzug von Recht setzen objektivistisch an, objektivistisch im Sinne einer Soziologie sozialer Probleme (vgl. Albrecht 1990). Es »gibt« rechtliche Erwartungen an die Vollzugsverwaltung, und es »gibt« vollziehend gemeinte administrative Handlungen, die im Vergleich von Erwartungen und darauf reagierende Handlungen wissenschaftlich als abweichend – das heißt: den Normenvollzug verfehlend – beobachtet werden können. Es »gibt« also Probleme (»objektive«) und nicht »nur« (»subjektive«) Problematisierungen. Erklärungen dafür können durch Fokussierung einerseits der Erwartungsbildung oder andererseits der erwartungsenttäuschenden Handlungen gewonnen werden.[2]

So kann man fehlende Rechtskenntnis der Verwaltung (zum Beispiel wegen des Kompliziertheitsgrades der rechtlichen Normierung) als Ursache behandeln. Die Normenkommunikation funktioniert dann nicht in einer anschlußfähigen Weise. Erwartungen werden zwar von externen Beobachtern gesehen (Referenten der Ministerialbürokratie, Gerichten, Soziologen), aber für die »real existierende« Implementationsverwaltung anschlußfähige Erwartungskommunikation kann nicht beobachtet werden. Recht wird nicht zur Struktur der implementierenden Behörden und Volksvertretungen. Bekannter noch ist »symbolische Politik« als Kürzel für ein Fehlen implementationsfähiger Normbildung. Mentalreservation der Normproduzenten (»Wir wollen mal so tun, als ob wir etwas tun«) mit flankierenden Maßnahmen (zum Beispiel Streichung eines Sanktionsinstrumentariums) oder Unterlassungen (zum Beispiel fehlende Finanz- und insbesondere Personalausstattung der Implementationsbehörden) sind hier zu nennen, aber auch ein kompliziertes Bündel von

2 Vergleiche an theoretisch profilierten Arbeiten für die Erwartungsbildungsseite Edelman (1976) und Brunsson (1989) sowie für die Seite der Enttäuschungshandlungen Winter (1975), Treiber (1989; 1992) und Luhmann, dessen Arbeiten zusammengefaßt durch Treutner (1994). Eine nicht theoretisch bemühte Zusammenfassung von Erklärungsfaktoren und empirischen Evidenzen hat beispielsweise Uebersohn (1990) geliefert.

Entstehungsbedingungen für ein Auseinanderdriften von »talk« und »action« (Brunsson 1989).

Die Seite des erwartungswidrigen Handelns wird dagegen vor allem duch eine Untersuchung der Machtverhältnisse oder, abstrakter, der Kontaktsysteme zwischen Regulierungsverwaltung und Regulierten beleuchtet. Man kann auch Divergenzen zwischen rechtlichen und anderen Erwartungen betonen, die auf andere Ursachen zurückführbar sind. Stichworte dafür sind »brauchbare Illegalität«, »Opportunismus gegen Programmatik« oder (noch allgemeiner) kollidierende Logiken der gesellschaftlichen Funktionssysteme, an denen implementierende Verwaltungen als Organisationen teilhaben, nämlich zumindest Wirtschaft, Recht und Politik. Für unsere Zwecke relevant ist ein objektivistischer Ansatz, der in Vollzugsdefiziten auch Justitiabilitätsdefizite sieht und sich von ihrer Beseitigung, etwa mit Verbandsklagen, mehr rechtskonformes Verwaltungshandeln erhofft (vgl. hierzu Rehbinder 1970; Winter 1975, S. 56; Lübbe-Wolff 1996, S. 201 ff.).

Ich möchte die Diskussion um die Implementation von Rechtsnormen rechts-, risiko- und devianzsoziologisch anreichern, indem ich drei soziologische Themen einbringe: *Rechtsmobilisierung* (als Thematisierung von Recht im Rechtssystem), die Schaffung juristischer *Risiken* durch Rechtsmobilisierung und die durch eine begrenzte Rechtsthematisierung erfolgende Konstituierung einer bestimmten Art von Verwaltungs*devianz* als soziales Problem (»Vollzugsdefizite«). Ich will nacheinander fünf Fragen beantworten. Zunächst: Was unterscheidet juristische Risiken von anderen Risiken, die im administrativen Entscheiden berücksichtigt zu werden pflegen (1)? Wie werden in den schon häufig soziologisch untersuchten bilateralen Verhandlungen zwischen Verwaltungen einerseits und Techniknutzern oder Umweltschädigern auf der anderen Seite, die ja bekanntlich im »Schatten des gesatzten Rechts« stattfinden, juristische Risiken berücksichtigt (2)? Was passiert im riskanten Entscheiden, wenn die bilateralen Verhandlungen bei der Mobilisierung von Recht durch »Dritte«, nämlich die Regulierungsinteressenten, erweitert werden? Und was unterbleibt, wenn eine solche Rechtsmobilisierung entmutigt wird (3)? Dann komme ich (4) noch einmal auf die vorher schon inzident behandelten Fragen zurück: Was wird aus den vielzitierten »Vollzugsdefiziten« im

Technik- und Umweltrecht, wenn wir bei ihrer Beobachtung vorhandene und fehlende Rechtsmobilisierungsmöglichkeiten berücksichtigen? Und am Schluß frage ich (5): Hat das Technik- und Umweltrecht eine besondere Neigung zu solchen »Defiziten«?

1. Juristische Risiken

Die bisherige Diskussion um Recht und Risiko in Umweltschutz- und Technikkonflikten zentriert sich auf Risiken für *andere* als die staatlichen rechtsetzenden und rechtanwendenden Instanzen. Neben solchen Chancen und Risiken für andere, um deren Arbeitsplätze oder Profite, Gesundheit und Leben, Freiheit und sonstiges Wohlergehen es geht, wird aber in Verwaltungen auch die *eigene* ungewisse Betroffenheit ständig thematisiert. Wenn die Bedrohtheit der eigenen Ressourcen gemeint ist, wird von politischen, finanziellen, juristischen und Personalmotivationsrisiken gesprochen.

Die Berücksichtigung solcher Eigenrisiken und speziell das Einbringen juristischer Risiken gehört auch zum Risikomanagement von Umwelt- und Technikkonflikten. Man kann verschiedene Ursachen dafür vermuten, daß diese Risiken in Entscheidungsprozessen benötigt werden (vgl. Hawkins 1989; Dammann 1993, S. 504 f.). Die vielleicht wichtigste ist, daß ihre Berücksichtigung durch den Einbau von Gerichten und Justitiariaten in die gesamtstaatliche Organisation zur Erwartungsstruktur auch der übrigen Instanzen gehört.

Im Laufe der gesellschaftlichen Entwicklung ist aus dem Risiko des einzelnen und später auch der Organisationen, eigene Normen zu entwerfen, die dann auf wenig Konsens stoßen, ein Verfahrensrisiko geworden (vgl. Luhmann 1969, S. 44 f.). Ein Rechtsstab entscheidet verbindlich. Die juristische Riskanz des eigenen Handelns besteht nun darin, daß andere Instanzen, am häufigsten Gerichte, dieses Handeln langwieriger rechtlicher Prüfung zu unterziehen und auch zu illegalisieren vermögen. Beides, das auf den Prüfungs- und das auf den Illegalisierungsvorgang bezogene juristische Handeln, ist oft Vermeidungshandeln. Das wird in Unternehmen oder Verwaltungen mit verschiedenen Redeweisen ausgedrückt. Justitiariate zum Beispiel werden »Unfallverhütungsstationen« genannt (vgl. Forsthoff

1976, S. 237); der Unfall, das heißt längere Prüfung und/oder Illegalisierung einer Entscheidung (Bescheid, Vertrag, Gesetz) per Entscheidung, ist das Risiko, dem es zu begegnen gilt. Ein Jurist hat Entscheidungen »gerichtsfest«, ein Untergericht seine Urteile »rechtsmittelsicher« zu machen und das »juristische Restrisiko« (heute in den USA und Deutschland vor allem das verfassungsrechtliche[3]) abzuschätzen. »Gerichtsfestigkeit« wird im Verwaltungssprachgebrauch als Attribut sogar auf den Gegenstand der Entscheidungen übertragen: die »gerichtsfeste Straßentrasse« oder die »gerichtsfeste Müllverbrennungsanlage« ist dann ein administratives Ziel.

Beim juristischen Risiko steht meist nur vordergründig Rechtsnominierung auf dem Spiel, das heißt etwa die Geltung bestimmter Rechtsnormen (zum Beispiel vertraglich ausgehandelter) oder der Konsens dafür – es sei denn, es handelt sich um ein Präzedenzrisiko, bei dem eine Regulierungsverwaltung eine Entscheidung mit unerwünschten normativen Erwartungen befürchtet, auf die sich dann auch andere Regulierte berufen können. Meistens jedoch wird das, was letztlich riskiert wird, wenn Rechtshandlungen im Rechtssystem (zum Beispiel durch ein gerichtliches Urteil) verändert werden, in Begriffen von Reputation, Einfluß, Geld, Motivation usw. benannt, also gerade nicht als etwas bezeichnet, worauf das Rechtssystem kommunikativ spezialisiert ist. Wenn »Rechtsunsicherheit« als Risiko genannt wird, so ist das nur eine Kurzbezeichnung für anderes (vgl. zum Beispiel Brohm 1986, S. 324). Bei politischen und wirtschaftlichen Risiken sind dagegen das gesellschaftliche Funktionssystem und das Kommunikationsmedium, von dem letztlich Einheiten riskiert werden, oft gekoppelt. Wenn Geldeinheiten (über Gewinn, Arbeitsplätze usw.) riskiert werden, wird darüber wirtschaftlich gesprochen. Wenn Machtsummen kalkuliert werden (drohender Verlust von Wählerstimmen, Koalitionsmöglichkeiten, Stellenbesetzungsoptionen usw.), so geschieht das im politisch-administrativen System.

Rechtliche Risiken sind für Verwaltungen ganz regelmäßig *transitorische Risiken*. Bei ihnen kommt es auf den im Rechtssystem entstehenden Schaden in der Regel nicht als solchen an,

3 Ein Verfassungs- und Umweltrechtslehrer will wissen, daß die deutsche Verfassung einem »Phantasievorbehalt« unterliegt: die Phantasie des Bundesverfassungsgerichts entscheide (Kloepfer 1989, S. 49).

etwa auf das Stoppen oder die Beseitigung einer Emissionsauflage durch verwaltungsgerichtliches Urteil oder die Verpflichtung zum Schadenersatz in einer gutachterlichen Stellungnahme des eigenen Justitiariats. Vielmehr wird in der Kommunikation sofort auf Geld oder Macht umgeschaltet: Wieviel Geld muß die Verwaltung zahlen, wenn das Urteil oder Gutachten auf Schadenersatz lautet, wieviel Ansehen verliert die dominante Parteienkonstellation oder die für den rechtlichen Fehler verantwortliche behördliche Instanz, und was bedeutet das für Wählerstimmen- und Mandatszahlen, Koalitions- und Stellenbesetzungsoptionen? Viele Witze im juristischen Milieu gehen darum, daß man nie weiß, ob jemand klagen wird und wie die Gerichte entscheiden werden. Prozesse und Prozeßverluste allein sind keine Schande, damit muß immer gerechnet werden. Schlimm nur, wenn es Auswirkungen haben könnte auf Geld- und Machtverhältnisse!

Was heißt juristische Ungewißheit, wo doch die staatlichen juristischen Instanzen unter Entscheidungszwang stehen und deshalb sagen, was rechtens »ist«? Juristische Professionen und Paraprofessionen, vor allem Richter und Rechtspfleger, Ankläger und Gerichtsvollzieher, Steuerberater und Anwälte oder Justitiare und Verwaltungsinspektoren, verwalten wie andere Professionen einen Unsicherheitsbereich. Als ihre Kompetenz gilt nicht nur, trotz häufigem Fehlen von Konsens, zu wissen und begründen zu können, was rechtens »ist«, sondern auch, abschätzen zu können, mit welchen nicht-numerischen Wahrscheinlichkeiten vor Gerichten oder anderen letztentscheidenden Instanzen (zum Beispiel Rechtsaufsicht, Gutachter) Recht oder Unrecht zu bekommen ist, etwas als rechtens oder illegal[4] etikettiert werden wird. Es geht also um Chancen und Risiken. Kürzel wie »h. M.« (herrschende Meinung) oder »h. Rspr.« (herrschende Rechtsprechung) dienen nicht nur dazu, eigene Rechtsmeinungen auf Autorität zu stützen, sondern haben noch die andere Funktion, ausreichende Wahrscheinlichkeit fremder Rechtsentscheidungen anzudeuten.[5]

4 Strafbar/nicht strafbar, rechtswidrig/rechtmäßig, nichtig/anfechtbar/rechtsbeständig, vertretbare/nicht vertretbare Rechtsmeinung usw.

5 Der durch Juristen gut beobachtbare Pluralismus von rechtlichen Erwartungen, die mit divergierenden Rechtsentscheidungen und Rechtsmeinungen kommuniziert werden, wird manchmal von ihnen

Die für Rechtsbegründungen ontologisch formulierte Nutzung von Recht – »dies ist rechtens, das ist Unrecht« – gibt normativen Erwartungen Ausdruck, solchen, die bei ihrer Enttäuschung aufrechterhalten werden. Das brauchen nicht unbedingt die eigenen Erwartungen dessen, der so spricht, zu sein. Man kann solche Redeweisen in Verwaltungen durchaus als spielerische, taktische oder strategische Nutzung fremder Normativität beobachten. Die Behauptung eines »juristischen Risikos« meint dagegen immer eigene Erwartungen, stilisiert sie aber als kognitive, als im Enttäuschungsfall revidierbare. Dieser Doppelcharakter »der« rechtlichen Argumentationsweise, ihre normative und ihre kognitiv-prognostische Orientierung, ist in Deutschland erst spät und auch heute noch ganz unzureichend in das Blickfeld der juristischen Methodenlehre gerückt.[6] Diese Lehre hat sich jedenfalls in Deutschland einseitig als Lehre für die *Dar*stellung verbindlicher juristischer Entscheidungen (und damit indirekt auch als Lehre für die *Her*stellung »richtiger« Entscheidungen) verstanden. An die Stelle einer Prognoselehre treten unter anderem kryptische Regeln für die Herstellung von »herrschender Meinung«.

Die Redeweise vom Risiko in der juristischen Praxis geht über den Alltagssprachgebrauch, ungewisse negative Folgen zu bezeichnen, durchaus hinaus: »Vor Gericht und auf hoher See ist man vor Überraschungen nicht gefeit« und »Wie das ausgeht, wissen nur Gott und die Gerichte«. Ungewisse Gerichtsentscheidungen haben mit Gottesurteilen (und Naturkatastrophen) ge-

als »Verlust der juristischen Gewißheit« erlebt (zum Beispiel von Adomeit 1980). Ungewißheit heißt dann empirisch: »Für jedes in der Neuen Juristischen Wochenschrift und Juristenzeitung abgedruckte Urteil kann man sich ein gegenteilig ausgefallenes Urteil vorstellen, das methodologisch nicht weniger überzeugend begründet wäre. Erst durch sein Defizit an Zertifität wird der Leitsatz eines Urteils interessant genug, um die Redaktion einer juristischen Fachzeitschrift zum Abdruck zu bewegen« (Adomeit 1980, S. 344). Der Soziologe wird die Rechtshistorikerin gerne fragen, ob man von »Verlust« der juristischen Gewißheit sprechen darf. Hat es nicht immer neben der (wegen Entscheidungszwang notwendigen) juristischen Konstruktion eines einheitlichen Rechts die Vorstellung eines Pluralismus von Rechtsentscheidungen und Rechtsmeinungen gegeben?

6 Vergleiche immerhin Adomeits (1980) Antworten auf Fragen, die nach dem »Verlust der juristischen Gewißheit« entstehen.

meinsam, daß wir böse Überraschungen erleben können, die wir bei der Entscheidung nicht »in Kauf nehmen« wollen. Es gibt also auch *postdecision surprises*, das heißt, beim Versuch einer Kalkulation möglicher juristischer Folgen werden Risiken in einem engeren als alltagssprachlichen Sinne (vgl. Luhmann 1991, S. 32 f., 111, 207 ff.) berücksichtigt.[7]

2. Bilaterale Verhandlungen im Schatten des Rechts

Recht kann nicht nur im Rechtssystem, sondern zum Beispiel auch in den Medien thematisiert werden (Gerichtsberichterstattung) oder in der Erziehung (in der Schule, der Juristen- und Sozialarbeiterausbildung). Erst wenn sich Akteure auf Recht berufen, kommunikativ Rechtshandlungen schaffen, sprechen wir speziell von Rechtsmobilisierung (vgl. Blankenburg 1980). In klassischen deutschen Implementationsstudien wird die Mobilisierung von Recht bei zwei Klassen von Akteuren untersucht. Neben den Verwaltungen machen die Regulierten das Recht zum Thema. Sie berufen sich gegenüber regulativen Zumutungen durch behördliche Anfragen, Ablehnungen, Auflagen, Verbote, Fristsetzungen usw. auf Eigentums- und Berufsfreiheit und Derivate, die im deutschen Recht zum Beispiel »wirtschaftliche Vertretbarkeit« oder etwas genereller »Verhältnismäßigkeit«[8] behördlicher Maßnahmen heißen. Die Implementationsbehörden bilden die zweite Akteursklasse. Sie hören sich solche Einwände an oder antizipieren sie, haben aber auch selber rechtliche Argumente, die sie den Regulierten bekanntmachen oder von ihnen antizipieren lassen. So fällt ein rechtlicher Schatten (Treiber 1989,

7 Zum Spezifikum juristischer Risiken vergleiche Dammann (1997a).

8 Einige Zeit nach 1949 fingen deutsche Juristen an, da, wo Vertretbarkeitsklauseln in Umweltgesetzen fehlen, mit verfassungsrechtlichen Argumenten die Verhältnismäßigkeit behördlicher Maßnahmen im Hinblick auf erstrebte Erfolge zu prüfen. Eine prägnante Aussage dazu lautet: Mit Kanonen (geforderte Umweltschutzmaßnahmen, die Arbeitsplätze in einer Gemeinde oder gar ganz Deutschland gefährden?) darf man nicht auf Spatzen (Schadstoffe, die kurzfristig nur Fische töten oder das Baden verleiden?) schießen. Vergleiche die Kanonen/Spatzen-Metapher bei Herzog (1988, S. 1023).

S. 189 ff.) auf bilaterale Verhandlungen.[9] Es ist immer wieder beschrieben worden, wie dieser Schatten beidseitig in Risikokalkülen beobachtbar ist. Wenn der »Schatten« speziell in der Redeweise von *Risiko* sichtbarer gemacht wird, geht es um einen dritten Akteur[10], der den Schatten wirft, meist ein Gericht, seltener eine Rechtsaufsichtsbehörde, ganz selten eine Schiedsinstanz (Gutachter!), auf die man sich einigt. Das soll Abbildung 1 zeigen.

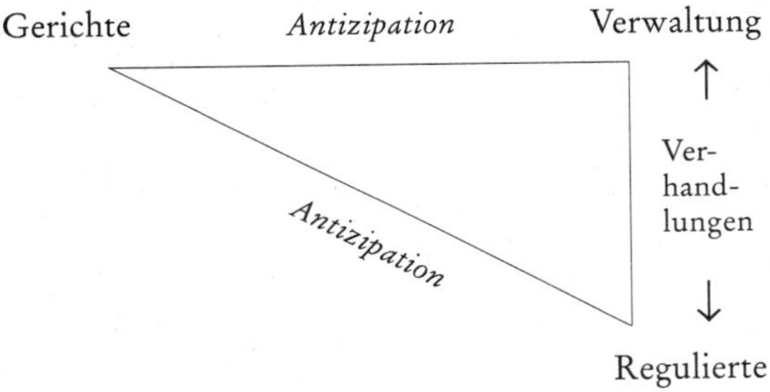

Abb. 1: Das Regulierungsdreieck: Bilaterale Verhandlungen zwischen Regulierungsverwaltung und Regulierten im »Schatten des Rechts«

Die empirischen Untersuchungen zur Regulierungsimplementation haben gezeigt, daß im Entscheidungsprozeß Risiken berücksichtigt werden, entweder in den Gedankengängen der Entscheider oder in der Kommunikation.[11] Wie häufig Risiken ne-

9 Mit der Zwischenschaltung eines Anwalts auf seiten des Regulierten erweitert sich oft schon die Verhandlungskonstellation auf Dreierverhandlungen. Da das Mandanten-Anwalts-Verhältnis in Implementationsforschungen fast immer unbeleuchtet bleibt, lasse auch ich es vereinfachend weg.

10 Daß ein Gericht als »Schattenwerfer« *handelt*, ist nicht selbstverständlich. Oft wird bei Handlungsfähigen dann nicht von »Handlungen« gesprochen, wenn ihr Handeln »nur« antizipiert wird. Sie handeln aber vorher oder nachher, und zwar so, daß zur Antizipation motiviert wird.

11 Das wird meist nicht unterschieden, wenn von Antizipation, Berücksichtigung, Orientierung usw. die Rede ist. Manchmal wird das Risikokalkül aber eindeutig psychologistisch beschrieben, so wenn Gal-

ben Chancen und sicheren Folgen Thema werden, und wie häufig gerade juristische Risiken neben unabhängig davon gesehenen Eigen- oder Fremdrisiken, ist allerdings nicht bekannt.[12] Wir wissen, daß Regulierte regelmäßig gute Möglichkeiten haben, den Verwaltungen durch Rechtsmobilisierung Schaden zuzufügen[13], und müssen aufgrund der berichteten Daten vermuten, daß das in den Verhandlungen als Chance der Regulierten und Risiko der Regulierungsverwaltungen gesehen wird. Für die einen Beobachter bleibt das mehr, für die anderen weniger latent. Wissenschaftliche Beobachter haben sowohl auf die Berücksichtigung des Verfahrensrisikos (Zeitverzögerung, Aufwand) wie des Risikos der juristischen Niederlage im Verfahren aufmerksam gemacht. In den vielen Fällen, in denen nicht der Regulierte von einer Verwaltung eine Handlung erwartet (Genehmigung), sondern wo eine Verwaltung ein Verhalten des Regulierten erreichen will (Erfüllung von Auflagen, Abriß materiell illegaler Anlagen, Investitionen ganz allgemein), ist sie sensibel gegenüber Verzögerungen durch Rechtsmittelverfahren, insbesondere solchen vor Gericht, auf deren Dauer sie wenig Einfluß hat (Hucke/Ullmann 1980, S. 108, 115 f., 124). Das »einzig berechenbare Ergebnis« eines Gerichtsprozesses über Umweltrecht, sagt ein Beobachter der Szene (Nocke 1988, S. 118), ist für Verwaltungen der Zeitverlust. Es fragt sich nur, wieviel Zeit man verliert. Darin liegt ein Risiko. So werden manche Verhandlungsergebnisse erklärlich, mit denen Illegales für die mutmaßliche Dauer eines Gerichtsprozesses geduldet wird. Die angenommene Zeitverzögerung würde man sowieso mit hoher Wahrscheinlichkeit riskieren, und so hat man wenigstens eine klare und durchsetzbare

landi (1987, S. 802 f.) »Faulheits-«, »Angst-«, »Frustrations-« und »Pokerdeals« (in Verhandlungen zwischen Strafverteidigerbüros und Strafgerichten) unterscheidet.

12 Bulling (1989, S. 278) berichtet, daß bei »größeren Fällen« kooperativer Vorkontakte mit dem Regierungspräsidium Stuttgart »regelmäßig qualifizierte Fachanwälte für Verwaltungsrecht« beteiligt sind. Das spricht für Kommunikation über beidseitige juristische Risiken.

13 Wohl am häufigsten wird der Arbeitsaufwand als Schaden genannt (vgl. etwa Hucke/Bohne 1980, S. 190; Klitzsch 1986, S. 177; Bachmann 1993, S. 70). Lübbe-Wolff (1989, S. 302) hält das – gut begründet – für eine »Schutzbehauptung«. In einer Studie zum Strafprozeß war Verfahrensökonomie das häufigste Argument zugunsten einer Absprache (Lüdemann/Bußmann 1989, S. 61).

Regelung für die Zeit danach, die sonst mehr oder weniger ungewiß wäre (Bracher 1987, S. 127).

Diese doppelte Konstellation, daß Verwaltungen Handlungen der Regulierten wollen (und nicht umgekehrt) und daß die Dauer und/oder der Ausgang eines gerichtlichen Verfahrens äußerst ungewiß sind, kennzeichnet eine große Menge von Verhandlungen über Umwelt- und Technikkonflikte. Es ist immer wieder darauf hingewiesen worden (und wird im Teil 5 noch belegt), daß die beobachtbare Flexibilität des Rechts hier größer ist als in anderen Rechtsmaterien, etwa dem Recht der Sozialleistungen.[14]

Bleibt schon das Ausmaß des Bewußtmachens oder der Kommunikation von juristischen Risiken in den empirischen Studien ungeklärt, so finden wir noch weniger Daten zu der Frage, inwieweit sich Verwaltungen *aversiv* zu den juristischen Risiken verhalten. Die in den Studien geschilderten Beispiele, in denen eine prioritäre Berücksichtigung juristischer Risiken (Verfahrensverzögerung, Illegalisierung) und ihrer möglichen weiteren Folgen naheliegt, sind eben nur Beispiele. Mit ihnen kann die Nullhypothese widerlegt werden, daß juristische Risiken für Verwaltungen *nicht* entscheidungserheblich sind. Gerichtliche Verfahren einer Verwaltung gegen Regulierte widerlegen aber andererseits die Hypothese einer allgemeinen Aversion gegen juristische Risiken, und die Entscheidungssammlungen der Gerichte zeugen von vielen solcher Verfahren. Die These einer *allgemeinen* administrativen Neigung, juristische Risiken gegen Regulierte zu vermeiden[15], hat nicht einmal eine Art Ausgangsplausibilität für sich. In

14 Hier fehlt auch die erste der beiden genannten Bedingungen: die Verwaltung ist bei der Implementation nicht initiativ.

15 Solche allgemeinen Risikoaversionsthesen kann man zum Beispiel erkennen bei Backhaus (1976, S. 535): Regierungen seien mit Blick auf Wählerstimmen verfassungsgerichtsrisikoscheu, bei Schink (1986, S. 52): Verwaltung im »Geruch der Unfähigkeit« bei Prozeßverlust, in der häufigen Behauptung eines Interesses von Verwaltungen, Kontrolle über ihre Entscheidungen nicht an Gerichte abzugeben und in der verwaltungspraktischen These, daß Handlungsmöglichkeiten im Städtebaurecht unterausgenutzt werden, weil die Rechtsprechung ein Risikofaktor geworden sei (vgl. Schäfer 1987, S. 291). Bachmann (1993, S. 60) spricht dagegen angemessen vorsichtig von einer bloßen Möglichkeit, daß die Antizipation eines Prozeßrisikos administrative Handlungsmuster in Richtung auf Vermeidungshandeln verändert.

der Verschiebung der Verantwortlichkeit zu den Gerichten kann durchaus auch ein Vorteil gesehen werden, wenn es um anscheinend unpopuläre Entscheidungen geht, etwa bei Stillegung von Anlagen und Betrieben mit dem Risiko lokaler Arbeitsplatzverluste.[16] Nicht »das Recht«, wohl aber gerichtliche Entscheidungen dienen auch einer Entlastung von Verwaltungen, weil sie ihnen erlauben zu sagen: »Hier steht es. Ich kann nicht anders« (Roellecke 1996, S. 11). Die politisch-administrative Praxis nennt solch eine Nutzung der Gerichte »die Rechtmäßigkeit außer Streit stellen«. Die Theorie hat auch immer wieder betont, daß die Bereitwilligkeit »guter« Betriebe, sich »kooperativ« regulieren zu lassen, gerade davon abhängt, daß Verwaltungen gegen »schlechte« Betriebe mit Zwang vorgehen (zum Beispiel Scholz 1984, S. 184 f.), und das heißt, daß sie dabei juristische Risiken eingehen. Und schließlich: Der vielzitierte »Attentismus« von Verwaltungen bis zur höchstgerichtlichen Klärung einer Streitfrage (vgl. zum Beispiel Schäfer 1987, S. 291) setzt gerade voraus, daß einzelne Verwaltungen so risikobereit sind, die Frage auf dem langwierigen Gerichtswege klären zu lassen.[17] Es gibt eben, wie bei jeder Risikoübernahme, Gründe, die eine Übernahme juristischer Risiken erträglich, zumutbar oder wenigstens entschuldbar machen. Das können andere Eigenrisiken sein, die es zu vermeiden gilt. Wir denken an finanzielle oder politische Risiken.

Am Ende der Verhandlungen zwischen Regulierungsverwaltung und dem Regulierten stehen Arrangements, die in verschiedene rechtliche Formen gekleidet werden: Verträge, nicht-vertragliche Absprachen, Verwaltungsakte und so weiter. Manchmal geschieht die Ergebnisprotokollierung in einem zweiten Verfahren, das von den »Vorverhandlungen« juristisch unterschieden wird und anderen, strengeren Anforderungen genügen muß.[18]

16 Die Gewaltengliederung in rechtsstaatlich verfaßten Demokratien hat diese Funktion einer Verantwortlichkeitsdiffusion (so zum Beispiel Luhmann 1971, S. 49). Aus Funktionen kann man zwar nicht auf Ursachen schließen, aber man kann sich zu Hypothesen über Ursachen anregen lassen.

17 Solche Prozesse sind in der Regel keine Musterprozesse, bei denen den Prozeßführenden bestimmte Risiken von einer Gemeinschaft der interessierten Verwaltungen abgenommen werden.

18 Ich vermeide die mißverständliche Formulierung von »informalen«

Diese Verhandlungsergebnisse beenden das juristische Risiko, das als »Schatten« beidseitig über den Verhandlungen lag in all den Fällen, in denen nicht noch andere Akteure erfolgreich das Recht gegen die Ergebnisse mobilisieren können. Meistens sind in den Rechtsimplementationsstudien die untersuchten Fälle so ausgewählt, daß Nicht-Beteiligte, auch wenn sie von den Verhandlungen und ihren Ergebnissen wissen, das Recht jedenfalls nicht erfolgreich vor Gericht mobilisieren können. Eine ganze Reihe von Institutionen des deutschen Rechts dient dazu, das zu vermeiden. Eine ihrer Grundlagen ist die rechtsdogmatische Unterscheidung von »objektivem Recht« einerseits, das gilt und von zuständigen Verwaltungen und Justizinstanzen mobilisiert werden kann, und »subjektivem Recht« andererseits, das Bürgern (und juristisch als Bürgerinnen geltenden Organisationen) die Möglichkeit gibt, etwas zu verlangen. Viele Lebenssachverhalte erscheinen der deutschen Jurisprudenz als »objektiv« durchreguliert. Ein »subjektives« Recht, bestimmte Zustände rechtlich zu verlangen, wird »Bürgern« aber nur in wenigen Fällen gegeben. Regulierungsinteressenten können nur ganz selten das objektive Recht vor Gericht thematisieren – ohne großes, zu großes eigenes Prozeßrisiko! Weder kann in der Regel die Anwohnerin eines Sees die genehmigten oder geduldeten Immissionen in diesen See gerichtlich thematisieren, noch können in vielen deutschen Bundesländern Naturschutzverbände Beeinträchtigungen im Landschaftsschutzgebiet verhindern. Beide können aber die Implementation der Wasser- oder Landschaftsschutzgesetzgebung über die Massenmedien in der politischen Diskussion problematisieren und von »Vollzugsdefiziten« sprechen lassen. Dasselbe gilt weitgehend im Arzneimittel-, Luftimmissions-, Lebensmittel-, Gentechnik-, Boden-, Pflanzenschutz- und Düngerecht sowie im allgemeinen Chemikalienrecht. Man darf den Aufschrei »Defizit« soziologisch nur als Hinweis darauf interpretieren, daß es eine Diskrepanz zwischen den rechtlichen Erwartungen der Regulierungsinteressenten und den rechtlichen

Verhandlungen und Arrangements, die auf Bohne (1981) zurückgeführt wird. Heute ist geklärt, zum Beispiel bei Bulling (1989) und Schulze-Fielitz (1992), daß Vorverhandlungen, *gentleman agreements* usw. weder konsensfähig Illegales noch Informales in einem präzise soziologischen Sinne (vgl. zum Beispiel Luhmann 1964) darstellen.

Ereignissen gibt. Soweit die Regulierungsinteressenten Organisationen und andere Akteure im Rahmen sozialer Bewegungen sind, wird »Vollzugsdefizit« zum Kampfbegriff dieser Bewegungen, etwa der Umweltbewegung oder kleinerer technikkritischer Kommunikationszusammenhänge, wie Anti-Gentechnik- oder Anti-Windenergie-Bewegung.

Deutsche Juristen rufen Gerichte und Gesetzgeber im Umweltrecht auf, sich »von der Zwangsvorstellung zu befreien, es müsse immer um den Schutz individueller Interessen und subjektiver Rechte gehen« (Blankenagel 1993, S. 25), oder rufen wenigstens nach »neuen Rechten für neue Risiken« der »Risikogesellschaft« (vgl. Damm 1993). Die Judizialisierungstendenzen sind aber im geltenden, von den Gerichten interpretierten deutschen Umwelt- und Technikrecht wenig ausgeprägt. Deutsche Gesetzgeber rühren sich nur gelegentlich im Naturschutzrecht, wenn die Farbe der Landesregierung zu Rot-Grün wechselt. Warum das so ist, wissen wir nicht. Selbst für die umweltrechtliche Judizialisierungsdivergenz zwischen USA und Kanada sind Erklärungen schwer zu plausibilisieren.[19]

3. Die Erweiterung der bilateralen Verhandlungen: Regulierungsinteressenten und Organisationsmitglieder als neue Akteursklassen

Erst im letzten Jahrhundert der Rechtsentwicklung beobachten wir in Deutschland zunehmend die Mobilisierung von Recht durch Regulierungsinteressenten. Schon früh und heute noch heftig protestierend traten jene Interessenten auf die Bühne, die sich wie die Regulierten auf Eigentums- und Berufsfreiheitsgarantien berufen können, also etwa Nachbarn oder Wettbewerber von Regulierten. Sie bekamen nach einer zeitweise rückschrittlichen Entwicklung wieder subjektive Abwehrrechte und Klagebefugnisse, die sie gegen die Regulierten und später auch gegen das Genehmigen und das Nicht-Einschreiten von Implementationsbehörden wenden können. Dann vergaben auch die Arbeitsschutzgesetzgebung und das Tarifverhandlungssystem neben »objektivem« Recht »subjektive« und »Mitbestimmungs«-rechte an technikbetroffene Arbeiter, Angestellte und Beamte.

19 Vergleiche den Versuch von Howlett (1994).

Durch Nachbar- und Kommunalklagen ist die Prozeßdichte gegen Kernkraftwerke inzwischen so, daß man zu sagen wagt: »Die Genehmigung von Atomkraftwerken bedarf der richterlichen Genehmigung«. Direkt betroffene Regulierungsinteressenten werden, wenn ihre Nichtbeteiligung juristische Risiken implizieren würde, oft in Verhandlungen einbezogen und darin mit Geld, Ersatzgrundstücken oder auch nur symbolisch für ihre Nachteile abgefunden.[20] Wie bilateral zwischen Behörden und Regulierten werden in solchen Verhandlungen multilateral Rechtspositionen abgetauscht, ganz extrem sichtbar und moralisierbar in den Fällen von »Geld gegen Klageverzicht«.

Regulatives Recht bedient sich ferner zunehmend der Institutionen Schadenersatz sowie Bestrafung von Organisationsmitgliedern. So können sich etwa in Deutschland heute Angestellte von emittierenden Unternehmen, aber auch Beschäftigte und Volksvertreter von regulierenden oder emittierenden Kommunalverwaltungen grundsätzlich wegen Gewässerverschmutzung strafbar machen. In Hessen waren 1978 bis 1983 mehr als die Hälfte der Umweltstrafrechtsverfahren gegen Chefs von Kommunalverwaltungen und Kläranlagen gerichtet, und 1987 waren in Nordrhein-Westfalen mehr als hundert strafrechtliche Ermittlungsverfahren allein wegen Mängeln der Abwasserbeseitigung gegen Kommunalverwaltungschefs anhängig (vgl. Schmeken 1988, S. 10 f.). Ihr Schadenersatz- oder Bestrafungsrisiko können die Beschäftigten in unterschiedlicher Weise den Organisationen aufzubürden versuchen, deren Mitglieder sie sind und in deren Namen sie entscheiden.

Wir haben jetzt in bestimmten Implementationsfällen schon vier Akteursklassen. Abbildung 2 (auf S. 54) zeigt diese Verhandlungskonstellation und den »Schatten«, den »das Recht« (im Sinne von Gerichtsentscheidungen) durch Antizipationsvorgänge darauf wirft.

Wir sehen drei in der Regel korporative Akteure (Regulierungsverwaltung, regulierter Betrieb, Gericht) und eine Akteursklasse, die Individuen und/oder Organisationen umfassen kann (Regulierungsinteressenten: zum Beispiel Nachbar des Regulierten, ein Verband oder eine Bürgerinitiative). Weitere beteiligte Verwaltungen und Organisationsmitglieder habe ich weggelas-

20 Nur ein Beispiel: der Bau einer Flachglasanlage in Gelsenkirchen, rekonstruiert bei Treiber (1989, S. 222 ff.).

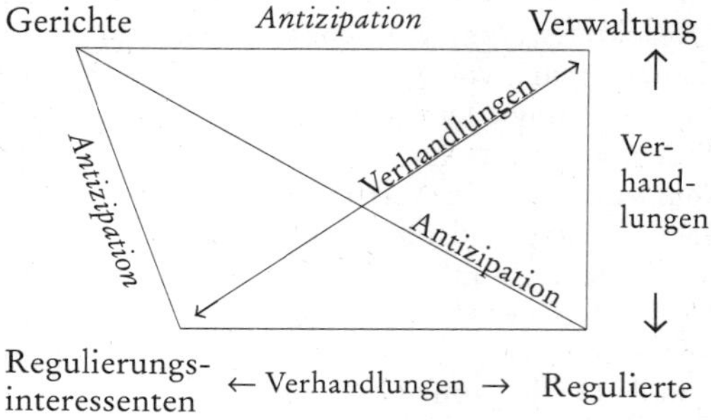

Abb. 2: Das Regulierungsviereck: Triangulierung von Verhandlungen im »Schatten des Rechts«

sen. Wenn Mobilisierung von Recht zu einem rechtlich strenger geregelten Verfahren führt, kommen oft weitere externe Organisationen ins Spiel: Justitiariat der übergeordneten Verwaltung, Anwaltskanzleien, Gerichte, Staatsanwaltschaft, Kommunalaufsichtsbehörde, Unternehmen, Konzern oder Redaktionen von Massenmedien. Es kann dann zu dem kommen, was seit der »friedlichen Revolution« in der DDR in ganz Deutschland »runder Tisch« genannt wird. Die Verhandlungen wandeln sich *mindestens*, wie in Abbildung 2 gezeigt, von bilateralen zu triangelförmigen Arrangements. Wenn die juristischen Risiken der Verwaltungs- oder Betriebsmitglieder noch nicht thematisiert sind, geht es um die vereinfachte Konstellation, daß Regulierungsinteressenten (Nachbarn oder Vertreter »entfernter« Interessen) ins Spiel kommen und glaubhaft mit gerichtlicher Mobilisierung von Recht drohen können.

Wie ergeben sich Implementationsproblematisierungen aus solchen erweiterten Verhandlungen mit Regulierungsinteressenten? Wird von »Vollzugsdefiziten« die Rede sein, wenn die Regulierungsinteressenten nicht alles erreichen, was sie zu Beginn der Verhandlungen erwartet haben? Wohl kaum. Man würde solcher Problemdarstellung zu leicht entgegenhalten können, daß mit Klagerechten »Fehler« der Regulierungsverwaltung festgestellt werden können. Implementationsprobleme entfallen, weil Problematisierungen jetzt ins gerichtliche Verfahren gehören und nicht mehr als Defizitvorwürfe in die politische Diskussion. Die

Regulierungsinteressenten sind nun in derselben Lage wie die Regulierten aller Regulierungsfelder: Kein Bauherr wird »Vollzugsdefizite« des Baurechts monieren – er könnte ja »Fehler« feststellen lassen. Keine besteuerte Bürgerin und kein Steuerzahlerbund werden »Implementationsprobleme« des Steuerrechts darin sehen, daß sie oder die Verbandsmitglieder *zu viel* Steuern zahlen. »Vollzugsdefizite« des Steuerrechts sind ein Thema derjenigen, die meinen, daß andere *zu wenig* zahlen, und die dagegen das Recht nicht mobilisieren können (vgl. Weingarten 1993).

Daß etwas als »Vollzugsdefizit« zum sozialen Problem gemacht wird, ist Folge einer Verrechtlichung von Regulierungsfeldern *ohne* vollständige multi-, das heißt nicht nur bilaterale Institutionalisierung von juristischen Risiken. Wenn die Regulierungsinteressenten die Möglichkeit haben, das Recht für ihre Interessen zu mobilisieren, entfällt die Problematisierung. Und welcher Beobachter des Geschehens könnte dann noch von »objektiven«, nicht problematisierten Implementationsproblemen sprechen? Das wäre nur mit Hilfe wenig überzeugender Konstruktionen möglich, wie »Verrat« der klagebefugten Regulierungsinteressenten am Regulierungsinteresse. Es ist nicht auszuschließen, daß vereinzelt Normativunternehmer (*moral entrepreneurs*) zu solchen Konstruktionen greifen – wenn sie selber von der Rechtsmobilisierung ausgeschlossen sind.

Inwieweit ist zu erwarten, daß die Institutionalisierung von zusätzlichen juristischen Risiken für Verwaltungen die jetzt vollständiger verrechtlichten Technik- und Umweltkonflikte auch *vergerichtlicht*, das heißt vor die Gerichte bringt? Die Untersuchungen zur bilateralen Verrechtlichung haben gezeigt, daß es viele Ursachen für die Verhandlungen »im Schatten« des (mobilisierungsfähigen!) Rechts gibt. Es gibt auch viele Ursachen dafür, daß solche Verhandlungen in kompromißhafter Übereinstimmung enden. Ich sehe weder in der Theorie noch in den durch Studien präsentierten Daten Hinweise darauf, daß die quantitative Relation der Konflikte, die entweder in vorgerichtlichen Arrangements, gerichtlichen Vergleichen und strittigen gerichtlichen Entscheidungen enden, zwischen bi- und multilateralen Konstellationen variiert. Die Zuteilung von Klagerechten bedeutet Institutionalisierung von juristischen Risiken, also nur das Risiko der Vergerichtlichung. Und gerade dieses Risiko der Vergerichtlichung kann den Gang zum Gericht oder zumindest die strittige Entscheidung der Justiz verhindern. Es wird häufig auf die Seltenheit auch von Klagen der Regulierungsinteressierten hingewiesen, die ein Klagerecht beanspruchen können.[21] Dieses geringe Ausmaß an Vergerichtlichung kann zumindest teilweise erklärt werden durch antizipatorische und verhandlungsförmige Berücksichtigung der Interessen, um gerichtliche Auseinandersetzungen zu vermeiden. In den USA dienten private Klagen in der Reagan-Ära als Ersatz für die Behördenimplementation des Rechts (vgl. Feller 1983), eben weil die Regulierungsinteressen nicht ausreichend antizipiert oder sonst in Verhandlungen verarbeitet worden waren.

In der Diskussion um Regulierungsverhandlungen im »Schatten« des Umweltrechts ist das rationale Wahlverhalten der Verhandlungspartner besonders herausgestellt worden. Sie wählen statt einer (den Gerichten als Praxis unterstellten) Anwendung der rechtsförmigen Konditionalprogramme, die den umweltschützenden Zweck gefährden würde, ebendiesen Zweck als Kriterium ihres Entscheidens.[22] Warum sollte dieses als rational geltende Umschalten von Routinen auf ihre zur Legitimation benutzten Zwecke gerade Regulierungsinteressenten nicht zuzutrauen sein?[23] John T. Scholz (1991) hat in der Tat am Beispiel der Arbeitsschutzimplementation in den USA auf Situationen hingewiesen, in denen ausgerechnet Regulierungsinteressenten sich gegen eine kooperative Effektivierungsstrategie bei der Durchführung des Regulierungsprogrammes wenden. Solche perversen Situationen haben ihre Ursachen in Kontrollproblemen, namentlich in fehlendem Vertrauen von Regulierungsinteressenten in eine längerfristige Effektivierungspolitik der Regulierungsbehörden. Diese Mängel der Kooperationsbedingungen

21 Zum Beispiel von Feller (1983) für die USA.

22 So vor allem in Zusammenfassung verschiedener Studien Treiber (1989, S. 245 ff.).

23 Treiber (1989, S. 223) deutet im Flachglas-Fall, in dem sich ein harter Kern von Nachbarn (darunter »ein Referendar und ein pensionierter Richter«) Tauschgeschäften unzugänglich zeigte, das Querulantenproblem an. Querulantentum ist eine Zuschreibung, die nur (fast nur?) lebende Personen (Individuen) trifft. Ob sich in multilateralen Verhandlungen der Anteil lebender Personen gegenüber dem Anteil von Organisationen vergrößert, hängt von der Zuteilung der Klagebefugnisse ab (»Popularklage«?, »Verbandsklage«?).

sind bei triangulären Verhandlungen nicht immer, vielleicht auch nicht überwiegend zu beobachten. Man mag sie auch auf besondere historisch-nationale Bedingungen zurückführen (vgl. Scholz 1991, S. 132). Auf alle Fälle verdient die Ironie einer kontraproduktiven Opposition von Regulierungsinteressenten Aufmerksamkeit.

4. Verwaltungsdevianz als Fehler, Dunkelziffer und Vollzugsdefizit

Jeweils den beiden dargestellten Modellen, dem Regulierungsdreieck (bilaterale Verhandlungen, Abbildung 1) und dem Regulierungsviereck (Triangulation durch Beteiligung der Regulierungsinteressenten, Abbildung 2) habe ich Aussagen zum Typ der Problematisierung von Verwaltungsdevianz zugeordnet. Zusammenfassend zeigt Abbildung 3 die Konstellationen.

Diese Zuordnung der zwei Verhandlungsmodelle und der zwei Problematisierungstypen »Vollzugsdefizit« und »Vollzugsfehler« heißt zunächst nur, daß Verhandlungsmodell und Problematisierungstyp sehr stark *korrelieren*. Ich habe in neununddreißig deutschen Studien keine Darstellung von »Vollzugsdefiziten« gefunden, in denen konkret Regulierungsinteressenten in der Weise auftauchten, daß sie die Verwaltungen oder Regulierten juristischen Gefahren aussetzen konnten.[24] Ein weiterer Test in der deutschen Rechtsliteratur zeigt, daß bei der Genehmigung von Großkraftwerken, wo in der Bundesrepublik bisher stets Gerichte über Klagen von Nachbarn oder von betroffenen gemeindlichen Verwaltungen beteiligt waren, kein Vollzugsdefizit bemängelt wurde, obwohl die Rechtsmaterie (und gerade auch der Umfang des Rechtsschutzes!) heftig umstritten ist. Als soziales Problem gilt hier statt dessen eine tendenziöse Recht-

24 Ich habe die von Lübbe-Wolff (1996, S. 1 f.) ausgewählten Studien aus der Zeit von 1970 bis 1993 genommen, darunter die achtzehn empirischen Projekte, über die Uebersohn (1990, S. 130-530) referiert. In zweiundzwanzig der neununddreißig Studien/Projekte ist von Vollzugsdefiziten die Rede. Nur vier Autoren lassen einen weiten Sprachgebrauch klar erkennen (einschließlich Vollzugsfehler). Zwei sind an diesem weiten Sprachgebrauch interessiert, weil sie Verbandsklagen ablehnen (»Fehler wird es immer geben«).

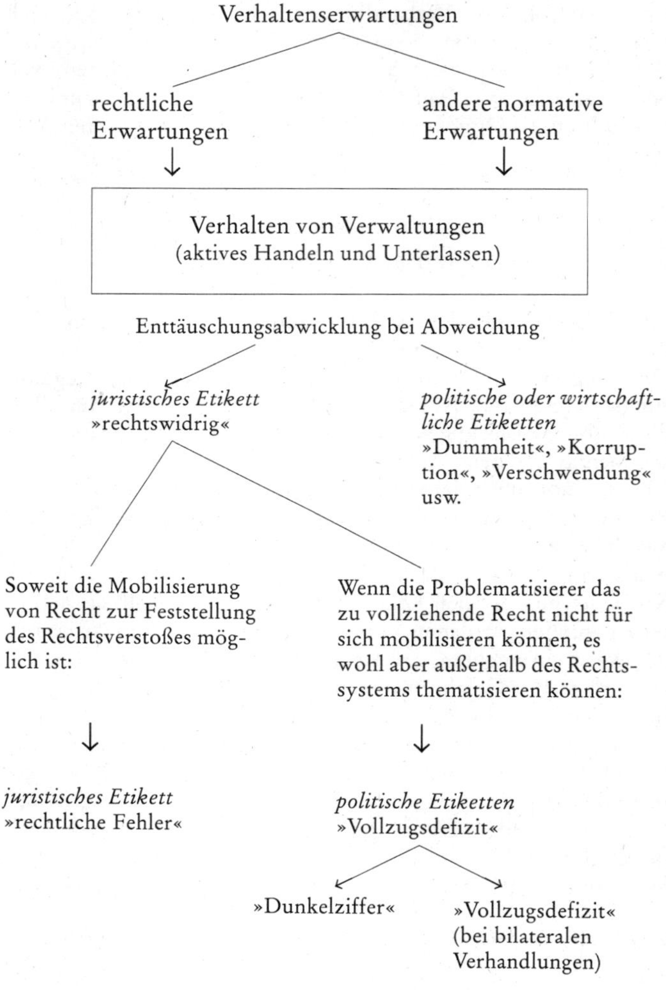

Abb. 3: Verwaltungsdevianz als soziales Problem

sprechung vor allem der Obergerichte (vgl. Kitschelt 1979; Roßnagel 1984; Deiseroth 1986).[25] »Umweltfeindliche« Ausfüllung von Spielräumen gilt auch Anwendern des Vollzugsdefizit-Vokabulars als etwas anderes.[26]

Gründe, die festgestellte Korrelation *kausal* zu interpretieren, habe ich schon angeführt: Defizit heißt etwas anderes als Fehler, es geht dabei um Problematisierung im politischen statt im rechtlichen Raum.[27] Rechtliche Fehler können nur ausnahmsweise auch politisch thematisiert werden, über Einzelfälle hinausgehend vor allem dann, wenn ungewöhnliche Fehler*mengen* oder Fehler*quoten* behauptet werden. Auch dazu braucht man aber nichts als den klassischen rechtlichen Begriff des Fehlers, ergänzt um Mengen- oder Verhältnisangaben!

Mangelnde Rechtsmobilisierungsmöglichkeiten der Regulierungsinteressenten führen, vermittelt durch das Fehlen entsprechender Risiken in bilateralen Implementationsverhandlungen, zu »Vollzugsdefizit«-*Problematisierungen*. Das ist die These. Heißt das aber auch Kausalität für Vollzugs*defizite*? Sind die üblichen Erklärungen für Vollzugsdefizite, auf die ich zu Beginn pauschal hingewiesen habe, damit widerlegt, von abstrakten Ansätzen (Umweltgesetze als Ergebnisse »symbolischer Politik«) bis hin zu sehr konkreten Erklärungen (fehlendes Personal für Kontrolle und Sanktionierung von Umweltrechtsverstößen)? Dieser Fragestellung liegt die Unterscheidung von Problem und Problematisierung zugrunde. Kann mit der Problematisierung auch das Problem verschwinden? Ich möchte hier auf meine ausführliche Antwort an anderer Stelle (vgl. Dammann 1997b) verweisen. Sie bestätigt die ganz am Beginn der deutschen Diskussion schon angedeutete These (Rehbinder 1970; Rehbinder/Burgbacher/Knieper 1972; Rehbinder 1976)[28], daß das Fehlen

25 Ich habe bewußt in die kraftwerks*kritische* Literatur gegriffen, da nur hier überhaupt Problematisierungen in die Richtung »Vollzugsdefizit« zu erwarten sind.

26 Rehbinder (1976, S. 159) spricht hier von einem »Implementierungsdefizit«, die Arbeitsgruppe Sonderordnungsbehörden Umwelt beim Städtetag NW (1991, S. 220 f.) von »weichster Auslegung der geltenden Vorschriften« und »Abmilderung strenger Gesetzesworte«.

27 Das verkennt Weyreuther (1975, S. 21), der in seiner Ablehnung der Verbandsklage meint, Vollzugsdefizite auf Fehler reduzieren zu können.

28 Alle mir bekannten späteren Arbeiten verweisen auf Rehbinders Stu-

von Möglichkeiten der Rechtsmobilisierung durch Regulierungsinteressenten (speziell das Fehlen von Klagebefugnissen) die einzige soziologisch beobachtbare *und* politisch manipulationsfähige Ursache von Vollzugsdefiziten (im engeren Sinne: ohne Dunkelfeld) ist.[29]

Wann kommt es zu Kontrolldefiziten mit »Dunkelziffer«? Davon war bisher hier nicht die Rede. Verhandlungen (im weitesten Sinne) zwischen Verwaltungen und Regulierten setzen voraus, daß zumindest ein begründeter Verdacht geäußert worden ist, das Regulierungsprogramm könne oder solle implementiert werden. Als häufiger gelten in der Diskussion um Regulierungsvollzug aber jene Fälle, in denen die Behörden einen solchen verhandlungsfähigen Verdacht noch gar nicht haben schöpfen können. Schätzungen zufolge wurden bei illegalen Tötungsdelikten in der Bundesrepublik Deutschland eine hohe Zahl der Taten nicht aufgedeckt (Straftaten von 86 Prozent der Täter für 1962, nach Popitz 1968, S. 12, 26). Eine große Mehrheit von 47 befragten Wasserschutzbehörden (72/68 beziehungsweise 76 Prozent) schätzt das Dunkelfeld je nach Art des Verstoßes auf *über* 25 Prozent (Wassereinleitungen ohne Erlaubnis/Grenzwertüberschreitungen) beziehungsweise über 75 Prozent (Landwirtschaftstaten) der Verstöße, ebenfalls eine große Mehrheit von 25 Luftimmissionsschutzbehörden (76 Prozent bis 64 Prozent) auf *unter* 25 Prozent (Anlagen ohne Genehmigung) bis über 25 Prozent (Grenzwert- und sonstige Auflagen-Verstöße).[30] Die Dunkelzifferproblematik im Vollzug des Umweltordnungsrechts wird als soziales Problem gegenüber der Verhandlungsproblematik quantitativ besonders betont: »Im antragsabhängigen Vollzug (Erteilung von Genehmigungen und sonstigen Zulassungen) ist trotz auch hier vorhandener Probleme die Situation generell erheblich günstiger als dort, wo es um die nicht durch Anträge eines Betreibers in Gang gesetzte Überwachung

die (1970) als erste Arbeit zum Vollzugsdefizit. Eckard Rehbinder und Mitarbeiter scheinen mir auch die Erfinder des manchmal Stich zugeschriebenen Begriffs »Vollzugsdefizit« zu sein, damals noch als »Vollzugsschwäche« bezeichnet (1972, S. 17).

29 Auch den vorläufig letzten mir bekannt gewordenen Beitrag zur Vollzugsdefizit-Debatte (Lübbe-Wolff 1996) kann man so lesen.

30 Die Angaben beziehen sich alle auf das Land Nordrhein-Westfalen 1990. Zitiert nach Rüther (1991, S. 188 ff.).

und Beseitigung festgestellter Mißstände geht. Antragsunabhängiger Vollzug, der eigentlich den quantitativen Schwerpunkt der behördlichen Tätigkeit bilden müßte, findet durchweg unzureichend und – nicht nur in den neuen Bundesländern – bereichsweise sogar überhaupt nicht statt« (Lübbe-Wolff 1996, S. 4).

Diese quantitative Bedeutung der Dunkelziffer hat nicht verhindern können, daß sie dem Vollzugsdefizit im Dramatisierungswettbewerb unterlegen ist – was Technik- und Umweltrecht anbelangt; ganz anders dagegen bei Gewalt in der Familie und genereller beim sexuellen Kindesmißbrauch (vgl. Rutschky 1995).

5. Technik- und Umweltrecht: Besondere Eignung zur Defizitproblematisierung?

Die Literatur erweckt den Eindruck, daß in Deutschland gerade dem Technik- und Umweltrecht eine besondere Eignung zugeschrieben wird, als Anlaß zur Problematisierung von Vollzugsdefiziten (als Rechtswidrigkeiten in bilateralen Arrangements) und Dunkelziffern (als Kontrolldefiziten) zu dienen (so zum Beispiel Breuer 1990, S. 232 f.; Lübbe-Wolff 1993). Nur gelegentlich werden Erscheinungsformen der Defizite (wie rechtswidrige Duldungen) in zwei Rechtsmaterien, dem Umwelt- und Steuerrecht, gesucht und gefunden (zum Beispiel von Hermes/Wieland 1988). Wir können für die Prüfung einer solchen besonderen Eignung zur Problematisierung zwei Ursachenkomplexe unterscheiden: Entweder finden die Problematisierungsinstanzen in ihren Beobachtungen zum »Vollzug« beim Umwelt- und Technikrecht bessere Begründungsmöglichkeiten für ihre Erst- und Zweitetikettierungen (1. »Rechtswidrig«, 2. »Dunkelziffer« oder »Vollzugsdefizit«). Oder aber wir können diese Etikettierungsinstanzen daraufhin beobachten, ob sie besondere Merkmale aufweisen, die sie für Normativunternehmertum (moral entrepreneurship) empfänglich machen.

Zunächst zu den Merkmalen der Implementation: Das zu implementierende Recht gilt als unterschiedlich flexibel zu handhaben. Für das deutsche Umwelt- und Technikrecht ist immer wieder auf die hohe Ungewißheit hingewiesen worden, die bei seinem Gebrauch durch Behörden, Gerichte, Anwaltsbüros, Regulierte und Regulierungsinteressenten entsteht (vgl. hierzu Hasse, in diesem Band). Das wird symbolisiert durch eine ganze Reihe von allgemeinen Begriffen des Rechts, die es Regulierungsverwaltungen leichtmachen, das Risiko zu vermeiden, daß später jemand konsensfähig die Verletzung geltenden Rechts durch Verhandlungsergebnisse rügt. Solche Begriffe sind zum Beispiel »Beurteilungsspielräume«, »Standardisierungsspielräume«, »Ermessen« und »planerisches Ermessen«, »vertretbare Auslegung«, »Vertragsfreiheit«, »Kooperationsprinzip«, »rechtmäßige Duldung rechtswidrigen Handelns«, Erlaubnis von Verwaltungs»vergleichen«[31], »Vorrang des Verfassungsrechts«, insbesondere des Verhältnismäßigkeitsprinzips. Auch scheinbar klare Grenzwerte (dazu Luhmann in diesem Band) verschieben das Prozeßrisiko nur unzureichend zugunsten der Regulierungsverwaltung, wenn ihre Anwendung – wie so oft – von »wirtschaftlicher Vertretbarkeit« oder – noch vager – von einem Verhältnismäßigkeitsurteil über die Folgen von Regulierungsmaßnahmen im Verhältnis zu den Wirkungen von Grenzwertüberschreitungen abhängt. Dazu kommen besondere Spielräume der Sachverhaltskonstruktion, wenn es bei einer Verhältnismäßigkeitsprüfung auf die Gewinnlage des Unternehmens ankommt. Für das Steuer- und übrige Abgabenrecht werden gegenteilige Aussagen gemacht (zum Beispiel Lübbe-Wolff 1993, S. 229) – wenn man seine Unübersichtlichkeit (den »Vorschriften-Dschungel«) und das daraus folgende »Bastler«-Verhalten (Treiber 1992) unberücksichtigt läßt. Ein Indiz für die Zuschreibung hoher »rechtsstaatlicher« Konkretisierung auf das Steuerrecht ist der mehrfache Versuch, deutschen Steuerbeamten mit der Anwendung des Rechtsbeugungs-Straftatbestands zu drohen, der sonst auf Justizangehörige beschränkt zu werden pflegt.[32] Und andere Strafdelikt-Etikette wie »Wasserverschmutzung« sind bisher nicht

31 Diese Befugnis wird geschlossen aus der unstrittigen Erlaubnis, später vor Gericht die beidseitige Unsicherheit über ein Prozeßergebnis durch einen gerichtlichen Vergleich zu beenden.

32 Daß in Steuerbehörden Rechtsbeugung begangen werden kann, war Meinung des Reichsgerichts. Als Umwelt- und Technikverwaltung scheint nur eine Atombehörde einmal untergerichtlich wegen Rechtsbeugung sanktioniert worden zu sein (vgl. Dreher/Tröndle 1995, Nr. 2; Schönke/Schröder 1991, Nr. II 1).

gerade erfolgreich Umwelttätern (Regulierten- und Behördenbeschäftigte) angeklebt worden – eben wegen der behaupteten »Verwaltungsakzessorietät«, nämlich ihrer Abhängigkeit vom Gebrauch des einschlägigen Umweltverwaltungsrechts (vgl. Rüther 1991).[33] So geht man denn auch mit der Behauptung von Vollzugsdefiziten der deutschen Steuerverwaltung sehr vorsichtig um (vgl. zum Beispiel Lübbe-Wolff 1993, S. 229), obwohl Verhandlungslösungen (nicht nur bei Berufssportlerinnen oder anderen Entertainern) durchaus gesehen werden und der beobachtete »maßvolle Vollzug« des Steuerrechts (Weingarten 1993, S. 444) eine Parallele zu »kooperativen« (alias »vollzugsdefizitären«) Praktiken der Umweltverwaltung darstellt. Ganz anders bei der »Dunkelziffer«. Dieses Etikett wird (in verschiedenen Schriftzügen) gerne und oft auch für fehlende Kontrollen im Abgabenrechtsvollzug verwendet – man streitet sich nur darum, weshalb die fehlenden Beamten, vor allem Betriebsprüfer, nicht eingestellt werden.[34] Ich vermute, daß rechtliche Argumente für die Erhöhung des Personalbestands in der Umwelt- und in der Steuerverwaltung gleich leicht (oder gleich schwer, wenn es um eine bestimmte Erhöhung geht[35]) zu beschaffen sind.

In der Flexibilität des anzuwendenden Rechts scheint es *innerhalb* des Umwelt- und Technikrechts größere Unterschiede zu geben als *zwischen* diesem Rechtsgebiet und anderen Regulierungsmaterien. Das Recht des technisierten Straßenverkehrs hat sich zum Beispiel als besonders stark durch Grenzwerte konkretisierter Normbestand herausdifferenziert (Stundenkilometer,

33 Die Nicht-Anwendung einer Wasserverschmutzungsnorm ging so weit, daß den Behörden bescheinigt wurde, sie könnten gegen Wasserverschmutzung einschreiten oder das auch unterlassen (Grenze: »Willkür«), so früher die Generalstaatsanwaltschaft Hamm (1983). Man stelle sich vor, einem Finanzamt werde von der Finanzgerichtsbarkeit bescheinigt, es dürfe 35 Prozent Betriebskostenpauschale vom Einkommen einer Berufstennisspielerin abziehen oder das auch unterlassen.

34 Dabei haben die Hypothesen des Auseinanderfallens von Kosten und Nutzen (volle Kosten bei den Ländern, Hauptanteil an den zusätzlichen Steuermilliarden beim Bund) und der Wirtschaftssubventionierung durch Steuerbegünstigung (»Standort Nordrhein-Westfalen« usw.) gleich viel Ausgangsplausibilität für sich.

35 Ein Beispiel für rechtswidrigen (sogar kriminalisierbaren!) Personalmangel immerhin bei Lübbe-Wolff (1993, S. 229).

Dezibel, Abgaswerte usw.). Zusätzlich – und das ist im Vergleich mit dem Wasser-, Düngemittel-, Luftimmissionsrecht usw. entscheidend – fehlen vage Abwägungsformeln zwischen Umwelt und Gesundheit als Werten einerseits und den wirtschaftlichen Werten Eigentum und Beruf auf der anderen Seite. Welche Autofahrerin würde, bei fünfundsechzig Stundenkilometern im Ortsverkehr ertappt, es wagen, sich auf den Verhältnismäßigkeits-, Kooperations-, Opportunitätsgrundsatz usw. zu berufen, wie es bei Verstößen gegen Umweltgrenzwerte durchaus üblich zu sein scheint? Entsprechend fehlen außerordentlich häufig bilaterale Verhandlungen zwischen Verkehrsbehörde und Verkehrsteilnehmern.[36] Das Verhältnis von Verwaltung und Publikum ist statt dessen auf die »strikt hoheitlichen« Handlungsformen beschränkt, die in vielen anderen Umwelt- und Technikrechtsarenen so vermißt werden. Vollzugsdefizite? Den Vorwurf finden wir hier nicht, dagegen durchaus den Hinweis auf Dunkelziffern bewirkende Kontrolldefizite. Bemerkenswert ist hier aber, daß der Ruf nach mehr (technischen oder persönlichen) Verkehrskontrollen sehr viel verhaltener ertönt als der nach umwelt- oder steuerrechtlichen Betriebsprüfungen!

Damit komme ich zu den Unterschieden der Etikettierungsinstanzen. Es ist häufig bemerkt worden, daß soziale Bewegungen soziale Probleme definieren, sei es, daß man sie vornehmlich als Protestbewegungen auffaßt (vgl. Luhmann 1991, S. 135 ff.), die den Gegenstand ihres Protests zum Problem machen, sei es, daß man gar die Soziologie sozialer Probleme in einer Soziologie der Bewegungen aufgehen lassen will (dazu Albrecht 1990). Wir haben in der Bundesrepublik heute verschiedene definitionsmächtige Umwelt- und Technikkritikbewegungen, die man auch zu »einer« Umweltbewegung zusammenfassen mag. Wir haben aber keine spezielle Verkehrsopferbewegung, und wir sehen keine Steuerzahlerbewegung, die die selektive Niedrigbesteuerung

36 Das läßt sich nicht einfach mit der sozialen Asymmetrie von Organisationen (insbesondere Wirtschaftsbetrieben) und Individuen erklären. Gerade auch Individuen schaffen es in der Bundesrepublik über den politischen Prozeß bemerkenswert häufig, als Ergebnis von Verhandlungen mit Regulierungsverwaltungen Rechtswidrigkeiten dulden zu lassen. Man denke nur an das heute verbreitete Dauerwohnen in Ferienhäusern, ein häufiges Thema jedenfalls in der ostwestfälischen Presse.

zum Protestthema macht.[37] Vollzugsdefizitsproblematisierung geschieht durch Umweltbewegung. Umweltbewegung heißt nicht nur Kommunikation in Demonstrationen auf Straßen und Feldern, in Massenmedien und Reden. Soziale Bewegung findet auch statt in Kommunikation professionalisierter Szenen, zum Beispiel der Umweltrechtler, Umweltverwalter und Umweltpolitologen. Das ist der bevorzugte Ort der Defizitdebatten in Deutschland.

Literatur

Adomeit, K., 1980, »Juristische Methode und Sicherheit des Ergebnisses«, in: *Juristenzeitung* 36, S. 343-346.

Albrecht, G., 1990, »Theorie sozialer Probleme im Widerstreit zwischen ›objektivistischen‹ und »›dekonstruktionistischen‹ Ansätzen«, in: *Soziale Probleme* 1, S. 5-20.

Arbeitsgruppe Sonderordnungsbehörden Umwelt beim Städtetag NW, 1991, »Gegen das programmierte Vollzugsdefizit im Umweltschutz«, in: *Informationsdienst Umweltrecht* 4, S. 219-221.

Bachmann, B., 1993, *Verhandlungen (mit) der Bauverwaltung*, Opladen.

Backhaus, J., 1976, »Politikwissenschaftliche Analyse interpretatorischer Veränderungen von Verfassungsnormen«, *Politische Vierteljahresschrift* 17, S. 528-576.

Blankenagel, A., 1993, »Klagefähige Rechtspositionen im Umweltrecht. Vom subjektiven Recht eines Individuums zum Recht eines individualisierten Subjekts«, in: *Die Verwaltung* 26, S. 1-26.

Blankenburg, E., 1980, »Mobilisierung von Recht. Über die Wahrscheinlichkeit des Gangs zum Gericht, die Chance des Erfolgs und die daraus folgenden Funktionen der Justiz«, in: *Zeitschrift für Rechtssoziologie* 1, S. 33-64.

Bohne, E., 1981, *Der informale Rechtsstaat*, Berlin.

Bracher, C.-D., 1987, »Die bauaufsichtliche Zusage der Duldung formell und materiell rechtswidriger baulicher Anlagen«, in: *Zeitschrift für Baurecht* 10, S. 127-132.

Brecht, A., 1937, »Bureaucratic Sabotage«, in: *Annals of the American Academy of Political and Social Science* 189, S. 48-57.

Breuer, R., 1990, »Verhandlungslösungen aus der Sicht des deutschen Umweltschutzrechts«, in: W. Hoffmann-Riem und E. Schmidt-Aß-

37 Der oben erwähnte, regelmäßig ertönende Ruf nach mehr Betriebsprüfern stammt aus der Steuer*beamten*bewegung!

mann (Hg.), *Konfliktbewältigung durch Verhandlungen*, Bd. 1, Baden-Baden, S. 231-251.
Brohm, W., 1986, »Die staatliche Verwaltung als eigenständige Gewalt und die Grenzen der Verwaltungsgerichtbarkeit«, in: *Deutsches Verwaltungsblatt* 101, S. 321-331.
Brunsson, N., 1989, *The Organization of Hypocrisy. Talk, Decisions and Actions in Organizations*, Chichester.
Bulling, M., 1989, »Kooperatives Verwaltungshandeln (Vorverhandlungen, Arrangements, Agreements und Verträge) in der Verwaltungspraxis«, in: *Die öffentliche Verwaltung* 42, S. 277-289.
Damm, R., 1993, »Neue Risiken und neue Rechte. Subjektivierungstendenzen im Recht der Risikogesellschaft«, in: *Archiv für Rechts- und Sozialphilosophie* 79, S. 159-187.
Dammann, K., 1993, »Introvertierte Risikoverwaltung – Fremd- und Eigenrisiken in Entscheidungen öffentlicher Organisationen«, in: B. Becker, H. P. Bull und O. Seewald (Hg.), *Festschrift für Werner Thieme zum 70. Geburtstag*, Köln, S. 491-508.
–, 1997a, »›Vor Gericht und auf hoher See‹. Juristische Risiken – das etwas andere Gesicht der Kommunikation über Risiko«, in: *Bielefelder Arbeiten zur Verwaltungssoziologie* 1, Bielefeld.
–, 1997b, »Vollzugsdefizite als soziales Problem. Gibt es nur eine Ursache für Defizite der Rechtsimplementation?«, in: *Bielefelder Arbeiten zur Verwaltungssoziologie* 2, Bielefeld.
Deiseroth, D., 1986, *Großkraftwerke vor Gericht. Studie zu den Auseinandersetzungen um Energie, Arbeitsplätze und Umweltschutz vor den Verwaltungsgerichten in der Bundesrepublik Deutschland*, Frankfurt am Main.
Dreher, E., und H. Tröndle 1995, *Strafgesetzbuch*, 47. Aufl., München.
Edelman, M., 1976, *Politik als Ritual. Die symbolische Funktion staatlicher Institutionen und politischen Handelns*, Frankfurt am Main/ New York.
Feller, D. A., 1983, »Private Enforcement of Federal Anti-Pollution Laws Through Citizen Suits: A Model«, in: *Denver Law Journal* 60, S. 553-571.
Forsthoff, E., 1976, *Rechtsstaat im Wandel*, München.
Gallandi, V., 1987, »Vertrauen im Strafprozeß. Vom fehlgeschlagenen Vergleich und der Bedeutung nicht formalisierter Regeln der Verständigung im Strafprozeß«, in: *Monatsschrift für Deutsches Recht* 41, S. 801-804.
Generalstaatsanwaltschaft Hamm, 1983, »Bescheid vom 23. 8. 1983, 2 Zs 1636/83«, in: *Neue Zeitschrift für Strafrecht* 4, S. 219-220.
Hasse, R., 1997, »Nicht-intendierte Effekte kooperativer Risikoregulierung bei der Implementation des Gentechnikgesetzes«, in diesem Band, S. 70-89.

Hawkins, K., 1989, »›FATCATS‹ and Prosecution in a Regulatory Agency: A Footnote on the Social Construction of Risk«, in: *Law & Policy* 11, S. 370-391.
Hermes, G., und J. Wieland, 1988, *Die staatliche Duldung rechtswidrigen Verhaltens. Dogmatische Folgen behördlicher Untätigkeit im Umwelt- und Steuerrecht*, Heidelberg.
Herzog, R., 1988, »Verhältnismäßigkeitsgrundsatz«, in: *Handwörterbuch des Umweltrechts*, Band 2, Berlin, S. 1022-1026.
Hoffmann-Riem, W., und E. Schmidt-Aßmann (Hg.), 1990, *Konfliktbewältigung durch Verhandlungen*, Band 1: *Informelle und mittlerunterstützte Verhandlungen in Verwaltungsverfahren*, Baden-Baden.
Howlett, M., 1994, »The Judicialization of Canadian Environmental Policy, 1980-1990: A Test of the Canada-United States Convergence Thesis«, in: *Canadian Journal of Political Science* 27, S. 99-127.
Hucke, J., und A. Ullmann 1980, »Konfliktregelung zwischen Industriebetrieb und Vollzugsbehörde bei der Durchsetzung regulativer Politik«, in: R. Mayntz (Hg.), *Implementation politischer Programme*, Königstein, S. 105-126.
Hucke, J., und E. Bohne, 1980, »Bürokratische Reaktionsmuster bei regulativer Politik und ihre Folgen«, in: H. Wollmann (Hg.), *Politik im Dickicht der Bürokratie*, Opladen, S. 180-197.
Kitschelt, H., 1979, »Justizapparate als Konfliktlösungsinstanz? Das Beispiel Kernenergie«, in: *Demokratie und Recht* 7, S. 3-22.
Klitzsch, W., 1986, *Behörden und Betriebe. Eine Analyse ihres Verhältnisses im Prozeß der Implementation politischer Programme*, Bielefeld.
Kloepfer, M., 1989, *Umweltrecht*, München.
Lipset, S. M., 1959, *Agrarian Socialism: The Cooperative Commonwealth Federation in Saskatchewan*, Berkeley.
Lübbe-Wolff, G., 1989, »Das Kooperationsprinzip im Umweltrecht – Rechtsgrundsatz oder Deckmantel des Vollzugsdefizits?«, in: *Natur und Recht* 11, S. 295-302.
–, 1993, »Vollzugsprobleme der Umweltverwaltung«, in: *Natur und Recht* 15, S. 217-229.
–, 1996, *Modernisierung des Umweltordnungsrechts. Vollziehbarkeit – Deregulierung – Effizienz*, Bonn.
Lüdemann, C., und K. D. Bußmann, 1989, »Diversionschancen der Mächtigen? Eine empirische Studie über Absprachen im Strafprozeß«, in: *Kriminologisches Journal* 21, S. 54-72.
Luhmann, N., 1964, *Funktionen und Folgen formaler Organisation*, Berlin.
–, 1969, »Normen in soziologischer Perspektive«, in: *Soziale Welt* 20, S. 28-48.

–, 1971, »Funktionen der Rechtsprechung im politischen System«, in: ders., *Politische Planung*, Opladen, S. 46-52.
–, 1991, *Soziologie des Risikos*, Berlin/New York.
–, 1995, »Epilog 1994«, S. 398-405 in: ders., *Funktionen und Folgen formaler Organisation. Mit einem Epilog 1994*, 4. Auflage, Berlin, S. 398-405.
–, 1997, »Grenzwerte der ökologischen Politik. Eine Form von Risikomanagement«, in diesem Band, S. 195-221.
Nocke, J., 1988, »Rechtsproduktion der Juristen im Umweltrecht – eine Profession stößt an ihre Grenzen«, in: B. O. Bryde und W. Hoffmann-Riem (Hg.), *Rechtsproduktion und Rechtsbewußtsein*, Baden-Baden, S. 81-122.
Popitz, H., 1968, *Über die Präventivwirkung des Nichtwissens. Dunkelziffer, Norm und Strafe*, Tübingen.
Rehbinder, E., 1970, »Grundfragen des Umweltrechts«, in: *Zeitschrift für Rechtspolitik* 3, S. 250-256.
–, 1976, »Argumente für die Verbandsklage im Umweltrecht«, in: *Zeitschrift für Rechtspolitik* 9, S. 157-163.
–, H.-G. Burgbacher und R. Knieper, 1972, *Bürgerklage im Umweltrecht*, Berlin.
Roellecke, G., 1996, »Verwaltung und Verwaltungsrecht«, in: *Die Verwaltung* 29, S. 1-17.
Roßnagel, A. (Hg.), 1984, *Recht und Technik im Spannungsfeld der Kernenergie-Kontroverse*, Opladen.
Rüther, W., 1991, »Die behördliche Praxis bei der Entdeckung und Definition von Umweltstrafsachen – unter besonderer Berücksichtigung des ›Zusammenarbeits-Erlasses‹ von 1985«, Kriminologisches Seminar der Universität Bonn, Bonn.
Rutschky, K., 1995, »Dunkelziffer«, in: W. Droste und K. Bittermann (Hg.), *Das Wörterbuch des Gutmenschen*, Bd. II: *Zur Kritik von Plapperjargon und Gesinnungssprache*, Berlin, S. 62-63.
Schäfer, R., 1987, »Städtebaupolitik vor dem Verwaltungsgericht«, in: E. Blankenburg und R. Voigt (Hg.), *Implementation von Gerichtsentscheidungen*, Opladen, S. 281-307.
Schink, A., 1986, »Mustersatzungen – Ihre Entstehung und Umsetzung in der Kommunalverwaltung«, in: *Zeitschrift für Gesetzgebung* 1, S. 33-53.
Schmeken, W., 1988, »Umweltschutz durch Umweltstrafrecht? Eine Bilanz über die strafrechtliche Betroffenheit von Kommunalbediensteten und Räten in NW«, in: *Städte- und Gemeinderat* 42, S. 10-17.
Schönke, A., und H. Schröder, 1991, *Strafgesetzbuch. Kommentar*, 24. Auflage, München.
Scholz, J. T., 1984, »Cooperation, Deterrence, and the Ecology of Regulatory Enforcement«, in: *Law & Society Review* 18, S. 179-224.

–, 1991, »Cooperative Regulatory Enforcement and the Politics of Administrative Effectiveness«, in: *American Political Science Review* 85, S. 115-136.
Schulze-Fielitz, H., 1992, »Informales oder illegales Verwaltungshandeln?«, in: A. Benz und W. Seibel (Hg.), *Zwischen Kooperation und Korruption*, Baden-Baden, S. 233-253.
Treiber, H., 1989, *Vollzugskosten des Rechtsstaates und andere Studien zum Recht*, Baden-Baden.
–, 1992, »Trägt die Vorschriftenbereinigung zum effektiveren Vollzug bei? Oder: Die Entdeckung des versierten ›Bastlers‹ im ›Vorschriftendschungel‹«, in: *Kritische Justiz* 25, S. 32-45.
Treutner, E., 1994, »Verwaltung und Publikum«, in: K. Dammann, D. Grunow und K. P. Japp (Hg.), *Die Verwaltung des politischen Systems*, Opladen, S. 215-227.
Uebersohn, G., 1990, *Effektive Umweltpolitik. Folgerungen aus der Implementations- und Evaluationsforschung*, Frankfurt am Main.
Weingarten, J., 1993, *Finanzverwaltung und Gesetzesvollzug. Anforderungen, Probleme und Vorgehen der Steuerverwaltung bei der Anwendung steuerrechtlicher Normen*, Opladen.
Weyreuther, F., 1975, *Verwaltungskontrolle durch Verbände? Argumente gegen die verwaltungsgerichtliche Verbandsklage im Umweltrecht*, Düsseldorf.
Winter, G., 1975, *Das Vollzugsdefizit im Wasserrecht. Ein Beitrag zur Soziologie des öffentlichen Rechts*, Berlin.
–, 1985, »Bartering Rationality in Regulation«, in: *Law and Society Review* 19, S. 219-250.

Raimund Hasse

Nicht-intendierte Effekte kooperativer Risikoregulierung bei der Implementation des Gentechnikgesetzes[1]

»Chancen und Risiken der Gentechnologie« sind nicht erst durch die gleichnamige Enquete-Kommission des Deutschen Bundestags zum Gegenstand kontroverser Auseinandersetzungen geworden. Einerseits hat man aufgrund der Innovationspotentiale seit den siebziger Jahren *technologiepolitische Förderungsprogramme* als Instrument der langfristigen Nutzung gentechnischer Forschung eingesetzt (vgl. Dolata 1995, S. 130 ff.; Gottweis 1995), andererseits befürchtet man seit der legendären Asimolar-Konferenz von 1975 (vgl. Wright 1994) *ökologische und gesundheitliche Risiken* (siehe Kiper 1992; Herbig/Hohlfeld 1990). Ich möchte mich im Rahmen dieses Beitrags auf einen Aspekt der mannigfaltigen Auswirkungen konzentrieren, die sich aus der Thematisierung gentechnischer Risiken ergeben: die *Regulierung wissenschaftlich-technischer Forschung* durch das Gentechnikgesetz (GenTG) und dessen Implementation.

Der Vollzug dieses Gesetzes ist von den Regulierten als überraschend rigide erfahren worden. Dieser Sachverhalt ist bemerkenswert: sowohl wegen der weitreichenden *Beteiligung wissenschaftlicher Experten* an dem vorausgegangenen Gesetzgebungsverfahren sowie an den konkreten Genehmigungs- und Zulassungsverfahren als auch wegen des besonderen Stellenwerts wissenschaftlich-technischer Forschung, aus dem sich weitreichende *Forderungen nach gesellschaftlicher Unterstützung* ableiten lassen.

Für die Enttäuschung der Regulierungsadressaten über die Implementationswirkungen und über die damit zusammenhängende Konfrontation der Regulierten mit den Behörden, so die im folgenden entfaltete *These*, lassen sich *zwei Gründe* angeben, die miteinander verwoben, aber analytisch voneinander unterscheidbar sind: *erstens* die spezifischen *Rahmenbedingungen politisier-*

1 Für wichtige Anregungen und Kritik danke ich Alfons Bora, Bernhard Gill, Petra Hiller, Georg Krücken und Heike Scheidemann.

ter Risikokommunikation in der öffentlichen – gesellschaftspolitischen – Auseinandersetzung um die Gentechnik; *zweitens* die festgefügten *Orientierungen und Anspruchsniveaus in der Wissenschaft.* Die Argumentation wird in drei Schritten entwickelt.

Erstens wird gezeigt, daß sich *Regulierungseffekte vornehmlich aus dem Vollzug* von Gesetzesvorgaben ergeben. So ist bei der Regulierung gentechnischer Forschung die weit verbreitete Annahme unvorteilhafter Standortbedingungen auf die Implementation und nicht etwa auf die Gesetzesformulierung bezogen. Zweitens wird das einer einvernehmlichen Regulierung entgegenstehende außerordentlich hohe Anspruchsniveau innerhalb der gentechnischen Forschung herausgearbeitet. Dieses Anspruchsniveau beinhaltete die normative Erwartung, zwei Ziele, die Generierung gesellschaftlicher Akzeptanz und die Erlangung von Rechts- und Verfahrenssicherheit, mit dem Mittel einer sachgerechten, die Forschung nur minimal belastenden Regulierung zu erreichen. Diese *forschungsspezifischen Erwartungen* sind *grundlegend enttäuscht* worden. Drittens werden die Orientierungen der für letzteres verantwortlich gemachten Behörden unter den Stichworten »Entscheidungsverhalten unter Ungewißheitsbedingungen« und »Politisierung der Verwaltung« behandelt. Als Fazit werden die Gründe für die Divergenz wissenschaftlicher und administrativer Orientierungen zusammengetragen. Sie erschweren die gemeinsame Suche nach einvernehmlichen Arrangements, weil die Rahmenbedingungen konflikthafter Risikokommunikation in Verbindung mit divergierenden Erwartungen und Orientierungen der unmittelbar Beteiligten einem Prozeß wechselseitiger Anpassung von Vollzugsbehörde und Regulierungsadressat entgegenstehen.

1. Von der Risikothematisierung zur Implementation regulativer Maßnahmen

Es ist eine grundlegende Einsicht der Risikosoziologie, daß der aktiven Bearbeitung von gesundheitlichen und ökologischen Gefährdungen darauf bezogene *Problematisierungen* vorausgehen (vgl. Beck 1986; Luhmann 1986). Oftmals spielt dabei, wie im Fall der Gentechnologie, Protestverhalten sozialer Bewegungen eine besondere Rolle; diese fungieren als »watch dogs« (vgl.

Douglas/Wildavsky 1982). Politische Entscheidungsträger können sich den so entstehenden Thematisierungen nur in begrenztem Maße verschließen – zumal diese häufig innerhalb der Politik, und zwar insbesondere seitens der politischen Opposition, aufgegriffen und vorangetrieben werden (vgl. Krücken 1996, S. 39 ff.). Eine massive gesellschaftliche Problematisierung gesundheitlicher und/oder ökologischer Gefährdungen hat häufig die Verabschiedung neuer *Gesetze und Verwaltungsprogramme* zur Folge; sie wird in verbindliche Entscheidungen überführt (vgl. Priest 1988).[2]

Aus einer risikosoziologischen Perspektive ist es demnach nicht überraschend, daß gentechnische Risiken reguliert werden – und zwar auch die der Wissenschaft. Weil dies für die gentechnische Forschung nicht folgenlos ist, läßt sich auch hier die Frage nach den *Auswirkungen regulativer Maßnahmen* stellen. So weiß man seit Pressman/Wildavsky (1973), dem »Klassiker« der Implementationsforschung, um die Möglichkeit »perverser« Effekte und nicht-intendierter Folgen, die mit der Umsetzung gutgemeinter Reform- und Regulierungsabsichten verbunden sein können. Seit einiger Zeit verspricht man sich daher insbesondere von *flexiblen Gesetzesvorgaben* und von *prozeduralen Rechtsverordnungen* angemessene Regulierungseffekte (vgl. Ladeur 1987; Ladeur 1992).

Bei flexibilisierten und prozeduralisierten Regulierungsvarianten ist es eine entscheidende Frage, wie sich die für den Vollzug zuständigen Verwaltungen verhalten.[3] Empirisch gelangt

2 Damit besteht die Chance, daß sich Politik und öffentliche Meinung anderen Themen zuwenden (vgl. Downs 1972; Ruß-Mohl 1993). Es ist aber auch möglich, daß die Verabschiedung von Gesetzen und deren Vollzug nicht zu einer derartigen De-Thematisierung führt. Weil die Gentechnik ein Beispiel für diese zuletzt genannte Möglichkeit ist, ist die Kennzeichnung der gesellschaftlichen Bedingungen der Regulierung der Gentechnik als die einer politisierten Risikokommunikation gerechtfertigt. Dies gilt insbesondere für die gentechnische Forschung in der Bundesrepublik (vgl. van den Daele 1990).

3 Diese Frage wird insbesondere im Rahmen eines quasi-normativen Rationalitätsparadigmas vertieft, bei dem entweder eine Orientierung an (formalen) rechtlich-administrativen Qualitätskriterien oder an (materialen) gesellschaftlichen Regulierungsfolgen als forschungsleitende Annahme gilt (vgl. insbesondere: Mayntz 1983; Windhoff-

man zumeist zu der Erkenntnis, daß die *Rationalität der Verwaltung begrenzt* ist (vgl. Mayntz 1980). Ebenfalls weiß man um die wechselseitige Beeinflussung von Vollzugsbehörde und Regulierten im Implementationsprozeß. Es wird oftmals angenommen, daß Verwaltungsentscheidungen *kooperative Arrangements mit den Regulierten* vorausgehen (vgl. Bulling 1989). Dies ist im Extremfall als »abweichendes Verhalten der Verwaltung« (Benz/Seibel 1992) beschrieben worden. Andere Autoren sorgen sich in diesem Zusammenhang um eine »effektive Implementation« von Gesetzen (vgl. Hawkins 1984). Was immer das heißt und wer immer das im einzelnen beurteilt, die Kooperation zwischen Vollzugsbehörden und Regulierten ist Außenstehenden verdächtig. Gegenüber analytisch fragwürdigen Effektivitätsbeurteilungen und einer Wiederbelebung des Norm/Abweichungs-Schemas ist es eine weitaus lohnendere Forschungsperspektive *»Vollzugsdefizite als soziales Problem«* (vgl. dazu Dammann in diesem Band) zu identifizieren. Man kann sich dann auf die Beobachtung der *Thematisierung* von Vollzugsdefiziten (durch wissenschaftliche Experten oder durch gesellschaftliche »Problematisierer«) konzentrieren.[4]

In ähnlicher Weise betonen Mathews/Bosin (1989) in Anlehnung an interaktionistische (und konstruktivistische) Theorien

Héritier 1987). Kritisch hierzu: Japp (1994), der derartige Rationalitätserwartungen grundsätzlich – theoretisch – in Frage stellt.

4 Diese Perspektive vereint zwei Ansätze der Soziologie sozialer Probleme: So ist in funktionalistischer Lesart die Definition (objektiver) sozialer Probleme wissenschaftlichen Autoritäten vorbehalten; nach konstruktivistischer Auffassung gilt sie demgegenüber als Resultat gesellschaftlicher Problematisierungen, denen grundsätzlich Definitionsprozesse und damit verbundene Auseinandersetzungen zugrunde liegen. Im ersten Fall wären Regulierungseffekte von (zum Beispiel Umwelt-, Rechts- oder auch Wirtschafts-) Experten zu beurteilen, im anderen von gesellschaftlichen Interessengruppen und Betroffenen (zum Beispiel Lobbyisten und soziale Bewegungen). Vergleiche hierzu zusammenfassend und mit direktem Bezug auf Umweltthemen Hannigan (1995), der im übrigen argumentiert, daß Umweltthemen sich gegenüber anderen sozialen Problemen dadurch auszeichnen, daß die gesellschaftlichen Problematisierer zumeist wissenschaftliche Experten sind. Ähnlich, aber mit Bezug auf Verwaltungshandeln und die Problematisierung sogenannter Vollzugsdefizite, argumentiert Dammann (in diesem Band).

die Bedeutung kognitiver *Prozesse der Wirklichkeitskonstituierung* und sozialer *Prozesse der Erwartungsabstimmung* zwischen Verwaltungsbehörden und Regulierungsadressaten. Sie illustrieren diese Perspektive anhand einer kanadischen Behörde für die Regulierung der Biotechnologie. Im Vergleich zu dem »Verständigungsmodell« von Mathews/Bosin (1989) ist das Beispiel des Vollzugs des Gentechnikgesetzes in der Bundesrepublik Deutschland als außergewöhnlich konflikt- und dissensanfällig zu charakterisieren: Kooperative Arrangements gelten hier als Ausnahmeerscheinung, die Vollzugsdichte ist außergewöhnlich hoch (vgl. Wahl/Melchinger 1994), und vorhandene Ermessensspielräume werden nach Maßgabe der Regulierten nicht in ihrem Sinn ausgeschöpft (vgl. Winnecker 1992; Brauer/Stadler 1992).

Die Suche nach Gründen für diesen Sachverhalt verweist auf die *Bedeutung sozialer Kontexte*, in die Regulierungsprozesse eingebettet sind. Diese Kontexte beinhalten insbesondere den *Einfluß mittelbar Beteiligter* (Öffentlichkeit, Medien, soziale Bewegungen, politische Opposition) und die Strukturiertheit des Gesetzesvollzugs durch festgefügte *Erwartungen der unmittelbar Beteiligten* (Behörden und Regulierungsadressaten).[5] Demnach bewirken die gesellschaftlichen Einflüsse politisierter Risikokommunikation in Verbindung mit den Anspruchsniveaus der Regulierungsadressaten, daß der für kooperative Implementationsweisen charakteristische Prozeß einer einvernehmlichen Situationsdeutung und wechselseitigen Erwartungsabstimmung zwischen Regulierungsadressaten und Vollzugsbehörden im Falle der Regulierung der Gentechnik nicht greift.

Diese Interpretation legt die Schlußfolgerung nahe, daß das aus den Kooperationshindernissen resultierende Problem einer aufwendigen, nicht sachgerechten und konflikthaften Regulierung durch eine Vielzahl von Handlungs- und Entscheidungsspielräumen noch vergrößert wird. Diese sind demnach *kein kontext-*

5 Theoretisch betrachtet, geraten beide Strukturierungsfaktoren nur in das Blickfeld, wenn man den engen Bezugsrahmen einer interaktionistischen Perspektive auf eine Art erweitert, wie sie für den neuen Institutionalismus der (Organisations-)Soziologie kennzeichnend ist. Vergleiche hierzu grundlegend: Powell/DiMaggio (1991) sowie einführend und mit stärkerem Bezug auf die Allgemeine Soziologie: Hasse/Krücken (1996).

indifferentes Patentrezept einer sachgerechten und technologiefreundlichen Regulierung neuer Technologien. Um diese These anhand der Regulierung gentechnischer Forschung zu illustrieren, bietet sich eine Konzentration auf die ersten Erfahrungen und Effekte des Vollzugs des Gentechnikgesetzes an.[6] In dieser Phase ist die Regulierung der Gentechnik, bezogen auf die mit der Gesetzesverabschiedung verbundenen Erwartungen und Ansprüche der Wissenschaft, mißlungen. Im folgenden geht es mir nicht um die Verarbeitung dieses Scheiterns durch die anschließende Novellierung, sondern um eine *Erklärung der »Anlaufschwierigkeiten« des Vollzugs.*[7] Die von seiten der Wissenschaft getroffene Charakterisierung der Situation gentechnischer Forschung in Deutschland als von einer ungerechtfertigten technologiefeindlichen Regulierungspraxis eingeschränkt (vgl. Graf Vitzthum/Geddert-Steinacher 1992), basiert auf den von ihnen gemachten Negativerfahrungen mit der Vollzugspraxis.[8] Derartige Regulierungswirkungen waren bei der Verabschiedung des Gesetzes, das maßgeblich durch die frühzeitige Einbeziehung der späteren Regulierungsadressaten als wissenschaftliche Experten geprägt war, nicht in diesem Ausmaß erwartet worden. Aufgrund dieser Überraschung ist es verständlich, daß weniger

6 Diese »Anlaufphase« der Implementation des Gentechnikgesetzes endete mit der Novellierung im Jahr 1993. Durch die Nicht-Berücksichtigung der Veränderung des Gentechnikgesetzes ergibt sich eine Perspektive, die nicht auf den gesamten Prozeß der Programmformulierung, Implementation und Programmvariation nach Maßgabe gemachter Erfahrungen Bezug nimmt, wie dies zumeist für die politikwissenschaftliche Implementationsforschung im Anschluß an Mayntz (1983) charakteristisch ist. Aufgrund dieses veränderten Referenzrahmens erscheint hier das, was ansonsten auch als lernrelevanter *feedback* im Prozeß der Regulierung aufgewertet werden könnte, zumindest für die Regulierungsadressaten als Negativerfahrung, die in dieser Form nicht intendiert war.

7 Zu einer distanzierten Einschätzung der Effekte der Novellierung des Gentechnikgesetzes siehe im übrigen Wahl/Melchinger, die hinsichtlich des Gentechnikgesetzes konstatieren: »Eine Novelle ist ... zuweilen aber auch nur Aktionismus und symbolische Gesetzgebung« (1994, S. 975).

8 Vergleiche hierzu die beeindruckende Präsentation kritischer Stellungnahmen führender Wissenschaftler aus dem Bereich der gentechnischen Forschung in Korbmann (1992).

die Programmformulierung als vielmehr der Gesetzesvollzug als problematisch beurteilt worden ist.[9]

Diese Problemwahrnehmung der von der Regulierung betroffenen und in die Implementation eingebundenen Wissenschaftler deckt sich durchaus mit den Ergebnissen einer komparative Studie von Hohmeyer u. a. (1993). Diese gelangen in ihrem Vergleich gesetzlicher Regelungen der Gentechnik zu dem Ergebnis, daß die Anforderungen und Sicherheitsstandards in den USA und Japan nicht grundsätzlich weniger rigide und weniger aufwendig sind als in der Bundesrepublik Deutschland.[10] Bezogen auf letztere betonen die Autoren allerdings die Bedeutung *landesspezifischer Vollzugsweisen.* Sie veranschaulichen dies, indem sie die Länder Hessen und Baden-Württemberg vergleichen und eine unterschiedliche Nutzung von Handlungsspielräumen und verschiedene Grade der Vollzugsdichte herausarbeiten.

Nach den Erfahrungen der vom Gentechnikgesetz betroffenen Wissenschaftler sind vorhandene Ermessensspielräume – im Gegensatz zu ihren Erwartungen – nicht unbedingt im Sinne der Antragsteller genutzt worden. Die vom Gesetz dargebotenen Möglichkeiten seien auch dann nicht in ausreichendem Umfang für eine Entbürokratisierung und Straffung der Genehmigungs- und Zulassungsverfahren eingesetzt worden, wenn dies nach Maßgabe des Forschungsstandes geboten erschien.[11] Auf der Grundlage dieser Einschätzung hat sich auf seiten der Genforschung die Ansicht durchgesetzt, daß der prozedurale Charakter der Regulierung, durch den ursprünglich eine flexible und technologiefreundliche Handhabung der Gesetzesvorgaben ga-

9 Vergleiche hierzu die auf einer Befragung ihrer Wissenschaftler basierende Stellungnahme der Max-Planck-Gesellschaft (1992): »Das größere Problem liegt in der Praxis des Vollzugs« (S. 10 f.). Vergleiche auch Graf Vitzthum, der die Umsetzung als »Kulturschock« (1993, S. 236) für die davon betroffenen Wissenschaftler bezeichnet.

10 Eher im Gegenteil: Insbesondere für die USA werden außerordentlich hohe Belastungen und Zeitverzögerungen der Regulierung neuartiger Forschungsvorhaben herausgearbeitet; ein Ergebnis, das mit den detaillierten Fallstudien zu Freisetzungen gentechnisch veränderter Organismen bei Krimsky/Plough (1988) übereinstimmt.

11 Vergleiche hierzu die Stellungnahme der MPG, in der der »zu bürokratische, auflagenintensive, in der Forschungspraxis wenig erfahrene, uneinheitliche und schleppende Vollzug der Länder« (1992, S. 12) beklagt wird.

rantiert werden sollte, zusätzliche und nicht vorhersehbare Probleme geschaffen hat. Die Studie der Max-Planck-Gesellschaft (1992) belegt diesen Umschwung eindrucksvoll: Explizit wird dort eine weitgehende *Reduzierung von Handlungsspielräumen der Verwaltung* eingefordert.[12]

Um die Enttäuschung der Regulierungsadressaten zu verstehen, reicht ein Verweis auf die entsprechenden Erfahrungen allein nicht aus. Vielmehr ist eine tiefergehende Beschäftigung mit den auf die Regulierung bezogenen, *normativ abgestützten Erwartungen der Regulierungsadressaten* erforderlich. Deren außerordentlich hohes und deshalb besonders enttäuschungsanfälliges Erwartungsniveau beinhaltet eine Zweckdimension und eine Mitteldimension. In der *Zweckdimension* ist maßgeblich, daß der Regulierung der Gentechnik von seiten der einerseits betroffenen und andererseits an der Formulierung und Implementation aktiv beteiligten Wissenschaftler zwei Funktionen zugeschrieben wurden: erstens die Herstellung von Rechts- und Verfahrenssicherheit, zweitens gesellschaftliche Akzeptanzbeschaffung. In der *Mitteldimension* ist maßgeblich, daß beide Zielsetzungen mit einem geringen Einsatz an zeitlichen und finanziellen Belastungen realisierbar sein sollten.

Diese Erwartungen werden im folgenden näher untersucht. Daran anschließend läßt sich dann aufzeigen, weshalb ihre Nicht-Erfüllung zu einer Konfrontation der Regulierungsadressaten mit den Vollzugsbehörden geführt hat.

2. Erwartungsniveaus und Enttäuschungsanfälligkeiten der Regulierten

Vor dem Hintergrund, daß das Gentechnikgesetz (GenTG) Resultat eines umfassenden korporativen Entscheidungsprozesses war, an dem insbesondere wissenschaftliche Experten beteiligt waren, könnte die innerhalb der Genforschung anzutreffende

12 Bei einer als zwingend erforderlich dargestellten Novellierung des Gesetzes »müßten jedoch *bestehende Handlungsspielräume* der Verwaltung, die derzeit auch in hohem Maße zu Lasten der Wissenschaft und der Forschung wahrgenommen werden können und werden, *eingeschränkt werden*«, heißt es hierzu (MPG 1992, S. 13, Hervorhebung von R. H.).

Unzufriedenheit überraschen. Allerdings war die Bereitschaft der Wissenschaft, Regulierungsfragen zu erörtern und konstruktiv an einem gesonderten Gesetz für die Arbeit mit gentechnisch veränderten Organismen mitzuarbeiten, innerhalb der Wissenschaft von Beginn an umstritten. Soweit sie als unvermeidbare Belastung hingenommen wurde, war sie weniger auf das Ziel der Unfall- und Katastrophenvermeidung *»hypothetischer Risiken«* (Arnold/Domdey 1989) ausgerichtet als vielmehr auf die Hoffnung, die allgemeinen gesellschaftlichen Rahmenbedingungen gentechnischer Forschung durch eine gesetzliche Sonderregelung zu verbessern. Die Regulierung gentechnischer Forschung wurde in diesem Sinn zunächst als unvermeidbares Erfordernis akzeptiert und erst im Verlauf ihrer Umsetzung zunehmend als bürokratische Zumutung und finanzielle Belastung beklagt (vgl. Brauer/Stadler 1992).

Die in der Diskrepanz von Erwartungen und Erfahrungen begründete Unzufriedenheit der Genforschung mit den Regulierungswirkungen war derart ausgeprägt, daß sie neuartige Verhaltensweisen in der gesellschaftlichen Auseinandersetzung herbeigeführt hat. So haben führende Wissenschaftler aus dem Bereich der gentechnischen Forschung aktiv zur *Politisierung der Debatte* beigetragen, indem sie ihre Forderungen unmittelbar öffentlichkeitswirksam in Szene setzten. Öffentliche Veranstaltungen und Medienkampagnen sind von ihnen intensiv dazu genutzt worden, Gesellschaftskritik zu üben und sich über Regulierungsfolgen zu beklagen. Ein derartiges gesellschaftspolitisches Engagement weist weit über jene Formen eines eher stillen Lobbyismus in Gremien und/oder als Berater hinaus, die die moderne Wissenschaft in anderen Bereichen kennzeichnet.[13]

Das gemeinsame Ziel der Anstrengungen von akademischer

13 Vergleiche hierzu Hasse/Gill (1994). Wie weit diese Aktivitäten reichen, veranschaulicht im übrigen die Anzeigenkampagne »Pro Gentechnik« zu Beginn der neunziger Jahre: Führende Wissenschaftler machten in Zusammenarbeit mit der chemischen Industrie und in Form großer Werbeanzeigen auf die Nachteile einer Behinderung gentechnischer Forschung aufmerksam. Dabei war insbesondere die bereitwillige, geradezu demonstrative Einebnung der Differenz von akademischer Grundlagenforschung und technischer Weiterentwicklung auffällig, weil sie der ansonsten anzutreffenden Forderung nach einem Sonderstatus freier Wissenschaft entgegengestellt war.

und industrieller Forschung bestand in einer Novellierung des Gesetzes: Insbesondere wurde auf die *Kosten der Anhörungsverfahren*, die von der Industrie beklagt wurden (vgl. Bora 1994), sowie auf das *bürokratische Genehmigungsprocedere*, das seitens der Wissenschaft als problematisch beurteilt wurde, aufmerksam gemacht (vgl. Aretz 1992). Beide Kritikpunkte der Vollzugspraxis waren bei der Gesetzesvorbereitung und -verabschiedung noch nicht befürchtet worden. Zu diesem Zeitpunkt erschien ein gesondertes Gesetz noch als angemessenes Mittel, um Verfahrensunsicherheiten bei Genehmigungsfragen zu klären und auf Akzeptanzprobleme in der Öffentlichkeit zu reagieren.

Der Regulierung der Gentechnik wurde von den betroffenen Wissenschaftlern somit eine Doppelfunktion zugeschrieben. Diese *Doppelfunktion* beinhaltete weder Fragen der Unfallvermeidung und des Katastrophenschutzes noch gesamtgesellschaftliche Wirkungen. Den Wissenschaftlern ging es vielmehr um die Schaffung vorteilhafter Rahmenbedingungen für wissenschaftlich-technische Forschung. Weil die massive Kritik am Gentechnikgesetz und die ihr zugrundeliegende Enttäuschung ohne diese Funktionserwartungen der Wissenschaft nicht verständlich ist, verdienen beide Erwartungen mehr Aufmerksamkeit.

a) Die *Funktionserwartung der Generierung gesellschaftlicher Akzeptanz* bezieht sich auf die symbolische Bedeutung regulativen Risikomanagements (vgl. Rip 1991). Die Demonstration von Kontrolle gilt in diesem Zusammenhang als angemessene Reaktion auf Risikobefürchtungen der Öffentlichkeit und darauf bezogene Akzeptanzdefizite (vgl. Levidow/Tait 1991). Die Angemessenheit dieser Funktionserwartung läßt sich durch die sozialwissenschaftliche Risikoforschung grundsätzlich bestätigen. So ist der Zusammenhang von Regulierung und Akzeptanz beispielsweise für den gesellschaftlichen Umgang mit Arzneimitteln (vgl. Bodewitz/Buurma/de Vries 1987) sowie für die Deponierung von Sondermüll (vgl. Wynne 1987) herausgearbeitet worden. Eine Entkoppelung von Risikokommunikation und Risikoregulierung gilt als ineffektiv (vgl. Otway/Wynne 1993). Der Verzicht auf Regulierungsvorgaben oder frühzeitige Lockerungen führen nach dieser Ansicht zu einer Verstärkung von Akzeptanzdefiziten – und zwar unabhängig von objektiven Unfallzahlen und konkreten Katastrophenfällen.[14]

14 Aus dieser Perspektive wäre es folglich sogar naheliegend gewesen,

b) Die *Funktionserwartung der Rechts- und Verfahrenssicherheit* läßt sich auf den sogenannten »Hoechst-Schock« zurückführen – jenes Urteil des Bundesverfassungsgerichts zum Genehmigungsverfahren der gentechnischen Produktion von Humaninsulin, das für die Gentechnik zusätzlichen Regulierungsbedarf anmahnte (vgl. Bizer 1990) und die Verabschiedung eines gesonderten Gesetzes nahelegte. Bei der darauffolgenden Gesetzesformulierung stand zunächst das Bemühen im Vordergrund, im Vollzug des Gesetzes Flexibilität zu gewährleisten (vgl. Damm/Hart 1987; Wahl/Melchinger 1994). Aufgrund der Negativerfahrungen mit der Vollzugspraxis tendierte man innerhalb der Forschung jedoch zunehmend dazu, einen Abbau von Handlungs- und Entscheidungsspielräumen der Verwaltung einzufordern, um der hohen Vollzugsdichte entgegenzuwirken (vgl. MPG 1992). Diese Forderung macht deutlich, daß die erfahrenen Probleme von der Genforschung nicht als zeitlich begrenztes Übergangsphänomen interpretiert wurden. Aus der Perspektive der sozialwissenschaflichen Risikoforschung sind die Erfolgsaussichten des Versuchs, den negativen Erfahrungen mit dem Gesetzesvollzug mit einer Reduzierung von Handlungs- und Entscheidungsspielräumen zu begegnen, allerdings überaus skeptisch zu beurteilen.

Das grundsätzliche Hindernis für einvernehmliche Regulierungsweisen sind *divergierende Rationalitäten in Wissenschaft und Verwaltung*. Nach Smith/Wynne (1989) sind erstere an einer flexiblen Anpassung an den jeweils aktuellen Stand der Forschung orientiert, während im Rahmen letzterer die Kriterien Konsistenz, Kontinuität und Routine bevorzugt werden. Die Ergebnisse der mikrosoziologischen Regulierungsstudie von Mathews/Bosin (1989) zeigen, daß diese Gegensätzlichkeit der beiden Rationalitäten im Idealfall der einvernehmlichen Regulierung durch einen Prozeß wechselseitiger Anpassung von Voll-

Akzeptanzproblemen mit rigideren Auflagen zu begegnen. Allerdings koinzidierten im Fall der Gentechnik und aus der Sicht der »betroffenen Experten« fehlende gesellschaftliche Akzeptanz mit Regulierungsvorgaben, die bereits als viel zu rigide beurteilt wurden. Das Dilemma bestand demnach darin, daß sowohl regulative Lockerungen – und zwar über den Umweg weiterer Akzeptanzeinbußen – als auch regulative Verschärfungen die Forschungsentwicklung noch stärker beeinträchtigt hätten.

zugsbehörden und Regulierungsadressaten absorbiert und eine gemeinsame Situationseinschätzung erzielt wird. Dieser Prozeß eines »enacted sense making«, so die Autoren im Anschluß an Weick (1979), setzt jedoch einen flexiblen Umgang mit Vorgaben voraus, der durch die Beseitigung von Handlungs- und Entscheidungsspielräumen unterminiert wird. An die Stelle eines kooperationsorientierten »enacted sense making« tritt dann ein formaler »Dienst nach Vorschrift« seitens der Verwaltung, von dem nur begrenzte Kooperationsmöglichkeiten zu erwarten sind. Aus diesem Grund wird in verwaltungswissenschaftlichen Diskussionen der Reduzierung von Ermessensspielräumen eine den Regulierungsprozeß beeinträchtigende Wirkung zugeschrieben (vgl. Schmidt-Aßmann 1994). Im scharfen Kontrast zu diesen Ergebnissen verdeutlicht das Beispiel der Regulierung gentechnischer Risiken demgegenüber, daß große Handungs- und Entscheidungsspielräume unter bestimmten Bedingungen den Vollzug regulativer Vorgaben (vorübergehend) erschweren können. Insoweit scheint die Forderung der Regulierungsadressaten nach einer Reduzierung von Spielräumen der Vollzugsbehörden gerechtfertigt zu sein.

3. Warum können Handlungs- und Entscheidungsspielräume der Vollzugsbehörden die Implementation erschweren?

Plakativ betrachtet, sind die für die Regulierungsadressaten problematischen Folgen von Handlungsspielräumen des Vollzugs darin begründet, daß diese von den Behörden anders genutzt werden, als es sich die Regulierungsadressaten (und die als Sachverständigen in den Vollzug eingebundenen Wissenschaftler) wünschen. Nachdem die Erwartungen der Wissenschaft an das Gentechnikgesetz erläutert wurden, rückt im folgenden verstärkt das Verwaltungshandeln bei der Implementation dieses Gesetzes in den Blickpunkt. Damit geht es um die Frage, wie Regulierungsbehörden entscheiden. Antworten lassen sich durch die Berücksichtigung wissenschaftlicher, politisch-rechtlicher und gesamtgesellschaftlicher Rahmenbedingungen als relevante Bezugspunkte des Verwaltungshandelns finden.[15]

15 Die Regulierungsadressaten, deren Zielsetzungen und Erwartungen,

a) *Rechtliche Bedingungen*: Das Gentechnikgesetz ist zunächst ein umfangreiches detailliertes Gesetz, das sich aus einem sogenannten Instrumentenmix zusammensetzt (vgl. Brocks 1991; Winter 1993). Es enthält grundlegende prozedurale Elemente, um eine flexible Anpassung an den internationalen Stand von Wissenschaft und Technik zu gewährleisten (vgl. Ladeur 1987; Ladeur 1992). Als Gremium wissenschaftlicher Expertise soll die Zentrale Kommission für Biologische Sicherheit (ZKBS) sicherstellen, daß wissenschaftlich-technischer Sachverstand berücksichtigt wird. Deren Empfehlungen und Beurteilungen haben zwar eine relativ große Bindungswirkung, sie betreffen aber nicht alle Aspekte der Regulierung. So bleibt insbesondere die detaillierte Beurteilung der Einhaltung von *Sicherheitserfordernissen gentechnischer Anlagen* Aufgabe der Vollzugsbehörde. Die Verwaltung hat dabei zu entscheiden, wie allgemeine Kriterien auf konkrete Anträge anzuwenden sind, wobei sie anfangs aufgrund der Neuartigkeit des Gesetzes nicht auf frühere Entscheidungen rekurrieren konnte. Es existierten somit *keine Erfahrungswerte über angemessene Beurteilungs- und Entscheidungsweisen.*

Für die zuständigen Behörden bedeuteten diese Rechtsbedingungen eine *von Unsicherheit gekennzeichnete Situation*, die durch die Rahmenbedingung einer kritischen Dauerbeobachtung durch die Öffentlichkeit noch verstärkt worden ist. Zudem führte die Verabschiedung des Gesetzes dazu, daß innerhalb kürzester Zeit eine Vielzahl von Genehmigungen beantragt worden war, was eine *Überbeanspruchung* der Verwaltungskapazitäten zur Folge hatte. Dies erklärt sowohl die Verzögerung von Genehmigungsverfahren als auch risikoaverse Entscheidungen (vgl. Hiller 1993), die auch dann getroffen wurden, wenn durch sie eine Konfrontation mit den betroffenen Forschungseinrichtungen unvermeidlich wurde, weil diese eine zügige, unbürokratische Verfahrensabwicklung und genehmigungsfreundliche Entscheidungsweisen einforderten.

sind also nicht unbedingt die dominierenden Einflußfaktoren des Vollzugs. Dies gilt insbesondere dann, wenn die Zielsetzungen der Regulierungsadressaten mit außerordentlich hohen, für die Regulierung problematischen Ansprüchen und Erwartungshaltungen verbunden sind.

b) *Gesellschaftspolitische Kontexte*: Fehlende Rechtssicherheit in bezug auf eine angemessene Auslegung des Gentechnikgesetzes und der Nutzung vorhandener Spielräume hat nicht nur zu risikoaversen Entscheidungen, sondern auch zu besonders kontextsensiblen Verhaltensweisen geführt. Die Konfrontation der Verwaltungsbehörden mit den Regulierungsadressaten resultierte auch aus Politisierungen, die dann besonders bedeutsam werden, wenn es sich, wie im Fall der Gentechnik, um ein *konflikttaugliches Regulierungsfeld* handelt. Dabei lassen sich zwei Mechanismen der Politisierung administrativer Entscheidungsprozesse voneinander unterscheiden: *politische Vorgaben* von (Landes- und Bezirks-) Regierungen, die Zielsetzungen der Verwaltungen mitbestimmen; und *allgemeine Politisierungen*, die zwar nicht speziell in der Verwaltung, aber eben auch dort anzutreffen sind.

Politische Vorgaben, die zu einer adressatenunfreundlichen Vollzugspraxis des GenTG geführt haben, ergaben sich insbesondere aus der Zuständigkeit von Behörden, die solchen Landesregierungen unterstellt waren, die einen *technologiepolitischen Dissens* mit der Bundesregierung über die Auslegung regulativer Vorgaben beim Vollzug austrugen. Daher ist im Zusammenhang mit der Genehmigungspraxis für gentechnische Anlagen immer wieder die Bedeutung landespolitischer Kontexte herausgestellt worden (vgl. Hohmeyer u. a. 1993). Während diese politische Ausrichtung von Verwaltungsentscheidungen über die Verwaltungshierarchie implementiert wird, bezieht sich das Argument der allgemeinen Politisierung der Verwaltung auf die Einflüsse, die über einzelne Mitarbeiter wirksam werden. Unter Bedingungen kontroversen Risikobewußtseins und divergierender moralischer Bewertung in der Gesellschaft werden Entscheidungen und verbleibende Rechtsunsicherheiten folglich (auch) nach Maßgabe *persönlicher Bewertungen und Verantwortlichkeiten* abgearbeitet.[16]

16 Aus einer allgemeinen organisationstheoretischen Perspektive sind solche Entscheidungsweisen insbesondere dann zu erwarten, wenn sich durch die rücksichtslose Anwendung intern legitimierter Kriterien Vorhaben blockieren lassen, die in der Öffentlichkeit umstritten sind; das heißt, wenn »innovationsfeindliches Verhalten« gesellschaftlichen Rückhalt beanspruchen kann (vgl. Hasse 1991). Und genau das scheint im Fall eines rigiden Vollzugs des Gentechnikgesetzes zuweilen gegeben zu sein.

c) *Wissenschaftlich-technische Forschung als Regulierungsadressat*: Die Erwartungen der von den Gesetzesvorgaben und deren Umsetzung betroffenen Regulierungsadressaten sind relativ eindeutig. Durch die Regulierung der Gentechnik sollten im Hinblick auf Rechts- und Verfahrenssicherheit und die gesellschaftliche Akzeptanz Bedingungen erzielt werden, die der gentechnischen Forschung einen angemessenen Rückhalt garantierten (vgl. Hasse 1995). Die für diese *anspruchsvolle Zielsetzung* in Kauf zu nehmenden Regulierungen sollten nach Auffassung der Wissenschaft an den von ihnen als gering veranschlagten Risikopotentialen der Gentechnik orientiert sein – insbesondere erwartete man wenig Zeitverzug und geringe bürokratische Belastungen.

Die Enttäuschung seitens der Wissenschaft resultierte nun aus einer *doppelten Diskrepanz*: Zum einen wurden die Zwecke nicht in dem erwarteten Maß erreicht, und zum anderen bedeuteten die Mittel zeitliche und bürokratische Zumutungen, die sich als ausgeprägter erwiesen, als erwartet worden war. Das Entscheidungsverhalten der Vollzugsbehörden wurde sogar als feindselig wahrgenommen. Seitens der Wissenschaft reagierte man auf die so bewertete Vollzugspraxis, indem man die Autorität und Kompetenz der Verwaltungsbehörden nachhaltig in Frage stellte: Dies gilt einerseits für den in der Öffentlichkeit verbreiteten Tenor einer bürokratischen Drangsalierung, der generell darauf abzielte, die *Legitimität der Vollzugsbehörden* zu unterminieren, und andererseits auch für die konkrete Zusammenarbeit zwischen Regulierungsadressaten und Vollzugsbehörden, die zuweilen durch *begrenztes Kooperationsverhalten* und durch *geringe Toleranz* der Antragsteller gegenüber den Zumutungen und Auflagen der Genehmigungsbehörden gekennzeichnet war.[17]

17 Die andauernden Kontroversen um den Vollzug des Gesetzes haben sich auch innerhalb des Implementationsprozesses widergespiegelt, bei dem die von Wissenschaftlern dominierte Zentrale Kommission für Biologische Sicherheit (ZKBS) ebenso Schwierigkeiten im Umgang mit bürokratischer Rationalität demonstriert hat, wie sich Verwaltungs- und Aufsichtsbehörden schwergetan haben, ihre Entscheidungen einem sich rasch wandelnden Stand von Wissenschaft und Technik anzupassen. Während aus verwaltungsrechtlicher Sicht die hohe Bindungswirkung der ZKBS-Beurteilungen beklagt worden ist, weil sie der Verwaltung nur geringe Spielräume eröffnet (Winter 1991, S. 27), betont man auf seiten der Wissenschaft, daß sich die

4. Fazit

Das Fallbeispiel der Regulierung gentechnischer Forschung verdeutlicht, daß Handlungs- und Entscheidungsspielräume der Vollzugsbehörden auch dann nicht unbedingt im Sinne der Regulierungsadressaten genutzt werden, wenn es sich um eine gesellschaftlich angesehene Institution wie die der Wissenschaft handelt, die zudem – wie im speziellen Fall der Gentechnik – massive (technologie-)politische Unterstützung erfährt. Es lassen sich, analytisch betrachtet, zwei Gründe unterscheiden, die erläutern, weshalb Gesetzesvorgaben von den zuständigen Behörden auf eine Art umgesetzt wurden, die bei den betroffenen Forschungseinrichtungen Unzufriedenheit und Protestverhalten hervorgerufen haben: *Rechtsunsicherheit* und die beiden thematisierten *Formen der Politisierung*, die die Verwaltungsentscheidungen beeinflußt haben. Beide Ursachen sind miteinander verwoben: Neue Gesetze stellen eine Reaktion auf gesellschaftspolitische Problematisierungen dar und werden, solange diese Bedingungen vorherrschen, kritisch beobachtet; Rechtsunsicherheiten ermöglichen (oder erfordern gar) die Berücksichtigung zusätzlicher Entscheidungskriterien.

Die Enttäuschung der Regulierungsadressaten resultiert aus der Diskrepanz zwischen den an die Verwaltungen adressierten normativen Erwartungen auf der einen Seite und den Erfahrungen der Wissenschaft mit der Vollzugspraxis auf der anderen Seite. Das *hohe Anspruchsniveau* der Regulierungsadressaten ist in den spezifischen, an die Regulierung gerichteten *Funktionserwartungen* sowie in der generellen Forderung nach umfassender gesellschaftlicher Unterstützung im Hinblick auf *Legitimität und Ressourcen* begründet.

Mit der außergewöhnlichen Bedeutung externer Einflüsse und mit den festgefügten, weitgehend nicht verhandelbaren Erwartungsstrukturen der Regulierungsadressaten sind die beiden Faktoren benannt, die einer kooperativen Vollzugspraxis des Gentechnikgesetzes entgegenstanden. Diese Bedingungen haben dazu geführt, daß die Situationseinschätzungen, Entscheidungs-

Umsetzung durch die Verwaltung dem Einfluß der wissenschaftlichen Experten entzieht. Vergleiche hierzu mit Bezug auf den Jahresbericht der ZKBS von 1993: Deutsche Forschungsgemeinschaft (1995, S. 28 f.).

orientierungen und Erwartungen der Regulierten denen der Vollzugsbehörden deutlich widersprochen haben. Anstelle des gewünschten Prozesses einer wechselseitigen Abstimmung und der Suche nach einvernehmlichen Arrangements ist eine *wechselseitige Delegitimierung* von Verwaltungsbehörden und Regulierungsadressaten getreten.

Anhand der Analyse der Regulierung gentechnischer Forschung läßt sich somit demonstrieren, daß Prozeduralisierungen und Flexibilisierungen der Regulierung unter spezifischen Bedingungen geeignet sind, *beides* zu steigern: das Anspruchsniveau der Regulierungsadressaten *und* die Unsicherheit der Vollzugsbehörden. Eine gravierende Diskrepanz wissenschaftlicher und administrativer Orientierungen stellt demnach nicht lediglich eine ungünstige Ausgangsposition für einen kooperativen Implementationsprozeß dar, sondern forciert einen *Prozeß wechselseitiger Verstärkung*: Erwartungsenttäuschungen der Wissenschaft führen zu einer Konfrontation mit den Vollzugsbehörden, die das Problem der Verwaltung – Rechtsunsicherheit und kritische Beobachtung – zusätzlich verstärken. Und die Irritationen der Verwaltung sind geeignet, die Enttäuschungsanfälligkeit der Regulierten zu steigern, weil diese Verunsicherungen den Erwartungen der Regulierungsadressaten widersprechende Handlungs- und Entscheidungsweisen nahelegen.

Literatur

Aretz, H.-J., 1992, »Gentechnik – kontrollierbare Großtechnologie oder unkontrollierbares Risiko?«, in: *Verbraucherpolitische Hefte* 15, S. 193-209.

Arnold, G. J., und H. Domdey, 1989, »Gentechnologie im öffentlichen Widerstreit«, in: *Forum interdisziplinäre Forschung* 2, S. 10-16.

Beck, U., 1986, *Risikogesellschaft. Auf dem Weg in eine andere Moderne*, Frankfurt am Main.

Benz, A., 1994, *Kooperative Verwaltung. Funktionen, Voraussetzungen und Folgen*, Baden-Baden.

– und W. Seibel (Hg.), 1992, *Zwischen Kooperation und Korruption. Abweichendes Verhalten in der Verwaltung*, Baden-Baden.

Bizer, J., 1990, »VGH Kassel stoppt Gentechnik«, in: *Kritische Justiz* 23, S. 127-129.

Bodewitz, H., H. Buurma und G. de Vries, 1987, »Regulatory Science

and the Social Management of Trust in Medicine«, in: W. Bijker, T. Hughes und T. Pinch (Hg.), *The Social Construction of Technological Systems*, Cambridge, S. 243-259.
Bora, A., 1994, »Schwierigkeiten mit der Öffentlichkeit. Zum Wegfall des Erörterungstermins bei Freisetzungen nach dem novellierten Gentechnikgesetz«, in: *Kritische Justiz* 27, S. 306-322.
Brauer, D., und P. Stadler, 1992, »Eine ernüchternde Bilanz. Auch nach dem Gentechnik-Gesetz bleiben erhebliche Zweifel am Gentechnik-Standort Deutschland«, in: *Gesellschaftspolitische Kommentare* 33, S. 2-5.
Brocks, D., 1991, *Das neue Gentechnikgesetz*, München.
Bulling, M., 1989, »Kooperatives Verwaltungshandeln (Vorverhandlungen, Arrangements, Agreements und Verträge) in der Verwaltungspraxis«, in: *Die öffentliche Verwaltung* 42, S. 277-289.
Daele, W. van den, 1990, »Risiko-Kommunikation: Gentechnologie«, in: H. Jungermann, B. Rohrmann und P. Wiedemann (Hg.), *Risiko-Konzepte, Risiko-Konflikte, Risiko-Kommunikation*, Jülich, S. 11-58.
Dammann, K., 1997, »Vollzugsdefizite oder Vollzugsfehler? Juristische Risiken bei Umweltschutz- und Technikkonflikten«, in diesem Band, S. 39-69.
Damm, R., und D. Hart, 1987, »Rechtliche Regulierung riskanter Technologien«, in: *Kritische Vierteljahresschrift für Gesetzgebung* 2, S. 183-216.
Deutsche Forschungsgemeinschaft (DFG), 1996, *Forschungsfreiheit. Ein Plädoyer für bessere Rahmenbedingungen der Forschung in Deutschland*, Weinheim.
Dolata, U., 1995, *Politische Ökonomie der Gentechnik. Konzernstrategien, Forschungsprogramme, Technologiewettläufe*, Berlin.
Douglas, M., und A. Wildavsky, 1982, *Risk and Culture*, Berkeley.
Downs, A., 1972, »Up and down with ecology – The ›Issue-Attention-Cycle‹«, in: *Public Interest* 28, S. 38-50.
Gottweis, H., 1995, »German Politics of Genetic Engineering and its Deconstruction«, in: *Social Studies of Science* 25, S. 195-235.
Graf Vitzthum, W., 1993, »Zur Gentechniknovelle 1993. Eher Neuanstrich als Umbau«, in: *Zeitschrift für Gesetzgebung* 8, S. 236-247.
– und T. Geddert-Steinacher, 1992, *Standortgefährdung: Zur Gentechnik-Regelung in Deutschland*, Berlin.
Hannigan, J., 1995, *Environmental Sociology. A Social Constructionist Perspective*, London.
Hasse, R., 1991, »Risiko, Moral und Entscheidung«, Arbeitsberichte und Forschungsmaterialien 61, FSP Zukunft der Arbeit. Fakultät für Soziologie, Universität Bielefeld.
–, 1995, »Beyond Regulating Risk. The Need for Legitimation and Support of Recombinant DNA Research«, in: *Vest* 8/2, S. 29-40.

– und B. Gill, 1994, »Biotechnological Research in Germany. Problems of Political Regulation and Public Acceptance«, in: U. Schimank und A. Stucke (Hg.), *Coping with Trouble. How Science Reacts to Political Disturbances of Research Conditions*, Frankfurt am Main/New York, S. 253-292.
– und G. Krücken, 1996, »Was leistet der organisationssoziologische Neo-Institutionalismus? Eine theoretische Auseinandersetzung mit besonderer Berücksichtigung des wissenschaftlichen Wandels«, in: *Soziale Systeme* 2, S. 91-112.
Hawkins, K., 1984, *Environment and Enforcement: Regulation and the Social Definition of Pollution*, Oxford.
Herbig, J., und R. Hohlfeld (Hg.), 1990, *Die zweite Schöpfung*, München.
Hiller, P., 1993, *Der Zeitkonflikt in der Risikogesellschaft. Risiko und Zeitorientierung in rechtsförmigen Verwaltungsentscheidungen*, Berlin.
Hohmeyer, O., B. Hüsing, S. Maßfeller und T. Reiß, 1993, »Gesetzliche Regelungen der Gentechnik im Ausland und praktische Erfahrungen mit ihrem Vollzug«. Gutachten im Auftrag des Büros für Technikfolgenabschätzung des Deutschen Bundestages (TAB), Fraunhofer-Institut für Systemtechnik und Innovationsforschung, Karlsruhe.
Japp, K.-P., 1994, »Verwaltung und Rationalität«, in: K. Dammann, D. Grunow und K.-P. Japp (Hg.), *Die Verwaltung des politischen Systems*, Opladen, S. 126-141.
Kiper, M., 1992, *Seuchengefahr aus der Retorte*, Reinbeck.
Korbmann, R., 1992, »In den Fesseln des Gesetzes. Forscher fordern ein besseres Gentechnik-Gesetz«, in: *Bild der Wissenschaft* 1992, S. 14-17.
Krimsky, S., und A. Plough, 1988, *Environmental Hazards. Communicating Risks as a Social Process*, New York.
Krücken, G., 1996, »Risikotransformation. Die politische Regulierung technisch-ökologischer Gefahren in der Risikogesellschaft unter besonderer Berücksichtigung von Arzneimittelregulierung und Klimapolitik«, Dissertation, Universität Bielefeld (Opladen 1997, in Vorbereitung).
Ladeur, K.-H., 1987, »Gefahrenabwehr und Risikovorsorge bei der Freisetzung von gentechnisch veränderten Organismen nach dem Gentechnikgesetz«, in: *Natur und Recht* 14, S. 252-262.
–, 1992, *Postmoderne Rechtstheorie. Selbstreferenz, Selbstorganisation, Prozeduralisierung*, Berlin.
Levidow, L., und J. Tait, 1991, »The Greening of Biotechnology: GMOs as environment-friendly products«, in: *Science and Public Policy* 18, S. 271-280.
Luhmann, N., 1986, *Ökologische Kommunikation*, Opladen.
Mathews, W., und M. Bosin, 1989, »The Public Administrator Engages

in Biotechnology – A Case of Multiple Roles«, in: *Policy Studies Review* 8, S. 455-467.
Max-Planck-Gesellschaft (MPG), 1992, »Stellungnahme zu den Erfahrungen mit dem Gentechnikgesetz und seiner administrativen Umsetzung«, unveröffentlichtes Manuskript, o.O.
Mayntz, R. (Hg.), 1980, *Implementation politischer Programme. Empirische Forschungsberichte*, Königstein.
– (Hg.), 1983, *Implementation politischer Programme. Ansätze zur Theoriebildung*, Opladen.
Otway, H., und B. Wynne, 1993, »Risiko-Kommunikation: Paradigma und Paradox«, in: W. Krohn und G. Krücken (Hg.), *Riskante Technologien: Reflexion und Regulation*, Frankfurt am Main, S. 101-112.
Powell, W. W., und P. DiMaggio (Hg.), 1991, *The New Institutionalism in Organizational Analysis*, Chicago.
Priest, W., 1988, *Risks, Concern, and Social Legislation: Forces that Led to Laws on Health, Safety, and the Environment*, Boulder.
Pressman, J. L., und A. Wildavsky, 1973, *Implementation. How Great Expectations in Washington are Dashed in Oakland*, Berkeley.
Rip, A., 1991, »The Danger Culture of Industrial Society«, in: R. Kasperson, P. Stallen (Hg.), *Communicating Risks to the Public*, Dordrecht, S. 345-365.
Ruß-Mohl, S., 1993, »Konjunkturen und Zyklizität in der Politik«, in: A. Windhoff-Héritier (Hg.), *Policy Analyse. Kritik und Neuorientierung. Politische Vierteljahresschrift*, Sonderheft 24, S. 356-368.
Schmidt-Aßmann, E., 1994, »Flexibilität und Innovationsoffenheit als Entwicklungsperspektiven des Verwaltungsrechts«, in: W. Hoffmann-Riem und E. Schmidt-Aßmann (Hg.), *Innovation und Flexibilität des Verwaltungshandelns*, Baden-Baden, S. 407-424.
Smith, R., und B. Wynne, 1989, »Introduction«, in: R. Smith und B. Wynne (Hg.), *Expert Evidence. Interpreting Science in the Law*, London, S. 1-12.
Wahl, R., und H. Melchinger, 1994, »Das Gentechnikrecht nach der Novellierung«, in: *Juristenzeitung* 49/20, S. 973-982.
Weick, K. E., 1979, *The Social Psychology of Organizing*, Reading.
Windhoff-Héritier, A., 1987, *Policy Analyse. Eine Einführung*, Frankfurt am Main.
Winnecker, E. L., 1992, »Gentechnik im Bürokratengriff«, in: *Süddeutsche Zeitung*, 13. Februar 1992.
Winter, G., 1991, »Entfesselungskunst. Eine Kritik des Gentechnik-Gesetzes«, in: *Kritische Justiz* 24, S. 18-30.
–, 1993, *Grundprobleme des Gentechnikrechts*, Düsseldorf.
Wright, S., 1994, *Molecular Politics. Developing American and British Regulatory Policy for Genetic Engineering, 1972-1982*, Chicago.
Wynne, B., 1987, *Risk Management and Hazardous Waste*, Berlin.

Anita Engels und Peter Weingart

Die Politisierung des Klimas

Zur Entstehung von anthropogenem Klimawandel als politischem Handlungsfeld

1. Einleitung

Die Wahrnehmung des Klimas wandelt sich. Bis vor wenigen Jahren sahen sich menschliche Gesellschaften dem Wetter ausgeliefert. Inzwischen wird menschlicher Einfluß auf das Makrosystem ›Klima‹ sowohl als passiv und unbeabsichtigt als auch als aktiv und intentional regulierend gedacht. Klimawandel wird gar als globale Bedrohung wahrgenommen, deren Verursachung auf anthropogene Quellen – das heißt vor allem auf die sprunghaft ansteigenden Emissionen von CO_2 und anderen für den Treibhauseffekt relevanten Spurengasen in die Atmosphäre – zurückgeführt wird. Durch diese Art der Zurechnung wird Klimawandel zu einem Risiko im soziologischen Sinne. Die Wahrnehmung hat sich verändert: An die Stelle der Gefahr in Gestalt von außen auf den Menschen hereinbrechender Naturkatastrophen tritt das Risiko des durch eigenes Handeln hervorgerufenen zukünftigen Schadens.[1] Indem Klimawandel zu einem gesellschaftlichen Risiko wird, entstehen auch gesellschaftliche Erwartungen an politische Regulierung zur Schadensabwendung. Klimawandel als Gegenstand politischer Regulierung ist jedoch nicht selbstverständlich. Im Gegenteil: Globales und nicht auf Einzelstaaten begrenzbares Katastrophenpotential, Langfristigkeit der Bedrohung, ungewisse Entscheidungsoptionen und aktuell zu bestreitende Kosten für Regulierungsmaßnahmen bei ungewissem zukünftigen Erfolg legen es für die Politik nahe, Klimawandel als politisches Thema möglichst lange zu ignorieren. Politische Regulierung von Klimawandel ist daher erst als das Ergebnis eines längeren Prozesses zu verstehen.

Eine notwendige Vorstufe scheint darin zu bestehen, daß das Problem Klimawandel politikextern thematisiert und öffentlich

1 Zur Unterscheidung von Risiko und Gefahr vergleiche Luhmann (1990) und Luhmann (1991).

gemacht wird, da politikextern größere Thematisierungschancen bestehen als politikintern. Die öffentliche Thematisierung führt erst dann auch zu einer politischen, wenn politische Relevanzkriterien berührt werden, also wenn sich Regierung und Opposition an Klimawandel scheiden, wenn durch ihn ein Legitimationsproblem entsteht oder wenn er Chancen zum Machterhalt beziehungsweise zur Machterweiterung eröffnet.[2] Diese Entwicklung läßt sich als Politisierung eines zukünftigen Regulierungsgegenstandes bezeichnen. Die beiden Schritte ›Thematisierung‹ und ›Politisierung‹ als Prozesse im Vorfeld politischer Regulierung stehen im Mittelpunkt der folgenden Ausführungen.[3]

In der sozialwissenschaftlichen Literatur werden insbesondere die Massenmedien und soziale Bewegungen als Promotoren der Thematisierung und Politisierung genannt.[4] Wenn auch diese beiden Bereiche für das Beispiel Klimawandel nicht unwichtig sind und spätestens seit Beginn der neunziger Jahre zu einer

2 Zur Unterscheidung von Regierung und Opposition als Recodierung machtbasierter Kommunikation innerhalb des politischen Systems vergleiche Luhmann (1993, S. 55 ff.). Für den Versuch, mit Hilfe dieser Unterscheidung den Bereich der Klimapolitik zu analysieren, vergleiche Krücken (1996, S. 110 ff.).

3 Dabei wird auf die Ergebnisse des DFG-Forschungsprojekts »Kommunikationen über Klimawandel zwischen Wissenschaft, Politik und Massenmedien« zurückgegriffen, das mit Hilfe diskursanalytischer Verfahren die jeweils spezifische Form der Wahrnehmung und Verarbeitung des Themas ›anthropogener Klimawandel‹ in Wissenschaft, Politik und Massenmedien untersucht. Dem liegt die Annahme zugrunde, daß sowohl der wissenschaftliche als auch der politische Diskurs über Klimawandel sich entlang eigener Selektionskriterien entwickeln und daß der Gegenstand Klimawandel selbst vielfältige Transformationen erfährt, indem er von einem Forschungsgegenstand zu einem Regulierungsproblem oder zu einem Medienereignis wird. – Besonderer Dank für konstruktive Hinweise gilt an dieser Stelle Petra Hiller und Georg Krücken.

4 Hier sei nur auf die vielfältige Literatur zum Prozeß des *agenda setting* verwiesen (vgl. zum Beispiel Atwater/Salwen/Anderson 1985; Hilgartner 1988; Brosius/Kepplinger 1990; sowie in Form der *quantity of coverage*-Hypothese Mazur/Lee 1993). Auf die Rolle der Umweltorganisationen im Fall Klimawandel gehen Mormont/Dasnoy (1993) ausführlich ein; zur Rolle von Umweltverbänden für die umweltpolitische Entwicklung in Deutschland vergleiche allgemein SRU (1996a).

zeitweiligen Daueraktualisierung des Themas geführt haben, so werden in diesem Fall jedoch die spezifischen Vorleistungen der Wissenschaft herausgestellt: Die öffentliche Thematisierung von Klimawandel als möglicher Bedrohung ging in Deutschland eindeutig von der Wissenschaft aus und wurde erst mit Verzögerung von den Massenmedien und den Umweltverbänden übernommen. Auch die Politisierung des Themas muß in diesem Fall in erster Linie der Wissenschaft zugeschrieben werden. Die Politisierung des Erkenntnisgegenstandes Klima, so unsere These, erfolgt über den Mechanismus der Anthropogenisierung: Erst indem systematisch der Mensch als Verursacher in die Prozesse eingefügt wird, die die Entwicklung des globalen Klimas beeinflussen, wird Klima zu einem im Prinzip regulierbaren Gegenstand politischen Handelns.

Im folgenden wird diese Argumentation empirisch belegt. Der erste Abschnitt bezieht sich auf die Politisierung des Forschungsgegenstandes durch Anthropogenisierung. Im zweiten Abschnitt wird für drei unterschiedliche Phasen dargestellt, in welcher Weise die Wissenschaft den Klimawandel im Rahmen von Politikappell und Politikberatung thematisiert und so eine Übernahme des Themas in der Politik erleichtert. Im dritten Abschnitt werden die sich daraus ergebenden Perspektiven für die politische Regulierung von Klimawandel in Deutschland diskutiert.

2. Politisierung des Forschungsgegenstandes durch Anthropogenisierung

Die Anthropogenisierung des Klimas innerhalb der Wissenschaft, die in den Fachpublikationen der vergangenen zwei Jahrzehnte vollzogen wurde, umfaßt unterschiedliche Bereiche: Die Wahrnehmung von Klima*wandel* als Risiko wird etabliert; die anthropogene Verursachung des Wandels wird herausgestellt; die gesellschaftlichen Folgen von Klimawandel werden zunehmend thematisiert; und schließlich wird mit wachsender Gewißheit die Evidenz für bereits einsetzenden anthropogenen Klimawandel in den Mittelpunkt gerückt.

Wandel als Risiko: Das globale Klima ist ständigem Wandel unterworfen, es wechselt zwischen Eiszeiten und Warmzeiten, es läßt kurz- und langfristige Variabilitäten erkennen, kurz: Klima*wandel* ist der Normalfall.[5] Um Klimawandel als Risiko wahrnehmbar zu machen, wird daher wissenschaftlich unterschieden zwischen natürlichem und anthropogenem Klimawandel (vgl. Bach 1976; Ramanathan 1988; Graßl 1989). Durch diesen Schritt wird ein Teil des Wandels als irrelevant ausgegrenzt, während ein anderer Teil, der anthropogen verursachte, in den Zuständigkeitsbereich politischer Regulierung gerückt wird. Während sich zunächst ein Großteil der Forschung auf das bessere Verständnis des natürlichen Wandels konzentrierte, um erst später auf der Grundlage der dort gewonnenen Erkenntnisse einen möglichen anthropogenen Wandel thematisieren zu können[6], kehrt sich dieses Verhältnis allmählich um. Natürliche Einflußfaktoren treten als Forschungsgegenstand in den Hintergrund, beziehungsweise ihre Erforschung kann immer weniger aus sich selbst heraus, sondern nur noch in bezug auf den Erklärungsgehalt für anthropogene Faktoren legitimiert werden (vgl. Hansen 1978; Flohn 1986a; Ramanathan u. a. 1989).

Große Klimaschwankungen, das ist Standardwissen der Klimaforschung, vollziehen sich in Zeiträumen von mehreren tausend Jahren. Derartige Zeitintervalle sind jedoch für politisches Handeln irrelevant. Damit der Klimawandel Gegenstand politischer Regulierung werden kann, muß er für kurze Zeiträume erfahrbar und mit Dringlichkeit versehen dargestellt werden.[7] Deshalb

5 Vergleiche den frühen Hinweis von Bach: »The climate of the earth has changed in the past, and it is reasonable to assume that it will continue to change in the future« (Bach 1976, S. 429); oder später Frankenberg: »Das Klima auf der Erde ist nicht stabil. Wir können es mit keiner Naturschutzmaßnahme dazu bewegen, sich nicht zu ändern« (Frankenberg 1990, S. 315).

6 Vergleiche die Reihenfolge der Argumentation in dem frühen Überblicksartikel von Bach (1976) oder auch die Zurückweisung von anthropogenen Klimafaktoren als Forschungsgegenstand, solange nicht das Zusammenwirken der wichtigsten natürlichen Faktoren ausreichend verstanden werden kann, bei Wippermann (1988).

7 Vergleiche zu dieser Problematik am Beispiel der Verweildauer von CO_2 in der Atmosphäre Nierenberg: »If it is assumed that the available fossil fuel would be consumed in a short period compared to this lifetime – say 200 to 300 years – a small reduction in anthropogenic output, say 20 %, for example, would have a negligible effect on the peak effects. However, with the short lifetime – short compared to this

wird Forschung initiiert, die drastischen Klimawandel innerhalb weniger Jahrzehnte in der prähistorischen Vergangenheit der Erdgeschichte nachzuweisen sucht. Der Nachweis solcher Klimasprünge (vgl. Flohn 1986a; Raynaud u. a. 1993: 930) unterstützt die Wahrnehmung von Wandel als Risiko.

In all diesen wissenschaftlichen Beiträgen, die die Aufmerksamkeit von einem über Jahrtausende und Jahrmillionen zu beobachtenden natürlichen Klimawandel auf das Risiko eines in naher Zukunft drohenden anthropogenen Klimawandels verschieben, wird implizit die Annahme der Regulierbarkeit des Klimasystems mittransportiert. Paradoxerweise lassen sich zwei Entwicklungen gleichzeitig beobachten: Erstens wird die Möglichkeit von kurzfristigen Klimasprüngen unter natürlichen (prähistorischen) Bedingungen thematisiert, wodurch das Argument der Bedrohung gestützt wird; doch wird zweitens die Thematisierung von langfristigem natürlichen Klimawandel gegenüber dem anthropogen verursachten Wandel in den Hintergrund gedrängt, wodurch Klima als ein System erscheint, das sich durch entsprechende Beseitigung anthropogener Faktoren in einen kontrollierbaren Ruhezustand versetzen läßt.

Anthropogene Verursachung von Klimawandel: Der Kern der wissenschaftlichen Theorie über Klimawandel und Treibhauseffekt ist die These, daß die veränderten Konzentrationen von Gasen wie CO_2 in der Atmosphäre eine Veränderung der thermischen Energiebilanz der Erde und damit einen globalen Temperaturanstieg verursachen. Die Frage ist, wie dieser Prozeß in der Atmosphäre auf anthropogene Verursachung zurückgeführt werden kann. Chemische und physikalische Zusammenhänge werden in soziale Handlungszusammenhänge übersetzt und auf Akteursgruppen zurechenbar gemacht.

Dies erfolgt in der wissenschaftlichen Auseinandersetzung in verschiedenen Abstraktionsstufen. Der ›Mensch als Quelle‹ von CO_2 und anderen Treibhausgasen beziehungsweise der ›Mensch als Emittent‹ ist die abstrakteste Stufe dieser Übersetzung (vgl.

period of total consumption of fossil fuel – the picture changes drastically. On one hand, any reasonable cutback in emissions would show correspondingly reasonable beneficial effects. On the other, there is reduced urgency for drastic action for if, in fact, adverse climate changes appear, action could be taken in the full expectation that the correction would also appear in reasonable time« (1995, S. 283).

Bach 1976). Auf der nächsten, konkreteren Stufe wird der industriellen Produktion und der damit verbundenen Verbrennung fossiler Treibstoffe der größte Anteil anthropogener CO_2-Emissionen zugerechnet. Auf einer weiteren Stufe wird nochmals differenziert, und zwar einerseits in vergangene und zukünftige Emissionen, andererseits in die Verursachung der Emissionen unterschiedlicher Gase, wie zum Beispiel CO_2 und CH_4 (Methan). Während die Verursachung in überwiegendem Maße westlichen Industrienationen zugerechnet wird, erfolgt über die beiden genannten Differenzierungen eine Ausweitung der Verursachungszuweisung auf ›ärmere Länder‹ beziehungsweise Entwicklungsländer, deren Ökonomien überwiegend landwirtschaftlich geprägt sind. Die zeitliche Differenzierung unterteilt die Verursachung in eine historische Schuld der Industrieländer und eine zukünftige wachsende Schuld der Entwicklungsländer, die sowohl durch Bevölkerungswachstum als auch durch zunehmende Abholzung der Wälder (beides steht für wachsenden Energiebedarf) in den Prozeß der Veränderung der atmosphärischen Gaskonzentrationen eingreifen (vgl. Bolin 1977). Die Differenzierung in unterschiedliche Gase unterteilt die Verursachung in unterschiedliche Handlungsbereiche oder Akteursgruppen. Während CO_2 hauptsächlich durch die Verbrennung von Kohle, Erdöl und Erdgas entsteht, werden CH_4-Emissionen vor allem dem Naß-Reisanbau zugerechnet[8] und damit den landwirtschaftlichen Produzenten in vielen Entwicklungsländern.

Die differenzierte wissenschaftliche Analyse der verursachenden Prozesse für anthropogenen Klimawandel weitet also die Verursachungszurechnung auf alle Weltregionen – wenn auch auf unterschiedliche Weise und in unterschiedlichen Phasen – und auf alle Arten der wirtschaftlichen Produktion aus. Dadurch wird Klimawandel zu einem globalen Problem aller Gesellschaften und zu einem Problem internationaler Regulierung.

Gesellschaftliche Folgen von Klimawandel: Gleichsam die ›andere Seite‹ der Anthropogenisierung ist die Darstellung der Gefährdungen, die sich aus dem Handeln ergeben und deren normative Bedeutung darin besteht, daß es sich im umfassenden Sinn um Selbstgefährdungen handelt. Die möglichen gesellschaftlichen Folgen des Klimawandels wurden schon sehr früh

8 Neben Großviehzucht, Mülldeponien, Erdgasverlusten und Kohleförderung (vgl. Graßl 1989, S. 203).

wissenschaftlich diskutiert und abgeschätzt. Was in den vierziger Jahren noch sehr ungewiß schien[9], verdichtet sich in Publikationen der siebziger und achtziger Jahre zu einer Bedrohung durch eine allgemeine Verschiebung der Klimazonen, durch vermehrtes Auftreten von Stürmen, Trockenheit und Überschwemmungen, durch ein Abschmelzen der Alpengletscher und des Poleises sowie des dadurch verursachten Anstiegs des Meeresspiegels (vgl. Flohn 1986b; Graßl 1989). Zu diesem Schritt zur Politisierung des Klimasystems tragen mehrere wissenschaftliche Strömungen bei: erstens die Computersimulationen, die in den achtziger Jahren mit immer komplexeren Modellen arbeiten, die schließlich die Prozesse in den Ozeanen und in der Atmosphäre aneinandergekoppelt simulieren können; zweitens die wirtschaftswissenschaftliche Diskussion über mögliche Kosten und Nutzen des Klimawandels, sowohl global als auch für einzelne Volkswirtschaften (vgl. Cline 1992); sowie drittens die erst später entstehende Klimafolgenforschung, die sich zum Ziel setzt, insbesondere regionale Klimafolgen – für spezifische Ökosysteme oder für geopolitisch definierte Regionen – zu erforschen. Während die wirtschaftswissenschaftliche Diskussion im deutschen Wissenschaftskontext eine geringere Rolle spielt als im amerikanischen (vgl. Krücken 1996, S. 160 f.), werden Computersimulationen hier immer bedeutender.[10] Die konkretesten Aussagen über gesellschaftliche Folgen von Klimawandel werden jedoch in der seit Anfang der neunziger Jahre betriebenen Klimafolgenforschung getroffen, die ganz erheblich zu einer Politisierung beitragen kann, da sie – im Idealfall – die entstehenden Kosten für einzelne Wirtschaftssektoren (Landwirtschaft, Tourismus, Elektrizitätswirtschaft) in abgegrenzten, politisch identifizierbaren Einheiten (zum Beispiel einzelnen Bundesländern) berechnet

9 Hermann Flohn spricht in seiner Veröffentlichung von 1941 von »einer erdumspannenden Klimaänderung, deren zukünftige Bedeutung niemand ahnen kann« (Flohn 1941, S. 22).

10 Spätestens Anfang der neunziger Jahre kann das Hamburger Max-Planck-Institut für Meteorologie mit dem ihm angeschlossenen Deutschen Klimarechenzentrum auf ein international anerkanntes *General Circulation Model* zurückgreifen, dessen wichtigstes Ergebnis in Aussagen über mögliche Temperaturentwicklungen im Weltdurchschnitt sowie – in einer groben Auflösung – über unterschiedliche Klimazonen und deren zukünftige Entwicklungen besteht (vgl. Cubasch/Santer/Hegerl 1995).

und so präzise Handlungsempfehlungen für politische Regulierung erzeugen kann.[11] Es ist wahrscheinlich, daß lokale Betroffenheit den Regulierungsdruck für Politik erhöhen wird (vgl. hierzu auch Shackley/Wynne 1995, S. 224).

Evidenz für bereits einsetzenden anthropogenen Klimawandel: Wenn von der Klimaforschung nach Jahren des Warnens schließlich gezeigt werden kann, daß anthropogener Klimawandel bereits *heute* einsetzt und daß dies mit Hilfe wissenschaftlicher Methoden wahrnehmbar ist, so erfüllt das zwei wichtige Funktionen. Erstens dient es als Beweis dafür, daß die Warnung vor dem Klimawandel kein übertriebener »Katastrophismus«, sondern daß der frühe Schritt der Wissenschaft in die Öffentlichkeit und in die Politik letztlich gerechtfertigt war. Zweitens erhöht die Feststellung eines bereits einsetzenden Klimawandels die Dringlichkeit, mit der das Problem in politische Regulierung übersetzt werden müßte, um ein Vielfaches.

Eine Reihe von Forschungsbemühungen widmete sich also dem Versuch dieses Nachweises. Kritik an Meßverfahren und der Vorwurf systematischer Datenverzerrungen mußten zurückgewiesen (zum Beispiel Jones u. a. 1990) und die Diskrepanz zwischen der berechneten und der tatsächlich einsetzenden (geringeren) Temperaturerhöhung erklärt werden.[12] Vor allem mit Hilfe unterschiedlicher Computer-Simulationsverfahren (vgl. Kerr 1995) gelangte die Klimaforschung Mitte der neunziger Jahre schließlich zu der Aussage, daß ein Teil der gemessenen Erwärmung mit großer Wahrscheinlichkeit bereits jetzt auf den anthropogenen Einfluß zurückzuführen ist (IPCC 1995, S. 22). Diese Ergebnisse könnten möglicherweise eine ähnliche Rolle spielen wie 1985 die Entdeckung des sogenannten ›Ozonlochs‹ über der Antarktis für die Verhandlungen um ein internationales Verbot der FCKW und verwandter Stoffe (vgl. Benedick 1991). Angesichts der demonstrierten Dringlichkeit kann sich die Politik immer weniger auf wissenschaftliche Ungewißheiten oder auf den spekulativen Charakter der Klimaforschung berufen – sie muß Klimawandel in den Bereich politischer Regulierung überführen.

11 Vergleiche die Überblicksdarstellung in PIK (1996a) sowie bereits durchgeführte Studien in PIK (1994) und PIK (1996b).

12 Dies geschah mit Verweis auf bisher unzureichende, aber in Zukunft verbesserbare Einbeziehung von klimarelevanten Faktoren (zur Rolle von Aerosolen vgl. bereits Bach 1976, S. 460).

Durch diese Anthropogenisierung des Klimas hat eine deutliche Politisierung des Forschungsgegenstandes stattgefunden. Das Klimasystem ist im wissenschaftlichen Diskurs von einem physikalischen, chemischen und biologischen Zusammenhang in einen politischen transformiert worden. Die politische Regulierung des Risikos Klimawandel ist als zugleich notwendig und möglich dargestellt worden. Dabei handelt es sich um die Dimensionierung des Klimaproblems, wie sie innerhalb von wissenschaftlichen Publikationen stattgefunden hat, also um eine wissenschafts*interne* Politisierung des Forschungsgegenstandes.

Der wissenschaftsinterne Diskurs hat mit dieser Dimensionierung bereits auf ungewöhnliche Weise die Anschlußmöglichkeiten für die Politik geliefert. Um jedoch in politische Regulierung umgesetzt werden zu können, muß Wissenschaft den Weg in die Politikberatung finden und die Form der Expertise annehmen, das heißt in ein *direktes* Kommunikationsverhältnis zur Politik treten (vgl. hierzu Mormont/Dasnoy 1995).

3. Die Thematisierung des Risikos ›anthropogener Klimawandel‹ durch wissenschaftliche Expertise und deren Bedeutung für politische Regulierung

Die wissenschaftliche Politikberatung auf dem Gebiet des Klimaschutzes hat sich etwa seit Mitte der achtziger Jahre auf verschiedenen politischen Ebenen, der internationalen, nationalen und sogar regionalen, etabliert. An ihr sind sowohl regierungsoffizielle als auch wissenschaftliche und partei- und umweltpolitische Organisationen beteiligt. Infolgedessen läßt sich inzwischen ein breit gestreuter Diskurs über den auf politische Regulierung fokussierten Klimaschutz beobachten, in den zahlreiche unterschiedliche Vorstellungen hinsichtlich des Umfangs und der gesellschaftspolitischen Tragweite der angestrebten Maßnahmen eingehen. Bei der Analyse dieses Diskurses läßt sich im chronologischen Ablauf zugleich feststellen, daß eine zunehmende *Konkretisierung* der Regulierungsvorschläge auf der einen und eine gesellschaftspolitische *Generalisierung* auf der anderen Seite parallel zueinander anzutreffen sind.

Ein wichtiger Faktor für die Herausbildung einer wissenschaftlichen Expertise für anthropogenen Klimawandel liegt auf der internationalen Ebene. Vor allem das 1988 von UNEP (United Nations Environment Program) und WMO (World Meteorological Organization) initiierte IPCC (Intergovernmental Panel on Climate Change) hat in entscheidender Weise dazu beigetragen, daß eine große, international zusammengesetzte Gruppe von Forscherinnen und Forschern gemeinsam eine wissenschaftliche Einschätzung des Forschungsstandes, der Bedrohung durch den Klimawandel und der möglichen Reaktionsweisen im Umgang mit diesem Risiko formuliert und in Form eines Berichts präsentiert hat. Bereits auf der zweiten Weltklimakonferenz von 1990 diente ein Bericht des IPCC als Kommunikationsgrundlage zwischen Wissenschaft und Politik. Für den Umweltgipfel in Rio de Janeiro 1992, auf dem eine international verbindliche Klimarahmenkonvention verabschiedet werden sollte, wurde eine Aktualisierung mit den neuesten Abschätzungen herausgegeben. Auch auf den nun jährlich stattfindenen Folgekonferenzen (1995 in Berlin und 1996 in Genf) war der Einfluß der IPCC-Veröffentlichungen, die inzwischen den Status autoritativer Berichte *der* Wissenschaft erlangt hatten, unverkennbar.

Die beteiligten Regierungen haben hinsichtlich ihrer Regulierungspolitik sehr unterschiedlich auf die entsprechenden Vorschläge reagiert.[13] Insofern kommt den nationalen Politikberatungsdiskursen eine besondere Rolle zu. In Deutschland hat die internationale Entwicklung die wissenschaftliche Expertise wesentlich beeinflußt und den Prozeß der Themenübernahme durch die Politik unterstützt. Im folgenden sollen die markantesten Beispiele deutscher wissenschaftlicher Expertisen zum Klimaschutz hinsichtlich ihrer regulativen Handlungsanweisungen betrachtet werden. Die zeitliche Entwicklung dieses Diskurses läßt sich in drei Phasen unterteilen: die frühe Warnung vor der kommenden Katastrophe, die Phase der wissenschaftlichen Fundierung der Risikoeinschätzung sowie die Diversifizierung der wissenschaftlichen Politikberatung im Hinblick auf politische Regulierung.

13 So zum Beispiel die USA, die lange Zeit trotz der IPCC-Berichte mit Verweis auf die noch verbleibenden wissenschaftlichen Ungewißheiten die Festlegung auf CO_2-Reduzierungen verweigert haben und erst bei der zweiten Vertragsstaatenkonferenz im Juli 1996 in Genf in ihrer Haltung umgeschwenkt sind.

3.1 Die Katastrophenwarnung durch die Deutsche Physikalische Gesellschaft

Die deutsche Öffentlichkeit wurde ebenso wie die Politik auf das mögliche Problem des Klimawandels erst aufmerksam, als 1986 ein Warn-Aufruf der Deutschen Physikalischen Gesellschaft (DPG) veröffentlicht wurde (*Frankfurter Rundschau* Nr. 217, 19. 9. 1986, S. 15). Darin wurde vor einer drohenden Klimakatastrophe gewarnt, die dramatische Folgen für die ganze Welt bis hin zur Unbewohnbarkeit der Erde haben könne.[14] Deutlich spürbare Folgen wurden mit einer hohen Wahrscheinlichkeit bereits für die nächsten fünfzig Jahre prognostiziert; die ersten Anzeichen für diesen Wandel seien in ein bis zwei Jahrzehnten beobachtbar. Besonders dramatisch wurde das Ansteigen des Meeresspiegels beschrieben: Fünf bis zehn Meter wurden für möglich gehalten. Wissenschaftliche Ungewißheiten wurden bei diesen Berechnungen durchaus zugestanden, aber mit dem Argument der Dringlichkeit und der Irreversibilität des Wandels beiseite geschoben. In dem Aufruf wurde eine sofortige politische Regulierung weltweit, aber vor allem in bezug auf Deutschland, als notwendig angesehen. Die Vorschläge bezogen sich vor allem auf langfristige Strukturentscheidungen im Energiesektor: die Förderung und Entwicklung von Sonnenenergie, die Nutzung von Einsparpotentialen und den langfristigen Ausbau der Kernenergie innerhalb Deutschlands.

Dieser Aufruf muß in engem Zusammenhang mit der damaligen Legitimations- und Akzeptanzkrise der Kernenergie gesehen werden. Insbesondere nach dem Reaktorunfall bei Tschernobyl im Frühjahr 1986 reichte das Argument zukünftiger Energieengpässe für einen langfristigen Einsatz der Kernenergie nicht mehr aus. Die DPG trat mit ihrem Aufruf gezielt an die Medien heran, um die Aufmerksamkeit auf ein neues Argument, nämlich den drohenden Klimawandel, zu verschieben. Interessanterweise wurde dieser Aufruf später in einer anderen Form erneut abgedruckt (vgl. DPG/DMG 1987), in der die entscheidende Katastrophenwarnung abgeschwächt und auch das Wort *Klimakata-*

14 »Bleibt dabei die natürliche Regelfähigkeit noch erhalten, oder kippt das Klima in einen Zustand um, der die Lebensfähigkeit auf der ganzen Erde bedroht oder gar vernichtet?« (*Frankfurter Rundschau* Nr. 217, 19. 9.1986, S. 15).

strophe durch den neutraleren Begriff *Klimaänderungen* ersetzt wurde. Vor allem wurde der Aufruf nun von einer zweiten Wissenschaftsorganisation, der der Meteorologie (DMG), unterstützt. Dies erhöhte die wissenschaftliche Glaubwürdigkeit des Aufrufs.[15] Für die Politik bedeutete dieser Aufruf vor allem, daß zusätzlich zur internationalen Forschungsgemeinschaft nun zwei nationale Wissenschaftsorganisationen vor einem großen Problem warnten und dies als Forderung nach politischer Regulierung formulierten. Der Weg über die Medienöffentlichkeit erzeugte Druck auf die Politik; der vorgeschlagene Lösungsweg – unter anderem Ausbau der Kernenergie – war jedoch nicht durchsetzbar. So blieb als politische Option nur der Weg, weitere wissenschaftliche Forschung in Auftrag zu geben, die vor allem unter Berücksichtigung der spezifischen Verhältnisse der Bundesrepublik Regulierungsmöglichkeiten aufzeigen und deren Durchführbarkeit beziehungsweise Erfolgschancen abschätzen sollte. Dies geschah 1987 durch die Einsetzung der Enquetekommission »Vorsorge zum Schutz der Erdatmosphäre«. Durch den Aufruf der DPG wurde die Regulierungsdiskussion in Deutschland von vornherein in den Kontext der Kernenergiedebatte gestellt und daher auf die CO_2-Problematik (unter Ausblendung anderer Treibhausgase) verengt.

3.2 Die wissenschaftliche Fundierung der Risikoeinschätzung durch die Klima-Enquetekommissionen

Die Enquetekommission »Vorsorge zum Schutz der Erdatmosphäre« wurde am 27. November 1987 eingesetzt und legte dem Parlament in den folgenden vier Jahren insgesamt drei Berichte vor. Sie wird im direkten Vergleich mit anderen Enquêtekommissionen als besonders einflußreich eingeschätzt (vgl. Cavender/Jäger 1993; Jäger/Bares/Ell 1994; Vierecke 1994). In ihrem

15 Im Arbeitskreis Energie der DPG, der für die Formulierung des Aufrufs zuständig war, finden sich kaum fachwissenschaftliche Experten im engeren Sinne, sondern vor allem energiepolitisch interessierte Physiker. Die neue Allianz zwischen Physik und Meteorologie ist seit diesem Zeitpunkt innerhalb des Arbeitskreises erhalten geblieben.

Abschlußbericht formulierte sie als Empfehlung für das Parlament eine Reduzierung der CO_2-Emissionen auf nationaler Ebene um fünfundzwanzig bis dreißig Prozent bis zum Jahr 2005. Das Parlament folgte dieser Empfehlung weitestgehend mit der nationalen Selbstverpflichtung zur fünfundzwanzigprozentigen Emissionsreduktion, bezogen auf das Jahr 1987.

Die inhaltliche Schwerpunktsetzung der Enquetekommission ging über das Klimaproblem hinaus. Es wurde eingebunden in einen Zusammenhang von unterschiedlichen globalen Umweltveränderungen, die allesamt als anthropogen verursacht verstanden und als Gegenstand politischer Regulierung diskutiert wurden (zum Beispiel die zerstörende Wirkung von FCKW auf die stratosphärische Ozonschicht und die Abholzung tropischer Wälder im globalen Ausmaß). Mit Blick auf die Möglichkeit der politischen Regulierung von Klimawandel wurde ein umfangreicher Bericht über den Stand der wissenschaftlichen Forschung und damit über die Wahrscheinlichkeit der Bedrohung, über das mögliche Ausmaß der zukünftigen Schäden und über die Dringlichkeit von Gegenmaßnahmen erstellt. Dies geschah unter Einbeziehung vieler zusätzlicher Einzelgutachten, die zu einem konsensuell verfaßten Gesamtbericht zusammengefügt wurden. Uneinigkeit bestand innerhalb der Kommission jedoch über die Empfehlungen für die Umsetzung der Reduktionsziele für CO_2-Emissionen. Dieser Dissens wurde in den Bereichen Verkehr und Energiepolitik sichtbar. Insbesondere die energiepolitische Debatte um den Einsatz von Kernenergie, die seit mindestens einem Jahrzehnt in sehr polarisierter Form geführt wurde, wiederholte sich hier unter dem Argument der Bedrohung durch Klimawandel (Vierecke 1994, S. 98 ff.). Während ein Teil der Kommission keine langfristige Lösung für das Klimaproblem *ohne* den Einsatz beziehungsweise den Ausbau von Kernenergie sah, wurde dieser Weg von den anderen Kommissionsmitgliedern mit Verweis auf die Risiken und das ungelöste Entsorgungsproblem sowie mit dem Argument, daß ein Ausbau der Kernenergie den alternativen Weg (erneuerbare Energien und Nutzung aller Energieeffizienzpotentiale) behindern müsse, abgelehnt (Vierecke 1994).

Das Parlament setzte eine Folgekommission ein, die im Vergleich zu ihrer Vorgängerin jedoch insgesamt als wirkungslos eingeschätzt wird (vgl. Jäger/Bares/Ell 1994; Vierecke 1994,

S. 112 ff.). Sie wiederholte in gewisser Weise die Funktion der Festschreibung des wissenschaftlichen Wissens, konnte aber keine weiteren wesentlichen Impulse für die Umsetzung der Empfehlungen in politische Regulierungsmaßnahmen geben. Vor allem gegen Ende der Arbeitsperiode zeichneten sich heftige interne Konflikte ab, was insbesondere an dem Auseinanderfallen der verschiedenen Positionen im Bericht zur Verkehrspolitik abzulesen ist (Vierecke 1994, S. 115; Enquetekommission 1994).

Trotz dieser Schwächung der wissenschaftlichen Expertise im Rahmen der zweiten Klima-Enquetekommission ist es insbesondere der ersten Kommission gelungen, in einem hochpolitisierten Kontext wissenschaftliches Wissen konsensuell festzuschreiben. Die aus diesem Wissen abgeleitete Warnung vor den drohenden Schäden durch Klimawandel und die dringende Empfehlung der Emissionsreduktion war mit mehr Glaubwürdigkeit verbunden als ein Aufruf der relativ deutlich interessengebundenen DPG. So konnte sich die Politik in ihren Entscheidungen auf Berichte stützen, die in hohem Maße internationale wissenschaftliche Anerkennung fanden. Durch die Eindeutigkeit der von der Wissenschaft vertretenen Forderung, Klimaschutzmaßnahmen zu ergreifen, wurde der Politik zu einem im internationalen Vergleich frühen Zeitpunkt eine drastische Selbstfestlegung ermöglicht, die Deutschland insbesondere während der United Nations Conference on Environment and Development (UNCED) in Rio de Janeiro 1992 in eine Vorreiterrolle schlüpfen ließ (vgl. Cavender/Jäger 1993). Die Enquetekommissionen leisteten somit einen wesentlichen Beitrag zur *Zielformulierung* im politischen Prozeß. Die *Programmformulierung* wurde darauf der 1990 gegründeten Interministeriellen Arbeitsgruppe »CO_2-Reduktion« unter Federführung des Bundesministeriums für Umwelt, Naturschutz und Reaktorsicherheit durchgeführt.

3.3 Diversifizierung der wissenschaftlichen Politikberatung im Hinblick auf politische Regulierung

Mitte der neunziger Jahre kann der Prozeß, der Klimawandel zu einer ernstgenommenen Bedrohung werden ließ, als abgeschlossen gelten. Auf der Folgekonferenz in Berlin 1995, die alle Staaten umfaßte, die die Klimarahmenkonvention unterzeichnet hatten, wurde die deutsche Selbstverpflichtung sogar noch verschärft, da durch einen Kabinettsbeschluß anstelle des Referenzjahres 1990 das Jahr 1987 eingesetzt wurde, was insgesamt eine Erhöhung des Reduktionsziels bedeutete (vgl. WBGU 1996, S. 118). Die wissenschaftliche Beratung konzentrierte sich nun auf die Folgeprobleme der politischen Reaktion auf das Risiko Klimawandel: die verschiedenen, aus den Reduktionszielen abgeleiteten Wege der Programmformulierung und die Möglichkeiten präventiver Umweltpolitik. Im Unterschied zur konsensuellen Beratung durch die Enquetekommission, in der es zwar abweichende Meinungen, aber doch eine einzige Gesamtexpertise gab, entstand ein diversifizierter Bereich wissenschaftlicher Expertise. Dies eröffnete sehr unterschiedliche Optionen für politische Regulierung. Die wichtigsten Beispiele werden im folgenden herausgegriffen.

Das Jahresgutachten 1995 des Wissenschaftlichen Beirats der Bundesregierung Globale Umweltveränderungen (WBGU 1996): Im Gegensatz zur DPG, die punktuell und aus eigenem Antrieb heraus eine Expertise geliefert hatte, und den Klima-Enquetekommissionen, die nur einen zeitlich begrenzten Auftrag der wissenschaftlichen Beratung übernehmen konnten, gibt es zwei wissenschaftliche Beratungsgremien, die die Umweltpolitik der Bundesregierung über einen längeren Zeitraum begleiten und beraten sollen: der Wissenschaftliche Beirat für Globale Umweltveränderungen (WBGU) und der Sachverständigenrat für Umweltfragen (SRU). Mit der Einrichtung des WBGU 1992 wurde der geschärften Wahrnehmung *globaler* Umweltrisiken Rechnung getragen, die über die erprobten Regulierungsroutinen in der Umweltpolitik hinaus neue Lösungsmöglichkeiten auf der internationalen Ebene erfordern. Der WBGU ist verpflichtet, jährlich Gutachten zu erstellen, in denen der Stand des Wissens über bestimmte Problemgruppen dargestellt und Empfehlungen erarbeitet werden sollen. In dem Jahresgutachten 1995 »Welt im Wandel. Wege zur Lösung globaler Umweltprobleme« geht der WBGU nicht nur ausführlich auf Regulierungsinstrumente, sondern auch auf die gesellschaftlichen Bedingungen ihrer Umsetzung ein. Zunächst jedoch werden in Weiterentwicklung der bisherigen Szenariotechniken eigene Empfehlungen für Reduktionsziele ermittelt, indem in der Wahl zwischen den Alternativen einer später erzwungenen plötzlichen CO_2-Reduktion und einer frühzeitigen allmählichen CO_2-Reduktion der letzteren Option der Vorzug gegeben wird.

Zudem wird in dem Gutachten angemahnt, daß die neuerlich verschärfte Selbstverpflichtung der Bundesregierung nicht erreicht werden könne, wenn nicht zusätzliche Umsetzungswege eingeschlagen würden. Die dazu vorgeschlagenen Instrumente beziehen sich aber insbesondere auf die internationale Ebene und schließen alle diskutierten Möglichkeiten (die Verabschiedung eines globalen Reduktionszieles, Joint Implementation, die Einrichtung eines globalen Zertifikatesystems) ein, die in einer »integrierten Strategie des Umgangs mit globalen Umweltproblemen« zusammengefügt werden sollen (WBGU 1996, S. 129). Für politische Regulierung wird ein Handlungsmodell entworfen, das einen Schwerpunkt auf umweltorientierte Außenpolitik legt. Auch die diskutierten Instrumente für die Umsetzung des nationalen Reduktionsziels dienen vor allem der Erprobung von Umsetzungsmaßnahmen im internationalen Rahmen. Die Frage nach technischen Lösungen, wie zum Beispiel nach dem Einsatz von Kernenergie, wird nicht gestellt; der energiepolitische Schwerpunkt des Energie-Memorandums der DPG wird ausgeklammert.

Das Umweltgutachten 1996 des Sachverständigenrates für Umweltfragen (SRU 1996): Das Beratungsgremium der sieben »Umweltweisen« wurde bereits 1971 gegründet. Der Sachverständigenrat erstellt im Zweijahresrhythmus Gutachten, die nicht nur Instrumente diskutieren und Empfehlungen für die Zukunft abgeben, sondern vor allem auch die bisherigen umweltpolitischen Maßnahmen der Bundesregierung beurteilen und Fehlentwicklungen und Versäumnisse benennen. In das Umweltgutachten 1996 ist ein längeres Kapitel über die Möglichkeiten fiskalischer Regulierungsinstrumente als Mittel der Klimaschutzpolitik eingefügt (»Abgaben auf fossile Energieträger zur Reduktion der CO_2-Emissionen als Bestandteil einer umweltgerechten Finanzreform«). Die diskutierten Vorschläge konzentrieren sich alle auf CO_2, da andere Treibhausgase zur Zeit größere Probleme für politische Regulierung bedeuten und zunächst ausgeklammert werden. Generell bevorzugt der Sachverständigenrat die Erprobung des Instruments handelbarer CO_2-Lizenzen auf EU-Ebene, das langfristig im Rahmen eines globalen Lizenzmarktes etabliert werden sollte. Die Frage nach dem Einsatz von Kernenergie wird hier ebenfalls weitestgehend ausgeklammert.[16] Für die Politik bedeuten diese Empfehlungen umfangreiche fiskalische Maßnahmen, die vom Sachverständigenrat in Abgrenzung von ordnungsrechtlichen Maßnahmen positiv hervorgehoben werden. Zum Kernstück einer umfassenden Klimaschutzpolitik wird damit eine Steuerreform.

Das Memorandum »Zukünftige klimaverträgliche Energienutzung und politischer Handlungsbedarf zur Markteinführung neuer emissionsmindernder Techniken« der DPG (vgl. DPG 1995): Das Gutachten knüpft an die vor einem knappen Jahrzehnt veröffentlichte Warnung der DPG vor der drohenden Klimakatastrophe an. Es wurde eine Woche vor Beginn der Vertragsstaatenkonferenz in Berlin 1995 unter dem Titel ›Energiememorandum‹ verabschiedet. Das Klima wird darin vor allem durch die aktuelle Form der Energiebereitstellung als gefährdet gesehen. Die zentrale Forderung lautet, daß Energie klimaverträglich sein muß. Die Bedrohung durch Klimawandel wird mit Bezug auf autoritative Wissenschaftsquellen wie das IPCC und die Klima-Enquetekommissionen dargestellt; die Empfehlungen der DPG für ein Reduktionsziel liegen mit zwanzig Prozent für CO_2 bis zum Jahr 2050 jedoch unter den übrigen Empfehlungen. Die Wege der Umsetzung schließen sich den Empfehlungen der Enquetekommissionen zum Teil an: Strom- und Energiesparen, erneuerbare Technologien und Solarenergie. Im Mittelpunkt steht aber nach wie vor der langfristige Ausbau der Kernenergie, dessen Umsetzung bis hin zum Kraftwerkstyp konkretisiert wird. Das Risiko eines Reaktorunfalls wird gegen die Menschheitskatastrophe Klimawandel ausgespielt. Die Empfehlung zielt also auf eine Veränderung des Energiemixes in der Energieversorgung Deutschlands zugunsten der Kernenergie ab, die sowohl durch finanzielle Fördermaßnahmen als auch durch ordnungspolitische Instrumente umgesetzt werden könnte.

Die Studie »Mögliche Auswirkungen von Klimaänderungen auf das Land Brandenburg« des Potsdam Instituts für Klimafolgenforschung (PIK 1996b): Das 1992 gegründete Potsdamer Institut beschäftigt sich vor allem mit Klimafolgenforschung, die zum Teil von den globalen auf regionale Maßstäbe herunterge-

16 An einer Stelle taucht versteckt der Hinweis auf, daß davon ausgegangen wird, daß zumindest der weitere Ausbau der Kernenergie ausgeschlossen ist (vgl. SRU 1996, S. 365).

brochen wird. Die vorliegende Studie nimmt insofern eine Sonderstellung innerhalb des Spektrums wissenschaftlicher Expertise ein, da es hier nicht mehr primär um eine Beratung geht, die es der Politik ermöglicht, vorsorgende Maßnahmen zu ergreifen und damit den anthropogenen Klimawandel zumindest abzufedern. Statt dessen werden Politikempfehlungen angestrebt, die die antizipierten Klimafolgen abfedern beziehungsweise die damit verbundenen Kosten vermeiden helfen. Die Studie wurde 1994 vom Brandenburger Landesministerium für Umwelt, Naturschutz und Raumordnung in Auftrag gegeben und bezieht sich, wie bereits aus dem Titel hervorgeht, nicht in erster Linie auf eine geographische oder klimatologische, sondern auf eine politische Gebietseinheit. In der Studie werden folglich unterschiedliche Klimaszenarien durchgerechnet, die dadurch möglicherweise entstehenden Schäden für Ökosysteme und gesellschaftliche Systeme untersucht und in entstehende Kosten für einzelne Sektoren transformiert. Für die Sektoren Wasserwirtschaft, Land- und Forstwirtschaft und ansatzweise für die Sektoren Tourismus, Gesundheitswesen und Energie wurden die Kosten berechnet und sehr vorsichtig – da all diese Berechnungen noch mit hohen wissenschaftlichen Ungewißheiten belastet sind – in Empfehlungen für politische Entscheidungen übersetzt. Das Problem der politischen Regulierung wird in dieser Studie vorrangig für die Länderebene thematisiert; die möglichen Auswirkungen internationaler Abkommen und nationaler Klimaschutzstrategien lediglich am Rande erwähnt. Dem bisher dominieren-den Vorsorgeprinzip wird nun ein zweites Prinzip, das der nachgeschalteten Folgevermeidung, an die Seite gestellt; viele Empfehlungen werden zudem in der Form von »No-regrets«-Strategien präsentiert.[17] Anpassung an Klimaänderungen wird hier also komplementär zu vorsorgendem Klimaschutz verstanden.

Die Studie »Zukunftsfähiges Deutschland« des Wuppertal Instituts für Klima, Umwelt, Energie (BUND/Misereor 1996): Die Studie des Wuppertal Instituts läßt sich nur im weiteren Sinne als ein Beitrag zur wissenschaftlichen Expertise verstehen, da das Ziel eher in einer breiten Öffentlichkeitswirkung liegt. Daß die Studie von dem katholischen Hilfswerk Misereor und der Um-

17 Zum Konzept von ›No-regrets‹-Strategien vergleiche Bleischwitz u. a. (1993).

weltorganisation BUND in Auftrag gegeben wurde, ermöglicht aber neue Argumentationsformen, die den übrigen Expertisen verschlossen bleiben: Nicht nur die wissenschaftliche Szenarienentwicklung, sondern auch die Entscheidung für bestimmte Szenarien kann durch die Einbindung in umwelt- und entwicklungspolitische Diskurse stattfinden.

In der Studie wird unter anderem ein positives Leitbild einer Klimaschutzstrategie entworfen, das im Vergleich mit den anderen Expertisen am weitesten geht und einen neuen Gesellschaftsentwurf bedeutet, in dem die meisten umweltpolitischen Ziele dem Leitbild Klimaschutz untergeordnet werden.

Das Klimaproblem wird in der Wuppertal-Studie allerdings nahezu ausschließlich auf das CO_2-Problem verengt. Dementsprechend werden auch alle Zielvorgaben und Umsetzungsvorschläge in dieser Zuspitzung diskutiert. Die Studie gibt zunächst ein Reduktionsziel für Deutschland vor, das die Empfehlungen der Enquetekommission übersteigt, nämlich bis zum Jahr 2010 um fünfunddreißig Prozent und bis zum Jahr 2050 sogar um achtzig bis neunzig Prozent. Die Umsetzungswege liegen dabei vor allem in den Bereichen Energie, Verkehr und Industrie. Im Energiesektor soll das Ziel einer Energiespar- und Solarwirtschaft durch Effizienzsteigerung, Substitution kohlenstoffreicher durch kohlenstoffarme Energieträger (unter Ausschluß der Kernenergie), verstärkte Nutzung erneuerbarer Energien sowie durch eine Veränderung der Lebensstile erreicht werden. Im Verkehrsbereich soll eine Verringerung der Emissionen durch Verkehrsvermeidung, Verkehrsverlagerung und durch die Nutzung verschiedener technischer Optionen erreicht werden. Die Vorschläge für beide Bereiche zeigen, daß mit ihnen ein anderes Gesellschaftsbild verbunden ist. Die Wuppertal-Studie identifiziert die größten Schwierigkeiten, die durch das Klimaproblem entstehen, nicht im Klimasystem selbst (das durch entsprechende Maßnahmen wieder unter Kontrolle gebracht werden könne), sondern in den Gesellschaftssystemen, die Klimaschutz umsetzen wollen. Die Transformation der wissenschaftlichen Hypothese des anthropogenen Klimawandels in das Leitbild »Klimaschutzpolitik« fällt in der Wuppertal-Studie umfassender aus als in den anderen Studien; sie bezieht sich auf Gesellschaftspolitik im weiteren Sinne, und sie bezieht alle möglichen Regulierungsebenen – auch die der Städte und Kommunen – mit ein.

Faßt man die von uns dargestellten unterschiedlichen Ansätze zur wissenschaftlichen Politikberatung zusammen, so ist festzuhalten, daß sich die Thematisierung von Klimawandel durch wissenschaftliche Expertise Mitte der neunziger Jahre vor allem auf den Bereich der Programmformulierung und die Möglichkeiten der Programmumsetzung bezieht, nachdem das Reduktionsziel bereits seit einigen Jahren festgelegt ist. In diesem Rahmen ergibt sich eine Reihe von unterschiedlichen Perspektiven, sowohl in bezug auf die Reichweite der Empfehlungen als auch auf die betroffenen Entscheidungsebenen. SRU, WBGU und DPG wenden sich mit ihren Gutachten beziehungsweise ihrem Memorandum an politische Entscheidungsträger auf der Bundesebene, während das PIK mit seiner Studie (auftragsbedingt) auf die Landesebene abzielt. Das Wuppertal-Institut hingegen siedelt seine Empfehlungen auf den unterschiedlichsten Politikebenen an, betont die zukünftige Rolle von Städten und Kommunen und wendet sich an alle Gesellschaftsbereiche, nicht nur an die Politik.

Die Reichweite der Empfehlungen variiert von eingeschränkten energiepolitischen Empfehlungen, die sich auf den Ausbau einer einzigen Kraftwerkstechnologie beziehen, über Empfehlungen für die Konkretisierung eines Klimaschutzabkommens auf internationaler Ebene bis zur Steuerreform oder – noch darüber hinausgehend – einer auf die Umgestaltung von Makrostrukturen abzielenden Gesellschaftspolitik. Die Brandenburg-Studie des PIK bildet in dieser Hinsicht eine Ausnahme, da nur sehr vorsichtige Empfehlungen an die Politik gerichtet werden. Demgegenüber werden vor allem noch bestehende Forschungslücken identifiziert, die einer konkreten Expertise bisher im Wege stehen.

Von den unterschiedlichen wissenschaftlichen Beiträgen zur Politikberatung, die hier diskutiert wurden, können auch sehr unterschiedliche Wirkungen erwartet werden. Die beiden offiziellen Beratungsgremien SRU und WBGU erzeugen möglicherweise einen direkten politikinternen Legitimationsdruck. Das gilt im Grunde auch für das PIK, da der Auftrag zu dessen Studie aus dem Brandenburger Landesministerium kam. Das Wuppertal-Institut kann statt dessen eher auf die Erzeugung öffentlicher Aufmerksamkeit setzen als einen direkten Einfluß auf politische Entscheidungsprozesse ausüben, während das Memorandum der DPG in Form und Umfang nicht mit den anderen Beiträgen vergleichbar ist und eher zur partiellen Unterstützung von Kernenergiebefürwortern herangezogen werden kann. Die wissenschaftliche Politikberatung kann für politische Regulierung jedoch nur ein Angebotsspektrum eröffnen; welche Optionen schließlich in der eigentlichen Regulierungsphase gewählt und umgesetzt werden, entscheidet sich nach politikinternen Kriterien. Im abschließenden Abschnitt wird daher die Perspektive von der wissenschaftlichen Politikberatung hin zu konkreten Schritten der politischen Regulierung von anthropogenem Klimawandel in Deutschland verschoben.

4. Perspektiven für Klimaschutz als Gegenstand präventiver Umweltpolitik

Im politischen Diskurs hat spätestens Anfang der neunziger Jahre eine teilweise Schließung der Debatte über den Regulierungsgegenstand anthropogener Klimawandel stattgefunden. Klimawandel ist darin als Risiko festgeschrieben worden; bis auf weiteres hat sich die Politik zu einer Klimaschutzpolitik verpflichtet, indem sie sich das Reduktionsziel von fünfundzwanzig Prozent bis zum Jahr 2005 (Referenzjahr 1987) gesetzt hat.[18] Die Möglichkeit oder gar Wahrscheinlichkeit des Wandels und der Bedrohungscharakter dieser zukünftigen Entwicklung wird nicht mehr angezweifelt; ein Verweis auf noch ausstehende Forschung bezieht sich lediglich auf die genauere Abschätzung der Folgen und der politischen Handlungsmöglichkeiten.

Nahezu zeitgleich mit der ersten Selbstverpflichtung wurde die Interministerielle Arbeitsgruppe »CO_2-Reduktion« unter Federführung des BMU (Bundesministerium für Umwelt, Naturschutz und Reaktorsicherheit) eingesetzt, die den interministeriellen Entscheidungsprozeß für die Umsetzung der CO_2-Reduktion unterstützen sollte.[19] Die hierdurch zustande gekommenen Maßnahmen (über hundert Einzelmaßnahmen, die zum Teil bereits umgesetzt wurden) sind in dem Bericht der Bundesregierung »Klimaschutz in Deutschland« dokumentiert (BMU 1994, S. 12 ff.).

18 Kabinettsbeschluß vom 13. Juni 1990.

19 Zum Einfluß dieser Interministeriellen Arbeitsgruppe auf die deutsche Klimaschutzpolitik vergleiche Unfried (1994).

Gegenüber der Wirtschaft hat sich die Bundesregierung bisher auf das Prinzip der Selbstverpflichtung geeinigt. Bereits 1991 haben die führenden Wirtschaftsverbände ebenfalls eine Selbstverpflichtungserklärung abgegeben, die das Ziel einer zwanzigprozentigen CO_2-Reduzierung bis zum Jahr 2005 enthält; diese Lösung wurde einem ordnungsrechtlichen oder fiskalischen Regulierungsmodus vorgezogen.

Eine umfassende Regulierungsstrategie wurde daher bisher nicht entwickelt. Zwar wird eine CO_2- beziehungsweise Energiesteuer als Kernstück einer solchen Regulierungsstrategie dargestellt (BMU 1991), sie wird aber bisher mit dem Verweis auf eine noch ausstehende Einigung auf der EU-Ebene verschoben. Die Empfehlung des Umweltsachverständigenrates, eine solche Steuer nötigenfalls im Alleingang umzusetzen, wird also bisher nicht angenommen. Die Energiepolitik befindet sich in einer Phase, in der Diskussionen über langfristige Strukturentscheidungen (in bezug auf Kohlesubventionen oder den Einsatz von Kernenergie) zwar auf der politischen Agenda zu finden sind, aber derzeit noch keine Lösungen absehbar sind, die auf ausreichende parlamentarische Unterstützung treffen würden. Auch in der Verkehrspolitik wurden keine Zielsetzungen entwickelt, die beispielsweise vorsehen, den Individualverkehr langfristig zugunsten des öffentlichen Personennahverkehrs zurückzudrängen, wie es etwa der in der Wuppertal-Studie vorgestellte Entwurf zur zukünftigen Verkehrsstruktur nahelegt. Statt dessen lassen sich in allen genannten Politikbereichen (Wirtschaft, Energie, Verkehr) viele kleine inkrementalistische Regulierungsschritte beobachten, die zusammengenommen das Hundert-Maßnahmen-Programm der Bundesregierung darstellen.

Trotz des Fehlens einer integrierten Klimaschutzstrategie wies das Umweltministerium im Sommer 1996 auf eine erfolgreiche CO_2-Reduzierung von fast dreizehn Prozent hin (vgl. BMU 1996). Wissenschaftliche Studien belegen jedoch, daß dieser Erfolg allein auf Stillegungen in den neuen Bundesländern zurückzuführen ist, während in den alten Bundesländern sogar ein leichter Anstieg der Emissionen zu verzeichnen ist (vgl. Bach 1995). Während das Umweltministerium bemüht ist, diese Reduzierung als einen Trend aufgrund politischen Handelns und damit die selbstgesetzte Zielmarke von fünfundzwanzig Prozent als realistisch auszuweisen, gilt dieses spezifische Reduzierungspotential inzwischen jedoch als ausgeschöpft. Es ist vielmehr absehbar, daß ohne zusätzliche Maßnahmen das Ziel bei weitem verfehlt werden wird (vgl. SRU 1996, S. 192).[20]

So könnte innerhalb weniger Jahre für die deutsche Klimaschutzpolitik ein Legitimationsproblem entstehen – wenn Klimaschutzpolitik zum Gegenstand der politischen Auseinandersetzung gemacht werden wird. In der Phase der (zum Teil zunächst übertriebenen) Warnungen seitens der Wissenschaft vor dem Klimawandel lag es politisch nahe, die delegitimierenden Konsequenzen dieser Diskussion, wie Katastrophenängste und Regulierungserwartungen, durch weitgehende Selbstverpflichtungen abzufangen.[21] Nachdem aber der Diskurs den Bereich der Wissenschaft verlassen und einen breiten Kreis gesellschaftspolitischer Gruppen erfaßt hat, die an einer Konkretisierung der Regulierungsoptionen mitwirken, entsteht ein neues Legitimationsproblem. Jetzt müssen die vordem eingegangenen Selbstverpflichtungen mittels konkreter Maßnahmen eingelöst werden. Der Fall ›Klimawandel‹ erweist sich möglicherweise als der erste, in dem die von der Wissenschaft behaupteten Risiken einen derartigen Umfang annehmen, daß demokratische politische Systeme ebenso große Resonanzen aufgrund nicht wahrgenommener Vorsorgechancen wie aufgrund zu früh eingegangener Vorsorgeverpflichtungen befürchten müssen.

20 Dies entspricht auch dem internationalen Trend. Weltweit sind im Zeitraum von 1990 bis 1995 die CO_2-Emissionen um zwölf Prozent (ohne GUS-Staaten und Ost-Europa) angestiegen, obwohl in einigen EU-Staaten Emissionsminderungen erreicht werden konnten. Vor allem Japan, Australien, Neuseeland und der Mittlere Osten haben Emissionssteigerungen von dreißig bis fünfunddreißig Prozent zu verzeichnen, während in den GUS-Staaten und in Ost-Europa auf Grund der ökonomischen Krise die Emissionen um siebzig bis fünfundsiebzig Prozent gefallen sind (World Energy Council 1996).

21 Weitere Faktoren, die diese Selbstverpflichtungen begünstigt haben, waren zum Beispiel die damals allgemeine vereinigungsbedingte positive politische Stimmung; die kooperative Zusammenarbeit zwischen Wissenschaft und Politik; die Bedeutung von Klimawandel in der öffentlichen Meinung; der Wunsch der Regierung, international eine umweltpolitische Vorreiterrolle zu übernehmen, sowie vor allem Reduktionspotentiale (hoher Anteil von Kohle an der deutschen Energieversorgung und Reduktionspotentiale in Ostdeutschland, vgl. Unfried 1994, S. 9 f.).

Literatur

Atwater, T., M. B. Salwen und R. B. Anderson, 1985, »Media Agenda-Setting with Environmental Issues«, in: *Journalism Quarterly* 62, S. 393-397.

Bach, W., 1976, »Global Air Pollution and Climatic Change«, in: *Reviews of Geophysics and Space Physics* 14, S. 429-474.

–, 1995, »Coal Policy and Climate Protection. Can the Tough German CO_2 Reduction Target Be Met by 2005?«, in: *Energy Policy* 23, S. 85-91.

Benedick, R. E., 1991, *Ozone Diplomacy: New Directions in Saveguarding the Planet*, Georgetown.

Bleischwitz, R., H. Holzapfel, G. J. Koopman und B. Weenink, 1993, »US and EC Climate Change Policies Compared«, *Wuppertal Papers* 3, Wuppertal.

BMU (Bundesminister für Umwelt, Naturschutz und Reaktorsicherheit), 1991, »Perspektiven der Umweltpolitik der Bundesregierung in der 12. Legislaturperiode«. Bericht des BMU. Prof. Dr. Klaus Töpfer vor dem Ausschuß für Umwelt, Naturschutz und Reaktorsicherheit des Deutschen Bundestages, Bonn.

–, 1994, »Klimaschutz in Deutschland. Erster Bericht der Regierung der Bundesrepublik Deutschland nach dem Rahmenübereinkommen der Vereinten Nationen über Klimaänderungen«, Bonn.

–, 1996, »Jahresbericht 1996 der Regierung der Bundesrepublik Deutschland an die Europäische Kommission gemäß Entscheidung des Rates vom 24. Juni 1993 über ein System zur Beobachtung der Emissionen von CO_2 und anderen Treibhausgasen in der Gemeinschaft«, Bonn.

Bolin, B., 1977, »Changes of Land Biota and their Importance for the Carbon Cycle«, in: *Science* 196, S. 613-615.

Brosius, H.-B., und H. M. Kepplinger, 1990, »The Agenda-Setting Function of Television News«, in: *Communication Research* 17, S. 183-211.

BUND/Misereor (Hg.), 1996, *Zukunftsfähiges Deutschland. Ein Beitrag zu einer global nachhaltigen Entwicklung*, Basel/Boston/Berlin.

Cavender, J., und J. Jäger, 1993, »The History of Germany's Response to Climate Change«, in: *International Environmental Affairs* 5, S. 3-18.

Cline, W. R., 1992, *The Economics of Global Warming*, Washington.

Cubasch, U., B. D. Santer und G. C. Hegerl, 1995, »Klimamodelle – wo stehen wir?«, in: *Physikalische Blätter* 51, S. 269-276.

DPG (Deutsche Physikalische Gesellschaft), 1995, »Energiememorandum. Zukünftige klimaverträgliche Energienutzung und politischer Handlungsbedarf zur Markteinführung neuer emissionsmindernder Techniken«, in: *Physikalische Blätter* 51, S. 388-391.

– und DMG (Deutsche Meteorologische Gesellschaft), 1987, »Warnung vor drohenden weltweiten Klimaänderungen durch den Menschen«, in: *Physikalische Blätter* 43, S. 347-349.
Enquetekommission »Schutz der Erdatmosphäre«, 1994, »Mobilität und Klima – Wege zu einer klimaverträglichen Verkehrspolitik«, in: *Bundestagsdrucksache* 12/8300.
Flohn, H., 1941, »Die Tätigkeit des Menschen als Klimafaktor (Sammelreferat)«, in: *Zeitschrift für Erdkunde* 9, S. 13-22.
–, 1986a, »Singular Events and Catastrophes Now and in Climatic History«, in: *Naturwissenschaften* 73, S. 136-149.
–, 1986b, »Treibhaus und Klima. Stand und Perspektiven«, in: *Energiewirtschaftliche Tagesfragen* 12, S. 3-8.
Frankenberg, P., 1990, »Risiko-Kommunikation: Anthropogen induzierte Klimaveränderungen«, in: H. Jungermann, B. Rohrmann und P. M. Wiedemann (Hg.), *Risiko-Konzepte, Risiko-Konflikte, Risiko-Kommunikation*, Jülich, S. 259-308.
Graßl, H., 1989, »Anthropogene Beeinflussung des Klimas«, in: *Physikalische Blätter* 45, S. 199-206.
Hansen, J. E., 1978, »Mount Agung Eruption Provides Test of a Global Climatic Perturbation«, in: *Science* 199, S. 1065-1068.
Hilgartner, S., 1988, »The Rise and Fall of Social Problems: A Public Arenas Model«, in: *American Journal of Sociology* 94, S. 53-78.
IPCC (Intergovernmental Panel on Climate Change), 1995, *Second Assessment. Climate Change 1995*, New York.
Jäger, J., J. C. Bares und R. Ell, 1994, »Vom Treibhauseffekt zur Klimakatastrophe: Eine Chronologie der Klimadebatte in Deutschland«, in: *Jahrbuch Ökologie*, München, S. 252-262.
Jones, P. D., P. Y. Groisman, M. Coughlan, N. Plummer, W.-C. Wang und T. R. Karl, 1990, »Assessment of Urbanization Effects in Time Series of Surface Air Temperature over Land«, in: *Nature* 347, S. 169 bis 172.
Kerr, R. A., 1995, »Studies Say – Tentatively – that Greenhouse Warming Is here«, in: *Science* 268, S. 1567-1568.
Krücken, G., 1996, »Risikotransformation: Die politische Regulierung technisch-ökologischer Gefahren in der Risikogesellschaft unter besonderer Berücksichtigung von Arzneimittelregulierung und Klimapolitik«, Dissertation, Universität Bielefeld (Opladen 1997, i. Vorb.).
Luhmann, N., 1990, »Risiko und Gefahr«, in: N. Luhmann, *Soziologische Aufklärung*, Bd. 5, Opladen, S. 131-169.
–, 1991, *Soziologie des Risikos*, Berlin/New York.
–, 1993, »Die Politik der Gesellschaft«, Manuskript, Bielefeld.
Mazur, A., und J. Lee, 1993, »Sounding the Global Alarm: Environmental Issues in the US National News«, in: *Social Studies of Science* 23, S. 681-720.

Mormont, M., und C. Dasnoy, 1993, »L'institutionalisation du changement climatique: France, Allemagne et Belgique«. Fondation Universitaire Luxembourgeoise, Rapport au Comité Eclat, Ministère de l'Environnement.
–, 1995, »Source Strategies and the Mediatization of Climate Change«, in: *Media, Culture & Society* 17, S. 49-64.
Nierenberg, W. A., 1995: »Looking back 10 Years«, in: *Energy Policy* 23, S. 283-288.
PIK (Potsdam Institut für Klimafolgenforschung), 1994, »Extremer Nordsommer 1992«, in: *PIK Reports* 2, Potsdam.
–, 1996a, *Zweijahresbericht 1994 & 1995*, Potsdam.
–, 1996b, *Mögliche Auswirkungen von Klimaänderungen auf das Land Brandenburg*, Potsdam.
Ramanathan, V., 1988, »The Greenhouse Theory of Climate Change: A Test by an Inadvertent Global Experiment«, in: *Science* 240, S. 293 bis 299.
–, R. D. Cess, E. F. Harrison, P. Minnis, B. R. Barkstrom, E. Ahmad und D. Hartmann, 1989, »Cloud-Radiative Forcing and Climate: Results from the Earth Radiation Budget Experiments«, in: *Science* 243, S. 57 bis 63.
Raynaud, D., J. Jouzel, J. M. Barnola, J.Chappellaz, R. J. Delmas, und C. Lorius, 1993, »The Ice Record of Greenhouse Gases«, in: *Science* 259, S. 926-934.
Shackley, S., und B. Wynne, 1995, »Global Climate Change: The Mutual Construction of an Emergent Science-Policy Domain«, in: *Science and Public Policy* 22, S. 218-230.
SRU (Sachverständigenrat für Umweltfragen), 1996, *Umweltgutachten 1996*, Stuttgart.
Unfried, M., 1994, »Regulierungspolitik gegen Klimakatastrophe. Die deutschen CO_2-Minderungsbeschlüsse von 1990/91 und die Schwierigkeiten einer querschnittsorientierten Umweltpolitik«, Magisterarbeit, Universität Erlangen-Nürnberg.
Vierecke, A., 1994, *Die Beratung der Technologie- und Umweltpolitik durch Enquête-Kommissionen beim Deutschen Bundestag. Ziele – Praxis – Perspektiven*, München.
WBGU (Wissenschaftlicher Beirat der Bundesregierung für Globale Umweltveränderungen), 1996, *Welt im Wandel. Wege zur Lösung globaler Umweltprobleme. Jahresgutachten 1995*, Berlin.
Wippermann, F., 1988, *Physikalische Grundlagen des Klimas und Klimamodelle. Forschungsschwerpunkt der Deutschen Forschungsgemeinschaft 1978-1985. Abschlußbericht*, Weinheim.
World Energy Council, 1996, »Press Release. Carbon Dioxide Emissions Rise 12 % over 1990-1995«, URL: http://www.world.energy.council.

Georg Krücken
Risikotransformation
Voraussetzungen, Strukturen und Folgen der politischen Regulierung von Arzneimittelgefahren

1. Einleitung

Arbeiten zum Thema »Risiko und Regulierung« gehören seit dem Ende der siebziger Jahre zum festen Bestandteil der soziologischen Forschung. Mit einer Vielzahl von Untersuchungen ist es den in diesem Bereich Forschenden darüber hinaus gelungen, einen wichtigen Beitrag zur interdisziplinären Regulierungsdiskussion zu leisten. Die soziologische Beschäftigung mit der politischen Regulierung technisch-ökologischer Risiken fand ihren Ausgangspunkt in der Kernenergiekontroverse (vgl. Nelkin/Pollak 1980). Hierauf aufbauend wurden nach und nach weitere empirische Forschungsterrains erschlossen. Diese reichen von kompletten Regulierungsfeldern wie der Sondermüllproblematik (vgl. Wynne 1987) und der Gentechnik (vgl. Wright 1994) über die politische Regulierung von technischen Hochrisiko-Systemen (vgl. Perrow 1984; LaPorte 1991) bis hin zur politischen Bewältigung von ökologischen Krisensituationen in lokalen Entscheidungskontexten (vgl. Levine 1982; Fitchen u. a. 1987). Trotz der an dieser Stelle nur angedeuteten Themenvielfalt fällt die Präferenz für empirische Untersuchungsbereiche auf, die sich durch ein hohes Maß an öffentlicher Aufmerksamkeit und politisch kontroverser Regulierungspraxis auszeichnen. Dadurch werden technisch-ökologische Risiken vernachlässigt, die im gesellschaftlichen Umgang veralltäglicht sind und im politischen Regulierungsprozeß nahezu lautlos abgearbeitet werden. Beides gilt in besonderem Maße für den von der soziologischen Risikoforschung bislang weitgehend ignorierten Arzneimittelbereich. Veralltäglichung der Risiken und Lautlosigkeit der Regulierung machen diesen Bereich soziologisch jedoch nicht weniger interessant – im Gegenteil.

Arzneimittel stellen ein *Risikothema par excellence* dar. Sie sind als wissenschaftlich-technische Innovationen zur Reduzierung von Gesundheitsrisiken zu verstehen, die ihrerseits neuartige Gesundheitsrisiken auslösen können. Das Katastrophenpotential des Arzneimitteleinsatzes ist erheblich und wurde in der Bundesrepublik Deutschland vor allem durch den *Contergan-Schock* Ende der fünfziger, Anfang der sechziger Jahre weithin sichtbar. Kritiker des zu raschen und zu häufigen Arzneimitteleinsatzes berichten von weiteren katastrophalen Ereignissen, die durch verzögerte Zulassung oder Zulassungsverbot hätten vermieden werden können (vgl. Dutton 1988).[1] Doch nicht nur die unerwünschten Nebenwirkungen des Einsatzes von Arzneimitteln können zu schwerwiegenden Konsequenzen führen, sondern auch hierauf bezogene Maßnahmen der präventiven Risikokontrolle. Kritiker der regulativen Optionen »Zulassungsverzögerung« und »Zulassungsverbot« argumentieren ebenfalls mit der Reduzierung von vermeidbaren Gesundheitsrisiken. Sie wei-

1 Aus der diesem Beitrag zugrunde liegenden soziologischen Perspektive werden spezifische Ereignisse erst durch deren gesellschaftliche Wahrnehmung, Bewertung und Prozessierung als katastrophale Ereignisse konstituiert. Der Konstituierungsprozeß wird dabei der Gesellschaft selbst überlassen. Dies verbietet es, eine präzisere – womöglich gar: quantitative – Bestimmung der im folgenden verwendeten Begriffe »katastrophale Ereignisse«, »Arzneimittelkatastrophe« und »Katastrophenpotential« zu entwickeln, die gleichsam von außen an den konkreten Untersuchungsgegenstand (hier: Politik) anzulegen sei. Vielmehr wird eine für den gesellschaftlichen Umgang mit Risiken folgenreiche Dramatisierungsschwelle in der gesellschaftlichen Kommunikation angenommen, jenseits deren spezifische Ereignisse als Katastrophe wahrgenommen, bewertet und prozessiert werden. Daß dies gerade für die Risiken des Arzneimitteleinsatzes gilt, zeigen die gesellschaftlichen Reaktionen auf den Contergan-Fall, der in seltener Einmütigkeit in Politik, Wissenschaft und öffentlicher Meinung als Katastrophe gekennzeichnet wurde (vgl. International Journal of Technology Assessment in Health Care 1986; Bodewitz u. a. 1986; Edgar/Rothman 1990). Neuere Entwicklungen innerhalb der vor allem in den USA schon seit etlichen Jahrzehnten etablierten Katastrophensoziologie weisen in eine ähnliche Richtung. In Abkehr von einem traditionell objektivistischen Katastrophenverständnis wird in neueren Arbeiten nicht nur der Umgang der Bevölkerung mit natürlichen und technischen Katastrophen untersucht, sondern auch der gesellschaftliche Konstituierungsprozeß dieser Katastrophen selbst zum Gegenstand der Untersuchung gemacht (vgl. Kreps u. a. 1993).

sen darauf hin, daß zahlreiche Todesfälle durch rascheren Arzneimitteleinsatz oder Verbotsverzicht hätten vermieden werden können (vgl. Peltzman 1974; Wardell/Lasagna 1975). Politisch-regulative Entscheidungsträger bewegen sich folglich im Spannungsfeld von zu wenig und zu viel präventiver Risikokontrolle: Einerseits kann der zu rasche Einsatz vermeintlich risikoreduzierender Arzneimittel neuartige Risiken auslösen, andererseits können Zulassungsverzögerung und Zulassungsverbot Tod und Leiden für die von Krankheit Betroffenen zur Folge haben. In dieser durch »risk versus risk« (Graham/Wiener 1995) zu charakterisierenden Situation müssen politische Entscheidungsträger *»tragic choices«* (Calabresi/Bobbitt 1978) treffen, deren Angemessenheit sich erst nach der Entscheidung feststellen läßt. Da die Folgen einer Fehlentscheidung gravierend sind, erfährt das strukturelle Problem allen Entscheidens – sich in der Gegenwart für eine möglicherweise falsche Alternative entschieden zu haben – hier eine dramatische Zuspitzung. Die Regulierung von Arzneimittelrisiken bedeutet für politische Entscheidungsträger demnach vor allem eines: *Risikoübernahme*.

Aufgrund dieser spezifischen Risikostruktur werden die Voraussetzungen, Strukturen und Folgen der politischen Regulierung von Arzneimittelrisiken in diesem Beitrag in einer theoretischen Perspektive beleuchtet, die die politisch-regulativen Entscheidungen *selbst* als riskant versteht. In der risikosoziologischen Diskussion wird diese Perspektive insbesondere durch Luhmanns Unterscheidung von externen *Gefahren* und im Entscheidungssystem anfallenden *Risiken* vorbereitet (vgl. Luhmann 1990; Luhmann 1991a). Im folgenden wird also konsequent zwischen Arzneimittelgefahren und politischen (Entscheidungs-)Risiken unterschieden. An diese Unterscheidung schließt die *These der politischen Risikotransformation* an (vgl. Krücken 1991; Krücken 1996). Politische Risikotransformation bedeutet zweierlei: *Erstens* wird angenommen, daß technisch-ökologische Gefahren in politische (Entscheidungs-)Risiken transformiert werden. Diese Gefahren werden entlang politischer Aufmerksamkeits- und Entscheidungskriterien wahrgenommen, so daß Problemlagen, die diesen Kriterien nicht entsprechen, politisch ohne Resonanz bleiben. *Zweitens* wird angenommen, daß der zentrale Bezugspunkt politisch-regulativer Entscheidungen in der Bewältigung politischer (Entscheidungs-)Risiken besteht.

Regulative Optionen der technisch-ökologischen Gefahrenbewältigung gelten dieser Annahme zufolge als Optionen der politischen Risikobewältigung. Versucht man, die Komplexität der politischen Wahrnehmung und Bewältigung von Arzneimittelgefahren mit Hilfe der Risikotransformationsthese aufzuhellen, so ergeben sich *zwei Fragestellungen*: (1) Durch welche Mechanismen wird die Gefahr unerwünschter Arzneimittelnebenwirkungen in ein politisches Risiko transformiert? (2) Welche spezifischen Formen der politisch-regulativen Bewältigung von Arzneimittelgefahren bilden sich vor dem Hintergrund der Bewältigung politischer Entscheidungsrisiken heraus? Welche bei der Regulierung von Arzneimittelgefahren entstehenden Risiken werden von der Politik dabei übernommen, welche hingegen nicht?

Die Beantwortung dieser beiden Fragen soll in diesem Beitrag in international vergleichender Perspektive geleistet werden. Diese Vorgehensweise erlaubt es, Überdehnungen nationaler Spezifika zu vermeiden und relevante Gemeinsamkeiten und Unterschiede in der politischen Problemwahrnehmung und -bewältigung herauszuarbeiten. Um den Möglichkeitsspielraum für Formen der Problemwahrnehmung und -bewältigung zumindest ansatzweise zu erfassen, werden mit Großbritannien und den USA die Länder ausgewählt, die in der international vergleichenden Diskussion als Antipoden bei der politischen Regulierung von Arzneimittelgefahren gelten (vgl. Bakke u. a. 1984; Lasagna/Werkö 1986). Darüber hinaus wird die zwischen beiden Polen zu verortende Regulierungspraxis in der Bundesrepublik Deutschland berücksichtigt. Voraussetzungen, Strukturen und Folgen der politischen Regulierung von Arzneimittelgefahren werden zweistufig analysiert. Zunächst werden die diesbezüglich zentralen Elemente in der Bundesrepublik Deutschland, Großbritannien und den USA herausgearbeitet und in aller gebotenen Kürze dargestellt (2). In einem zweiten Schritt werden diese empirischen Befunde dann vor dem Hintergrund der Annahme politischer Risikotransformation analysiert (3). Das bedeutet, die zuvor skizzierten Gemeinsamkeiten und Unterschiede in der politischen Problemwahrnehmung und -bewältigung gleichermaßen auf den meiner Analyse zugrunde liegenden Problembezugspunkt »riskantes Entscheiden« zu beziehen und auf die Bedingungen für politische Risikoübernahme zurückzuführen. Diese

Bedingungen, so meine These, variieren je nach politisch-institutioneller Entscheidungsstruktur. Zur Charakterisierung der Entscheidungsstruktur schließe ich an gängige Klassifikationen der international vergleichenden Risikoregulierungsforschung an und unterscheide zwischen Regulierungskontexten, in denen neokorporatistische beziehungsweise informelle Aushandlungsmuster vorherrschen; die zuerst genannten Muster werden insbesondere der Bundesrepublik Deutschland, die zuletzt genannten primär Großbritannien zugeschrieben.[2] Beide Regulierungskontexte erlauben – trotz aller Unterschiede – ein verdecktes Prozessieren der bei der politischen Regulierung von Arzneimittelgefahren unvermeidbaren »tragic choices« (Calabresi/Bobbitt 1978). Damit lassen sie sich scharf von dem US-amerikanischen Regulierungskontext abgrenzen, der sich durch die Dauerbeobachtung regulativer Entscheidungen auszeichnet. Zum Abschluß des Beitrags wird versucht, an die Frage nach den »Lernchancen der Risikogesellschaft« (Wiesenthal 1994) anzuknüpfen (4). Die Beantwortung dieser Frage ist von grundlegender gesellschaftlicher Bedeutung. Sie stellt sich damit auch der Soziologie. Es zeigt sich, daß durch die Analyse des Arzneimittelbereichs, der von soziologischen Forschungen zum Thema »Risiko und Regulierung« bislang weitgehend ignoriert wurde, wichtige Einsichten gewonnen werden konnten, die dem vielzitierten »Steuerungspessimismus der Postmoderne« (Mayntz/Scharpf 1995, S. 33) entgegenstehen.

2 Zu dieser Unterscheidung vergleiche insbesondere die großangelegte Studie zur Chemikalienkontrolle von Brickman u. a. (1985) sowie den Beitrag von O'Riordan/Wynne (1987), in dem empirische Befunde aus unterschiedlichen Bereichen der Risikoregulierung zu einer umfassenden Gesamteinschätzung verdichtet werden. Unter dem Druck der im Bereich der Arzneimittelregulierung besonders ausgeprägten Harmonisierungsbemühungen der Europäischen Union schwächen sich nationale Differenzen zwar deutlich ab (vgl. Elbers/Buchwald 1994); dennoch bestehen weiterhin »nationale Handlungsspielräume« (Glaeske u. a. 1993, S. 12), die der jeweiligen politisch-institutionellen Entscheidungsstruktur entsprechend ausgefüllt werden.

2. Empirische Befunde

In allen entwickelten Industrienationen unterliegen die Zulassungs- und Einsatzbedingungen von Arzneimitteln der politisch-administrativen Überwachung und Kontrolle. Jenseits sämtlicher nationaler Unterschiede sind *staatliche Regulierungsbehörden* für die Registrierung und Zulassung neuer Medikamente verantwortlich (Bodewitz u. a. 1987, S. 243; Baumheier 1993, S. 460). Die regulative Durchdringung des Arzneimittelbereichs erstreckt sich dabei insbesondere auf die arzneimittelherstellenden Unternehmen. Sie gilt im Vergleich zu anderen Regulierungsbereichen als sehr weitreichend. So stellt beispielsweise Kaufer (1990, S. 154) fest: »I know of no other industry where the whole process of research, development, testing, pricing, and marketing is subject to as close a scrutiny by governmental agencies.« Alternativen zu regulativer Politik, wie sie für andere Bereiche der Risikoregulierung diskutiert, entwickelt und angewandt werden (vgl. Baram 1982), spielen im Arzneimittelbereich keine entscheidende Rolle. Eine Selbstregulierung der pharmazeutischen Industrie scheidet ebenso aus wie haftungsrechtliche Lösungen als Alternative zu Instrumenten regulativer Politik.[3]

Dieser erste Gesamteindruck bedarf allerdings weiterer Differenzierungen. Zum einen ist die weitreichende regulative Durchdringung des Arzneimittelbereichs ein historisch vergleichsweise neuartiges Phänomen. Zum anderen bestehen unterhalb der Ebene regulativer Gemeinsamkeiten zum Teil erhebliche Unterschiede zwischen den einzelnen Ländern. Mit Hilfe der Benennung zentraler Charakteristika der bundesdeutschen, britischen und US-amerikanischen Regulierungspraxis soll deshalb ein differenzierteres Bild der politischen Regulierung von Arzneimittelgefahren entworfen werden.

In der *Bundesrepublik Deutschland* sind die Zulassungs- und Einsatzbedingungen von Arzneimitteln durch das Arzneimittelgesetz (AMG) von 1976, welches am 1. Januar 1978 in Kraft trat,

3 Als Ergänzung ist das Haftungsrecht jedoch von erheblicher Bedeutung. So sieht das bundesdeutsche Arzneimittelgesetz (AMG) eine verschuldensunabhängige Haftung mit Höchstbeträgen und der Pflicht zur Deckungsvorsorge vor (§§ 84 ff. AMG); darüber hinaus gilt selbstverständlich die Produzentenhaftung bei unerlaubten Handlungen des Bürgerlichen Rechts (§§ 823 ff. BGB).

rechtlich geregelt.[4] Die Implementation dieses Gesetzes erfolgte bis zum 1. Juli 1994 durch das Bundesgesundheitsamt (BGA).[5] Hierfür ist nun, nach der Auflösung des BGA in Folge des Skandals um die Verbreitung HIV-infizierter Blutarzneimittel, das Bundesinstitut für Arzneimittel- und Medizinprodukte (BfArM) zuständig. Aufgabe von BGA beziehungsweise BfArM ist es, die von pharmazeutischen Unternehmen eingereichten Anträge auf Arzneimittelzulassung zu überprüfen. Als Grundlage der Überprüfung dienen die vom antragstellenden Unternehmen vorgelegten empirischen Befunde zur Beschaffenheit des Arzneimittels.[6] Zulassungen werden grundsätzlich befristet erteilt und gelten zunächst fünf Jahre. In der Zwischenzeit müssen die gesammelten Erfahrungen berücksichtigt und eine kontinuierliche Anpassung an den Stand der Wissenschaft gewährleistet werden; der diesbezügliche Nachweis ist von den Unternehmen, die einen Antrag auf Zulassungsverlängerung stellen, qua Dokumentation zu erbringen. Die Zulassung wird dann versagt, wenn die eingereichten Unterlagen nicht vollständig sind oder zumindest eines der behördlichen *Prüfkriterien* nicht erfüllt ist. Diese Kriterien lauten »Qualität«, »Wirksamkeit« und »Unbedenklichkeit«, wobei die beiden zuletzt genannten das »Herzstück der Entscheidung im Zulassungsverfahren« (Di Fabio 1990, S. 198) bilden.

»Qualität« bezieht sich auf die chemische, physikalische und biologische Beschaffenheit des Arzneimittels. Im einzelnen ist hierunter vor allem Reinheit, Gehalt, Dosierungsgenauigkeit, Stabilität und Abbaubarkeit des Arzneimittels im Körper zu verstehen. »Wirksamkeit« meint die therapeutische Wirksamkeit des Arzneimittels. Der Wirksamkeitsnachweis erfolgt in der Regel

4 Zu rechtlichen Aspekten der Regulierung von Arzneimittelgefahren in der Bundesrepublik Deutschland vergleiche Di Fabio (1994).

5 Für eine umfassende Darstellung der Regulierung von Arzneimittelgefahren durch das BGA vergleiche die politikwissenschaftliche Analyse von Hohgräwe (1992).

6 Diese Vorgehensweise ist insofern nicht unproblematisch, als hieraus ein Informationsgefälle zwischen Antragsteller und Zulassungsbehörde entstehen kann; zur Kritik vergleiche Di Fabio (1990; 1994, S. 184 ff.). Darüber hinaus ist selbst eine reine Unterlagenprüfung so zeit- und personalaufwendig, daß sie die zuständige Behörde vor erhebliche Vollzugsprobleme stellt. Ausführlicher hierzu Hohgräwe, der unter anderem von einem Zulassungsantrag berichtet, der circa 150 000 Seiten umfaßte (vgl. Hohgräwe 1992, S. 193).

über kontrollierte klinische Prüfungen (»controlled clinical trials«). Diese Prüfungen basieren zumeist auf dem sogenannten Doppelblindversuch (»double blind trial«). Dabei wird eine Patientengruppe mit dem Arzneimittel behandelt, während eine Kontrollgruppe ein Placebo erhält. Über den langfristig angelegten Vergleich beider Untersuchungsgruppen ist der Nachweis der therapeutischen Wirksamkeit zu erbringen. »Unbedenklichkeit« bedeutet, daß nur solche Arzneimittel zugelassen werden, die bei bestimmungsgemäßem Gebrauch keine unvertretbar hohen unerwünschten Nebenwirkungen nach sich ziehen. Dabei spielen Risiko/Nutzen-Abwägungen eine erhebliche Rolle.[7] Bei steigendem therapeutischen Nutzen werden proportional steigende Risiken beziehungsweise Nebenwirkungen in Kauf genommen. In der Orientierung am Unbedenklichkeitskriterium liegt der Kern der präventiven Kontrolle unerwünschter Arzneimittelnebenwirkungen. Sämtliche sukzessiv aufeinander folgenden Phasen der *Vormarktkontrolle*, die von experimentellen Laborstudien über Tierversuche bis hin zu verschiedenen Phasen klinischer Prüfungen an menschlichen Versuchsobjekten reichen, dienen diesem Ziel. Regulative Zulassungsentscheidungen sind jedoch in hohem Maße unsicherheitsbelastet. Trotz aller antizipativer Gefahrenkontrolle werden zahlreiche Arzneimittelnebenwirkungen erst nach der umfassenden Markteinführung sichtbar.[8] Ein differenziertes Instrumentarium staatlicher und nicht-staatlicher *Nachmarktkontrollen* zielt auf die Abwehr

7 Ausführlicher hierzu aus der Binnenperspektive der zuständigen Regulierungsbehörde: Überla (1984). Der damalige Präsident des BGA weist darüber hinaus auch auf die Grenzen von Risiko/Nutzen-Abwägungen für Arzneimittel hin. Neben der grundlegenden Problematik prognostischer Aussagen, deren Verifizierung erst zu einem späteren Zeitpunkt erfolgen kann, liegen ungelöste Probleme in den nicht hinreichend geklärten Bewertungsdimensionen, welche einer Formalisierung von Risiko/Nutzen-Abwägungen entgegenstehen.

8 Dies gilt insbesondere für sehr selten auftretende Nebenwirkungen, die vielfach durch das engmaschige Netz der Vormarktkontrolle hindurchrutschen. Vergleiche hierzu Fülgraff (1978, S. 177), seinerzeit Präsident des BGA: »Man bedenke, daß sehr umfangreiche klinische Prüfungen vielleicht 5000 Behandlungsfälle umfassen. Diese Zahl reicht jedoch nicht aus, um seltene, aber dennoch schwere unerwünschte Wirkungen zu entdecken. Um beispielsweise mit einer Wahrscheinlichkeit von 95 % eine Wirkung zu erkennen, die mit einer

von Gefahren durch bereits zugelassene Arzneimittel (vgl. Hohm 1990, S. 228 ff.; Hohgräwe 1992, S. 213 ff.).

Versucht man, die Gesamtstruktur der politischen Regulierung von Arzneimittelgefahren in der Bundesrepublik Deutschland analytisch zu erfassen, so läßt sich diese in folgende *Grundbestandteile* zerlegen: (a) staatliche Kontroll- und Zulassungsbehörden; (b) Bindung der Zulassung an die Erfüllung festgelegter Kriterien; (c) Durchführung der zulassungsrelevanten Studien in der Regel durch die antragstellenden Unternehmen selbst; (d) Ergänzung der Vormarktkontrollen durch staatliche und nichtstaatliche Nachmarktkontrollen.

Betrachten wir nun die politische Regulierung von Arzneimittelgefahren in *Großbritannien*. Im Vergleich zur Bundesrepublik Deutschland sind regulative Unterschiede vor allem in zweierlei Hinsicht festzuhalten. Erstens sind das Verrechtlichungsniveau und die Regelungsdichte in Großbritannien niedriger (Glaeske u. a. 1988, S. 16 f.). Zweitens sind Verfahren der Nachmarktkontrolle in der britischen Regulierungspraxis fester etabliert, wobei insbesondere die ärztliche Meldung unerwünschter Nebenwirkungen eine erhebliche Rolle spielt (Glaeske u. a. 1988, S. 21 ff.; International Drug Surveillance Department 1991, S. 27 ff. und S. 37 ff.).[9] Dennoch setzt sich die Gesamtstruktur aus im Kern

Häufigkeit von 1 : 10 000 auftritt, also einmal unter 10 000 Behandlungsfällen, wäre eine Beobachtung von mindestens 40 000 Patienten erforderlich.« Ausführlicher zu den Grenzen der antizipativen Kontrolle unerwünschter Arzneimittelnebenwirkungen vergleiche Glaeske u. a. (1993, S. 28 ff.).

9 Beide Aspekte, die vergleichsweise geringe rechtliche Durchdringung der Regulierungsmaterie und die stärker auf Nachmarkt- als auf Vormarktkontrollen setzende Regulierungspraxis, deuten auf ein hohes Maß an Vertrauen zwischen den am britischen Regulierungsprozeß Beteiligten hin. Zwar wurden bereits mit dem Medicines Act von 1968 die zwischen den Beteiligten stattfindenden Aushandlungs- und Klärungsprozesse verrechtlicht, die, wie sich der ehemalige Vorsitzende des britischen Safety of Drugs Committee erinnert, zuvor vor allem in »usually good natured encounters over the telephone or in informal meetings« (Dunlop 1980, S. 406) bestanden. Jedoch werden auch in neueren Fallstudien administrative Ermessensspielräume, Informalität und Vertrauen zwischen den Beteiligten als die zentralen Charakteristika der Regulierung von Arzneimittelgefahren in Großbritannien herausgearbeitet (vgl. Abraham 1994; Abraham 1995).

identischen Grundelementen zusammen: (a) zentraler Regulierungsakteur ist die Medicines Control Agency (MCA), eine Abteilung des Department of Health (DoH), das dem deutschen Gesundheitsministerium entspricht; (b) Hauptzulassungskriterien sind neben Arzneimittelreinheit Wirksamkeit und Sicherheit des Arzneimittels; (c) der Nachweis der Erfüllung der Zulassungskriterien findet durch die Überprüfung von Studien statt, die von den antragstellenden Unternehmen selbst durchgeführt werden; (d) staatliche und nicht-staatliche Nachmarktkontrollen sind integraler und wichtiger Bestandteil der politischen Regulierung von Arzneimittelgefahren.

So naheliegend diese Struktur der Kontrolle unerwünschter Nebenwirkungen als Problembewältigungsstrategie auch sein mag, so wenig kann sie direkt aus der zugrundeliegenden Problemmaterie abgeleitet werden. Anstelle der heutzutage charakteristischen *Verschränkung* staatlicher und nicht-staatlicher Aktivitäten dominierte lange Zeit ein Ansatz, der nahezu ausschließlich auf die Problembewältigungskompetenz der arzneimittelherstellenden Unternehmen setzte. Staatliche Aktivitäten blieben demgegenüber auf die Registrierung von Arzneimitteln beschränkt. In Großbritannien wurden rechtliche Kontrollen, eine eigenständige Aufsichtsbehörde sowie inhaltliche Prüfkriterien erst mit dem Medicines Act von 1968 etabliert (Commission of the European Communities 1980). In der Bundesrepublik Deutschland bestand zwar seit 1961 ein Arzneimittelgesetz, welches durch das 1952 gegründete BGA als Bundesbehörde implementiert wurde. Damit wurde jedoch lediglich ein formales Registrierungsverfahren etabliert, die politische Regulierung von Arzneimittelgefahren war nicht Aufgabe staatlichen Handelns. Mit der Novellierung des Gesetzes 1964 begann dann die zunächst noch zögernde Erweiterung staatlicher Handlungsspielräume, und erst mit dem Arzneimittelgesetz von 1976 wurde diese Erweiterung auf eine adäquate rechtliche und administrative Grundlage gestellt (vgl. Murswiek 1983, S. 424 ff.; Hohgräwe 1992, S. 47 ff.).

Dieser in den sechziger und siebziger Jahren auch in anderen entwickelten Industrienationen zu beobachtende Wandel staatlicher Aktivitäten wurde durch ein singuläres Ereignis ausgelöst: die *Thalidomid-Katastrophe*. Thalidomid war ein zwischen 1957 und 1961 auch von Schwangeren häufig verwendetes Schlaf- und Beruhigungsmittel, welches zu schweren Mißbildungen bei

Neugeborenen führte.[10] Als Folge dieser arzneimittelinduzierten Katastrophe wurden Arzneimittelgefahren zum Thema öffentlicher Aufmerksamkeit. Dies blieb auch politisch nicht folgenlos und zog den gegenwärtigen Regulierungsmodus nach sich. Die in international komparativer Perspektive auffallenden Gemeinsamkeiten zwischen entwickelten Industrienationen – regulative Durchdringung des Vor- und Nachmarktes; eigenständige Regulierungs- und Aufsichtsbehörden; festgelegte Zulassungskriterien für Arzneimittel –, die es überhaupt erst erlauben, von politischer Regulierung im engeren Sinne zu sprechen, sind vor allem auf dieses Ereignis zurückzuführen (vgl. Lasagna/Werkö 1986; Bodewitz u. a. 1987).[11]

Die zuvor angeführten Bedingungen, mit denen sich die politische Regulierung von Arzneimittelgefahren genauer bestimmen läßt, waren in den *USA* hingegen schon weit *vor* der Thalidomid-Katastrophe erfüllt. Bereits der 1938 verabschiedete Food, Drugs, and Cosmetics Act verlangte die formale Anmeldung der Arzneimittel vor ihrer Vermarktung bei der Food and Drug Administration (FDA), der zuständigen Regulierungsbehörde. Dies erforderte von seiten der arzneimittelherstellenden Unternehmen den Nachweis ausreichender Sicherheitstests. Ähnlich wie im Thalidomid-Fall war auch hier ein katastrophales Ereignis der *Auslöser* politischer Regulierung. Wenngleich seit Beginn der dreißiger Jahre ein neues Gesetz zur effektiveren Bewältigung von Arzneimittelgefahren diskutiert wurde, ist seine konkrete Ausformulierung und Verabschiedung auf eine sich Ende 1937 ereignende Arzneimittel-Katastrophe zurückzuführen, die zum Tod von mindestens 107 Personen führte.[12] Die Thalidomid-Ka-

10 In der Bundesrepublik Deutschland, die am stärksten betroffen war, wurde Thalidomid unter dem Namen Contergan vermarktet.

11 Einschränkend sei allerdings darauf hingewiesen, daß auch durch die zunehmende Internationalisierung des Arzneimittelmarktes, vor allem innerhalb der EWG und zwischen den europäischen Ländern und den USA, ein Angleichungs- und Vereinheitlichungsdruck auf die einzelnen Länder erzeugt wurde. Ausführlicher hierzu unter besonderer Berücksichtigung der Bundesrepublik Deutschland Thier (1990, S. 37 ff.).

12 Ausführlicher zu Hintergrund, Verfahren und Inhalten des Food, Drugs, and Cosmetics Act vergleiche insbesondere Jackson (1970) sowie ergänzend Murswiek (1983, S. 254 ff.), Quirk (1980, S. 194 ff.) und Wardell/Lasagna (1975, S. 7 ff.).

tastrophe konnte in den USA demgegenüber weitgehend vermieden werden. Nur eine vergleichsweise geringe Anzahl Schwangerer nahm das Arzneimittel während der letzten Phase seiner klinischen Prüfungen (vgl. Edgar/Rothman 1990, S. 112 f.). Da sich Anzeichen für unerwünschte Nebenwirkungen verdichteten, verzögerte die FDA die Zulassung, bis dann der aufgedeckte Zusammenhang zwischen Arzneimitteleinnahme und Mißbildungen bei Neugeborenen die endgültige Zulassungsverweigerung zur Folge hatte. Das *Ereignis* »Thalidomid« führte aber trotz Nicht-Zulassung und ausgebliebener Katastrophe zu regulativen Veränderungen, indem es in einen bereits bestehenden *politischen Kontext* geriet, der in der öffentlichkeitswirksamen Kampagne eines Senators zur Reform der Arzneimittelregulierung bestand (vgl. Murswiek 1983, S. 264 ff.; Peltzman 1974, S. 6 ff.; Quirk 1980, S. 197 ff.).

Diese Kampagne war zwar nicht auf den Bereich der Arzneimittelsicherheit konzentriert, sondern strebte die Durchsetzung politischer Preiskontrollen der pharmazeutischen Industrie an. In ihrem Rahmen gelangte mit dem Thalidomid-Fall jedoch auch das Thema »Arzneimittelsicherheit« wieder auf die politische Agenda. Thalidomid verhalf der Reformkampagne zum raschen Durchbruch und führte zur Verabschiedung der Drug Amendments von 1962. Diese im Vergleich zur Bundesrepublik Deutschland und zu Großbritannien sehr rasche Gesetzesänderung bedeutete auch die Verstärkung der präventiven Kontrolle unerwünschter Arzneimittelnebenwirkungen; die Zulassungsbedingungen für Arzneimittel wurden erheblich verschärft (vgl. Kaufer 1990, S. 155 ff.; Quirk 1980, S. 200 ff.; Wardell/Lasagna 1975, S. 19 ff.). Damit blieb die *Führungsposition der USA* im Bereich der politischen Regulierung von Arzneimittelgefahren unangetastet. Allenfalls die eng an die USA angelehnte Arzneimittelregulierung in Kanada (Somers u. a. 1990) und Norwegen (Jøldal 1986; Andrew u. a. 1995) weisen ähnlich hohe Regulierungsstandards auf.

Die präventive Ausrichtung des politischen Umgangs mit möglichen Gefahren des Arzneimitteleinsatzes blieb jedoch nicht unumstritten. Als *Kritiker* traten zunächst Vertreter der klinischen Pharmakologie auf, der für den Arzneimittelbereich zentralen wissenschaftlichen Disziplin. Nicht nur in den USA sah man eine Tendenz zu »unrealistischen Standards« als Folge einer Politik, die von der »Furcht vor Unfällen dominiert« sei.[13] Speziell am amerikanischen Fall kritisiert William Wardell, einer der führenden klinischen Pharmakologen in den USA, die besondere Katastrophensensibilität mit den Worten: »Almost any irregularity, regardless of its real importance, can provide the stimulus for stricter legislation and regulation« (1982, S. 34). Diese Kritik kulminierte in der sogenannten *»Drug-lag«-Diskussion*. Ihr lag der ambitionierte Versuch zugrunde, komplementär zur quantitativen Erfassung der gesundheitsbeeinträchtigenden Folgen von zugelassenen Arzneimitteln nun auch die gesundheitsbeeinträchtigenden Folgen von Nicht-Zulassung und verzögerter Zulassung quantitativ zu erfassen. »Drug lag« ist ein Begriff, der von Wardell (1973) geprägt wurde. In dieser Pionierarbeit, der bald zahlreiche andere folgten, wurden die Auswirkungen der unterschiedlichen Zulassungsanforderungen in Großbritannien und den USA auf die Gesundheit miteinander verglichen. Dabei wurde ein erhebliches »drug lag« für die USA aufgrund der höheren Regulierungsstandards in diesem Land festgestellt. Die negativen Auswirkungen dieses »drug lag« sind nach Wardell (1973) dramatisch: Folgt man den Ergebnissen seiner Studie, dann kostete die durch regulative Auflagen bedingte Zulassungsverzögerung eines der untersuchten Arzneimittel in den USA mehr als 1200 Menschenleben. In einer Folgestudie wird gar geschätzt, daß die Nicht-Zulassung eines in Großbritannien zugelassenen Betarezeptorenblockers jährlich circa 10 000 Menschenleben kostete (vgl. Wardell 1978). Wenngleich diese Ergebnisse aufgrund methodisch nur schwer rekonstruierbarer Kausalzusammenhänge unter wissenschaftlichen Experten sehr umstritten waren, blieben sie politisch nicht folgenlos und führten zur Re-Thematisierung der Regulierungspraxis in den USA.[14] Diese Re-Themati-

13 Dieses (übersetzte) Zitat findet sich in Bodewitz u. a. (1987, S. 256). Es ist der öffentlichen Erklärung einer international einflußreichen Gruppe klinischer Pharmakologen entnommen, die sich grundlegend kritisch mit den regulativen Auswirkungen der Thalidomid-Katastrophe in entwickelten Industrienationen befaßt.

14 Zur wissenschaftlichen Diskussion vergleiche zum Beispiel die frühe Kritik an Wardell (1973) durch Simmons (1974). Für eine neuere, ausgewogene und erweiterte Darstellung der »Drug-lag«-Diskussion vergleiche Andersson (1992). Zu den politischen Folgen vergleiche Murswiek (1983, S. 506): »Die ›Drug-lag‹-Kontroverse konnte das

sierung zog politische Korrekturen an den seit 1962 gültigen Zulassungsvorschriften für Arzneimittel nach sich, und ab Mitte der siebziger Jahre wurden bestehende Regulierungsstandards partiell gelockert (vgl. Hutt 1986, S. 621 f.; Mathieu 1994, insbesondere S. 261 ff.; Merrill 1994, S. 57 ff.).

Eine *zweite Welle der Regulierungskritik* ist seit Mitte der achtziger Jahre zu beobachten. Ihre Hauptträger sind HIV-Infizierte und deren zumeist organisierte Interessenvertreter.[15] Sie erwarten von politisch-regulativen Entscheidungsträgern nicht mehr, sondern *weniger* präventive Absicherungen gegen möglicherweise gesundheitsbeeinträchtigende Arzneimittelfolgen und streben eine Lockerung gegenwärtiger Regulierungsstandards an. Dies ist insofern interessant und traf die zuständigen Entscheidungsträger in Politik und Verwaltung unerwartet, als Konsumentenorganisationen bislang – insbesondere unter dem Einfluß der Thalidomid-Katastrophe – Druck auf die Politiker und Regulierungsbehörden ausübten, um eine Verstärkung präventiver Maßnahmen zu erreichen. Im Rekurs auf Konsumenteninteressen werden nun die genau *entgegengesetzten* Forderungen erhoben. Das Ziel besteht darin, die sofortige Freigabe sich noch im Regulierungsprozeß befindender und mit zum Teil gravierenden unerwünschten Nebenwirkungen belasteter Arzneimittel zu erreichen. Nach den ernüchternden Erfahrungen mit dem antiviralen Mittel Azydothymidin (AZT) wurde der Druck zwar etwas abgeschwächt (vgl. Macilwain 1993; Kessler/Feiden 1995, S. 26), dennoch ist die Breitenwirkung der durch Aids ausgelösten Regulierungskritik bemerkenswert. Sie führte zu *politischen Resonanzen*, die über die Resonanzen auf die »Drug-lag«-Kritik hinausgehen.[16] So wurde ein Komitee zur kritischen Überprüfung

erreichen, was der ökonomischen Kosten-Nutzen-Analyse versagt blieb. Sie war das Vehikel, um in den Reformentwurf von 1978 jene Vorschriften hineinzubringen, die tendenziell eine Liberalisierung der Vormarktkontrolle einleiten sollten.«

15 Ausführlicher zu der durch Aids ausgelösten Regulierungskritik und ihren Folgen für die Arzneimittelregulierung Edgar/Rothman (1990, S. 121 ff.) und Vogel (1989; 1990, S. 458 ff.). Daß diese Kritik nicht nur auf die USA beschränkt bleibt, belegen die international-komparativen Beiträge in Kirp/Bayer (1992).

16 So heißt es bei Griffin (1991, S. 382): »The drug approval process has never before experienced the rapid changes brought about in response to the Aids crisis.« Siehe Kessler/Feiden (1995) zu einem

der Zulassungsverfahren für Arzneimittel gegen Krebs und Aids eingesetzt, zu dessen Vorsitzendem mit Louis Lasagna der neben Wardell prominenteste Regulierungskritiker aus der »Drug-lag«-Kontroverse ernannt wurde (vgl. Antoine/Vanchieri 1990). Zugleich wurden von der FDA verschiedene Maßnahmen beschlossen, die von Sonderregeln für die mögliche Inverkehrgabe von Arzneimitteln, die noch vor Abschluß der klinischen Untersuchungen stehen (sogenannte »experimental drugs«), über die Beschleunigung und partielle Suspendierung der vorgeschriebenen Prüf- und Evaluationsphasen bis hin zur Lockerung der Importvorschriften für Arzneimittel zum persönlichen Gebrauch reichen (Edgar/Rothman 1990, S. 125 ff.). Trotz dieser Veränderungen, die in ihrer Summe alles andere als unerheblich sind, ergibt der Gesamteindruck der US-amerikanischen Arzneimittelregulierung ein insgesamt stabiles Bild. Die auf ausgedehnte Vormarktkontrollen setzende Regulierungspraxis wurde im Kern beibehalten, jedoch um einzelne Deregulierungsmaßnahmen ergänzt.

3. Politische Risikowahrnehmung und -bewältigung

Vor dem Hintergrund der skizzierten empirischen Befunde lassen sich die beiden einleitend gestellten Fragen zur politischen Risikotransformation im Bereich der Arzneimittelregulierung beantworten.

Zunächst zur *ersten Frage*, die sich auf die Mechanismen der Transformation von Arzneimittelgefahren in ein politisches Risi-

aktuellen Überblick aus der Binnenperspektive der FDA, der David A. Kessler seit 1990 vorsteht. In der Bundesrepublik Deutschland lassen sich allerdings kaum derartige, durch Aids ausgelöste Veränderungen der regulativen Praxis beobachten (vgl. Frankenberg 1992). Das ist auch auf den § 28 III AMG zurückzuführen, der unter bestimmten Bedingungen seit der vierten Novellierung des Arzneimittelgesetzes eine erleichterte Inverkehrgabe solcher Arzneimittel erlaubt, deren Untersuchung zwar noch nicht abgeschlossen ist, von denen man sich aber einen großen therapeutischen Nutzen verspricht. Diese sogenannte Arzneimittelschnellzulassung wurde unter anderem auf AZT angewendet, dessen Freigabe von HIV-Infizierten weltweit gefordert wurde (vgl. Di Fabio 1994, S. 310).

ko bezieht. Die empirischen Befunde zur Arzneimittelregulierung in der Bundesrepublik Deutschland, Großbritannien und den USA zeigten, daß vor allem *katastrophale Ereignisse* im gesellschaftlichen Umgang mit Arzneimitteln die Voraussetzung für die Transformation von Arzneimittelgefahren in ein politisches Risiko darstellen. Durch Arzneimittelkatastrophen werden die politische Problemwahrnehmung geschärft und politik*interne* Resonanzen im Hinblick auf eine *außerhalb* der Politik liegende Gefahr ausgelöst. Als *Mechanismus* dieser Übersetzung ist die Verschränkung von gesellschaftlichen und vor allem an die Politik adressierten Sicherheitserwartungen mit einem politikimmanenten Sog der Anziehung und Politisierung von entscheidungsrelevanten Themen anzusehen. Formen und Geschwindigkeit der Übersetzung variieren allerdings erheblich. In den USA trieben Personen als »political entrepreneurs« die kampagnenartige Verbreitung des Themas »Arzneimittelsicherheit« voran und stellten damit eine rasche Übersetzungsleistung her. Hingegen wirkten die neokorporatistischen Entscheidungsstrukturen der bundesdeutschen Politik ebenso wie die für die britische Politik charakteristische »institutionalized informality« (Smith/Wynne 1989, S. 18) der unmittelbaren Politisierung dieses Themas entgegen. Gerade für die von der Thalidomid-Katastrophe besonders betroffene Bundesrepublik Deutschland fielen der im Vergleich zu den USA geringe Grad an Politisierung und die sehr verzögerte Reaktionszeit des politischen Systems auf. Ungeachtet dieser Unterschiede bleibt jedoch die besondere Bedeutung katastrophaler Ereignisse für den Prozeß der Risikotransformation festzuhalten, deren Thematisierung länderübergreifend die entscheidenden Resonanzen innerhalb der Politik auslöste.

Während die Selektivität des politischen Systems im Hinblick auf die Wahrnehmung von Arzneimittelgefahren ein durchgängig anzutreffendes Ergebnis ist, bieten die daran anschließenden Regulierungsoptionen ein uneinheitlicheres Bild. Im Hinblick auf die *zweite Frage*, die sich auf Formen der politisch-regulativen Bewältigung von Arzneimittelgefahren konzentriert, treten nationale Unterschiede stärker hervor. Die Erklärung der bestehenden Gemeinsamkeiten und Unterschiede stellt ein weithin ungelöstes Rätsel der international vergleichenden Regulierungsforschung dar (vgl. Lasagna/Werkö 1986). Sieht man in der Bewältigung politischer Entscheidungsrisiken den zentralen Bezugspunkt politischer Entscheidungen, so lassen sich nationale Gemeinsamkeiten und Unterschiede in der politisch-regulativen Bewältigung von Arzneimittelgefahren auf Gemeinsamkeiten und Unterschiede der Bedingungen für politische Risikoübernahme zurückführen, auf die ich nun eingehen werde.

Zunächst zu den *Gemeinsamkeiten*. Trotz nationaler Unterschiede ist festzuhalten, daß der Variationspool für Formen der politisch-regulativen Problembewältigung deutlich begrenzt ist. Diese länderübergreifenden Begrenzungen ergeben sich weniger aus der Problemmaterie »Arzneimittelregulierung« selbst, sondern sind vielmehr als Ergebnis *politischer Risikoaversion* im Hinblick auf die politisch zu übernehmenden Entscheidungsrisiken zu verstehen. *In sachlicher Hinsicht* bedeutet politische Risikoaversion die länderübergreifende Orientierung am Primat der *Katastrophenvermeidung*. Hieraus resultiert eine Präferenz für Maßnahmen präventiver Politik, die im internationalen Vergleich jedoch unterschiedlich stark ausgeprägt ist. Wie später zu zeigen sein wird, lassen sich diese Unterschiede auf die national unterschiedlichen Bedingungen für politische Risikoübernahme zurückführen. *In zeitlicher Hinsicht* findet mit der Unterteilung in verschiedene Phasen der Vor- und Nachmarktkontrolle eine *Sequentialisierung* des Gesamtprozesses regulativer Entscheidungen statt. Zeitliche Sequentialisierung, wie sie in idealtypischer Weise für den bundesdeutschen Regulierungsprozeß charakteristisch ist, trägt zur Absenkung des mit jeder regulativen (Teil-) Entscheidung verbundenen Risikos bei, indem das Risiko einer möglichen Fehlentscheidung kleingearbeitet und verteilt wird. Das ermöglicht politische Risikoübernahmebereitschaft. Das politische Entscheidungsrisiko wird jedoch nicht nur im Rekurs auf Zeit kleingearbeitet und verteilt. Auch *in sozialer Hinsicht* lassen sich derartige Prozesse der Risikobewältigung beobachten. Generell ist eine *Differenzierung von* politischen und wirtschaftlichen *Problemlösungskompetenzen* festzustellen. Die Durchführung der für die Zulassung von Arzneimitteln relevanten Studien fällt weitgehend in den Kompetenzbereich der arzneimittelherstellenden Unternehmen. Staatliche Regulierungsbehörden überprüfen die eingereichten Studien dann anhand festgelegter Kriterien. Diese Vorgehensweise erlaubt einerseits den Verzicht auf eine politikexklusive Zuständigkeits- und Verantwortungsübernahme, ohne andererseits politische Kontrollansprüche vollständig zugunsten einer Selbstregulierung der pharmazeutischen Industrie aufzugeben. Politisch riskante Überlastungen und Kontrollverluste werden somit gleichermaßen vermieden. Da zudem wissenschaftliche Experten in hohem Maße in den Prozeß der Festlegung regulativer Maßnahmen einbezogen werden, entstehen umfassende *»Netzwerke der Verantwortungsdiffusion«* (Hiller 1994, S. 117) zwischen Politik, Wirtschaft und Wissenschaft. Sie tragen dazu bei, das politische Entscheidungsrisiko im Umgang mit möglichen Arzneimittelgefahren auf ein für politische Risikoübernahme erträgliches Maß abzusenken.

Nun zu den *Unterschieden*. Meine These hierzu lautet: Stehen politische Entscheidungsträger unter externem Beobachtungsdruck, bilden sich grundlegend andere Risikoübernahmebereitschaften heraus als in Entscheidungskontexten, in denen sich politische Entscheidungen eher verdeckt prozessieren lassen. Exponierte politische Entscheidungsträger müssen dieser These zufolge höhere Entscheidungsrisiken übernehmen, da das Risiko, sich für eine ex post als falsch bewertete Alternative entschieden zu haben, unter externem Beobachtungsdruck höher ist. Genau hierin liegt der entscheidende Unterschied zwischen den USA auf der einen, der Bundesrepublik Deutschland und Großbritannien auf der anderen Seite. Die zuletzt genannten Länder erlauben im Normalfall ein *verdecktes Prozessieren* politisch dadurch wenig riskanter Entscheidungen. Das Risiko der Entscheidung verschwindet im Dickicht neokorporatistischer, informeller und auf Delegation setzender politischer Problemlösungsmuster. Es taucht erst dann wieder auf, wenn Katastrophen und Skandale im Umgang mit Arzneimitteln das öffentliche Vertrauen in die Regulierungskompetenz politischer Entscheidungsträger erschüttern. Gelingt es, dieses Vertrauen wiederherzustellen oder ebbt die öffentliche Aufmerksamkeit ohne derartige Maßnahmen ab, können regulative Entscheidungen wieder verdeckt und weitgehend unbeobachtet prozessiert werden. Demgegenüber zeichnet sich der US-amerikanische Kontext der Risikoregulierung durch die *Dauerbeobachtung regulativer Entscheidungen* aus. Die in der international komparativen Regulierungsdiskussion in der Regel nur lose aneinandergereihten Charakteristika zur Bestimmung des »American exceptionalism« (Jasanoff 1990) – politischer Konkurrenzdruck, breiter Zugang zum Rechtssystem, wissenschaftlicher Pluralismus (vgl. Jasanoff

1990, S. 65 ff.); wirtschaftliche und wissenschaftliche Analysen regulativer Optionen, allgemeine Verfahrensregeln, weitreichende Partizipations- und Informationsrechte der Öffentlichkeit sowie Überwachung der Regulierungsbehörden durch gesetzgebende und rechtsprechende Organe (vgl. Brickman u. a. 1985, S. 39 ff.) – tragen allesamt zur Exponierung der politischen Entscheidungsträger bei und erhöhen das mit jeder regulativen Entscheidung zu übernehmende Risiko, sich für eine möglicherweise falsche Alternative entschieden zu haben.

Die Relevanz unterschiedlicher Bedingungen der Risikoübernahme für die Regulierungspraxis zeigt sich insbesondere in bezug auf die Frage nach dem *Zeitpunkt regulativer Eingriffe.* Wenngleich, wie gezeigt, die politische Regulierung unerwünschter Arzneimittelnebenwirkungen sowohl Vor- als auch Nachmarktkontrollen mit einschließt, sind signifikante Unterschiede hinsichtlich der regulativen Schwerpunktsetzung erkennbar. Wie am Beispiel der »Drug-lag«-Diskussion deutlich wurde, gelten vor allem Großbritannien und die USA als diesbezügliche Antipoden der Regulierungspraxis, während die Bundesrepublik Deutschland dazwischen zu lokalisieren ist. Beide Eingriffsmöglichkeiten, Vor- und Nachmarktkontrollen, bedeuten zwar gleichermaßen politische Risikoübernahme; die Strukturen der zu übernehmenden Entscheidungsrisiken unterscheiden sich allerdings deutlich voneinander: Eine gegenüber ausgedehnten Vormarktkontrollen stärker auf *Nachmarktkontrollen* basierende Regulierungspraxis erfordert die Risiko- und Verantwortungsübernahme für die möglichen Schadensauswirkungen *zu rasch* eingeführter Arzneimittel. Die Bereitschaft, diese Entscheidungsfolgen zu riskieren, ist nur unter der für den britischen Regulierungskontext charakteristischen Bedingung robuster Vertrauensverhältnisse der politisch-administrativen Regulierungsinstanzen zu den zu regulierenden Unternehmen, zur ärztlichen Profession und zur politisch relevanten Öffentlichkeit möglich. Der Rekurs auf diesen Typus der Risiko- und Verantwortungsübernahme ist unter den US-amerikanischen Bedingungen blockiert. Das Risiko, sich dem Vorwurf der unterlassenen Gefahrenprävention auszusetzen, kann hier nicht übernommen werden. Die deutlich präventive, auf *ausgedehnte Vormarktkontrollen* setzende Regulierungspraxis erfordert jedoch ebenfalls die Bereitschaft zur Risiko- und Verantwortungsübernahme, in diesem Fall für die möglichen Schadensauswirkungen von *Nicht-Zulassungen* beziehungsweise *verzögerten* Arzneimitteleinführungen. Zugespitzt formuliert: Gegenüber den zumindest partiell sichtbaren, kausal zurechenbaren und faktisch feststellbaren Schäden durch den Gebrauch von Arzneimitteln bleiben die Schäden eines präventiven – in der Terminologie des *risk assessment*: konservativen – Regulierungsansatzes in der Regel nahezu unsichtbar, kausal kaum zurechenbar und hypothetisch.[17] Eine präventive Sicherheitsorientierung stellt die in dieser Hinsicht politisch anschlußfähigere, da sicherere Alternative dar, während die deutliche Einschränkung von Maßnahmen der Vormarktkontrolle zugunsten der Ausdehnung von Nachmarktkontrollen als politisch übermäßig riskante Option ausscheidet. Daß diese Orientierung nur auf den ersten Blick zur Maximierung von Sicherheit und zur Minimierung von Gesundheitsgefahren führt, stellten wissenschaftliche Kritiker der US-amerikanischen Regulierungspraxis in der »Drug-lag«-Kontroverse heraus. Das *Risiko*, möglicherweise gefahrenreduzierende Arzneimittelinnovationen zu lange im Regulierungsprozeß zu halten beziehungsweise diese überhaupt nicht zuzulassen, ist aufgrund der geringeren Sichtbarkeit und Zurechenbarkeit *politisch* jedoch eher zu übernehmen als das *Risiko*, die möglichen Schadensauswirkungen einer zu raschen Arzneimitteleinführung verantworten zu müssen.[18]

17 Einschränkend sei angemerkt, daß die klare Unterscheidung zwischen beiden Typen der Schadenswahrnehmung und -zurechnung in der Auseinandersetzung um die Freigabe von Arzneimitteln für HIV-Infizierte kollabierte. Hier gelang es den Betroffenen, die möglichen Schadensauswirkungen von Nicht-Zulassungen und Zulassungsverzögerungen als Thema in die gesellschaftliche Kommunikation einzuspeisen und direkt auf die zuständige Regulierungsbehörde zuzurechnen. Dieser Fall bildet allerdings eine Ausnahme, die in dem ausgesprochen hohen Organisations- und Mobilisierungsgrad der Betroffenengruppe begründet ist. Gerade in dieser Hinsicht unterscheiden sich HIV-Infizierte von anderen Erkrankten wie etwa – um eines der klassischen Beispiele der »Drug-lag«-Kritiker heranzuziehen – denjenigen, die von kardiovaskulären Krankheiten betroffen sind.

18 Dieses Risikoverhalten von sozialen Entitäten (hier: Politik und Verwaltung) entspricht dem in der psychologischen Forschung zum individuellen Risikoverhalten herausgefundenen »omission bias« (Ri-

Am Beispiel der Arzneimittelregulierung in den USA läßt sich darüber hinaus die Konvergenz und *wechselseitige Verstärkung* der Risikoorientierungen in den relevanten Entscheidungskontexten »Politik« und »Verwaltung« studieren, die beide unter hohem externen Beobachtungsdruck operieren. *Einerseits* beeinflussen an die Politik adressierte gesellschaftliche Sicherheitserwartungen die Anreiz- und Risikoübernahmestruktur für (partei-)politisch exponierte Entscheidungsträger im Hinblick auf mögliche Gefahren des Arzneimitteleinsatzes. Dadurch wird ein nicht primär auf Prävention setzender Umgang mit möglichen Arzneimittelgefahren als politische übermäßig riskante Handlungsalternative marginalisiert; entsprechend selten und nur von Außenseitern wie Clark (1980) und Wildavsky (1988) vertreten findet man sie in der politischen Diskussion. *Andererseits* dominiert auch innerhalb der zuständigen Regulierungsbehörde ein risikoaverser Umgang mit den eigenen Entscheidungsrisiken. Die administrative Anreiz- und Risikoübernahmestruktur führt sowohl zu einer Verzögerung riskanter Entscheidungen, die gegen die Möglichkeit post festum einsetzender Fehlerzuschreibungen abgedichtet werden müssen, als auch zur Asymmetrisierung der regulativen Optionen Zulassung/Nicht-Zulassung.[19]

tov/Baron 1990). Damit ist die Neigung gemeint, einer übermäßig riskanten Entscheidungsalternative auszuweichen, sofern mögliche negative Entscheidungsfolgen von anderen auf den Entscheider zugerechnet werden. Interessanterweise gilt dies selbst dann, wenn die statt dessen präferierte Entscheidungsalternative des Unterlassungshandelns für die anderen faktisch gefährlicher ist. Prägnantestes Beispiel von Ritov/Baron (1990) ist eine experimentelle Untersuchung zur individuellen Bereitschaft, Kinder gegen eine mögliche Epidemie zu impfen. Bei Bekanntheit der mit der Impfung verbundenen Todeswahrscheinlichkeit entschieden sich die meisten Untersuchungsteilnehmer für Nicht-Impfung, wenngleich die mit dieser Option verbundene und ebenfalls bekannte Todeswahrscheinlichkeit höher lag.

19 Ausführlicher hierzu, mit zahlreichen empirischen Belegen, Quirk (1980). Dieses Risikoverhalten entspricht dem, was die Organisationsforscher Harrison und March (1984) als Grundregel des Umgangs mit riskanten Entscheidungen in Organisationen bezeichnen: die Vermeidung von post-decision regret. Damit ist gemeint, daß organisationale Entscheidungsprozesse primär an der Minimierung der Wahrscheinlichkeit eines Ergebnisses orientiert sind, von dem erwartet wird, daß es retrospektiv zum Bereuen der zugrundeliegen-

Dabei schlägt sich die aufmerksame Beobachtung administrativer Aktivitäten insbesondere durch den Kongreß und die Massenmedien in einer Präferenz für Maßnahmen nieder, die im Zweifelsfall eher die Nicht-Zulassung als die Zulassung von Arzneimitteln zur Folge haben.[20]

Diese Argumentation deckt sich nur auf den ersten Blick mit der von Wildavsky (1988), der für sämtliche Bereiche der Risikoregulierung in den USA ein Höchstmaß an politisch-administrativer Risikoaversion vermutet. Wildavskys Analyse liegt jedoch ein Kompaktbegriff von Risikoaversion zugrunde, der wichtige Differenzen verdeckt und die schrittweise Lockerung restriktiver Kontrollmaßnahmen im Bereich der Arzneimittelregulierung nicht zu erfassen vermag. Demgegenüber werden im Konzept der Risikotransformation zunächst die Vermeidung von politikexternen Gefahren und die risikoaverse Bewältigung politikinterner Entscheidungsrisiken analytisch klar voneinander unterschieden und erst dann zueinander in Beziehung gesetzt. Darauf aufbauend lassen sich *Veränderungen der regulativen Praxis* erfassen und auf *veränderte Anreiz- und Risikoübernahmestrukturen* in Politik und Verwaltung zurückführen. Diese Strukturen veränderten sich in den USA bereits Mitte der siebziger Jahre. Mit der durch die »Drug-lag«-Kontroverse einsetzenden Thematisierung der gesundheitsgefährdenden Folgen einer zu restriktiven Arzneimittelpolitik veränderte sich die bis dahin gültige Anreiz- und Risikoübernahmestruktur im Arzneimittelbereich. Eine ausschließlich am Primat der Gefahrenvermeidung orientierte Regulierungspraxis verlor damit zunehmend ihre Legitimationsgrundlage. Dies leitete den vorsichtigen Beginn bis dahin wenig opportuner Lockerungen restriktiver Kontrollmaßnahmen ein. Noch grundlegender veränderte sich die Anreiz- und Risikoübernahmestruktur mit der zweiten großen, durch Aids ausgelösten Welle der Regulierungskritik seit Mitte der

den Entscheidung führt; demgegenüber spielt die Maximierung des erwarteten Entscheidungsnutzens nur eine untergeordnete Rolle.

20 Vergleiche hierzu die in Quirk (1980, S. 216) zitierte Einschätzung des damaligen Leiters der zuständigen Regulierungsbehörde FDA, Alexander Schmidt, von 1974: »In all our history, we are unable to find one instance where a Congressional hearing investigated the failure of FDA to approve a new drug ... the pressure from Congress for FDA to disapprove new drugs will continue to be felt ...«

achtziger Jahre. Während die »Drug-lag«-Kritik ausschließlich von klinischen Pharmakologen, Ökonomen und Vertretern der pharmazeutischen Industrie vertreten wurde, stößt die neuere Kritik der präventiven Sicherheitsorientierung auf erheblich breitere Resonanz und übt spürbaren Druck auf Politiker und die zuständige Regulierungsbehörde aus. Die Erweiterung der Reihen eher traditionell mit Innovationseinbußen und Wettbewerbsnachteilen argumentierender Regulierungskritiker durch von Aids Betroffene, denen im öffentlichen Diskurs keine glaubwürdigkeitsschwächenden »hidden agendas« unterstellt werden können, erhöht die gesellschaftliche Legitimierung der in der »Drug-lag«-Kontroverse nur begrenzt anschlußfähigen Deregulierungsvorschläge erheblich. Damit wird das Entscheidungsrisiko einer schon zuvor angemahnten, aber politisch übermäßig riskanten »voluntary ›de-socialization‹ of risk« (Clark 1980, S. 310) auf ein Maß abgesenkt, welches die Übernahme dieses Risikos durch politisch-administrative Entscheidungsträger im Umgang mit Aids-Medikamenten zunehmend wahrscheinlich macht. »Tragic choices« (Calabresi/Bobbitt 1978) *im Spannungsfeld von politischer Katastrophenvermeidung (»Thalidomid«) und freiwilliger Risikoübernahme jenseits der Politik (»Aids«)* sind ein interessanter Gegenstand zukünftiger risikosoziologischer Untersuchungen. Das Konzept der Risikotransformation, dem zufolge der Prozeß der Risikoregulierung als Prozeß der Bewältigung politischer Entscheidungsrisiken zu verstehen ist, wäre ein zur Erfassung der entsprechenden empirischen Veränderungen hinreichend sensibles Instrument.

4. Abschließende Bemerkungen

Abschließend wird nun versucht, die Ergebnisse der Analyse in den breiteren Kontext der Diskussion um *»Lernchancen der Risikogesellschaft«* (Wiesenthal 1994) zu stellen. Damit beziehe ich mich nicht nur auf Fragen der soziologischen Forschung, sondern auch auf Fragen der regulativen Praxis.

Sofern von seiten der *Risikosoziologie* die Frage nach Lernchancen im Umgang mit technisch-ökologischen Risiken aufgeworfen wird, fällt die Antwort zumeist negativ aus. In ihrer *skeptischen Einschätzung* konvergieren die ansonsten sehr unterschiedlichen Ansätze von Luhmann (1991a, S. 111 ff.; 1991b), Beck (1986, S. 67 ff.; 1988) und Wynne (1983; 1988). Ihnen liegt die Annahme einer eskalatorischen Dynamik der Konfliktverschärfung im Verhältnis von Politik und Laienöffentlichkeit zugrunde, welche Lernchancen nachhaltig blockiere. Diese Annahme wird entweder mit der zunehmenden Perspektivendifferenz von risikoorientierten Entscheidern und gefahrenorientierten Betroffenen (Luhmann) oder mit dem nicht vollständig eliminierbaren Katastrophenpotential moderner Technologien (Beck, Wynne) begründet. Das Beispiel der politischen Regulierung von Arzneimittelgefahren zeigte jedoch, daß im Umgang mit einer Technologie, der in der gesellschaftlichen Kommunikation ein hohes Katastrophenpotential zugeschrieben wird, durchaus auch niedrige Konfliktniveaus entstehen können. Dies gelingt allerdings nur, indem politische Problembewältigungskompetenz durch *effektive Katastrophenvermeidung* unter Beweis gestellt wird. Wird die Erwartung »Problembewältigungskompetenz durch Katastrophenvermeidung« durch katastrophale Ereignisse enttäuscht, so zerbricht das für den gesellschaftlichen Umgang mit Arzneimitteln notwendige Vertrauen in die politischen Regulierungsinstanzen. Das wurde insbesondere am Fall der Thalidomid-Katastrophe deutlich. Über diese Katastrophe wurden jedoch auch die mit dem Einsatz von Arzneimitteln verbundenen Gefahren in ein politisches Risiko transformiert und neue Formen der politisch-regulativen Problembewältigung etabliert. Mit der nach der Thalidomid-Katastrophe insgesamt erfolgreichen Eindämmung von Arzneimittelkatastrophen ließ sich gleichermaßen das politische Risiko längerfristiger Akzeptanz- und Vertrauenskrisen eindämmen. Für den empirischen Bereich der politischen Bewältigung von Arzneimittelgefahren kann also durchaus die aus der theoretischen Perspektive der Risikosoziologie kaum zu erwartende *Nutzung von Lernchancen* festgestellt werden. Es bedarf weiterer Forschungsanstrengungen, um das in einem soziologisch nahezu unbekannten Terrain gewonnene Ergebnis der politischen Lernfähigkeit im Umgang mit den selbsterzeugten Gefährdungen der modernen Gesellschaft auf Spezifik und Verallgemeinerungsgrad hin zu überprüfen.

Das Ergebnis der Lernfähigkeit ist auch im Hinblick auf die kritische Einschätzung der *regulativen Praxis* bemerkenswert. Die Lernfähigkeit der Politik erzeugt allerdings neue Probleme.

Die *Leistungsgrenzen* einer primär auf politische Gefahrenprävention setzenden Strategie sind überdeutlich sichtbar. Sie bestehen weniger in der nicht vollständig gelingenden Gefahrenprävention als vielmehr in den negativen Externalitäten der *erfolgreichen* Durchführung einer Strategie, deren Ziel »Gefahrenprävention« mit Hilfe der regulativen Optionen »Zulassungsverzögerung« und »Zulassungsverbot« erreicht wird. Die hieraus resultierenden Probleme für die von Krankheit Betroffenen wurden in der »Drug-lag«-Kontroverse und in den Auseinandersetzungen um die Freigabe von Aids-Medikamenten umfassend thematisiert. Aus ihnen leiten Regulierungskritiker wie Wildavsky (1988) die Notwendigkeit eines radikalen Strategiewandels ab. Die Forderung nach einer weitreichenden *Deregulierung* der Arzneimittelsicherheitspolitik wird damit begründet, daß eine Strategie der politischen Gefahrenprävention gesellschaftliche Lernprozesse im Umgang mit gefahrenträchtigen wissenschaftlich-technischen Innovationen blockiert, die nur durch eine Strategie der *gesellschaftlichen Risikoübernahme* genutzt werden können.

Politische Gefahrenprävention und gesellschaftliche Risikoübernahme sind jedoch zueinander komplementäre Strategieelemente und keine einander wechselseitig ausschließenden Strategien. *Denn durch politische Gefahrenprävention werden Unsicherheiten für andere Entscheidungskontexte absorbiert und gesellschaftliche Risikoübernahmebereitschaften ermöglicht.* Dies gilt zum einen für den Verwendungskontext von Arzneimitteln, der sich durch vielfältige Formen der individuellen Risikoübernahme im Umgang mit Arzneimitteln, deren Gefahrenpotential für den einzelnen zumeist unbekannt bleibt, auszeichnet. Zum anderen werden durch politische Gefahrenprävention auch für die arzneimittelherstellenden Unternehmen sowie für die arzneimittelverschreibenden Ärzte und Apotheker Unsicherheiten absorbiert, deren Entscheidungsrisiken in bezug auf mögliche Arzneimittelgefahren ebenfalls auf ein Maß abgesenkt werden, welches Risikoübernahme erlaubt. Mit der insgesamt erfolgreichen Eindämmung von Arzneimittelkatastrophen durch politische Regulierung wird eine relative Erwartungssicherheit für sämtliche Kontexte des gesellschaftlichen Umgangs mit Arzneimitteln hergestellt. Deregulierte Märkte stellen in dieser für gesellschaftliche Risikoübernahme basalen Hinsicht kein funktionales Äquivalent zu den unsicherheitsabsorbierenden Instanzen der Politik dar. Sie können die notwendige Erwartungssicherheit kaum herstellen und setzen folglich ein zu hohes Maß an individueller und kollektiver Risikoübernahmebereitschaft voraus. Für die konkrete Regulierungsdiskussion ergibt sich hieraus eine Perspektive, die das Verhältnis von politischer Gefahrenprävention und gesellschaftlicher Risikoübernahme immer in ihrem Zusammenhang zu erfassen versucht. Erst der dynamische Prozeß der Verschränkung beider Strategieelemente, der Steigerungsverhältnisse nicht aus-, sondern einschließt, ermöglicht *gesellschaftliche Lernprozesse* im Umgang mit gefahrenträchtigen wissenschaftlich-technischen Innovationen (vgl. dazu Kerwer in diesem Band). Vorschläge zur Verbesserung der regulativen Praxis, die auf die *Optimierung des Zusammenhangs* von politischer Gefahrenprävention und gesellschaftlicher Risikoübernahme abzielen, sind folglich höher zu bewerten als Regulierungs- und Deregulierungsvorschläge, die diesen Zusammenhang gleichermaßen einseitig in die ein oder andere Richtung aufzulösen versuchen.

Literatur

Abraham, J., 1994, »Negotiation and Accomodation in Expert Medical Risk Assessment and Regulation: An Institutional Analysis of the Benoxaprofen Case«, in: *Policy Sciences* 27, S. 53-76.

–, 1995, *Science, Politics and the Pharmaceutical Industry: Controversy and Bias in Drug Regulation*, London/New York.

Andersson, F., 1992, »The Drug Lag Issue: The Debate Seen from an International Perspective«, in: *International Journal of Health Services* 22, S. 53-72.

Andrew, M., B. Jøldal und G.Tomson, 1995, »Norway's National Drug Policy: Its Evolution and Lessons for the Future«, in: *Development Dialogue* 1, S. 25-53.

Antoine, F., und C. Vanchieri., 1990, »President Receives Lasagna Report on Drug Approval«, in: *Journal of the National Cancer Institute* 82, S. 1450-1451.

Bakke, O. M., W. M. Wardell und L. Lasagna, 1984: »Drug Discontinuations in the United Kingdom and the United States, 1964 to 1983: Issues of Safety«, in: *Clinical Pharmacology and Therapeutics* 35, S. 559-567.

Baram, M. S., 1982, *Alternatives to Regulation*, Lexington.
Baumheier, U., 1993, »Staat-Industrie-Beziehungen und Politikkoordination im Pharmasektor«, in: *Politische Vierteljahresschrift* 34, S. 455-473.
Beck, U., 1986, *Risikogesellschaft. Auf dem Weg in eine andere Moderne*, Frankfurt am Main.
–, 1988, *Gegengifte. Die organisierte Unverantwortlichkeit*, Frankfurt am Main.
Bodewitz, H. J. H. W., H. Buurma und G. H de Vries, 1987, »Regulatory Science and the Social Management of Trust in Medicine«, in: W. E. Bijker, T. P. Hughes und T. J. Pinch (Hg.), *The Social Construction of Technological Systems. New Directions in the Sociology and History of Technology*, Cambridge/London, S. 243-259.
Brickman, D., S. Jasanoff und T. Ilgen, 1985, *Controlling Chemicals. The Politics of Regulation in Europe and the United States*, Ithaka/London.
Calabresi, G., und P. Bobbitt, 1978, *Tragic Choices*, New York.
Clark, W. C., 1980, »Witches, Floods and Wonder Drugs. Historical Perspectives on Risk Management«, in: R. C. Schwing und W. A. Albers (Hg.), *Societal Risk Assessment. How Safe Is Safe Enough?*, New York, S. 287-313.
Commission of the European Communities, 1980, *Nuclear and Non-nuclear Risk – An Exercise in Comparability. Final Report*, Brüssel.
Di Fabio, U., 1990, »Verwaltungsentscheidung durch externen Sachverstand. Am Beispiel des arzneimittelrechtlichen Zulassungs- und Überwachungsverfahrens«, in: *Verwaltungsarchiv* 81, S. 193-227.
–, 1994, *Risikoentscheidungen im Rechtsstaat. Zum Wandel der Dogmatik im öffentlichen Recht, insbesondere am Beispiel der Arzneimittelüberwachung*, Tübingen.
Dunlop, D., 1980, »The Growth of Drug Regulation in the United Kingdom«, in: *Journal of the Royal Society of Medicine* 73, S. 405-407.
Dutton, D. B., 1988, *Worse than the Disease: Pitfalls of Medical Progress*, Cambridge.
Edgar, H., und D. J. Rothman, 1990, »New Rules for New Drugs: The Challenge of Aids to the Regulatory Process«, in: *The Milbank Quarterly* 68, S. 111-142.
Elbers, R., und H. Buchwald, 1994, »Arzneimittelzulassung in der Europäischen Union«, in: *Klinische Pharmakologie aktuell* 5, S. 55-62.
Fitchen, J. M., J. S. Heath und J. Fessenden-Raden, 1987, »Risk Perception in Community Context«, in: B. B. Johnson und V. T. Covello (Hg.), *The Social and Cultural Construction of Risk. Essays on Risk Selection and Perception*, Dordrecht, S. 31-54.
Frankenberg, G., 1992, »Germany: The Uneasy Triumph of Pragmatism«, in: D. Kirp und R. Bayer (Hg.), *Aids Policy in Eleven Industria-*

lized Nations: Passions, Politics, and Policy, New Brunswick, S. 99 bis 133.
Fülgraff, G., 1978, »Wie sicher sind Arzneimittel«, in: *Bundesgesundheitsblatt* 21, S. 177-182.
Glaeske, G., E. Greiser und D. Hart, 1993, *Arzneimittelsicherheit und Länderüberwachung. Konzeption zur strukturellen Optimierung der Länderüberwachung aus rechtlicher, pharmakologischer und gesundheitspolitischer Sicht*, Baden-Baden.
–, D. Hart und H. Merkel, 1988, »Regulierung des europäischen Arzneimittelmarktes durch nationales und europäisches Zulassungs- und Nachmarktkontrollrecht«, in: N. Reich (Hg.), *Die Europäisierung des Arzneimittelmarktes – Chancen und Risiken*, Baden-Baden, S. 13-32.
Graham, J. D., und J. B. Wiener (Hg.), 1995, *Risk versus Risk. Tradeoffs in Protecting Health and the Environment*, Cambridge/London.
Griffin, M. T., 1991, »Aids Drugs & the Pharmaceutical Industry: A Need For Reform«, in: *American Journal of Law and Medicine* 17, S. 363-410.
Harrison, J. R., und J. G. March, 1984, »Decision Making and Postdecision Surprises«, in: *Administrative Science Quarterly* 29, S. 26-42.
Hiller, P., 1994, »Risiko und Verwaltung«, in: K. Dammann, D. Grunow und K. Japp (Hg.), *Die Verwaltung des politischen Systems*, Opladen, S. 108-125.
Hohgräwe, U., 1992, *Implementation der Arzneimittelsicherheitspolitik durch das Bundesgesundheitsamt*, Baden-Baden.
Hohm, K.-H., 1990, *Arzneimittelsicherheit und Nachmarktkontrolle. Eine arzneimittel-, verfassungs- und europarechtliche Untersuchung*, Baden-Baden.
Hutt, P. B., 1986, »Drug Regulation in the United States«, in: *International Journal of Technology Assessment and Health Care* 2, S. 619-628.
International Drug Surveillance Department, 1991, *Drug Safety. A Shared Responsibility*, Edinburgh/London/Melbourne/New York/Tokyo.
International Journal of Technology Assessment in Health Care, 1986, »Special Section: The Evaluation of Drugs. An International Perspective«, 2, S. 615-700.
Jackson, C. O., 1970, *Food and Drug Legislation in the New Deal*, Princeton.
Jasanoff, S., 1990, »American Exceptionalism and the Political Acknowledgement of Risk«, in: *Daedalus* 119, S. 61-81.
Jøldal, B., 1986, »The Evaluation and Control of Drugs in Norway«, in: *International Journal of Technology Assessment and Health Care* 2, S. 663-672.
Kaufer, E., 1990, »The Regulation of New Product Development in the Drug Industry«, in: G. Majone (Hg.), *Deregulation or Re-regulation?*

Regulatory Reform in Europe and the United States, London, S. 153 bis 175.
Kerwer, D., 1997, »Mehr Sicherheit durch Risiko? Aaron Wildavsky und die Risikoregulierung«, in diesem Band, S. 253-278.
Kessler, D. A., und K. L. Feiden, 1995, »Faster Evaluation of Vital Drugs«, in: *Scientific American* 272, S. 26-32.
Kirp, D., und R. Bayer (Hg.), 1992, *Aids Policy in Eleven Industrialized Nations: Passions, Politics, and Policy*, New Brunswick.
Kreps, G. A., S. L. Bosworth, J. A. Mooney, S. T. Russell und K. A. Myers, 1993, *Organizing, Role Enactment, and Disaster: A Structural Theory*, Cranbury.
Krücken, G., 1991, »Politische Risiken der Regulierung technischer und ökologischer Probleme«. Studie für das Centro di Studi sul Rischio, Lecce. Manuskript, Bielefeld.
–, 1996, »Risikotransformation: Die politische Regulierung technisch-ökologischer Gefahren in der Risikogesellschaft unter besonderer Berücksichtigung von Arzneimittelregulierung und Klimapolitik«, Dissertation, Universität Bielefeld (Opladen 1997, in Vorbereitung).
LaPorte, T. R. (Hg.), 1991, *Social Responses to Large Technical Systems. Control or Anticipation*, Dordrecht.
Lasagna, L., und L. Werkö, 1986, »International Differences in Drug Regulation Philosophy«, in: *International Journal of Technology Assessment and Health Care* 2, S. 615-618.
Levine, A. G., 1982, *Love Canal: Science, Politics, and People*, Lexington/Toronto.
Luhmann, N., 1990, »Risiko und Gefahr«, in: ders., *Soziologische Aufklärung*, Bd. 5, Opladen, S. 131-169.
–, 1991a, *Soziologie des Risikos*, Berlin/New York.
–, 1991b, »Verständigung über Risiken und Gefahren«, in: *Die politische Meinung* 36, S. 86-95.
Macilwain, C., 1993, »Activists now Urge Caution on Approval of New Aids Drug«, in: *Nature* 365, S. 378.
Mathieu, M., 1994, *New Drug Development: A Regulatory Overview*, 3. Auflage, Waltham.
Mayntz, R., und F. W. Scharpf, 1995, »Steuerung und Selbstorganisation in staatsnahen Sektoren«, in: R. Mayntz und F. W. Scharpf (Hg.), *Gesellschaftliche Selbstregelung und politische Steuerung*, Frankfurt am Main/New York, S. 9-38.
Merrill, R. A., 1994, »Regulation of Drugs and Devices: An Evolution«, in: *Health Affairs* 13, S. 47-69.
Murswiek, A., 1983, *Die staatliche Kontrolle der Arzneimittelsicherheit in der Bundesrepublik und den USA*, Opladen.
Nelkin, D., und M. Pollak, 1980,» Problems and Procedures in the Regulation of Technological Risk«, in: R. C. Schwing und W. A. Albers

(Hg.), *Societal Risk Assessment. How Safe Is Safe Enough?*, New York, S. 233-248.
O'Riordan, T., und B. Wynne, 1987, »Die Regulierung von Umweltrisiken im internationalen Vergleich«, in: W. Krohn und G. Krücken (Hg.), *Riskante Technologien: Reflexion und Regulation*, Frankfurt am Main 1993, S. 186-216.
Perrow, C., 1984, *Normal Accidents. Living with High-Risk Technologies*, New York.
Peltzman, S., 1974, *Regulation of Pharmaceutical Innovation*, Washington.
Ritov, I., und J. Baron, 1990, »Reluctance to Vaccinate: Omission Bias and Ambiguity«, in. *Journal of Behavioral Decision Making* 3, S. 263 bis 277.
Quirk, P. J., 1980, »Food and Drug Administration«, in: J. Q. Wilson (Hg.), *The Politics of Regulation*, New York, S. 191-235.
Simmons, H. E., 1974, »The Drug Regulatory System of the United States Food and Drug Administration. A Defense of Current Requirements for Safety and Efficacy«, in: *International Journal of Health Services* 4, S. 95-107.
Smith, R., und B. Wynne, 1989, »Introduction«, in: R. Smith und B. Wynne (Hg.), *Expert Evidence. Interpreting Science in the Law*, London/New York, S. 1-22.
Somers, E., M. Carman Kasparek und J. Pound, 1990, »Drug Regulation – The Canadian Approach«, in: *Regulatory Toxicology and Pharmacology* 12, S. 214-223.
Thier, U., 1990, *Das Recht des EG-Arzneimittelmarktes und des freien Warenverkehrs. Freier Warenverkehr in der EG, europäisches Arzneimittelsicherheitsrecht und das Verhältnis zu nationalem Arzneimittelpreis- und -versorgungsrecht unter besonderer Berücksichtigung des Rechts in der BRD*, Frankfurt am Main.
Überla, K., 1984, »Sicherheit und Risiko im Arzneimittelbereich – Fiktion und Realität«, in: S. Lange (Hg.), *Ermittlung und Bewertung industrieller Risiken*, Berlin/Heidelberg/New York, S. 238-247.
Vogel, D., 1989, »Aids and the Politics of Drug Lag«, in: *The Public Interest* 96, S. 73-85.
–, 1990, »When Consumers Oppose Consumer Protection: The Politics of Regulatory Backlash«, in: *Journal of Public Policy* 10, S. 449-470.
Wardell, W. M., 1973, »Introduction of New Therapeutic Drugs in the United States and Great Britain: An International Comparison«, in: *Clinical Pharmacology and Therapeutics* 14, S. 773-790.
–, 1978, »A Close Inspection of the ›Calm Look‹«, in: *Journal of the American Medical Association* 239, S. 2004-2011.
–, 1982, »Deregulation of Drug Development: If Effective, Can it be Safe?«, in: M. Auriche, J. Burke und J. Duchier (Hg.), *Drug Safety.*

Progress and Controversies. Proceedings of the IVth International Congress of Pharmaceutical Physicians, North-Holland, S. 33-40.
Wardell, W. M., und L. Lasagna, 1975, *Regulation and Drug Development*, Washington.
Wiesenthal, H., 1994, »Lernchancen der Risikogesellschaft. Über gesellschaftliche Innovationspotentiale und die Grenzen der Risikosoziologie«, in: *Leviathan* 22, S. 135-159.
Wildavsky, A., 1988, *Searching for Safety*, New Brunswick.
Wright, S., 1994, *Molecular Politics. Developing American and British Regulatory Policy for Genetic Engineering, 1972-1982*, Chicago.
Wynne, B., 1983, »Technologie, Risiko und Partizipation«, in: J. Conrad (Hg.), *Gesellschaft, Technik und Risikopolitik*, Berlin, S. 156-187.
–, 1987, *Risk Management and Hazardous Waste. Implementation and the Dialectics of Credibility*, Berlin.
–, 1988, »Unruly Technology. Practical Rules, Impractical Discourses and Public Understanding«, in. *Social Studies of Science* 18, S. 147 bis 167.

Petra Hiller

Risikoregulierung durch Verhandlungssysteme

Das Beispiel der Regulierung ökologischer Altlasten in den neuen Bundesländern

1. Problemstellung

Vor der »Wende« gehörte die politische Regulierung ökologischer Altlasten nicht zu den herausragenden umweltpolitischen Themen in der Bundesrepublik. Die öffentliche Aufmerksamkeit blieb auf Einzelfälle, die Anfang der achtziger Jahre skandalisiert wurden (dazu Baumheier 1988), begrenzt und ebbte danach wieder ab. Mit der Wiederherstellung der Einheit Deutschlands hat sich dies grundlegend geändert. Die ökologischen Gefahren industrieller Altlasten sind in den neuen Bundesländern schnell in den Mittelpunkt der umweltpolitischen Diskussion gerückt. Ökologische Katastrophengebiete wie das »Chemiedreieck« Leuna–Buna–Bitterfeld oder die Probleme der Braunkohlesanierung in der Lausitz stehen für die Dimension dieses Problems. Das für westdeutsche Verhältnisse geradezu gigantische Ausmaß ökologischer Belastungen in den neuen Ländern erforderte umweltpolitische Regulierungsleistungen, für die es in der alten Bundesrepublik kein Beispiel gab. Ein umweltpolitisches Steuerungsmodell mit entsprechenden Rechtsgrundlagen, Finanzierungsregelungen und Implementationsstrukturen, das unmittelbar anwendbar gewesen wäre, stand nicht zur Verfügung. Trotzdem kam es nicht zur Erarbeitung einer aus den vorliegenden Anforderungen abgeleiteten neuen Regulierungsform. Wie in vielen anderen Bereichen der deutsch-deutschen Vereinigung verlegten sich die politischen Akteure (West) auch hier auf die für sie naheliegendste Alternative, den Institutionentransfer im »tinkering-style«, das heißt auf das Zusammenbasteln einer Lösung aus Elementen, die in der alten Bundesrepublik vorhanden waren.[1] So wurde zur Bewältigung ökologischer Altlasten auf

1 Ähnlich beschreibt Wolf (1995) den Prozeß der Neuorganisation

eine Regulierungsform zurückgegriffen, die im föderativen System der Bundesrepublik seit langem bekannt ist: die *Politikverflechtung zwischen Bund und Ländern* (vgl. Scharpf 1978). Der vorliegende Beitrag untersucht an einem konkreten Fall der ökologischen Altlastenregulierung die Funktionsweisen dieses Instruments in risikosoziologischer Perspektive. Empirische Grundlage der Fallstudie sind Daten, die ich durch teilnehmende Beobachtung, Interviews und Dokumentenanalyse eines Entscheidungsprozesses zur Altlastensanierung im Freistaat Sachsen in den Jahren 1994 und 1995 gewonnen habe.[2] Es handelt sich um das »Ökologische Großprojekt SAXONIA«, ein ehemaliges Hüttenkombinat, dessen Liegenschaften in erheblichem Maße durch jahrhundertelangen Bergbau und Verhüttung ökologisch stark belastet sind.

2. Ein risikosoziologischer Zugriff auf Regulierung durch Verhandlungssysteme

Die Politikverflechtung zwischen Bund und Ländern stellt für das politisch-administrative System der Bundesrepublik einen Problemverarbeitungstypus eigener Qualität dar. Regulierungsprozesse der Politikverflechtung zeichnen sich unter anderem dadurch aus, daß die Akteure auf dem Verhandlungswege nach Handlungsmöglichkeiten suchen, denen alle Beteiligten zustimmen können. Dazu dient das für politisch-administrative Steuerungsleistungen häufig als kontraproduktiv nachgewiesene Prinzip der *einvernehmlichen* Entscheidungsfindung. Fritz W. Scharpf hat diesen Politikmodus in zahlreichen empirischen Arbeiten untersucht und daraus wertvolle Erkenntnisse für eine Theorie von Verhandlungssystemen gewonnen (siehe nur Scharpf/Reissert/Schnabel 1976; Scharpf 1985; Scharpf 1988).

des Forschungssystems in Ostdeutschland. Zum Institutionentransfer vergleiche Lehmbruch (1993).

2 Für ihre Unterstützung und Bereitschaft, mich an den Sitzungen teilnehmen zu lassen, sei allen Gesprächspartnern und Mitgliedern des Arbeitskreises »Ökologisches Großprojekt SAXONIA« an dieser Stelle ganz herzlich gedankt. Zur Wahrung der Anonymität einzelner Personen werde ich die folgenden Aussagen in verallgemeinerter Form vortragen und Gremien bzw. Organisationen zuschreiben.

Gegenüber der Theorie der Politikverflechtung, die föderale Verhandlungssysteme als Arenen der konflikthaften Durchsetzung von Interessen beschreibt, möchte ich eine Akzentverschiebung vornehmen und davon ausgehen, daß das Handeln der beteiligten Akteure nicht in erster Linie auf Interessenverfolgung, sondern auf *Risiko/Chancen-Wahrnehmungen* bezogen ist.[3] Die Risikoperspektive macht darauf aufmerksam, daß politische Regulierungsleistungen als *Prozesse der Risikotransformation* zu begreifen sind (vgl. Luhmann 1991; Japp 1996, S. 143 ff.). Damit wird eine Standardannahme der Verhandlungstheorie aufgegeben, wonach Verhandlungssysteme zum Zwecke der Lösung bestimmbarer Regulierungsprobleme institutionalisiert werden und die Verhandlungspartner sich entsprechend »problemlösungsorientiert« verhalten sollten. Die unter steuerungstheoretischen Gesichtspunkten zentrale Frage nach der »Effizienz« oder »Problemlösungskapazität« von Verhandlungssystemen – etwa im Vergleich zu hierarchischer Koordination (vgl. Scharpf 1992; Scharpf 1993) – wird in der Risikoperspektive nicht vordringlich thematisiert. Statt dessen werden politisch-administrative Regulierungsprozesse als Formen politischen Risikomanagements beschrieben, bei denen es um die Bewältigung *politikeigener Risiken* geht.[4] Dieser Prozeß der Bewältigung politikeigener Risiken findet im politisch-administrativen System der Bundesrepublik

3 Dabei gehe ich von einem soziologischen Risikobegriff aus, der die Differenz von System und Umwelt zum Definitionskriterium erhebt (vgl. Luhmann 1991). Er bezieht sich auf Entscheidungen, über deren Folgen Unsicherheit besteht. Mögliche künftige Nachteile werden dem Entscheidungssystem als Risiko zugerechnet, mögliche künftige Vorteile als Chancen. Solche Folgenzuschreibungen sind beobachtungsabhängige Attributionen, bei denen es sich um Selbst- oder um Fremdzurechnungen handeln kann. Wichtig ist: *Risiken entstehen im Entscheiden* und werden nach der Entscheidung als Problem sichtbar. Davon zu unterscheiden sind negativ bewertete Ereignisse, die nicht dem Entscheidungssystem, sondern der Umwelt zugeschrieben werden. In diesem Fall handelt es sich um Gefahren. Zur Unterscheidung von Risiko und Gefahr vergleiche Luhmann (1991). Im Anschluß hieran und mit weiteren Differenzierungen vergleiche Hiller (1993, S. 15 ff.).

4 Die Risikoperspektive ist eine Forschungsperspektive, die »das politische Management von Umweltrisiken primär als Management politikeigener Risiken« beobachtet (vgl. Krücken 1991, S. 70).

typischerweise in und durch verflochtene Verhandlungssysteme statt.

Verhandlungssysteme als institutionalisierte Formen politischer (Risiko-)Regulierung werden in einem risikosoziologischen Ansatz im Hinblick auf ihre spezifische Leistung der Übernahme, Distribution und Absorption politischer Risiken analysiert. Das bedeutet, daß Regulierungsprobleme respektive das, was in Verhandlungssystemen als »Regulierungsprobleme« der Akteure auftaucht, eine Funktion des Transformationsprozesses sind, der Gefahren in Risiken und Chancen überführt. Und das Spannende liegt darin, zu zeigen, wie solche Transformationsprozesse ablaufen und welchen Bedingungen sie unterliegen. Das Konzept der Risikotransformation weist jedoch nicht die nötige Tiefenschärfe auf, um solche Prozesse auf der Ebene konkreter Verhandlungssysteme zu analysieren. Hierfür ist es erforderlich, die handlungsleitenden Risiko/Chancen-Orientierungen organisierter Akteure in den Blick zu nehmen. Für eine empirisch interessierte Untersuchung stellt sich dann die Frage: *Welche Organisationsformen und Akteurkonstellationen begünstigen Strategien der Risikovermeidung und welche präjudizieren eher eine aktive Chancenverfolgung?*

Der vorliegende Beitrag versucht, die Institutionalisierung und den Verlauf eines föderalen Verhandlungssystems am Beispiel der ökologischen Gefahrenregulierung in den neuen Bundesländern mit Hilfe der Konzepte der Risikotransformation und der Risiko/Chancen-Orientierungen organisierter Akteure zu beschreiben. Als Folge des eingangs erwähnten »tinkering« beim Institutionentransfer sind hier gegenüber den von Scharpf/Reissert/Schnabel (1976) in der Bundesrepublik untersuchten Politikverflechtungstatbeständen zwei Besonderheiten zu beachten: Zum einen ist bei der politisch-administrativen Bewältigung der ökologischen Altlastenproblematik auf dem Gebiet der ehemaligen DDR die Länderseite ausschließlich durch die *neuen* Bundesländer vertreten, die mit der Institution der Politikverflechtung im föderativen System der Bundesrepublik wenig Erfahrung haben und deren im Aufbau befindliche Verwaltung weder die vorausgesetzte Implementationsstruktur noch die professionellen Orientierungsmuster von Westverwaltungen erwarten läßt. Zum anderen kommt mit der *Treuhandanstalt* (THA)[5] ein dritter Akteur

5 Ich behalte im folgenden durchgehend die Bezeichnung »THA« bei,

ins Spiel, der die Beziehung zwischen Bund und neuen Ländern entscheidend mitgestaltet. Als ein wesentliches und folgenreiches Moment ergibt sich daraus, daß sich auf der operativen Ebene des Verhandlungssystems nicht Bund und Länder gegenüberstehen, sondern daß die konkrete Ausgestaltung und Implementation des Regulierungsprogramms von der THA und den neuen Ländern entwickelt wird. Czada (1993) stellt die These auf, daß die THA in den neuen Ländern eine Mittlerfunktion im föderativen System einnimmt. Wir werden sehen, ob diese Vermutung im vorliegenden Fall bestätigt werden kann.

Um die Frage nach Bedingungen und Möglichkeiten einer aktiven Risiko/Chancen-Verfolgung der Akteure am konkreten Fall beantworten zu können, werde ich zuerst das Regulierungsproblem und die Institutionalisierung der Verhandlungsstruktur der Regulierung ökologischer Altlasten in den neuen Bundesländern beschreiben und die damit einhergehenden Formen der Risikotransformation herausstellen (Abschnitt 3). Dann werden die Risiko/Chancen-Orientierungen der Verhandlungspartner herausgearbeitet, und es wird die These aufgestellt, daß im vorliegenden Fall organisatorische Stabilität multireferentielle Umweltbezüge als Bedingung aktiver Chancenverfolgung ermöglicht und – umgekehrt – organisatorische Instabilität eine monoreferentielle Risikoorientierung hervorbringt (Abschnitt 4). Schließlich wird (in Abschnitt 5) danach gefragt, weshalb die von allen Beteiligten als korrekturbedürftig wahrgenommene Entscheidungsstruktur der Politikverflechtung zwischen Bund, THA und den neuen Ländern im Bereich der Regulierung ökologischer Altlasten beibehalten wird. Zusammenfassende Bemerkungen im sechsten Abschnitt beschließen diesen Beitrag.

3. Das Regulierungsproblem und seine Institutionalisierung

Ausgangspunkt der heutigen Form der Altlastenregulierung in den neuen Ländern war ganz klar ein wirtschaftlicher, der bis in die Endphase der DDR zurückreicht. Schon die vorletzte DDR-

obwohl die THA zum 1. Januar 1995 in die Nachfolgeorganisation *Bundesanstalt für vereinigungsbedingte Sonderaufgaben* (*BvS*) überführt wurde.

Regierung, die Regierung Modrow (Dezember 1989 bis März 1990), hatte erkannt, daß ökologische Altlasten ein Privatisierungs- und Investitionshemmnis darstellen werden. Sie befürchtete, daß Investoren davor zurückschrecken würden, die Risiken zu übernehmen, die durch den Erwerb belasteter Anlagen und Grundstücke auf sie übergingen. Daher hat der DDR-Gesetzgeber nach Abstimmung mit der damaligen Bundesregierung entschieden, daß die Verantwortung für ökologische Altlasten auf dem Gebiet der ehemaligen DDR von den neuen Ländern übernommen wird. Die Übernahme *wirtschaftlicher* Risiken durch die Politik folgte der politischen Überlegung, die Herstellung der deutschen Einheit insbesondere durch den Umbau der Wirtschaft forcieren zu können, was den politischen Einsatz wirtschaftsfördernder Maßnahmen verlangte. Das wichtigste Instrument hierfür war die sogenannte *Altlastenfreistellung*, die im »Hemmnisbeseitigungsgesetz«[6] verankert wurde. Die Altlastenfreistellung sieht vor, daß Erwerber ökologisch belasteter Flächen oder Anlagen von der Verantwortlichkeit und Haftung für Schäden, die vor dem 1. Juli 1990 verursacht worden sind, für einen Zeitraum von zehn Jahren »freigestellt« werden und an ihrer Stelle das jeweilige Bundesland die (insbesondere finanzielle und juristische) Verantwortung für die ökologischen Gefährdungen übernimmt.

Diese auf zentralstaatlicher Ebene getroffene Regulierungsentscheidung scheiterte in der Implementation am Widerstand der neuen Länder. Es zeigte sich nämlich schnell, daß diese nicht bereit waren, die damit verbundenen finanziellen Lasten zu übernehmen. Die schiere Flut der von potentiellen Investoren gestellten Anträge auf Altlastenfreistellung machte deutlich, daß eine Kostenübernahme alle Landeshaushalte sprengen würde.[7] Die ostdeutschen Länder haben sich faktisch geweigert, die entsprechende Regelung des Hemmnisbeseitigungsgesetzes zu vollziehen, indem sie die Anträge auf Freistellung (nicht nur wegen der zum damaligen Zeitpunkt noch fehlenden Verwaltungskapazität)

6 Gesetz zur Beseitigung von Hemmnissen bei der Privatisierung von Unternehmen und zur Förderung von Investitionen vom 22. März 1991 (BGBl. I, S. 766).

7 Bis zum Fristablauf am 28. März 1992 lagen den Ländern über 60 000 Anträge auf Altlastenfreistellung vor. Mit 27 000 Anträgen waren es in Sachsen mit Abstand am meisten.

weitgehend unbearbeitet ließen.[8] Das wirtschaftspolitische Instrument der Altlastenfreistellung – und damit die Übernahme der wirtschaftlichen Risiken durch die Politik – drohte zu scheitern. Daran aber konnte keinem der beteiligten Akteure gelegen sein, denn die Verbesserung der wirtschaftlichen Rahmenbedingungen zählte im Vereinigungsprozeß zu den wichtigsten politischen Erfolgsindikatoren sowohl des Bundes als auch der Länder (Gemeinschaftswerk »Aufschwung Ost«). Die ostdeutschen Länder forderten daher ein spürbares finanzielles Engagement des Bundes bei der ökologischen Altlastensanierung. In langwierigen Verhandlungen gelang es ihnen, mit dem Bund eine Vereinbarung zur gemeinsamen Finanzierung der ökologischen Altlasten *für den Bereich von Treuhandunternehmen* zu treffen. Dieses Regulierungsprogramm und seine Implementation wird im folgenden näher beschrieben, und zwar im Hinblick auf seine Funktion der Absorption und Distribution von Eigenrisiken der Politik.

Die mit der Altlastenfreistellung verfolgte Regulierung ökologischer Gefahren in den neuen Ländern kann als Paradefall der Risikotransformation zwischen Politik und Wirtschaft betrachtet werden, die auf einer im doppelten Sinne *politischen* Entscheidung beruht: Zum einen hat die Politik das *Gefährdungspotential ökologischer* Altlasten als *wirtschaftliches Risiko* definiert und als solches im politischen System als *politisch riskant* wahrgenommen. Zum anderen stellt das darauf folgende Risikomanagement innerhalb des politischen Systems – in Form einer Abwälzung respektive Umverteilung der dadurch eingehandelten Lasten auf dezentrale Einheiten – den Versuch der Bewältigung der damit einhergehenden *Eigenrisiken der Politik* dar, die aus der Transformation von (ökologischen) Gefahren in (politische) Risiken resultieren. Für die Politik erwies es sich in dieser Situation gewissermaßen als historischer Glücksfall, daß mit der THA eine Organisation zur Verfügung stand, auf die genau diese politischen Risiken abgewälzt werden konnten. Man kann sogar sagen, daß die Funktion der THA im wesentlichen in der Risikoübernahme für die Politik bei der Bewältigung des Strukturwandels Ost bestand.[9]

8 Bis 1993 wurde nur in ca. 80 Fällen eine Freistellung erteilt (vgl. Töpfer 1993, S. 177).

9 Diese Auffassung wird in zahlreichen politikwissenschaftlichen Un-

Doch wie sieht die ökologisch-ökonomische Risikoregulierung zwischen Bund, THA und neuen Ländern im einzelnen aus? Die zwischen Bund und Ländern vereinbarte Finanzierung der ökologischen Altlasten in den neuen Bundesländern wurde in einem Verwaltungsabkommen fixiert.[10] Im folgenden behandle ich nur einen Teilbereich der in diesem Verwaltungsabkommen geregelten Altlastensanierung: die ökologischen Großprojekte der fünf neuen Länder.[11] *Ökologische Großprojekte* sind Unternehmensbereiche oder ehemalige Kombinate von regionaler wirtschaftlicher und arbeitsmarktpolitischer Bedeutung mit Altlastenproblemen besonderen Ausmaßes.

Die Programmierungsleistungen des »VA-Altlastenfinanzierung« beziehen sich auf zwei Steuerungsdimensionen: den Finanzierungsmodus und den Entscheidungsmodus. Als *Finanzierungsmodus* sieht das Verwaltungsabkommen für ökologische Großprojekte vor, daß sich THA und Länder die Sanierungskosten im Verhältnis *75 (THA)*[12] *zu 25 (Land)* teilen. Es ist unmittelbar ersichtlich, daß sich die daraus hervorgehende asymmetrische Verteilung von Finanzierungskompetenz (überwiegend THA) versus Verwaltungskompetenz (überwiegend Land) als entscheidende Restriktion des Implementationsprozesses erweisen wird. Die strukturelle Konfliktlinie derartiger Arrangements wird durch die für ökologische Großprojekte vereinbarte Form der Entscheidungsfindung noch verschärft, denn als *Entscheidungsmodus* haben Bund und die neuen Länder festgelegt, daß alle Beschlüsse über Sanierungsmaßnahmen von ökologischen

tersuchungen zur Rolle der THA im Einigungsprozeß vertreten. Siehe nur Czada (1995) und die dort in Fußnote 5, S. 309, angegebene Literatur.

10 Verwaltungsabkommen über die Regelung der Finanzierung der ökologischen Altlasten (VA-Altlastenfinanzierung) vom 1. Dezember 1992 (BAnz vom 10. März 1993 S. 2842). Das »VA-Altlastenfinanzierung« ist mit Wirkung vom 15. Oktober 1992 in Kraft getreten.

11 Für die neuen Länder wurden einundzwanzig ökologische Großprojekte festgestellt (ohne Braunkohle und Großchemie – diese Bereiche wurden aus dem »VA-Altlastenfinanzierung« ausgegliedert). Die geschätzten Sanierungskosten wurden 1994 auf 6 Milliarden DM beziffert (vgl. Hohenlohe/Kosinowski/Radtke 1994, S. 67).

12 Der Bund finanziert diese Kosten, die Schulden der THA erhöhen sich um diesen Betrag.

Großprojekten *einvernehmlich* zu treffen sind. Dies bedeutet zugleich, daß jede Partei mit Veto-Macht ausgestattet ist.

Finanzierungsmodus und Entscheidungsmodus bilden die rechtlichen Rahmenbedingungen, die das Regulierungsprogramm setzt und in die alle Entscheidungen eingepaßt werden müssen. Diese Steuerungsdimensionen sind Entscheidungsprämissen und als solche auf den nachgeordneten Ebenen nicht verhandelbar.

Für die administrative Umsetzung dieses Regulierungsprogramms im Bereich der ökologischen Großprojekte wurde ein vertikal verflochtenes Verhandlungssystem aus Bund, THA und den ostdeutschen Ländern gebildet, das eine formale Trennung von *Entscheidungsebene* und *Arbeitsebene* vorsieht (vergleiche dazu Hohenlohe/Kosinowski/Radtke 1994 und die Abbildung auf S. 156). Beide Ebenen bestehen aus rein administrativen Gremien ohne Beteiligung einer wie auch immer gearteten Öffentlichkeit. In diesem »Risikotransformationsverbund« treffen sich Bund, THA und Landesverwaltungen nach dem für die Bundesrepublik typischen Muster der Politikverflechtung.

Die *Entscheidungsebene* besteht aus der »Gemeinsamen Arbeitsgruppe Bund/THA/(alle) Länder« und den für jedes neue Bundesland eingerichteten »Gemeinsamen Arbeitsgruppen Bund/THA/(jeweiliges) Land«. Die Aktivitäten der *Gemeinsamen Arbeitsgruppe Bund/THA/Länder* beschränken sich auf die Behandlung grundsätzlicher Fragen und auf die Formulierung von Rahmenvorgaben für die nachgeordneten Einheiten, die landesbezogenen *Gemeinsamen Arbeitsgruppen*. Hier erfolgt die »Bestätigung« des Rahmensanierungskonzepts, das für jedes ökologische Großprojekt auf der Arbeitsebene zu erstellen ist. Die jeweilige landesbezogene Gemeinsame Arbeitsgruppe ist die Stelle, auf die Entscheidungen verlagert werden, wenn Konflikte auf der Arbeitsebene nicht gelöst werden können. Die Zusammensetzung sowohl der Gemeinsamen Arbeitsgruppe Bund/THA/Länder wie auch der landesbezogenen Gemeinsamen Arbeitsgruppen, in denen neben der THA die Umwelt-, Finanz-, Wirtschafts- und Arbeitsministerien des Bundes und der neuen Länder vertreten sind, zeigt, daß es bei der Implementation des »VA-Altlastenfinanzierung« nicht nur um ökologische Risikoregulierung, sondern ganz wesentlich auch um wirtschafts- und arbeitsmarktpolitische Risikotransformationen geht.

Abbildung: Die Entscheidungsstruktur des »VA Altlastenfinanzierung«

Die *Arbeitsebene* hat entscheidungsvorbereitende Funktion. Sie wird gebildet aus landesbezogenen »Koordinierungsgruppen« und großprojektbezogenen »Arbeitskreisen«, wobei in einigen Fällen auf die *Koordinierungsgruppe* verzichtet wird, weil ihre Aufgaben vom Arbeitskreis mit wahrgenommen werden. Die Aufgabe der *Arbeitskreise* besteht darin, ökologische Altlasten in finanzierbare Maßnahmen zu überführen. Das heißt im konkreten Fall: ein Rahmensanierungskonzept für das jeweilige ökologische Großprojekt zu erarbeiten und der Entscheidungsebene zur Bestätigung vorzulegen. Ist das Rahmensanierungskonzept bestätigt, hat die Arbeitsebene die darin enthaltenen Einzelmaßnahmen zu konkretisieren und umzusetzen.[13] Auf der Arbeitsebene werden somit die wesentlichen Entscheidungen nach dem Muster einer »Programmierung von unten« getroffen. Hier wird die eigentliche operative Arbeit geleistet, und von hier aus gehen die Entscheidungsvorlagen in die »Gemeinsame Arbeitsgruppe Bund/THA/Land«. Inhaltliche Veränderungen werden auf der Entscheidungsebene praktisch nicht mehr vorgenommen. Dies ist unter anderem darauf zurückzuführen, daß zum einen alle dort vorgelegten Maßnahmen im Arbeitskreis zwischen Land und THA *einvernehmlich* abgestimmt sein müssen und daß zum anderen die Ebene der Entscheidungsvorbereitung und die Ebene der Endentscheidung über Mehrfachmitgliedschaften der Verhandlungsführer verflochten ist.

13 Deshalb sind in den Arbeitskreisen neben der THA und den Genehmigungsbehörden der Landesumweltverwaltung auch die Regulierungsadressaten vertreten. Formal entscheidungsbefugte Mitglieder im Arbeitskreis »Ökologisches Großprojekt SAXONIA« sind: Staatsministerium für Umweltschutz und Landesentwicklung, Referat Altlasten (Vorsitz); Regierungspräsidium Chemnitz, Referat Abfall, Altlasten, Bodenschutz; Staatliches Umweltfachamt Chemnitz, Referat Altlasten; Landratsamt Freiberg, Umweltamt; Treuhandanstalt, Direktorat Umweltschutz/Altlasten. Als beratende Mitglieder nehmen teil: Projektbegleiter, (Ingenieurbüro); Landesamt für Umwelt und Geologie Radebeul, Referat Altlasten; Landesamt für Umwelt und Geologie Freiberg, Abteilung Geologie; Umweltbundesamt Berlin, Abteilung Altlasten; Federführendes freigestelltes Unternehmen, SAXONIA AG i. L. Freiberg.

4. Risiko/Chancen-Orientierung der Implementeure

Wie laufen nun die administrativen Entscheidungsprozesse in einem konkreten Großprojekt ab? Trotz der zahlreichen Beteiligten läßt sich das Geschehen im Arbeitskreis »Ökologisches Großprojekt SAXONIA«[14] auf die beiden Hauptakteure, die Verhandlungsführer von THA und Sächsischem Umweltministerium, reduzieren, die als Gegenspieler bei der Realisierung des Projekts den Verhandlungsverlauf prägen. Über die zu erwartenden Orientierungen der Akteure im Arbeitskreis lassen sich folgende Vermutungen anstellen: *Normativ* könnte man erwarten, daß die THA und die Umweltverwaltung des Landes an einer gemeinsamen Problemlösung interessiert sind und kooperativ zur Beseitigung der Investitionshemmnisse »ökologische Altlasten« beitragen, um eine wirtschaftliche Nachnutzung von Industriebrachen zu ermöglichen. Eine gemeinsame Problemlösung scheint rational, denn es handelt sich um ein Positivsummenspiel: Wenn eine Altlastensanierung durchgeführt wird, dann ist auch die Privatisierung der THA-Immobilie möglich. Mit einer schnellen Privatisierung ist beiden, dem Land und der THA, gedient, denn die Nachnutzung belasteter Flächen schont den

14 Die SAXONIA AG i. L. ist seit 1. Juli 1990 Rechtsnachfolgerin des VEB Berg- und Hüttenkombinats »Albert Funk«, Freiberg. Die Nutzungsgeschichte der heutigen SAXONIA AG i. L. reicht zurück bis ins 12. Jahrhundert. Die Gesamtfläche der Immobilie umfaßt etwa 53 Hektar. Das Betriebsgelände der SAXONIA AG i. L. gilt als Altlastengebiet der höchsten Gefährdungsstufe, wovon Teile nicht sanierbar sind. Es beinhaltet ein erhebliches Schadstoffpotential an Arsen, Cadmium, Blei, Zink und Kupfer (Schwermetalle). Mehrere Hektar kontaminierte Fläche und Produktionsanlagen sind nicht gesichert gegen Flugstäube und Ausschwemmung durch Niederschlagwasser. Es kommt zu Bodenerosionen und zur Einleitung von Schwermetallauswaschungen in nahegelegene Flüsse. Die Komplexität des Entscheidungsprozesses mögen folgende Angaben illustrieren: Das »Ökologische Großprojekt SAXONIA« besteht zur Zeit der Erstellung des Rahmensanierungskonzepts aus einundfünfzig Teilprojekten und über siebzig Gutachten und Berichten. In der daran anschließenden Phase des administrativen Vollzugs des Rahmensanierungskonzepts steigt die Zahl der durch den Projektbegleiter vorgelegten Gutachten und Berichte um ein Vielfaches an.

Flächenverbrauch »auf der grünen Wiese«, erhält Arbeitsplätze in der Region und dient umweltpolitischen Belangen. Konflikte sind nicht absehbar, weil die im Rahmen des Verwaltungsabkommens zur Verfügung gestellten Mittel (mindestens 100 Millionen DM je Großprojekt) als »ausreichend« eingeschätzt werden.

Was ist *empirisch* zu erwarten? Es scheint naheliegend, daß sich die Umweltverwaltung des Landes in ihrem Politikbereich profilieren möchte und eine »große Lösung« bei der Altlastensanierung anstrebt. Wegen der Anreizstruktur der 75 (THA)-zu-25-(Land)-Finanzierung wird sie versuchen, möglichst viel Geld im Rahmen des Sanierungsprogramms auszugeben. Denn alle Maßnahmen, die in diesem Zusammenhang nicht realisiert werden können, fallen langfristig auf das Land zurück.[15] Es ist weiterhin zu erwarten, daß das Land bei der Durchsetzung ambitionierter Sanierungsvorhaben von Bürger- und Umweltbewegungen, der lokalen Politik und den Medien unterstützt wird. Der THA könnte man unterstellen, daß sie die in das Programm Ökologische Großprojekte aufgenommenen freigestellten Unternehmen so schnell wie möglich privatisieren will und aus diesem Grund wie auch aus Kostengründen eine »kleine Lösung« bei der Sanierung forciert. Es ist ferner anzunehmen, daß sie sich dabei an Investorenwünschen und am Markt orientiert. Dabei hat sie sich mit Protesten der Öffentlichkeit, der Presse und einem Streit der Gutachter über Sanierungsnotwendigkeiten, Gesundheitsbelastungen und Sanierungsvarianten auseinanderzusetzen.

Was geschieht *faktisch*? Tatsächlich ist festzustellen, daß die Umweltverwaltung eher als Wirtschaftsförderer denn als Umweltschutzorganisation agiert. Die THA wiederum erscheint eher als Sparkommissar und Investitionsverhinderer denn als aktive Privatisierungsagentur. Für den konkreten Fall des »Ökologischen Großprojekts SAXONIA« gilt, daß eine öffentliche Thematisierung der Altlastensanierung nicht stattfindet.[16]

15 Nach Artikel 30, 83 GG sind die Länder zuständig für die Altlastensanierung. Sie haben die Kosten zu übernehmen, wenn ein Dritter nicht (mehr) herangezogen werden kann (vgl. dazu Heilmann 1994).

16 Die fehlende öffentliche Beteiligung ist in Anbetracht der Erfahrungen in den alten Ländern durchaus bemerkenswert. Dort gibt es »so gut wie keine Altlast, deren Bewältigung konfliktfrei abläuft« (Hachmann/Ulrici 1994, S. 143; vgl. auch die Ausführungen im Altlastengutachten des Rats von Sachverständigen für Umweltfragen 1990,

Wie kommt es zu diesen scheinbar vertauschten Rollen von Umweltverwaltung und THA bei der Altlastensanierung? Im folgenden werde ich zeigen, daß sich dieser Befund ebenso wie die Dynamik des Verhandlungsverlaufs und die (im Fall des »Ökologischen Großprojekts SAXONIA« nicht vorhandenen) Bedingungen für Kooperation sehr gut beschreiben lassen, wenn man die Risikotransformationsleistungen der Akteure als handlungsleitendes Moment erkennt.

Im vorliegenden Fall sieht das Sächsische Umweltministerium die Möglichkeit, mit der Bearbeitung ökologischer Altlasten gleichzeitig *politische Chancen* zu verfolgen. Das Umweltministerium transformiert das Regulierungsproblem »ökologische Altlastengefahren« in politische Präferenzen. Bei der THA verläuft die Transformation in die umgekehrte Richtung. Dort werden die ökologischen Gefahren in *Eigenrisiken der Organisation* überführt. Entsprechend sind die Anstrengungen der THA auf die Ausbildung von Strategien der Risikovermeidung ausgerichtet.[17]

Für das Sächsische Umweltministerium geht es darum, »etwas voranzubringen im Land«. Alles, was dieser diffusen Vorstellung im weitesten Sinne dienlich erscheint, wird als Chance interpretiert und mehr oder weniger aktiv verfolgt. Wichtig ist, daß es bei der Chancenverfolgung im hier gemeinten Sinne nicht um die Realisierung *konkreter* Vorteile geht. Das Umweltministerium verfolgt *multiple Chancen*, die sich auf ökonomische, ökologische, finanzielle, administrative, politische und andere Nutzenerwartungen beziehen können. Die Wahrnehmung von Gelegenheiten zeichnet den Chancenrealisierer aus – und eine solche Ge-

S. 25 ff.). Für den vorliegenden Fall heißt dies, daß sich infolge des fehlenden öffentlichen Interesses auch keine Bündnisse zwischen Umweltverwaltung und Bürgerinteressen herstellen lassen, etwa um Druck auf die THA auszuüben.

17 Mit ihren divergierenden Risiko/Chancen-Orientierungen verfolgen beide Verhandlungspartner auch unterschiedliche Problemdeutungen und unterschiedliche Argumentationsmodi: Das Umweltministerium definiert das »Ökologische Großprojekt SAXONIA« als Wissensproblem und bedient sich der Argumentationsform des *arguing*. Die THA definiert das »Ökologische Großprojekt SAXONIA« als Verteilungsproblem und bedient sich der Argumentationsform des *bargaining* (zur Unterscheidung dieser Argumentationsmodi vgl. Saretzki 1996).

legenheit bietet im vorliegenden Fall die Implementation des »Ökologischen Großprojekts SAXONIA«. Die vom Sächsischen Umweltministerium angestrebten Effekte sind nicht notwendig mit der Realisierung des ökologischen Großprojekts verknüpft. Dieses offeriert lediglich eine *mögliche* Gelegenheitsstruktur (und ist insofern prinzipiell kontingent).

Wie sieht die Chancenorientierung des Umweltministeriums im Arbeitskreis »SAXONIA« konkret aus? Ein wesentliches und für die Implementation der ökologischen Großprojekte in Sachsen prägendes Moment ist, daß sich das Umweltministerium für eine »straffe Leitung« des Vollzugs entschieden hat. Im Vergleich zur Vollzugspraxis der ökologischen Großprojekte in den anderen neuen Ländern hat in Sachsen die stärkste Zentralisierung des Entscheidungsprozesses stattgefunden. Das Land hat hier Chancen einer arbeitsmarkt- und wirtschaftspolitischen Profilierung gesehen und das politische Gewicht dieser Entscheidungen entsprechend gesteigert. Neben den genannten *politischen* sieht die Umweltverwaltung des Landes auch *administrative* Profilierungschancen, die es mit der Implementation des »VA-Altlastenfinanzierung« realisieren kann.[18] So ist zu beobachten, daß es dem Sächsischen Umweltministerium gelingt, die Regulierungskosten niedrig zu halten, indem es als *first mover* (vgl. dazu Héritier in diesem Band mit Beispielen aus der EU) den Implementationsvorgang definiert und damit seine Vollzugspraxis sowohl der THA wie auch den anderen Ländern aufzwingt. Der Arbeitskreis »Ökologisches Großprojekt SAXONIA« hatte den ersten bestätigten Finanzrahmen vorgelegt (vgl. Treuhandanstalt 1994a, S. 483) und war damit modellhaft für die anderen Großprojekte der neuen Länder. Ein weiteres Indiz für die administrativen Profilierungen ist, daß Sachsen das erste Land war, bei dem frühzeitig in beachtenswertem Umfang Mittel aus dem »VA-Altlastenfinanzierung« abgeflossen sind. Auch das gilt ganz eindeutig als

18 Hinzu kommt das persönliche Engagement eines kompetenten individuellen Akteurs, das die Durchsetzungsfähigkeit der Umweltverwaltung gegenüber der THA bestimmt. Weil die Ökologischen Großprojekte in Sachsen politisch unterstützt werden, kann sich der Verhandlungsführer des Umweltministeriums damit profilieren. Die beschriebenen Voraussetzungen geben ihm ein starkes Gewicht. Zu den Möglichkeiten kompetenter individueller Akteure in Verhandlungen vergleiche Wender (1983).

administrativer Erfolgsindikator für die Umweltverwaltung des Freistaats. Die Sächsische Umweltadministration profiliert sich damit als Vorreiter im »regulativen Wettbewerb« (Héritier 1993, S. 444). Indem es ihr gelingt, den Vollzug weitgehend zu definieren, kann sie multiple (und somit neben umweltpolitischen eben auch wirtschafts- und arbeitsmarktpolitische) Vorstellungen durchsetzen.

Ich fasse zusammen: Vor der Interpretationsfolie *ökologisches Großprojekt als Gelegenheit zur Chancenverfolgung* wird das ungewöhnlich hohe Engagement des Sächsischen Umweltministeriums bei der Implementation des »VA-Altlastenfinanzierung« plausibel. Das bedeutet, daß es der Umweltverwaltung nicht um die Verbesserung der Altlastensituation um ihrer selbst willen geht, etwa weil sie Altlastensanierung unter ökologischen Gesichtspunkten als vordringlich erachtet, sondern daß das Regulierungsproblem ausschließlich in transformierter Form relevant wird. Diese Transformationen sind Konstruktionsleistungen der Akteure, die es ihnen ermöglichen, Entscheidungssituationen unter dem Gesichtspunkt akteurspezifischer Risiko/Chancen-Orientierungen zu deuten.

Völlig anders als für das Sächsische Umweltministerium stellt sich die Situation für die THA dar. Ihr Entscheidungsverhalten ist nicht von Chancen-, sondern von Risikowahrnehmungen geprägt. Die THA transformiert den Regulierungsgegenstand ökologische Altlasten in *Eigenrisiken* der Organisation. Ihre selektive Aufmerksamkeit im Regulierungsprozeß ist darauf ausgerichtet, herauszufinden, welche Risiken *für die THA* mit der Implementation von ökologischen Großprojekten verbunden sind. Als Risiko für die THA gilt alles, was das Erfolgskriterium »Sparen« beeinträchtigt. Dieser *monoreferentiellen Risikostruktur* folgt das Entscheidungsverhalten der THA.

Weil ihr die neuen Länder die Kompetenz im Bereich der Altlastensanierung schon lange streitig machen, muß die THA ihre Rolle hier in besonderer Weise legitimieren.[19] Die THA ist dem

19 Schon vor seinem Amtsantritt im Oktober 1990 hat der sächsische Ministerpräsident Biedenkopf gefordert, die Aufgaben der Privatisierung und Sanierung von THA-Unternehmen auf die Länderebene zu verlagern (vgl. Czada 1993, S. 151). Bis heute ist man in Sachsen der Meinung, Altlastensanierung sei Ländersache; Ziel müsse sein, diese an sich zu ziehen und die THA daran nicht zu beteiligen.

Bundesfinanzminister (BMF) zugeordnet, und diese Anbindung definiert ihre Position im Verhandlungssystem. Dort geriert sie sich als Kontrollbehörde ohne substantiellen Problemlösungsbeitrag. Von den übrigen Akteuren im Arbeitskreis wird sie daher als »verlängerter Arm« des Finanzministers wahrgenommen. Gegenüber dem Finanzministerium kann sich die THA als erfolgreich und notwendig darstellen, indem sie bei den ökologischen Großprojekten die Mittelverwendung in restriktiver Weise kontrolliert. Hierauf hat sie ihre *Programmstruktur*, ihre *Organisationsstruktur* und ihre *Personalstruktur* ausgerichtet.

Auf der *Programmebene* setzt die THA das Erfolgskriterium »Geld sparen« über den rigiden Kurs einer minimalistischen Sanierungspolitik, nämlich die Beschränkung auf reine Gefahrenabwehrmaßnahmen, durch. Das Entscheidungsprogramm reduziert sich auf ein einfaches Konditionalprogramm nach dem Polizei- und Ordnungsrecht. Danach muß eine *unmittelbare Gefährdung des Menschen* vorliegen, um Maßnahmen der Gefahrenabwehr auszulösen.[20] Nach Auffassung der neuen Länder schafft die THA damit ihr »eigenes« Umweltrecht, das weit hinter den Standards landesrechtlicher Regelungen zurückbleibt. Vor diesem Hintergrund wird unmittelbar klar, daß die Verwendung des juristischen Gefahrenbegriffs durch die THA eindeutig dem Sparziel dient: Weniger kann man bei der Altlastensanierung nicht machen, als sich auf solche Sanierungsmaßnahmen zu beschränken, die eine unmittelbare Gefährdung des Menschen verhindern.[21] Auf dieses simple Konditionalprogramm hat sich die THA schon sehr früh festgelegt (vgl. Bonnenberg u. a. 1994, S. 82). »Simpel« ist dieses Programm unter anderem deshalb, weil es auf nur *eine* Schadensdimension, die unmittelbare Gefährdung des Menschen, ausgerichtet ist. Die Einbeziehung weiterer Gesichtspunkte in sanierungsrelevante Abwägungsprozesse lehnt die THA explizit ab: »*Wir arbeiten betriebswirtschaftlich und firmenbezogen, die Politik arbeitet wirtschaftspolitisch und re-*

20 Zur Kritik des kausalen Gefahrenbegriffs im Polizei- und Ordnungsrecht vergleiche Hiller (1993, S. 116 ff.).

21 In der juristischen Literatur wird bezweifelt, daß das Polizei- und Ordnungsrecht auf die komplexe Materie der Altastenproblematik, insbesondere des Bodenschutzes, anwendbar ist (vgl. Kühl 1994 und die dort in Fußnote 4, S. 54, angegebene Literatur; vgl. auch Ladeur 1995).

gionalbezogen« (Rohwedder 1991, S. 61). Dieser Satz des ehemaligen Treuhandchefs Rohwedder hatte handlungsprogrammierende Wirkung, die noch Jahre später bis in den Arbeitskreis »Ökologisches Großprojekt SAXONIA« hineinreichte. Dort fordert die Umweltverwaltung die Mitberücksichtigung komplexer ökologischer, wirtschafts- und regionalpolitischer Belange bei der Realisierung ökologischer Großprojekte unermüdlich ein, ohne bei der THA auf Resonanz zu stoßen.[22]

Auf der *organisatorischen* und der *personellen Ebene* haben im Jahr 1993 Umstrukturierungen mit einer Aufwertung des Vertragsmanagements, insbesondere des Controlling-Bereichs, stattgefunden (vgl. Küpper/Mayr 1993, S. 332 ff.). Aufgabe des Privatisierungscontrolling ist es, Kaufverträge im Hinblick auf mögliche Risiken *für die THA* zu analysieren und Fehler zu korrigieren, die bei früheren Vertragsabschlüssen gemacht wurden. Auch im Altlastenbereich haben jetzt nicht mehr die »Fachleute« (Ingenieure und Juristen der Altlastenabteilung), sondern die Controller das letzte Wort, wenn es um die Abwicklung von Sanierungsprojekten geht. Das Controlling wird zur *entscheidenden Kontrollinstanz* innerhalb der THA und erleichtert die Durchsetzung restriktiver Vorgehensweisen gegenüber Dritten. Mit der Aufwertung des Controlling hat die THA die Risikoorientierung in der Organisation institutionalisiert. Sie sucht ihr Handlungsfeld nach Risiken ab und versucht, diese abzuwehren. Damit verbaut sie sich gleichzeitig Chancen: Indem sie zu Lasten ingenieurwissenschaftlichen und administrativen Sachverstands ausschließlich auf die betriebswirtschaftliche Rationalität des Controlling setzt, kann sie keine konstruktiv gestaltende Rolle bei der Altlastensanierung einnehmen. Für die Umweltverwaltung des Landes Sachsen ist sie kein fachlich kompetenter Verhandlungspartner, mit dem sich konstruktive Problemlösungen erarbeiten lassen. Die THA transformiert die Bearbeitung des Regulierungsprogramms »VA-Altlastenfinanzierung« in mone-

22 In diesem Sinne sprechen die hierfür maßgeblichen Personen der THA eine deutliche Sprache: »Allen verständlichen Zielen zur generellen Revitalisierung unwirtschaftlicher Industriebereiche, zur Durchführung von Maßnahmen der Nutzungsverbesserung und so weiter ist insoweit entgegenzuwirken, daß dafür nicht die Mittel, die zur Abwehr der Gefahren aus Altlasten gedacht sind, verwendet werden« (Bonnenberg u. a. 1994, S. 85).

täre Kosten, und allein als Kostenfrage werden Konflikte auf der operativen Ebene des Verhandlungssystems »Arbeitskreis Ökologisches Großprojekt SAXONIA« ausgetragen. Indem die THA die Perspektive ihrer Verhandlungsführer auf die Kontrolle der Finanzierung reduziert, macht sie sich selbst – und damit den Arbeitskreis insgesamt – verhandlungsunfähig. Sie klinkt sich als Verhandlungspartner aus.

Die beschriebenen Formen der Risikotransformationen des Sächsischen Umweltministeriums und der THA hängen mit ihrer unterschiedlichen Akteursqualität zusammen: Die THA agiert als Monoreferent, das Umweltministerium agiert als Multireferent. Monoreferenten verfolgen *ein Ziel*, Multireferenten aktualisieren *mehrere Handlungsbezüge gleichzeitig* (vgl. Wiesenthal 1990).[23] Dadurch verfügen Multireferenten über das komplexere Orientierungsmuster, sind flexibler und haben mehr Möglichkeiten im Umgang mit Unsicherheit, weil sie (beispielsweise zum Zweck der Risikostreuung) auf wechselnde Referenzebenen verweisen können. Aufgrund der Gleichzeitigkeit unterschiedlicher Orientierungen (Zeithorizonte, Nutzendefinitionen) verfolgen Multireferenten *kein eindeutiges Erfolgskriterium*. Ganz in diesem Sinne will das Sächsische Umweltministerium – eher diffus – »etwas voranbringen im Land«, womit ökonomische, beschäftigungspolitische oder ökologische Effekte gemeint sein können. Jedenfalls agiert die Umweltverwaltung nicht als Monoreferent »Umwelt« und steigert dadurch ihre Strategiefähigkeit. Bei der Implementation der ökologischen Großprojekte kann das Umweltministerium etwa mit dem Wirtschaftsministerium kooperieren, das auf übergeordneter Entscheidungsebene in den *Gemeinsamen Arbeitsgruppen* vertreten ist. Eine solche Vorgehensweise wäre sicherlich erschwert, wenn sich das Sächsische Umweltministerium als Monoreferent »Umwelt« begreifen würde.

23 In ähnlicher Weise unterscheidet Gareth Morgan »effektive« und »weniger effektive« Manager entsprechend ihren Fähigkeiten, Entscheidungssituationen zu interpretieren (vgl. Morgan 1986, S. 112). Wichtig ist, daß Morgan diese Fähigkeiten als angeborene oder erlernte Kompetenz des individuellen Akteurs begreift. Mir kommt es hier darauf an, in einem zweiten Schritt zu zeigen, daß die Möglichkeit, diese Fähigkeit auszuspielen, ganz wesentlich von den organisatorischen Voraussetzungen abhängt, in die die Akteure (im vorliegenden Fall die Verhandlungsführer) eingebunden sind.

In diesem Fall könnte es auch kaum mit der Unterstützung der Landesregierung rechnen, die sich in erster Linie für ökonomische Erfolge interessiert. Entscheidend ist jedoch, daß die Umweltadministration über stabile organisatorische Voraussetzungen verfügt, die Multireferenz erst ermöglichen.

Im Gegensatz zur Umweltverwaltung des Landes Sachsen ist die Existenz der THA schon bei ihrer Gründung als befristet festgeschrieben. Ihr Auftrag besteht darin, sich selber überflüssig zu machen. Sie ist nicht nur einer turbulenten Umwelt ausgesetzt, sondern hat auch mit inneren Organisationsproblemen zu kämpfen, die eine relative Schwächung der Organisation zur Folge haben. Zu den internen Organisationsproblemen gehören: die Machtkämpfe im eigenen Haus, Restrukturierungen (vgl. Czada 1995; Treuhandanstalt 1994b, S. 286) mit der Folge von Kompetenzzentralisierungen, der Aufsplittung des Entscheidungsprozesses und häufig wechselndem, oft zeitlich befristet angestelltem Personal. Engagierte Mitglieder können sich bei der THA kaum profilieren, weil sie vor dem Hintergrund von Personalfluktuation und der befristeten Existenz der THA keine verläßliche Zukunftsperspektive haben. Das Engagement und die Aufgabenidentifikation der Mitglieder ist daher bei der THA deutlich geringer als bei den sächsischen Umweltverwaltern. Diese strukturellen Instabilitäten der THA schlagen durch bis auf den Arbeitskreis »Ökologisches Großprojekt SAXONIA«. Weil auch bei den Verhandlungen vor Ort die Zuständigkeiten und Kompetenzen häufig wechselten, neue Verantwortungsträger mühsam herbeigeführte Absprachen und Vereinbarungen im Arbeitskreis nicht (aner)kannten, wurde vieles, was schon geklärt schien, mehrfach von neuem in Frage gestellt. Die Umweltbehörden des Landes haben dies als Verzögerungstaktik der THA interpretiert.

Zusammenfassend bleibt festzuhalten: Steuerbar sind solche Organisationen mit turbulenten äußeren wie inneren Umwelten wohl nur über einfache Konditionalprogramme. Statt »Problemorientierung«, die eine längerfristig angelegte Strategie und ein komplexes, nicht-lineares Handlungsmuster voraussetzt, folgt die THA aufgrund ihrer problematischen Organisationsbedingungen mit dem polizeirechtlichen Gefahrenbegriff einer strikten Normorientierung. Unter diesen Bedingungen kann die THA kein komplexes Orientierungsmuster mit multiplen Zeithorizonten und wechselnden Präferenzen ausbilden. Sie kann nur als Monoreferent agieren. Im Fall der ökologischen Großprojekte tut sie das in Form der Orientierung am Bestandsrisiko, das sie als mangelnde Kontrolle über finanzielle Mittel operationalisiert. Unter rechtlichen und finanziellen Gesichtspunkten dürfte dies die am wenigsten riskante Vorgehensweise sein – jedenfalls dann, wenn man in kurzen Zeithorizonten denkt.

5. Politikverflechtung und Risikoabsorption

In dem hier beschriebenen Verhandlungssystem zeigen sich Probleme von Politikverflechtung, die Scharpf schon mehrfach herausgearbeitet hat (vgl. Scharpf/Reissert/Schnabel 1976; Scharpf 1978; Scharpf 1988). Sie sind im wesentlichen auf die zentralen Entscheidungsprämissen des »VA-Altlastenfinanzierung« zurückzuführen: *einvernehmliche Entscheidungsfindung* und *asymmetrische Finanzierungs- und Entscheidungskompetenz* bei der Bewilligung von Sanierungsmaßnahmen. An den Kosten ist der Bund (durch die THA) als Hauptfinanzier beteiligt. Die Durchführung der Maßnahmen fällt hingegen in die Kompetenz der Länder. Nur die Länder können die Altlastenfreistellung erteilen, und die Umweltbehörden der Länder sind verantwortlich für die Genehmigung und Anordnung von Sanierungsmaßnahmen im Umweltbereich. Dennoch benötigen sie für jede Entscheidung das Einvernehmen der THA. Daraus ergeben sich Strukturprobleme des Verhandlungssystems, die die Transaktionskosten in die Höhe treiben, weil infolge konträrer Risiko/Chancen-Orientierungen der Akteure keine Einigkeit über die gültige Verteilungsnorm hergestellt werden kann. Weshalb wird unter diesen Bedingungen die Struktur der Politikverflechtung zwischen Bund/THA und neuen Ländern aufrechterhalten?

Zunächst ist festzuhalten, daß die Struktur des Regulierungsprogramms »VA-Altlastenfinanzierung« eine Konkurrenz um knappe Mittel gar nicht erwarten läßt: Die Gelder sind bewilligt, und zwar in Höhe von 100 Millionen DM je Großprojekt. Im administrativen Vollzug hat es nur noch um den möglichst sinnvollen Einsatz dieser Mittel zu gehen – und dies ist in erster Linie ein ingenieurwissenschaftliches Problem. Es fragt sich also, weshalb die THA Einsparungspotentiale bei den ökologischen Großprojekten sieht, die zum Konflikt um einvernehmlich zu bewilligende Sanierungsmaßnahmen führen.

Hintergrund des Dauerkonflikts zwischen Landesumweltverwaltung und THA beim Vollzug des »VA-Altlastenfinanzierung« ist eine veränderte Bewertung der Altlastenproblematik in den neuen Ländern. Die mit Altlastensanierung befaßten ingenieurwissenschaftlichen Experten zeichneten zunächst ein alarmierendes Bild der Sanierungsnotwendigkeiten. So hat ein beauftragtes Ingenieurbüro im Jahre 1990 für die »SAXONIA« ein Sanierungskonzept vorgelegt, das unter anderem die Umlagerung der kontaminierten Masse und eine Bodenwäsche vorsah. Der Kostenaufwand wurde auf minimal 360 Millionen und maximal 730 Millionen DM beziffert. Ziemlich schnell verständigte sich die »Fachwelt« in der Folge jedoch darauf, daß es am besten sei, Altlasten nicht umzulagern, sondern an Ort und Stelle zu belassen und zu sichern. Auch für die »SAXONIA« wurde im Lichte dieser »neuen« Erkenntnisse ein drastisch reduziertes Finanzvolumen veranschlagt. In dem im Juni 1994 vorgelegten Rahmensanierungskonzept wurde der geschätzte Sanierungsaufwand nunmehr mit 60 Millionen DM, plus/minus 40 Millionen DM, angegeben. Dieser Betrag wurde von der Umweltverwaltung des Landes als »ausreichend« angesehen. Der Bundesminister für Finanzen und die THA kamen nun zu der Auffassung, daß die im Verwaltungsabkommen fixierte Summe von 100 Millionen DM pro Großprojekt zu hoch angesetzt sei. Die THA versuchte daher, die Sanierungskosten möglichst weit unter diese Marke zu drücken, indem sie fortan Altlastensanierung als Minimalprogramm auf der Grundlage des polizeirechtlichen Gefahrenbegriffs verstand.[24]

24 »*Nach dem Pathos kam das Kostenbewußtsein*«, lautet die treffend formulierte Überschrift eines Zeitungsartikels zu diesem Thema. Nach Aussagen des damaligen Direktors im Direktorat Umweltschutz/Altlasten der THA, Heinrich Bonnenberg, waren für die Altlastenbeseitigung in der ehemaligen DDR 150 Milliarden DM veranschlagt, 15 Milliarden sind es schließlich geworden. Um die »blühenden Landschaften« in der ehemaligen DDR hervorzuzaubern, sollten die Umweltschäden flächendeckend und nach höchsten Ansprüchen (»Luxussanierung«) durchgeführt werden. Dies hat sich schnell geändert. Die THA hat diese Ansprüche auf das Niveau einer

So kam es zu der paradoxen Situation, daß bei der politischen Regulierung ökologischer Altlasten in den neuen Bundesländern nicht Knappheit, sondern der scheinbare Überfluß der zu verteilenden Ressourcen zu Konflikten und Blockaden im Verhandlungssystem führte. Weil Bund und THA davon ausgingen, daß im Rahmen der ökologischen Großprojekte zuviel Geld bewilligt wurde, mußte verhindert werden, daß dieses nun zur Finanzierung »unnötiger« Sanierungsmaßnahmen verwendet würde. Dies läßt sich zuspitzen zu der These, daß zumindest in diesem Fall *knappe* Ressourcen als Voraussetzung für kooperatives und problemorientiertes Handeln der Akteure gelten können: Nur wenn die THA davon hätte ausgehen können, daß die Mittel eher zu knapp als zu üppig bemessen waren, hätte sie sich bei der Altlastensanierung konstruktiv engagieren können.

Vor diesem Hintergrund stellt sich die Frage, weshalb die Summe von 100 Millionen DM pro Großprojekt nicht nach unten korrigiert wurde. Zieht man die in Abschnitt 3 dargelegten Überlegungen zur Risikotransformation zwischen Politik und Wirtschaft heran, dann läßt sich ein einfacher Grund für die Beibehaltung der derzeitigen Struktur des Verhandlungssystems anführen: Weil sich das Instrument der »Altlastenfreistellung« ziemlich schnell als wirtschaftspolitischer Flop erwiesen hat[25] und weil die Euphorie der »Nachwendezeit«, durch Umweltsanierung im großen Maßstab im Osten blühende Landschaften hervorzubringen, einem knauserigen Feilschen um öffentliche Mittel gewichen ist, will die (Bundes-)Politik die Sanierung ökologischer Altlasten der ehemaligen DDR am liebsten überhaupt nicht mehr finanzieren. Daher läßt sie sich auf eine Neuregelung der Altlastenfinanzierung nicht ein, denn ein bescheideneres als das von der THA verfolgte Sanierungsniveau kann sie in Neuverhandlungen mit den Ländern gar nicht erreichen.[26] Die THA

Minimalsanierung gedrückt: Boden und Wasser werden nur dann saniert, wenn *Trinkwasser* und damit der Mensch *direkt* gefährdet ist (vgl. *Neue Westfälische*, Nr. 75/1996; Bonnenberg u. a. 1994).

25 Wie man heute weiß, konnte damit kaum ein Privater motiviert werden, im Osten zu investieren.

26 Heinrich Bonnenberg, dem früheren Direktor im Direktorat Umweltschutz/Altlasten bei der THA, zufolge gilt die Regel: »Tue der Altlast nichts, und die Altlast tut dir nichts« (vgl. *Neue Westfälische* Nr. 75/1996).

wird also auch hier ihrer Rolle bei der Absorption politischer »Vereinigungsrisiken« gerecht.

Weil es das System der Politikverflechtung nicht zuläßt, den Regulierungsmodus so zu ändern, daß einer der Beteiligten (Bund, THA, Land) schlechter gestellt wird, als es bei der gegenwärtigen Praxis der Fall ist, entscheiden sich die politischen Akteure für die Beibehaltung des Status quo. Dies bedeutet, daß die Problembehandlung von der sachlichen in die zeitliche Dimension verschoben wird. Die Politik *wartet ab*, bis politische Definitionsprozesse über Sanierungsnotwendigkeiten den Finanzbedarf auf ein »erträgliches« Maß heruntergeschraubt haben. Der Zeitfaktor ist damit entscheidend für die Möglichkeit der Risikoreduktion, denn es geht um die Vermeidung des politischen Risikos, jetzt »falsch« zu entscheiden. Und »falsch« heißt in diesem Fall nicht nur »zu teuer«, sondern auch »zu früh«.

Diese Kultivierung des Konflikts auf zentraler Ebene bedeutet für die nachgeordneten Arbeitseinheiten: Detailregelungen und Einzelfallentscheidungen im Vollzug. Auch auf der untersten Verhandlungsebene zeichnet sich der Entscheidungsstil durch eine ausgeprägte Status-quo-Orientierung aus (Grundsatzentscheidungen offenhalten). Deshalb schleppt sich der Arbeitskreis »Ökologisches Großprojekt SAXONIA« von Einzelfallentscheidung zu Einzelfallentscheidung, die immer konfliktreich ist, weil alle Details geprüft und jeweils neu festgelegt werden müssen, um Präzedenzfälle zu verhindern. Auch bei anderen THA-Projekten ist dieses risikoaverse Handlungsmuster festzustellen: Die »Sorge um kostspielige Präzedenzfälle führt zu absichtsvollem Zögern« (Kern/Sabel 1993, S. 489). Seit Mai 1995 werden die wesentlichen Entscheidungen nicht mehr im Arbeitskreis, sondern in der bis dahin nicht aktivierten *Koordinierungsgruppe*, der nur das Sächsische Umweltministerium und die THA angehören, getroffen.[27] Bemerkenswert ist dies, weil die fachlich zuständigen Behörden für die Altlastensanierung, das Regierungspräsidium und das Landratsamt, zwar im Arbeitskreis, nicht aber in der Koordinierungsgruppe vertreten sind.

27 Nach einer überraschenden Entscheidung des Sächsischen Umweltministeriums wurde der Arbeitskreis »Ökologisches Großprojekt SAXONIA« in »Projektgruppe« umbenannt und tagt nun ohne THA. Den Mitgliedern des Arbeitskreises wurde dies in Form einer Protokollnotiz mitgeteilt.

Über die Gründe für diese »Höherzonung« des Konflikts läßt sich spekulieren. Möglicherweise sind auf der übergeordneten Ebene eher *Tausch- und Paketlösungen* (durch Verknüpfung der Entscheidungsprozesse mehrerer ökologischer Großprojekte eines Landes) zwischen THA und Umweltministerium möglich als im Arbeitskreis, in dem die lokal und regional zuständigen Vertreter der Umweltverwaltung präsent sind. Die Verhandlungssituation zwischen der THA und der Landesumweltverwaltung würde sich dann nicht mehr auf einzelne Großprojekte konzentrieren, sondern es würden alle vier ökologischen Großprojekte des Landes Sachsen gemeinsam verhandelt. Doch auch dann müßte die THA ihre betriebswirtschaftliche und firmenbezogene Politik zugunsten einer einvernehmlichen Gesamtlösung aufgeben.

6. Schluß

Es hat sich gezeigt, daß das Regulierungsproblem »ökologische Altlastengefahren« im Verhandlungssystem des »Ökologischen Großprojekts SAXONIA« ausschließlich in transformierter Form relevant wird, nämlich in Form wahrgenommener Entscheidungsrisiken beziehungsweise -chancen der Akteure. »Problemlösen« oder »Kooperation« im Regulierungsprozeß erscheint als zufälliges Produkt der Konvergenz von Risiko- und Chancendefinitionen der Verhandlungspartner. Deshalb muß eine Analyse von Verhandlungsprozessen der Frage nachgehen, unter welchen Bedingungen Akteure in Verhandlungssystemen eher die Vermeidung von (Eigen-)Risiken anstreben und unter welchen Bedingungen die Wahrnehmung riskanter Chancen zum Leitmotiv ihres Handelns wird. Am Beispiel der Altlastenregulierung in den neuen Bundesländern konnte die These plausibilisiert werden, daß unterschiedliche Formen der Risikotransformation mit der Akteursqualität als Monoreferent beziehungsweise Multireferent zusammenhängen.

Die Rolle der THA im *föderalen Risikotransformationsverbund* zwischen Bund und Ländern erscheint nach der vorgelegten Fallstudie in einem fragwürdigen Licht. Eine mediatisierende Funktion im Verhältnis zwischen Bund und Ländern – diese Frage wurde zu Beginn dieses Beitrags aufgeworfen – ist jedenfalls nicht zu erkennen. Damit stehen die Befunde der Fallstudie in einem deutlichen Gegensatz zu politikwissenschaftlichen Analysen, die zu dem Ergebnis kommen, daß die Entscheidungsprozesse zwischen THA, Bund, Ländern und Gemeinden von Kompromißfähigkeit und einem hohen Maß gegenseitiger Verpflichtungsfähigkeit geprägt sind. Insbesondere der häufig behauptete hohe Grad an informellen Absprachen und situativem Problemlösungsverhalten (vgl. Czada 1994; Wiesenthal 1995) ist schon infolge der unsteten organisatorischen Voraussetzungen der THA nicht zu erwarten. Informelle Netzwerke und hohe Verpflichtungsfähigkeit benötigen ein Mindestmaß an Kontinuität der organisatorischen Entscheidungsprämissen. Dies ist (zumindest im Bereich der Altlastensanierung) bei der THA nicht gegeben. Von »effektiver Verhandlungspraxis« (vgl. Czada 1994, S. 159) kann infolge der organisatorischen Bedingungen und der daraus hervorgehenden monoreferentiellen Risikoorientierung der THA im Fall der Altlastensanierung in den neuen Ländern nicht gesprochen werden. Der THA gar eine Mittlerrolle zwischen Bund und Ländern zuzuschreiben erscheint hier völlig verfehlt. Im Gegenteil: Die Länder ziehen es vor, wenn immer möglich mit dem Bund direkt zu verhandeln und die THA aus dem Verhandlungssystem auszuschließen. Nicht wenige ihrer Versuche, die Entscheidungsstruktur bei der Implementation des »VA-Altlastenfinanzierung« zu verändern, zielten genau in diese Richtung.

Literatur

Baumheier, R., 1988, *Altlasten als aktuelle Herausforderung der Kommunalpolitik*, München.

Bonnenberg, H., A. Dewald, M. Kosinowski, G. Milde und K.-P. Schleich, 1994, »Zur Behandlung der Altlastenproblematik im Arbeitsablauf der Treuhandanstalt«, in: H. Zimmermann (Hg.), *Altlastensanierung. Grundsatzfragen und Umsetzung in den neuen Bundesländern. Zeitschrift für angewandte Umweltforschung*, Sonderheft 5. Berlin, S. 81-95.

Czada, R., 1993, »Die Treuhandanstalt im Umfeld von Politik und Verbänden«, in: W. Fischer, H. Hax und H. K. Schneider (Hg.), *Treuhandanstalt. Das Unmögliche wagen*, Berlin, S. 148-173.

–, 1994, »Üblichkeitsprinzip« und situativer Handlungsdruck – Vermögenszuordnung im Transformationsprozeß aus sozialwissenschaftlicher Sicht«, in: K. König, G. F. Schuppert und J. Heimann (Hg.), *Vermögenszuordnung: Aufgabentransformation in den neuen Bundesländern*, Baden-Baden, S. 153-174.

–, 1995, »Vom Plan zum Markt: Die radikale Massenprivatisierung der DDR-Wirtschaft durch die Treuhandanstalt«, in: E. V. Heyen (Hg.), *Öffentliche Verwaltung und Wirtschaftskrise. Jahrbuch für europäische Verwaltungsgeschichte*, Bd. 7, Baden-Baden, S. 307-323.

Hachmann, R., und W. Ulrici, 1994, »Altlast-Konflikt-Management: Herausforderung an kommunale Politik und Verwaltung«, in: K. Hermanns und H. Walcha (Hg.), *Ökologische Altlasten in der kommunalen Praxis*, Köln, S. 143-170.

Heilmann, F., 1994, »Die staatliche Verantwortlichkeit für die Sanierung ökologischer Altlasten in den neuen Ländern«, in: *Landes- und Kommunalverwaltung* 4, S. 305-312.

Héritier, A., 1993, »Policy-Netzwerkanalyse als Untersuchungsinstrumentarium im europäischen Kontext: Folgerungen aus einer empirischen Studie regulativer Politik«, in: dies. (Hg.), *Policy-Analyse. Politische Vierteljahresschrift*, Sonderheft 24, Opladen, S. 432-450.

–, 1997, »Umweltregulierung im Wandel. Regulierungsvielfalt und die Möglichkeit der Instrumentenwahl in der Europäischen Union«, in diesem Band, S. 176-194.

Hiller, P., 1993, *Der Zeitkonflikt in der Risikogesellschaft. Risiko und Zeitorientierung in rechtsförmigen Verwaltungsentscheidungen*, Berlin.

Hohenlohe, A. zu, M. Kosinowski und H. Radke, 1994, »Altlastengroßprojekte im Freistellungsverfahren nach dem Verwaltungsabkommen zur Finanzierung der Altlastensanierung in den neuen Bundesländern«, in: *VDI Berichte* Nr. 1119, S. 63-73.

Japp, K. P., 1996, *Soziologische Risikotheorie. Funktionale Differenzierung, Politisierung und Reflexion*, Weinheim/München.

Kern, H., und C. F. Sabel, 1993, »Die Treuhandanstalt: Experimentierfeld zur Entwicklung neuer Unternehmensformen«, in: W. Fischer, H. Hax und H. K. Schneider (Hg.), *Treuhandanstalt. Das Unmögliche wagen*, Berlin, S. 481-504.

Krücken, G., 1991, »Politische Risiken der Regulierung technischer und ökologischer Probleme«, Manuskript, Bielefeld.

Kühl, C., 1994, »Altlastensanierung in Deutschland – ein föderales Finanzierungsmodell«, in: H. Zimmermann (Hg.), *Altlastensanierung. Grundsatzfragen und Umsetzung in den neuen Bundesländern. Zeitschrift für angewandte Umweltforschung*, Sonderheft 5, Berlin, S. 51 bis 62.

Küpper, H.-U., und R. Mayr, 1993, »Vertragsgestaltung und Vertragsmanagement der Treuhandanstalt«, in: W. Fischer, H. Hax und H. K.

Schneider (Hg.), *Treuhandanstalt. Das Unmögliche wagen*, Berlin, S. 315-353.
Ladeur, K.-H., 1995, »Öffentlich-rechtliche Haftung für ›Altlasten‹ – retrospektive Zurechnung unerkannter Risiken?«, in: *Umwelt- und Planungsrecht*, S. 1-8.
Lehmbruch, G., 1993, »Institutionentransfer: Zur politischen Logik der Verwaltungsintegration in Deutschland«, in: W. Seibel, A. Benz und H. Mäding (Hg.), *Verwaltungsreform und Verwaltungspolitik im Prozeß der deutschen Einigung*, Baden-Baden, S. 41-66.
Luhmann, N., 1991, *Soziologie des Risikos*, Berlin.
Morgan, G., 1986, *Images of Organization*, Beverly Hills.
Neue Westfälische, Nr. 75 vom 28. März 1996, »Nach dem Pathos kam das Kostenbewußtsein«.
Rat von Sachverständigen für Umweltfragen 1990, »Altlasten«. Sondergutachten Dezember 1989, Stuttgart.
Rohwedder, D. 1991, »›Alles muß hoppla-hopp gehen.‹ Spiegel-Gespräch«, in: *Der Spiegel* 45, Heft 5, S. 55-61.
Saretzki, T., 1996, »Wie unterscheiden sich Argumentieren und Verhandeln? Definitionsprobleme, funktionale Bezüge und strukturelle Differenzen von zwei verschiedenen Kommunikationsmodi«, in: V. v. Prittwitz (Hg.), *Verhandeln und Argumentieren. Dialog, Interessen und Macht in der Umweltpolitik*, Opladen, S. 19-40.
Scharpf, F. W., 1978, »Die Theorie der Politikverflechtung: ein kurzgefaßter Leitfaden«, in: J. J. Hesse (Hg.), *Politikverflechtung im föderativen Staat*, Baden-Baden, S. 21-31.
–, 1985, »Die Politikverflechtungs-Falle: Europäische Integration und deutscher Föderalismus im Vergleich«, in: *Politische Vierteljahresschrift* 26, S. 323-356.
–, 1988, »Verhandlungssysteme, Verteilungskonflikte und Pathologien der politischen Steuerung«, in: M. G. Schmidt (Hg.), *Staatstätigkeit. International und historisch vergleichende Analysen. Politische Vierteljahresschrift*, Sonderheft 19. Opladen, S. 61-87.
–, 1992, »Einführung: Zur Theorie von Verhandlungssystemen«, in: A. Benz, F. W. Scharpf und R. Zintl, *Horizontale Politikverflechtung. Zur Theorie von Verhandlungssystemen*, Frankfurt am Main, S. 11-28.
–, 1993, »Coordination in Hierarchies and Networks«, in: ders. (Hg.), *Games in Hierarchies and Networks. Analytical and Empirical Approaches to the Study of Governance Institutions*, Frankfurt am Main/Boulder, S. 125-165.
–, B. Reissert und F. Schnabel, 1976, *Politikverflechtung. Theorie und Empirie des kooperativen Föderalismus in der Bundesrepublik*, Kronberg/Taunus.
Töpfer, K., 1993, »Beseitigung der ökologischen Altlasten in den jungen Bundesländern«, in: *Umwelt*, S. 177-178.

Treuhandanstalt (Hg.), 1994a, *Dokumentation 1990-1994*, Bd. 9, Berlin.
–, 1994b, *Dokumentation 1990-1994*, Bd. 15, Berlin.
Wender, A., 1983, *Entscheidungsspiele in Politik, Verwaltung und Wirtschaft*, Opladen.
Wiesenthal, H., 1990, »Unsicherheit und Multiple-Self-Identität: eine Spekulation über die Voraussetzungen strategischen Handelns«, Max-Planck-Institut für Gesellschaftsforschung, *MPIFG Discussion Paper* 90/2, Köln.
–, 1995, »Einleitung: Grundlinien der Transformation Ostdeutschlands und die Rolle korporativer Akteure«, in: ders. (Hg.), *Einheit als Interessenpolitik. Studien zur sektoralen Transformation Ostdeutschlands*, Frankfurt am Main/New York, S. 8-33.
Wolf, H.-G., 1995, »Zwischen Masterplan und Garbage Can: Die Restrukturierung einer Forschungseinrichtung in Ostdeutschland«, in: H. Rudolph (Hg.), *Geplanter Wandel, ungeplante Wirkungen. Handlungslogiken und -ressourcen im Prozeß der Transformation*, Berlin, S. 326-346.

Adrienne Héritier

Umweltregulierung im Wandel

Regulierungsvielfalt und die Möglichkeit der Instrumentenwahl in der Europäischen Union

1. Problemstellung

Ein herausragendes Merkmal der europäischen Politikgestaltung ist die Vielfalt der Interessen und Regulierungstraditionen, die auf der europäischen Bühne aufeinandertreffen und zu einem Ausgleich gebracht werden. Eine Folge dieser regulativen Vielfalt ist der »Flickenteppich«-Charakter der europäischen Politikinhalte: bei der Behandlung von Problemen wird einmal auf diese, einmal auf jene Policy-Tradition zurückgegriffen. So findet sich in der Luftreinhaltepolitik bei der Bekämpfung industrieller Emissionen in manchen Direktiven ein deutsch geprägter, am Stand der Technik orientierter Ansatz der Emissionskontrolle, in anderen Direktiven wiederum eine britisch inspirierte Ausrichtung auf Umweltqualität, die auf unternehmerisches Umweltmanagement, betriebliche Selbstüberwachung und gleichzeitige Information der Öffentlichkeit baut. Beide Orientierungen sind nicht in ein übergreifendes Gestaltungskonzept europäischer Politik eingebunden, sondern stehen additiv nebeneinander. In der Umweltpolitik stoßen wir auf unterschiedliche Auffassungen der Mitgliedstaaten darüber, wie mit Umweltrisiken umzugehen ist, was Umweltverschmutzung darstellt und welche Teile von Natur am ehesten geschützt werden sollen. Ebensowenig besteht Konsens darüber, mit welchen Methoden dieser Schutz garantiert werden soll und welches Recht eine Regierung hat, qua Gesetz zu diesem Zweck in industrielle Prozesse einzugreifen. Während in der Bundesrepublik Umweltrisiken sehr sensibel wahrgenommen werden, war in Großbritannien das Umweltbewußtsein im Hinblick auf industrielle Emissionen lange Zeit schwach ausgeprägt (vgl. Böhmer-Christiansen/Skea 1991, S. 58). Abgesehen von städtischen Ballungsgebieten weckte beispielsweise der »saure Regen« nur bei Experten Interesse. Was die praktischen Maßnahmen anbetrifft, bestand in Deutschland mit seinen stark entwickelten Ingenieurwissenschaften immer die Tendenz, Umweltprobleme mittels technischer Lösungen anzugehen und Emissionen auf diese Art und Weise zu reduzieren. In Großbritannien hingegen war beziehungsweise ist die Neigung ausgeprägt, ein Kosten-Nutzen-Denken walten zu lassen und Methoden des Umweltmanagements im Rahmen von »best practible means« zu entwickeln (vgl. Böhmer-Christiansen/Skea 1991, S. 58; Héritier/Knill/Mingers 1996).

Im Rahmen des »Patchwork«-Charakters europäischer Politik lassen sich jedoch im Verlauf der Zeit durchaus Akzentveränderungen feststellen. Am Beispiel der *Luftreinhaltepolitik* und der – gerade auch unter umweltpolitischen Gesichtspunkten bedeutsamen – *Straßengüterverkehrspolitik* soll im folgenden gezeigt werden, *wie sich der Modus der politischen Steuerung und die Verwendung von Policy-Instrumenten im Bereich der ökologischen Risikoregulierung und der Marktregulierung in einigen Aspekten deutlich gewandelt haben.* Dies ist wesentlich auf den Umstand zurückzuführen, daß in der europäischen Politik zwischen unterschiedlichen mitgliedstaatlichen Regulierungsangeboten gewählt und entsprechend schnell »umgesteuert« werden kann. Die Entscheidung für ein bestimmtes Regulierungsinstrument ist jedoch in die übergeordnete *»Problemlösungsphilosophie«* der Europäischen Union eingebettet, so wie diese vom Europäischen Rat definiert wird.

In der regulativen Politik der Europäischen Gemeinschaft – so die Annahme – hat sich in den letzten Jahren ein sachter, jedoch nicht zu verkennender Wandel bei den Instrumenten vollzogen, die gewählt werden, um spezifische umweltpolitische Ziele zu erreichen. Es wurden und werden – vereinfacht gesagt – Formen einer detaillierten Regulierung mehr und mehr durch weichere Gestaltungsmodi abgelöst, die Elemente der gesellschaftlichen Selbststeuerung integrieren. So ist seit einigen Jahren von einer »Wende« in der europäischen Umweltpolitik die Rede. In deren Rahmen wurden präzise europäische Regulierungen und administrative Genehmigungsverfahren nach deutschem Vorbild schrittweise durch weichere Selbststeuerungsformen von Unternehmen bei gleichzeitiger Einbeziehung der Öffentlichkeit und Zusammenarbeit mit Verbänden verdrängt. Maßgeblich dafür war der britische Gestaltungseinfluß auf die europäische Politik, der sich wiederum in einem Gleichklang mit einer Umorientierung europäischer Politik befindet. Auch im Straßengüterverkehr vollzog sich seit der zweiten Hälfte der achtziger Jahre eine schrittweise Veränderung der regulativen Instrumentierung nationaler Politik. Diese wurde auf Drängen bereits deregulierter Staaten nach und nach liberalisiert; die quantitative Begrenzung von grenzüberschreitenden Transporten und die Preisregulierung wurden aufgehoben und Marktmechanismen verstärkt.

Die Umorientierung in der europäischen und damit auch einzelstaatlichen politischen Regulierungspraxis wirft *erstens* die Frage nach den Faktoren auf, die für diese Veränderungen verantwortlich sind. *Zweitens* richtet sich die Aufmerksamkeit auf die typischen Merkmale dieser Veränderung sowie auf einige Steuerungskonsequenzen. Beide Fragestellungen werden im folgenden anhand der beiden regulativen Politikfelder Luftreinhalte- und Straßengütertransportpolitik diskutiert.[1] Im einen Fall haben wir es mit *»neuer«* regulativer Politik zu tun, die sich mit der Reduzierung negativer externer Effekte von Produktions- und Konsumtionsprozessen befaßt. Im anderen Fall handelt es sich um *»alte«* regulative Politik, die die Gestaltung von Marktzugangsbedingungen und Marktprozessen impliziert.

2. Analytischer Ansatz: Lose-Policy-Netzwerke in Europa

Wenn erklärt werden soll, wie bestimmte Policy-Entscheidungen aus einem interaktiven Zusammenhang von Akteuren hervorgehen, wird – sofern es sich nicht um klar konfigurierte Dreier- und Zweier-Konstellationen von Verhandlungspartnern im Sinne eines makropolitischen und sektoralen Korporatismus handelt –

1 Die empirischen Daten, auf denen die Argumentation beruht, wurden im Rahmen von zwei von der Deutschen Forschungsgemeinschaft finanzierten Forschungsprojekten erhoben. Vergleiche hierzu Héritier/Knill/Mingers (1996) sowie die laufenden Forschungen im Leibniz-Programm der Deutschen Forschungsgemeinschaft »Veränderung von Staatlichkeit in Europa – das Beispiel Transportpolitik – Bundesrepublik, Frankreich, Großbritannien, Italien, Niederlande« unter Mitarbeit von Dieter Kerwer, Christoph Knill, Dirk Lehmkuhl, Florence Rudolf und Michael Teutsch.

dieser Zusammenhang häufig als Netzwerk interagierender Akteure aufgefaßt. Das Konzept des Policy-Netzwerkes geht davon aus, daß eine überschaubare Zahl von zielorientiert und rational handelnden korporativen staatlichen und nicht-staatlichen Akteuren in einem Prozeß des Ressourcenaustauschs und des Verhandelns stehen, um in einem Politikfeld Entscheidungen hervorzubringen. Bei den Ressourcen, über die die einzelnen Akteure jeweils verfügen und die wechselseitig für die gemeinsame Politikproduktion von Bedeutung sind, handelt es sich um finanzielle Mittel, Expertise, legale Entscheidungsrechte, Informationen, aber auch die Fähigkeit, Beziehungen herzustellen oder die öffentliche Meinung – beispielsweise über den Zugang zu den Medien – zu mobilisieren.

Das Verhalten der beteiligten Akteure wird somit als interessenorientiertes Handeln interpretiert, das auf die Handlungsstrategien der anderen Akteure ausgerichtet ist. Diese zielorientierten interaktiven Strategien werden durch institutionelle Rahmenbedingungen ermöglicht und stimuliert, aber auch eingeschränkt (vgl. Mayntz/Scharpf 1995). Da alle Beteiligten sich in ihren Interaktionsbeziehungen (zumindest überwiegend) an institutionellen Vorgaben orientieren, ist es möglich, deren Handlungen zu antizipieren und dies in den eigenen strategischen Kalkülen zu berücksichtigen (vgl. Knight 1992).

Nun ist im Kontext der europäischen Politikgestaltung die Zahl der Teilnehmer häufig nicht begrenzt und überschaubar, sondern eher groß, fluktuierend und unübersichtlich. Denn wenn die Akteure, die für ein Policy-Netzwerk »consequential« (Laumann/Knoke 1987) sind, das heißt über für die Politikproduktion erforderliche Ressourcen verfügen, aus fünfzehn Mitgliedstaaten zusammentreffen, wird das Akteursfeld schnell unübersichtlich, und es entsteht ein buntes Gemisch institutioneller Orientierungen. Daraus ergibt sich eine höhere Unsicherheit bei der Kalkulation des Verhaltens: Zum einen sind die institutionellen Orientierungen den beteiligten Akteuren wechselseitig häufig nicht bekannt; zum anderen weiß man nicht, welche der möglichen institutionellen Regeln auf der europäischen Ebene handlungsverbindlich wird. Damit sind europäische Policy-Netzwerke weniger kohärent und die Akteure sind weniger eng aufeinander bezogen, als dies für entsprechende nationale Handlungszusammenhänge gilt. Unterstrichen wird diese institutionelle Unübersichtlichkeit durch die Tatsache, daß die europäische Politikgestaltung nicht durch klare Linien der politischen Verantwortlichkeit geordnet wird und insbesondere in den Anfangsphasen der Problemdefinition und Agendagestaltung fragmentiert und wenig transparent ist. Aufgrund der relativen Unübersichtlichkeit des Feldes und der begrenzten Kalkulierbarkeit der anderen Akteure ist sie tendenziell »up for grabs«, das heißt dem Zugriff eines Policy-Schrittmachers ausgesetzt. Anders formuliert, es zahlt sich aus, *policy entrepreneur* zu sein und die Initiative zu ergreifen, mit regulativen Politikvorschlägen vorzupreschen und im Zusammenspiel mit der EU-Kommission, die aufgrund ihres Vorschlagsrechts als Türwächterin fungiert, die »Anfänge« einer europäischen Maßnahme zu prägen, das heißt das Problem zu definieren und die politische Agenda, ja auch die Policy in ihren Grundzügen zu beeinflussen (vgl. Héritier 1996).

Aus dem Umstand, daß europäische Netzwerke sich über verschiedene politisch-administrative Ebenen und über nationale Grenzen erstrecken, ergibt sich ein weiteres typisches Prozeßmerkmal: Aus der drastisch erhöhten Zahl der relevanten Netzwerkakteure, die alle auf eine gemeinsame politische Bühne ausgerichtet sind, resultieren neue Möglichkeiten, Koalitionen einzugehen. So wenden sich lokale Akteure zuweilen an die EU-Kommission, um bei bestimmten politischen Maßnahmen Unterstützung gegen die eigene Regierung zu gewinnen. Umgekehrt nutzen die nationalen Regierungen die Vorschläge oder Entscheidungen europäischer Institutionen, um sich gegen die Opposition im eigenen Land durchzusetzen, wie dies in der Analyse von Mehrebenen-Verhandlungen dargestellt wird (vgl. hierzu Putnam 1988). Die Konzeptualisierung europäischer Politikgestaltung als Policy-Netzwerk lenkt den Blick auf diese neuen Koalitionen über Grenzen und Ebenen hinweg. Allerdings treffen wir – wie erwähnt – in vielen europäischen Politikbereichen nicht auf stabile und kleine Netzwerke (»policy communities«, vgl. Richardson 1995), wie sie im nationalen Rahmen über Jahrzehnte hinweg bestehen, sondern eher auf lockere und vorübergehende Formen des Zusammenwirkens (vgl. Peterson 1995, S. 389; Kassim 1994, S. 15 ff.).

Wie kam es nun dazu, daß sich in der Luftreinhaltepolitik und der Straßengüterverkehrspolitik eine *Umorientierung bei der*

Verwendung von Instrumenten der Regulierung ökologischer Risiken ergab, und wie lassen sich diese Veränderungen ansatzweise im Rahmen eines Policy-Netzwerkes interpretieren?

3. Faktoren des Wandels

Die Umorientierung in der europäischen regulativen Steuerung wurde durch vier Faktoren beeinflußt, die das interaktive Handeln der Akteure in den entsprechenden Politikfeldern bedingten: erstens durch eine Umorientierung in der übergeordneten Problemlösungsphilosophie im Sinne der zunehmenden Ausbreitung einer Deregulierungs-, Liberalisierungs- und Privatisierungsphilosophie; zweitens durch ein pragmatisches Policy-Lernen, das aus konkreten vergangenen Mißerfolgen in der bisherigen Politikimplementation Konsequenzen zog und andere Instrumente zur Anwendung brachte; drittens durch institutionelle Veränderungen, die neue Handlungschancen eröffneten; viertens – wie betont – durch den Umstand, daß europäische Politik immer aus einer Vielfalt von Regulierungsangeboten auswählen kann. Alle vier Faktoren sind nicht streng inhaltlich, sondern nur analytisch trennbar. So besteht ein Zusammenhang zwischen der Verwendung spezifischer Instrumente einerseits und der übergeordneten Problemlösungsorientierung andererseits. Diese verhelfen wiederum bestimmten Instrumenten aus dem vielfältigen europäischen »tool-kit« zur Geltung. Die institutionellen Neuerungen, die einen solchen Prozeß der Umorientierung beschleunigen oder gar erst möglich machen, wie Gerichtsurteile des Europäischen Gerichtshofs und neue europäische Aktionsprogramme, sind wiederum in Veränderungen der »belief systems« (Sabatier 1993), das heißt grundsätzlicher Sichtweisen darüber, wie Probleme gelöst werden sollen, eingebettet.

3.1 Der Wandel in der übergeordneten Problemlösungssicht

In den achtziger Jahren wurde die detaillierte staatliche Regulierung von Marktprozessen in den Vereinigten Staaten und Westeuropa zunehmend in Frage gestellt und die Lockerung gesetzlicher Vorschriften eingeleitet, die den Marktzugang, die Marktfunktionen und Marktkonsequenzen regeln. Direkte staatliche Infrastrukturprogramme wichen mehr und mehr markt- und quasimarktbasierten Leistungsangeboten. Für die Netzwerk-Akteure veränderten sich damit die Referenzpunkte für strategische Kalküle: Marktmechanismen und »weiche« politische Steuerungsmethoden, die mit Anreizen, Information und Überzeugung operieren, wurden als wirksameres Mittel zur Erfüllung regulativer Ziele betrachtet. So erhob sich in der europäischen Luftreinhaltepolitik immer stärker die Forderung, die ökologisch riskanten Auswirkungen von Marktprozessen nicht über detaillierte Vorschriften zu regulieren, sondern nur noch Qualitätsziele vorzugeben, die mittels unterschiedlicher Instrumente erreicht werden können. In der Straßengüterverkehrspolitik richtete sich die Kritik auf die hoch regulierten nationalen Transportmärkte. Diese sollten einem integrierten europäischen Transportmarkt weichen.

3.2 Pragmatisches Policy-Lernen

Die Umorientierung in der allgemeinen Problemlösungsphilosophie wurde auch durch den Umstand gefördert, daß sowohl die Verabschiedung als auch die Implementation detaillierter Regulierungen in den achtziger Jahren Anlaß zu viel Unzufriedenheit boten. So wurde es in der Luftreinhaltepolitik immer deutlicher, daß eine detaillierte regulative Harmonisierung sehr viele zeitliche und informationelle Ressourcen erfordert, um nur halbwegs mit der technisch-naturwissenschaftlichen Entwicklung der Produktionsverfahren mitzuhalten. Die rasche Vollendung des Binnenmarktes wäre durch eine solch detaillierte Harmonisierung stark behindert worden. Auch zeigte es sich von der Natur der zu regulierenden Gegenstände her, daß die präzise und einheitliche Regelung von Produktionsprozessen, Dienstleistungen und Produkten den unterschiedlichen örtlichen und regionalen Bedingungen in Europa nicht unbedingt angemessen war, da zentralen Regulierern Informationen darüber fehlten, was angesichts regionaler und lokaler Besonderheiten eine »gute« Problemlösung darstellt. Unzufriedenheit erzeugten darüber hinaus auch die häufig erneuerten Regulierungsauflagen bei der Industrie, die sich in ihren Planungen verunsichert und mit häufigen Anpassungskosten konfrontiert sah. Auch sprach für eine flexiblere Regulierung, daß man den industriell sich entwickelnden Mitgliedstaaten die Kosten für aufwendige technologische Schutzmaßnahmen nicht zumuten wollte (vgl. Scharpf 1994). Daher wurde ein zweistufiges Anspruchsniveau eingeführt und den sich spät industrialisierenden Staaten ermöglicht, in Anbetracht ihres Nachholbedarfs und einer im Durchschnitt minder belasteten Umwelt weniger strenge Regulierungsziele zu verfolgen. Diese Einsicht ergab sich nicht zuletzt aus dem notorischen Implementationsdefizit, das sich gerade in diesen Ländern bei europäischen Vorschriften findet und die europäische Politik als »Politik ohne Vollzug« unglaubwürdig werden ließ.

Diese unterschiedlichen praktischen Erfahrungen mit einer detaillierten Gebots- und Verbotssteuerung lösten in der Luftreinhaltepolitik eine Suche nach neuen Instrumenten aus. Auch im Bereich der Straßengüterverkehrspolitik erhöhte sich aufgrund der veränderten Problemlösungsorientierung der Druck, die hochregulierten Märkte einiger Mitgliedstaaten zu liberalisieren und die schwerfälligen Systeme der quantitativen Regulierung des Marktzugangs und der Preisfestsetzung aufzugeben. Diese Länder – allen voran die Bundesrepublik Deutschland – hatten die Forderungen anderer Mitgliedstaaten wie der Niederlande, Vorschriften abzubauen, zurückgewiesen und auf der Gleichzeitigkeit von regulativer Harmonisierung und Liberalisierung beharrt.

3.3 Institutionelle Neuerungen

Drei zentrale Veränderungen – das Binnenmarktprogramm, die Rechtsprechung des Europäischen Gerichtshofes sowie die partielle Einführung der qualifizierten Mehrheitsregel – schufen in den beiden Politikfeldern neue institutionelle Rahmenbedingungen. Damit boten sich reformwilligen Akteuren zusätzliche Ressourcen und neue Durchsetzungschancen. Das Binnenmarktprogramm unterstrich die Notwendigkeit, Handelshemmnisse schneller zu beseitigen. Damit rückte in der Luftreinhaltepolitik die erwähnte Schwerfälligkeit des bisherigen Harmonisierungsverfahrens in den Blickpunkt. Als Reaktion darauf wurde durch das »Cassis-de-Dijon«-Urteil des Europäischen Gerichtshofes von 1979 das Prinzip der »wechselseitigen Anerkennung« zur Leitidee des Binnenmarktprogramms erhoben. Im Weißpapier der EU-Kommission von 1985 ausformuliert, fand es seinen Ausdruck in der Einheitlichen Europäischen Akte von 1986. Danach gilt für Produkte und Dienstleistungen sowie für Hochschulabschlüsse, daß diese, auch wenn sie nach anderen nationalen Herstellungsanforderungen entstanden sind, in einem anderen Mitgliedstaat anerkannt werden müssen. Das Äquivalenzprinzip als Handlungsrichtlinie schuf auch im Bereich der prozeßorientierten Regulierung mehr Toleranz für eine regulative Vielfalt in den Mitgliedstaaten, solange damit die gemeinschaftlich gesetzten Ziele erreicht werden. Interessanterweise hatte bereits das Dassonville-Urteil die Möglichkeit der wechselseitigen Anerkennung von Produktvorschriften (vgl. Alter/Meunier-Aitshalia 1994) eingeführt, ohne daß davon ein Veränderungsdruck auf die europäische Politik insgesamt ausgegangen wäre. Ausschlaggebend war wohl, daß im Falle des Cassis-de-Dijon-Urteils die Kommission initiativ wurde und das Urteil als rechtliche Ressource nutzte, um im Verhandlungsprozeß mit anderen Akteuren die programmatische Umorientierung in der regulativen Politik voranzutreiben. Umgehend ließ sie dem Parlament und dem Ministerrat eine »Mitteilung« zukommen und verlieh damit dem Urteil eine hohe »politische Sichtbarkeit«.

Unterstrichen wird die neue Leitlinie europäischer Politik durch das Subsidiaritätsprinzip, das die Notwendigkeit betont, sofern es sich nicht um ausschließliche Kompetenzen der Europäischen Gemeinschaft handelt, den Gestaltungsschwerpunkt der Politik bei den Mitgliedstaaten beziehungsweise subnationalen Einheiten zu belassen. Damit wird die regulative Vielfalt gefördert.

Im Falle der Straßengüterverkehrspolitik war es das »Untätigkeitsurteil« des Europäischen Gerichtshofes von 1985, das den Liberalisierungsprozeß in Gang brachte. Es stellte fest, daß im Verkehrssektor das Prinzip des freien Dienstleistungsverkehrs nicht verwirklicht sei, und untersagte eine Diskriminierung von Unternehmen der Mitgliedstaaten. Die »Liberalisierer« nutzten diese rechtliche Ressource, um bei den politischen Beschlüssen des Mailänder Gipfels und des Verkehrsrats darüber hinauszugehen und neben den Diskriminierungen auch die mengenmäßigen Beschränkungen zu beseitigen (vgl. Erdmenger 1986, S. 201).

Eine weitere institutionelle Veränderung, die für die Beschleunigung der instrumentellen Umorientierung in beiden Politikfeldern eine Rolle spielte, war die Einführung der qualifizierten Mehrheitsentscheidung unter der Einheitlichen Europäischen Akte. Die Möglichkeit, in Binnenmarktfragen nach diesem Prinzip zu entscheiden, wirkt wie ein »Schatten der Hierarchie« (Scharpf 1991) und fördert die Verhandlungsbereitschaft der beteiligten Akteure, auch wenn die Möglichkeit, eine formale Mehrheitsentscheidung herbeizuführen, gar nicht in Anspruch genommen wird. Neben dem Wandel der grundlegenden Problemlösungsorientierung, dem praktischen instrumentellen Lernen sowie den institutionellen Neuerungen war es insbesondere die Vielfalt Europas, die eine schnelle und ausgeprägte Neuorientierung ermöglichte.

3.4 Die Vielfalt des »Regulierungsangebots« in Europa

Die Tatsache, daß eine Vielfalt von Interessen und Policy-Traditionen auf der europäischen Bühne aufeinandertreffen, eröffnet die Möglichkeit, zwischen politischen Regulierungsformen schneller zu wechseln. Wahlweise kann sich die Kommission an dieser oder jener nationalen Regulierungstradition ausrichten und diese auf neue und vielfältige Weise kombinieren. Häufig sind es einzelne Mitgliedstaaten, die an die Kommission herantreten und – in Orientierung an ihren nationalen Praktiken – Vorschläge zur europäischen Politikgestaltung unterbreiten. Die Kommission kann konkrete Maßnahmen auf die Gesetzgebungsschiene bringen. Dabei orientiert sie sich einerseits an den übergeordneten Handlungsrichtlinien des Europäischen Rates, andererseits an den Vorschlägen der Mitgliedstaaten. Weil die Politikgestaltung in Europa auf ein solch vielfältiges Angebot aus dem regulativen Wettbewerb der Mitgliedstaaten zurückgreifen kann und weil keine institutionelle Klammer einer parlamentarischen Mehrheitsregierung gegeben ist, die eine programmatische Integration der Politik auf der Basis eines Wahl- oder Koalitionsprogrammes einer oder mehrerer Parteien garantiert, bietet die europäische Politik ein wechselhaftes, bunt gemustertes Bild.

Die instrumentelle Umorientierung, die sich Ende der achtziger Jahre in der europäischen Luftreinhaltepolitik konstatieren läßt, findet im Umschwenken von dem deutschen zum britischen Lösungsansatz seinen Niederschlag. Während die Gesetzgebung im Bereich industrieller Emissionen zunächst stark durch die deutsche Regulierungspraxis, das heißt an Emissionen und am Stand der Technik orientiert war, vollzog sich in den letzten Jahren zunehmend eine *Hinwendung zum britisch inspirierten Modus der bloßen Vorgabe von Umweltqualitätszielen, einer breiten Information der Öffentlichkeit, einer betrieblichen Selbstregulierung und einem betrieblichen Umweltmanagement.* Im regulativen Wettbewerb der letzten Jahre waren es somit die Briten, die bei der Kommission mehr Gehör für ihre Gestaltungsvorschläge fanden und die europäische Politik stärker bestimmten, während die deutschen Regulierungsvorschläge eher an Einfluß verloren. Wesentlich dafür war das allgemeine Meinungsklima der Deregulierung und der Kosten-Nutzen-Analysen sowie – unter dem Subsidiaritätsprinzip – der Wille, mehr Handlungsspielräume zu eröffnen.

Auch im Bereich des Straßengüterverkehrs, der ebenfalls ökologisch relevante Aspekte aufweist, läßt sich – vor dem Hintergrund der vielfältigen Regulierungstraditionen Europas nicht weiter verwunderlich – eine Rivalität beobachten, wenn es darum geht, die Problemdefinition und Agendagestaltung der Kommission mitzubestimmen. Die Stoßrichtung dieser Gestaltungsbemühungen richtete sich jedoch – im Unterschied zur Luftreinhaltepolitik – nicht auf eine andersartige oder weichere Form der Regulierung, sondern auf die *gezielte Zurückdämmung staatlichen Einflusses in der nationalen Güterverkehrspolitik.* Vor dem Hintergrund ihrer liberalisierten Transportmärkte hatten die Niederländer, Dänen und Briten immer wieder Vorstöße unternommen, um die wechselseitige Öffnung der Verkehrsmärkte zu beschleunigen. Im Ministerrat scheiterten sie jedoch am beharrlichen Widerstand der hochregulierten Länder, inbesondere der Bundesrepublik. Diese bestand immer darauf, daß vor – oder zumindest simultan mit – einer Liberalisierung eine Harmonisierung von Steuern und Vorschriften vollzogen werden sollte. Durch die erwähnten institutionellen Veränderungen, das heißt das Binnenmarktprogramm, das »Untätigkeitsurteil« des EuGH sowie die partiell veränderte Entscheidungsregel, erhielten die Liberalisierer Rückhalt in der politischen Auseinandersetzung, was zu schrittweisen Veränderungen in der Straßengüterverkehrspolitik führte. Auch ohne vorhergehende Harmonisierung konnte nun, nach dem EuGH-Urteil, eine Deregulierung in Gang gesetzt werden, und die Liberalisierungsgegner zeigten sich kompromißwilliger, weil sie damit rechnen mußten, unter Umständen überstimmt zu werden. So kam es zur Verabschiedung der Direktiven von 1993, die die schrittweise Freigabe der Cabotage vorsehen – das heißt des Rechts, im Ausland Transporte durchzuführen – und eine partielle Steuerharmonisierung brachten sowie die Möglichkeit zuließen, zur Deckung der Wegekosten des Straßengüterfernverkehrs einen Beitrag (Eurovignetten) zu erheben.

4. Die »neuen« Instrumente politischer Regulierung

Welches sind nun im einzelnen die neuen Formen der Regulierung ökologisch-technischer Risiken und des Marktes, wo und wann wurden sie – vor dem Hintergrund der skizzierten Veränderungsfaktoren – eingeführt, auf welchen nationalen Traditionen beruhen sie, und welche spezifischen Verbindungen von politischer Regulierung und gesellschaftlicher Selbstregulierung gehen sie ein? In Anbetracht der Unterschiedlichkeit der beiden untersuchten Politikfelder überrascht es nicht, daß die neuen Regulierungsformen divergieren. In der *Luftreinhaltepolitik* grenzen sie sich von einer europäischen Regulierung ab, die emissions- und technikorientierte Genehmigungsverfahren implizierte. Sie arbeiten mit variablen Formen von Anreizen, bauen auf die betriebliche Selbstregulierung und Kosten-Nutzen-Analysen und suchen die Öffentlichkeit zu mobilisieren. Generell führten sie mehr Wahlmöglichkeiten von Steuerungsinstrumenten ein, um spezifische vorgegebene Luftqualitätsziele zu erreichen. Der Ausgangspunkt im *Straßengüterverkehr* war hingegen eine streng »objektive« quantititative Regulierung des Marktzugangs sowie die Preisregulierung in den Mitgliedstaaten. Europäische Regulierungs- beziehungsweise Deregulierungsaktivitäten befinden sich erst in ihren Anfängen und umfassen einen schrittweisen Abbau nationaler Vorschriften, um Marktkräften Geltung zu verschaffen.

4.1 Die neuen Regulierungsinstrumente in der europäischen Luftreinhaltepolitik

Luftqualitätsziele plus Mobilisierung von unten. Die Öffentlichkeit als Implementationsgehilfe: In den achtziger Jahren waren es die Deutschen, die den Stil der europäischen politischen Risikoregulierung im Bereich industrieller Emissionen stark prägten und die eigene Emissionsorientierung auf der Basis des Standes der Technik sowie das Vorsorgeprinzip auf europäischer Ebene verankerten. Gegen Ende der achtziger Jahre vollzog sich in der europäischen Politik aus den oben dargestellten Gründen eine schrittweise Abwendung von diesen Prinzipien. Nun waren es die Briten, die sich im regulativen Wettstreit mehr aktivierten und – das qualifizierte Mehrheitsprinzip und die Gefahr, überstimmt zu werden, vor Augen – sich mit ihren Vorstellungen in der Gesetzgebung durchsetzten. Mit der Unterstützung der Kommission, die ihrerseits von der steuerungspolitischen Großwetterlage der Deregulierung und Marktliberalisierung sowie vom Subsidiaritätsprinzip beeinflußt ist, waren die Briten maßgeblich an der Ausgestaltung neuer europäischer Steuerungsformen beteiligt. Diese stammen entweder – wie die Festlegung von Immissionszielen – aus langen britischen Traditionen, oder sie wurden – wie die Bereitstellung von Informationen für die Öffentlichkeit – in der nationalen Gesetzgebung seit kürzerer Zeit etabliert (Environmental Protection Act 1990). Eine an Umweltqualitätszielen orientierte Politik der Regulierung ökologischer Risiken war in Europa bereits in den siebziger Jahren praktiziert worden, hatte jedoch wegen mangelnder Implementation Kritik hervorgerufen. In Unterschied zu damals sieht die heutige immissionsorientierte Regulierung jedoch ein zusätzliches Element vor: Die Öffentlichkeit wird über die Luftqualität, über die Genehmigung von Anlagen und alle umweltrelevanten Daten der Verwaltungen breit informiert. Damit verbindet sich die Intention, über die Ausübung eines Drucks »von unten« die Implementation europäischer Gesetzgebung effektiver zu gestalten.

Auch bei dieser Überlegung gehen europäische und britische Politikziele Hand in Hand.

Mit der Verwendung dieser neuen Regulierungsformen wird auch dem Subsidiaritätsprinzip Genüge getan, denn es obliegt den Mitgliedstaaten, diejenigen Instrumente auszuwählen, die zur Erreichung der europäischen Qualitätsziele geeignet sind. Gleichzeitig wird aber für eine gewisse Kontrolle von unten gesorgt. Die Verbindung der Instrumente einer rahmenorientierten Steuerung (Qualitätsziele plus Wahlmöglichkeit der Instrumente) einerseits und einer Einbeziehung der Öffentlichkeit in Genehmigungsverfahren andererseits findet sich in vielen wichtigen neueren Direktiven der Luftreinhaltepolitik, so der Luftqualitäts-Rahmenrichtlinie, der Richtlinie über den Integrierten Umweltschutz sowie der Informationsrichtlinie.

Die Selbstregulierung der Betriebe: Als zweites neues Element der politischen Regulierung fällt auf, daß in der europäischen Luftreinhaltepolitik – wiederum in Kongruenz mit der britischen Problemlösungsphilosophie – zunehmend auf die Selbstregelungs- und Selbstüberwachungsfähigkeit der Betriebe gebaut wird. Diese sind gehalten, all ihre umweltrelevanten Aktivitäten zu überprüfen und ökologisch riskante Auswirkungen zu reduzieren, sofern eine Kosten-Nutzen-Rechnung den Aufwand rechtfertigt. Gleichzeitig sollen die Betriebe kontinuierlich ihre Emissionen überwachen und veröffentlichen. Diese Form der freiwilligen betrieblichen Selbststeuerung wurde im Rahmen der Öko-Bilanz und -Management-Verordnung eingeführt. Als Modell dafür diente der Öko-Management- und -Audit-Standard der britischen Standard Institution. Neben dem Element der Selbstregulierung, das heißt des betrieblichen Managements von umweltrelevanten Aktivitäten und deren Bilanzierung sowie der internen Kontrolle durch einen unternehmensangehörigen Prüfer, enthält die Verordnung auch ein »hierarchisches« Steuerungsmoment: Die Aktivitäten werden durch einen externen Prüfer kontrolliert. Hinzu tritt wiederum die Information der Öffentlichkeit; die umweltrelevanten Maßnahmen im Rechenschaftsbericht werden publiziert.

Die Bundesrepublik trat im Entscheidungsprozeß um die Öko-Bilanz- und -Management-Verordnung als Gegenspieler Großbritanniens auf und lehnte als einziger Mitgliedstaat den Vorschlag ab. Aus deutscher Sicht stellt die betriebliche Selbstregulierung einen Fremdkörper in der Umweltpraxis dar. Ja, es wird befürchtet, daß diese – wenngleich freiwillige – Form der betrieblichen Selbstregulierung die Genehmigungs- und Kontrollpraxis nach dem Bundesimmissionsschutzgesetz Schritt für Schritt unterminieren und verdrängen könnte. Nachdem die Verordnung beschlossen worden war und es um die Umsetzung in einzelstaatliche Gesetzgebung ging, entbrannte dann auch eine Kontroverse in der Frage, ob die externen Prüfer vom Staat oder von einem verbandlichen Selbstverwaltungsorgan der Industrie ernannt werden sollen. Während die Bundesregierung das Umweltbundesamt mit der Akkreditierung beauftragen wollte, sprachen sich Vertreter der Industrie dafür aus, den Deutschen Industrie- und Handelstag mit der Aufgabe zu betrauen. Schließlich wurde ein kunstvoller Kompromiß konstruiert, der sowohl dem staatlichen Kontrollinteresse über die externen Prüfer als auch den Wünschen nach verbandlicher Selbstverwaltung gerecht wird: Ein Gremium, das nur aus Vertretern der Industrie besteht, beruft die externen Prüfer. Jedoch muß es aus einem Pool von Auditors auswählen, der von einem Gremium öffentlichrechtlicher Vertreter zusammengestellt wird.

Obwohl die Öko-Bilanz- und -Management-Verordnung nur auf freiwilliger Basis anzuwenden ist, darf doch der Anpassungsdruck nicht unterschätzt werden, der von ihr ausgeht. Denn macht ein Unternehmen nicht mit, gerät es leicht in Verdacht, umweltschädliche Praktiken vertuschen zu wollen. Die Öko-Bilanz- und -Management-Direktive verweist damit auf die verborgene »Stärke weicher Instrumente«.

Der neue Tripartismus: Ein weiteres Element der sanften Steuerung in der Luftreinhaltepolitik findet sich seit jüngerer Zeit in Form der Kooperation von Kommission und Verbänden, dem »neuen Tripartismus«. Dessen Ziel ist es, durch die Einbeziehung konfligierender Verbände in die Politikgestaltung neue Problemlösungen zu entwickeln. Es war die Kommission, die die Initiative ergriff, um eine solche Zusammenarbeit zwischen Automobil- und Mineralölindustrie auf den Weg zu bringen und neue Methoden und Ansätze zur Reduktion von Autoemissionen zu entwickeln.[2] Die europäischen Verbände der Automobilindustrie

2 Der Konflikt resultiert daraus, daß die Automobilindustrie der Mineralölindustrie vorwirft, zur Reduktion von Schadstoffemissionen weniger beigetragen zu haben als sie selbst.

(ACEA) und der Mineralölindustrie (EUROPIA) gingen bereitwillig auf diese Aufforderung ein, und es entwickelte sich eine längerfristige Kooperation »zu dritt« im Rahmen des sogenannten Auto-Oel-Programms. Dies geschah zunächst unter Ausschluß der Regierungsvertreter der Mitgliedstaaten im »Standing Committee for the Reduction of Auto Emissions«. Im Zentrum des neuen Tripartismus steht die Bemühung, durch die Kooperation in der Forschung zu einer gemeinsamen Problemsicht der Ursache-Wirkung-Zusammenhänge zu gelangen und diese mittels wissenschaftlicher Modellierungen und Kosten-Nutzen-Analysen zu »objektivieren«. Daraus sollen dann entsprechende Handlungskonsequenzen abgeleitet werden (vgl. Arp 1995). Die neue Politik ist ein »Multiple Approach Programme«, das eine Vielzahl unterschiedlicher Einzelmaßnahmen – von neuen Motortechnologien über Treibstoffveränderungen bis hin zu Wartungsmaßnahmen und Verkehrsberuhigung – umfaßt, um bestimmte Umweltqualitätsziele (Ambient Air Targets) zu erreichen, wobei diverse Instrumente eingesetzt werden können.

4.2 Die »neuen« Instrumente in der Straßengüterverkehrspolitik

Während in der Luftreinhaltepolitik Marktanreize als weiche Steuerungsinstrumente nur vereinzelt (etwa im Falle der Öko-Etiketten-Gesetzgebung) und marginal zum Tragen kommen, stellen sie im Bereich des Straßengüterverkehrs die dominierende neue Form der Steuerung dar. Seit die wechselseitige Blockierung der Liberalisierungsbefürworter und -gegner im Ministerrat durch die oben dargestellten institutionellen Veränderungen aufgebrochen wurde (Binnenmarktprogramm, Inaktivitätsurteil und qualifizierte Mehrheitsregel), mußten Quoten und Gebühren Schritt für Schritt der Liberalisierungspolitik weichen. Im Rahmen des 1993 beschlossenen Direktivenpaketes wurde die Cabotage erhöht und soll bis 1998 ganz freigegeben werden. Die Marktregulierung erfolgt nicht mehr nach quantitativen Gesichtspunkten (Kontingente, Tarife), sondern nach individuellen qualitativen Kriterien der professionellen Kompetenz, der finanziellen Zuverlässigkeit und des guten Leumunds. Diese Qualitäten muß ein Güterverkehrsunternehmer nachweisen, wenn er im

Transportgeschäft tätig werden möchte. Um die Zustimmung der Liberalisierungsgegner zur graduellen Cabotage-Freigabe zu sichern, wurde gleichzeitig eine Harmonisierung der Mineralölsteuer beschlossen sowie die Möglichkeit eingeführt, Wegekosten nach dem Territorialprinzip für den einheimischen und ausländischen Güterverkehr zu erheben. Immerhin wurde damit – zumindest partiell – die Forderung der Deutschen, gleichzeitig zu harmonisieren und zu liberalisieren, ein Stück weit erfüllt.

Bemerkenswert ist nun, daß diese Politik der Deregulierung im transnationalen Straßengütertransport sich mit einem Mehr an politischer Regulierung in den Mitgliedsländern verband. Die europäische Liberalisierungspolitik antizipierend und auf diese reagierend, beschlossen diese eine Vielzahl einzelstaatlicher regulativer und steuerlicher Maßnahmen, die die Unternehmen entweder auf den integrierten Transportmarkt vorbereiten oder dessen Wirkung auf die eigene Transportbranche abfedern sollen. So wurde in dem hochregulierten nationalen Straßengüterverkehrsmarkt der Bundesrepublik die Tarifbindung aufgehoben. Um die nationalen Fuhrunternehmer bei technischen Kontrollen nicht zu benachteiligen und die ausländischen Lastkraftwagen gleichermaßen zu erfassen, wurden entsprechende Kontrollen aus dem Betrieb vermehrt auf die Straße verlegt. Auch führte die Bundesrepublik die Regionalvignette ein, um ausländische und inländische Fuhrunternehmer mit einem Teil der Wegekosten zu belasten. Als Kompensation wurde für die einheimischen Fuhrunternehmer jedoch gleichzeitig die Kraftfahrzeugsteuer für Lastkraftwagen gesenkt. Die Niederlande, um das Beispiel eines anderen Mitgliedstaates anzuführen, reduzierten die Steuern für Fuhrunternehmer, um deren Position in dem jetzt rauheren europäischen Wettbewerb zu stärken. Auch werden staatliche Beihilfen für neue Verbandsgründungen geboten, damit die Branche sich in dieser Konkurrenz besser behaupten kann.

5. Schluß

Die Unterschiedlichkeit nationaler Politiktraditionen, die auf der europäischen Bühne aufeinandertreffen, bietet für die Regulierung ökologisch-technischer Risiken eine vielfältige Handlungsgrundlage, die eine erhebliche Dynamik in der europäischen Politikentwicklung auslöst. Führende Mitgliedstaaten konkurrieren um Einfluß und konfrontieren die Entscheidungsgremien mit einem vielfältigen Regulierungs»angebot«. Ausschlaggebend dafür, daß sich ein Mitgliedstaat bei der Gestaltung europäischer Maßnahmen im Regulierungswettbewerb durchsetzt, ist in den hier betrachteten Bereichen der Luftreinhaltepolitik und der Transportpolitik eine erfolgreiche Kooperation mit der Kommission als Türwächterin des europäischen Agenda-Setting. Die von ihr auf die Gesetzgebungsschiene gebrachten Policy-Vorschläge und deren Steuerungsprinzipien müssen sich jedoch in die übergeordnete programmatische Problemlösungsorientierung der Europäischen Union einfügen.

Neben den vielfältigen Wahlmöglichkeiten werden einschneidende instrumentelle Umorientierungen durch institutionelle Innovationen, wie Urteile des Europäischen Gerichtshofes oder Veränderungen von Entscheidungsregeln, ermöglicht, die dann von reformfreudigen Akteuren als Ressourcen genutzt werden, um instrumentelle Neuorientierungen durchzusetzen. Faktisch läßt sich in der Luftreinhaltepolitik eine *Veränderung in der politischen Regulierung ökologischer Risiken* beobachten, die eine Abwendung von der eher deutsch inspirierten Gebots- und Verbotssteuerung zugunsten einer weicheren managementorientierten, prozeduralen sowie immissionsorientierten Steuerung, die eher am britischen Vorbild ausgerichtet ist, impliziert. Im Straßengüterverkehr findet sich – unter dem Einfluß des Binnenmarktprogramms und der Rechtsprechung des Europäischen Gerichtshofes – eine ausgeprägte Marktliberalisierungspolitik.

Literatur

Alter, K. J., und S. Meunier-Aitshalia, 1994, »Judicial Politics in the European Community – European Integration and the Pathbreaking Cassis-de-Dijon Decision«, in: *Comparative Political Studies* 26, S. 535-561.

Arp, H., 1995, »Multiple Actors and Arenas: European Community Regulation in a Polycentric System: A Case Study on Car Emission Policy«. Ph. D. Dissertation defended at the European University Institute, Florenz.

Boehmer-Christiansen, S., und J. Skea, 1991, *Acid Politics: Environmental and Energy Policies in Britain and Germany*, London.
Erdmenger, J., 1986, »Verkehrspolitik«, in: W. Weidenfeld und W. Wessels (Hg.), *Jahrbuch der Europäischen Integration*, Bonn, S. 200-206.
Héritier, A., 1996, »The Accommodation of Diversity in European Policy-Making and its Outcomes: Regulatory Policy as a Patchwork«, in: *Journal of European Public Policy* 3, S. 149-167.
–, C. Knill und S. Mingers, 1996, *Ringing the Changes in Europe: Regulatory Competition and the Transformation of the State*, Berlin/New York.
Kassim, H., 1994, »Policy Networks, Networks and European Union Policy Making: A Sceptical View«, in: *West European Politics* 17, S. 15-27.
Knight, J., 1992, *Institutions and Social Conflict*, Cambridge.
Laumann, E., und D. Knoke, 1987, *The Organizational State: Social Choice in National Policy Domains*, Madison.
Mayntz, R., und F. W. Scharpf (Hg.), 1995, *Politische Steuerung und gesellschaftliche Selbstregelung*, Frankfurt am Main.
Peterson, J., 1995, »Policy Networks and European Union Policy Making: A Reply to Kassim«, in: *West European Politics* 18, S. 389-407.
Putnam, R. D., 1988, »Diplomacy and Domestic Politics: The Logic of Two-Level Games«, in: *International Organization* 42, S. 427-451.
Richardson, J., 1996, »Actor-Based Models of National and EU Policy Making: Policy Communities, Issue Networks and Epistemic Communities«, in: H. Kassim und A. Menon (Hg.), *The European Union and National Industrial Policy*, London, S. 26-51.
Sabatier, P. A., 1993, »Advocacy-Koalitionen, Policy-Wandel und Policy-Lernen: Eine Alternative zur Phasenheuristik«, in: A. Héritier (Hg.), *Policy-Analyse. Politische Vierteljahresschrift*, Sonderheft 24, Opladen, S. 116-148.
Scharpf, F. W., 1991, »Political Institutions, Decision Styles, and Policy Choices«, in: R. M. Czada und A. Windhoff-Héritier (Hg.), *Political Choice. Institutions, Rules and the Limits of Rationality*, Frankfurt am Main/Boulder, S. 53-86.
–, 1994, »Mehrebenenpolitik im vollendeten Binnenmarkt«, MPIFG Köln, Discussion Paper 94/4, Köln.

Niklas Luhmann
Grenzwerte der ökologischen Politik
Eine Form von Risikomanagement

I

In dem Maße, wie ökologische Politik konkrete Gestalt annimmt, werden Formfragen aktuell. Es geht längst nicht mehr nur darum, ob die ökologischen Bedingungen menschlichen Lebens und Überlebens politikfähig sind oder nicht. Man diskutiert seit langem, was man tun kann, um diese Bedingungen zu erhalten oder zu verbessern. Dabei geht es um die Eignung von Maßnahmen, angestrebte Effekte zu erreichen, und um die Frage, ob sich das Gewünschte mit vertretbaren Kosten erreichen läßt und mit welchen Risiken, was Zielerreichung, Kostensteigerung und Nebenfolgen betrifft. Die Frage, in welchen Formen die Politik auf ökologische Probleme reagiert, betrifft nicht das Was, sondern das Wie ihrer Operationen. Sie geht einen Schritt über die geläufigen Diskussionen hinaus und versucht, aus den Alltagskontroversen allgemeine Unterscheidungen herauszuziehen, die nicht kontrovers sein können oder wenn, dann auf einer anderen Ebene politischer Sensibilität.

In erheblichem Umfang bedient sich die Ökopolitik auf nationaler wie zunehmend auch auf internationaler Ebene der Festlegung von Grenzwerten, die markieren, in welchem Ausmaß bestimmte Auswirkungen des Handelns erlaubt beziehungsweise verboten sind. Die Beurteilung dieses Instruments ist umstritten. Man findet harte Kritik etwa in Form der Aussage: »Das Grenzwertkonzept ist wissenschaftlich nicht begründbar« (Kortenkamp/Gahl/Grimme 1989, S. 264); es sei folglich aus dem Verkehr zu ziehen und durch effektivere Mittel der Schadensreduzierung zu ersetzen. Auf der anderen Seite steht die Einsicht, daß ökologische Maßnahmen nicht ohne Rücksicht auf ihre wirtschaftlichen Folgen durchgesetzt werden können und daß eine politisch-rechtliche Regelung mindestens den Vorteil hat, daß alle Wirtschaftsunternehmen, die am Markt konkurrieren, von gleichen Bedingungen ausgehen müssen und nicht der Unternehmer, der »freiwillig« mehr Rücksicht auf die Umwelt nimmt als andere, mit wirtschaftlichen Nachteilen zu rechnen hat.

Die Kontroverse hat sich an den Problemen einer naturwissenschaftlichen Begründung von Grenzwerten orientiert, und heute ist so gut wie unbestritten, daß diese Begründungen im Normalfall nicht ausreichen. Das heißt: Grenzwerte legen eine Differenz von erlaubt und unerlaubt fest, die auch im Bereich des Erlaubten Schädigungen beziehungsweise Risiken nicht sicher ausschließen kann. Man denke nur an die Grenzwerte bei krebserzeugenden Strahlungen oder Chemikalien, wo überhaupt keine untere Grenze angegeben werden kann, die Schädigung mit Sicherheit ausschließt, weil der Wirkungsmechanismus nicht hinreichend bekannt ist. Diese naturwissenschaftliche Unentscheidbarkeit hat Raum gegeben für interessenbedingte Kontroversen, die mit wenig wechselseitigem Verständnis geführt werden. Das jeweils eigene Interesse – sei es an Aufrechterhaltung der Produktion, sei es an Verbesserung der ökologischen Bedingungen – wird als allgemeines Interesse ausgegeben, so daß es zu einer Polemik gegen Interessen kommt, die für das jeweils eigene Interesse blind ist. Verschleierung von Informationen, wechselseitige Verunstaltung der Standpunkte, rein rhetorische Mittel verzerren die Diskussion.[1]

Da wir uns im Bereich einer politischen Auseinandersetzung befinden, ist mit einem Interessenkonflikt und mit unsachlich-übertreibender Kommunikation zu rechnen. Trotzdem könnte man überlegen, ob etwas und was gewonnen werden könnte, wenn man die Frage nach der naturwissenschaftlichen Begründung des Grenzwertkonzeptes durch die Frage nach einer sozialwissenschaftlichen Begründung ersetzt. Das führt dann zwar nicht zu einer Bestätigung oder Kritik bestimmter Grenzwertfestlegungen, wohl aber zu einem besseren Verständnis der Form dieser Regelung. In erster Linie geht es dabei, wie immer bei ernsthaft betriebener Wissenschaft, um Erkenntnisgewinn. Aber zugleich könnte man damit auch die Erwartung verbinden, daß die überzogenen Einseitigkeiten der Diskussion und die Erwartungen/Enttäuschungen abgebaut werden, die sich bei einer

1 Man könnte an eine Sammlung rhetorischer Stilmittel denken, die eine unsachliche Argumentführung verdecken. Zum Beispiel: wenn die Argumente der Gegenseite mit dem Wort »angeblich« disqualifiziert werden.

rein naturwissenschaftlichen Betrachtungsweise eingestellt hatten. Wir benötigen für die Analyse drei Begriffe, die eng miteinander zusammenhängen, sich wechselseitig definieren und dadurch vom geläufigen Politikverständnis abheben. Es sind die Begriffe Beobachtung, Form und Information.

Unter Beobachten verstehen wir eine Operation, die eine Unterscheidung verwendet, um die eine und nicht die andere Seite zu bezeichnen – etwa Erhaltung und nicht Zerstörung von tropischen Regenwäldern, stratosphärischen Bedingungen, trinkbarem Grundwasser. Als Form bezeichnen wir im Anschluß an George Spencer Brown (1979) die Markierung einer solchen Unterscheidung, also einer Grenzlinie, die das Unterschiedene trennt und aufeinander bezieht.[2] Die Unterscheidung selbst ist ein geschlossenes Schema. »Distinction is perfect continence« (Spencer Brown 1979, S. 1). Will man diese Geschlossenheit sprengen, muß man eine andere Unterscheidung verwenden, für die dasselbe gilt. Das schließt Dynamik nicht aus, sondern ein. Nur jeweils eine der beiden Seiten kann operativ besetzt beziehungsweise beobachtend bezeichnet werden (denn anderenfalls hätte es keinen Sinn, einen Unterschied zu postulieren). Man kann aber innerhalb der Form die Grenzlinie kreuzen und zur anderen Seite übergehen. Das erfordert jedoch eine besondere Operation mit besonderen logischen Implikationen und vor allem: Zeit.

Eine Form trennt und verbindet dank ihrer Zweiwertigkeit. Ein System, das formbezogen operiert oder gar im Schema von Formen beobachtet, nutzt diese Zweiwertigkeit. Es ist bistabil. Es kann seine Operationen von der einen oder der anderen Seite aus fortsetzen und zwischen beiden Seiten oszillieren. Es ist jedenfalls kein teleologisches System, das mit dem Erreichen seines Zieles keinen weiteren Anlaß zum Operieren findet und seine Tätigkeit daher einstellt. Vielmehr wird bei jeder Fokussierung eine andere Seite der Form mitproduziert, so daß das System endogen unruhig ist und bleibt.

Betrachtet man ein solches Formen prozessierendes, Formen in Formen transformierendes System in dynamischer Hinsicht,

2 Anzumerken wäre noch, daß Spencer Brown für die einfacheren Formen seines Kalküls nicht voraussetzt, daß die Form zum Beobachten benutzt wird. Zunächst geht es um das pure operative Diskriminieren.

kommt man auf den Begriff der Information. Im Anschluß an Gregory Bateson (1981, S. 488 f., 582 ff.) soll unter Information verstanden werden ein Unterschied, der einen Unterschied macht – also etwa eine Verschlechterung der klimatischen Bedingungen, ein Wachstum der Bevölkerung, eine Verringerung der Ölvorräte – sofern dies ein System alarmiert, es also in einen anderen Zustand versetzt. Um Information zustande zu bringen, sind also mindestens zwei Formen erforderlich und außerdem ein rekursiver Zusammenhang, also ein System, das sie verknüpft. Und es muß sich um ein und dasselbe System handeln. Zwei Systeme, die jeweils ihren eigenen Zustand ändern, würden nicht genügen.

Zieht man diese begrifflichen Bestimmungen zusammen, dann führen sie zur Theorie eines operativ geschlossenen Systems. Das System ist auf der Ebene beobachtender Operationen, auf der Ebene des Formengebrauchs, auf der Ebene des Prozessierens von Informationen geschlossen – nicht natürlich in kausaler oder materieller Hinsicht. Es prozessiert nur eigene Beobachtungen (nicht die anderer Systeme), es benutzt dafür nur eigene Unterscheidungen, und Information ist für ein solches System nur das, was im System selbst zur Veränderung seines Zustandes taugt und benutzt wird.

Damit wird auch einsichtig, weshalb die Form eine Zwei-Seiten-Form ist und nicht eine facettenreiche Gestalt, die vielen Beobachtern jeweils andere Seiten zeigt und doch für alle dieselbe ist und bleibt. Nur zwei Seiten – das findet in der Umwelt keine Entsprechung. Damit löst sich das System aus seiner Umwelt und operiert fürderhin nur nach Maßgabe der eigenen Unterscheidungen. Für die Anknüpfung von Operationen ist mit der Zweiseitigkeit ein Mindestmaß an Freiheit gegeben, das zugleich ein Höchstmaß an Autonomie bewirkt. Man kann sich mit 0/1, an/aus, positiv/negativ, mehr/weniger und so weiter selektiv orientieren und alle weitere Komplexität durch eine Sequenz von Operationen aufbauen, ohne daß das Schema selbst ein Umweltkorrelat aufweisen müßte oder auch nur könnte. Informationen sind dann nichts weiter als schemaabhängige Überraschungen, denen das System selbst einen Sinn zu geben sucht. Deshalb dient der Effekt einer Veränderung des Systemzustandes als Anlaß für weitere Operationen, nicht aber ein Input von (dabei konstant bleibenden) Nachrichten aus der Umwelt in das System. Binär in

Gang gesetzt, kann das System nie wieder mit der Umwelt verschmelzen. Es strukturiert sich durch eine eigene Geschichte, bleibt bistabil, setzt Operationen fort. Aber es kann natürlich zerstört werden, wenn die Umwelt durch kausalen Eingriff ein weiteres Operieren verhindert.

II

Binäre Codes wie zum Beispiel wahr/unwahr, Recht/Unrecht, Eigentum haben/nicht haben, Amtsmacht ausüben können/nicht ausüben können gehören zu den wichtigsten Einrichtungen, mit denen die moderne Gesellschaft Funktionssysteme ausdifferenziert und für eine eigene, selbsterzeugte Dynamik freisetzt. Die Formalität dieser Codes erzeugt wie von selbst Zusatzeinrichtungen, Kriterien, Konditionierungen oder Programme, die festlegen, wie das System über die beiden Werte, die ihm zur Verfügung stehen, verfügt. Erst auf dieser Ebene, auf der die Invarianz der Identität des Code schon feststeht, greifen Kriterien für »richtig« oder »falsch«. Erst auf dieser Ebene kann man über Änderungen diskutieren. Die Codes selbst sind nicht änderbar, daher auch nicht an die Umwelt anzupassen. Sie garantieren gerade, daß das System unabhängig von der Umwelt operieren kann; und sie werden nur dadurch sanktioniert, daß eine Operation, die einen Code nicht benutzt beziehungsweise einen systemfremden Code benutzt, nicht als zum System gehörig erkennbar ist und im System selbst keinen Anschluß finden kann.

Diese Form der Bistabilität, diese Kombination eines Mindestmaßes an Freiheitsgraden mit einem Höchstmaß an Autonomie ist eine evolutionäre »Erfindung«, deren Tragweite sich kaum überschätzen läßt. Sie steckt die Kommunikationsbereiche ab, in denen die moderne Gesellschaft in ihren Funktionssystemen über ökologische Probleme kommunizieren und auf sie reagieren kann (siehe dazu Luhmann 1986, S. 75 ff., 89 ff.). Wir setzen das hier voraus und wenden uns einem eingeschränkteren Thema zu. Wir beschränken uns auf ein bestimmtes System (wählen eine »Systemreferenz«), nämlich das politische System, und behandeln nur eine spezifische Form (hier wie immer: eine Form, die zwei Seiten trennt), nämlich Grenzwerte, die Anschlußaktivitäten differenzieren je nachdem, ob der festgesetzte Wert überschritten oder unterschritten wird.[3] Die Verwendung dieser spezifischen Form setzt voraus, daß ein hochkomplexes, codiertes politisches System bereits existiert und sich mit einer Vielzahl von Programmen selbst gebunden hat, darunter solchen, die ökologische Fragen für politisch beachtlich erklären, aber auch andere Relevanzkriterien, zum Beispiel rechtsstaatliche oder ökonomische, akzeptiert haben. Die Frage ist dann aber: weshalb so viel politische Aktivität auf diese spezifische Form der Grenzwertfestlegung zuläuft und darin eine Art von Ergebnis findet.

Auch für Grenzwerte gilt: distinction is perfect continence. Die Form ist geschlossen. Eben deshalb kann man damit umgehen. Es gibt nur die eine und die andere Seite und entsprechend Klarheit, wohin man gelangt, wenn man die Grenze kreuzt. Davon hängt ab, was die Grenzwerte an Information erzeugen – und was nicht. Auf diesen Formeffekt kommt es an, denn damit wird die Separierung der politischen Informationsverarbeitung von anderen denkbaren Interessen erzeugt.

Die Spezifik der Grenzwerte-Form liegt darin, daß sie mit einer Zukunft kompatibel ist, die lediglich in der Form der Wahrscheinlichkeit, das heißt: mit den zwei Seiten des Wahrscheinlichen und des Unwahrscheinlichen, gegeben ist. Selbstverständlich gilt dies nur für die jeweils gegenwärtige Zukunft und nicht für die zukünftigen Gegenwarten, die mit Sicherheit so bestimmt sein werden wie die gegenwärtige Gegenwart – man weiß nur jetzt noch nicht wie.[4] Das Problem ist seit alters bekannt (vgl.

3 Vorsorglich sei angemerkt: Mit der Übernahme des Ausdrucks »Grenzwerte« optieren wir nicht innerhalb der juristischen Unterscheidung von Schwellenwerten und Grenzwerten, die auf die Unmittelbarkeit und die Eindeutigkeit einer Gefahr bezogen ist und dazu dient, den Einfluß von Sachverständigen auf die Rechtsprechung und das Ausmaß des Rechtsschutzes betroffener Dritter zu regulieren. In unserer Terminologie handelt es sich auf *beiden* Seiten dieser juristischen Form um Grenzwerte.

4 Unser Argument beruht also auf der Annahme, daß es einen Entstehungs- und Bedingungszusammenhang gibt zwischen der Wahrscheinlichkeitsrechnung und der Unterscheidung der Zeitmodi gegenwärtige Zukunft/zukünftige Gegenwarten, der bis ins 17. Jahrhundert zurückreicht. Und dies unabhängig von der Frage, ob die Wahrscheinlichkeitsrechnung ihre Entstehung mehr häufigkeitstheoretischen oder mehr zufallstheoretischen Analysen verdankt. Wir können darauf hier jedoch nicht näher eingehen.

Aristoteles, *Peri hermeneias* 9), bezog sich früher aber nur auf kontingente Ereignisse. Die moderne Gesellschaft muß dagegen davon ausgehen, daß man sich in keiner Hinsicht auf die Zukunft verlassen kann, ja, daß selbst Naturgesetze durch technische Vorkehrungen wirkungslos gemacht werden können, so wie auch technische Vorkehrungen durch irgendwelche Zufälle entkoppelt werden können und dann unvorhersehbare Wirkungen freisetzen. Deshalb ersetzt man die Unterscheidung von (konstanten) Wesenheiten und (variablen) Ereignissen durch die offenere Form des Wahrscheinlichen/Unwahrscheinlichen, die im sozialen Kontext der Gegenwart nur die eine Sicherheit zuläßt: daß auch die anderen in bezug auf Zukunft keine sicheren Aussagen machen können. Die Form der Grenzwerte bietet eine Möglichkeit, dies auszuhalten und für die Gegenwart eine zukunftsbezogene Sicherheit zu schaffen, die konventionell gilt, solange sie nicht geändert wird. Und sie hängt weder von einem Versuch der Prognose ab, die immer nur die Gewichtungen im Medium des Wahrscheinlichen/Unwahrscheinlichen verschieben kann; noch hängt sie von der Absicht ab, die Zukunft jetzt schon zu bestimmen. Sie gilt nur, weil sie gilt, und nicht auf Grund irgendwelcher externer Referenzen. Sie gilt auf Grund einer Selbstvalidierung durch den Prozeß, den sie ordnet.

Die entscheidende Erklärung liegt in den *Vorteilen* der Form.[5] Zu diesen Vorteilen gehört vor allem, daß es sich nicht um einen Zweck handelt. Das, was erreicht werden soll, kann im Unbestimmten einer bloßen Wert-, Richtungs- oder Approximationsaussage bleiben. Es geht nicht ein in den kollektiv-bindenden Gehalt der politischen Entscheidung. Man kann es ohne klare Vorstellungen als selbstverständlich unterstellen. Es kommt auch nicht darauf an, ob man in ökologischen Problemlagen selber alarmiert ist oder nur auf das Alarmiertsein anderer politisch reagiert. Die bloße Politisierung des Themas genügt.

Grenzwerte sind deshalb keine Zwecke, weil es nicht darauf

5 Gegen vorauszusehende methodologische Einwände sei festgehalten: Es geht hier weder um eine kausale noch um eine teleologische oder funktionale Erklärung. Es soll nur behauptet werden, daß die gesellschaftliche Evolution (unter wie immer komplexen Bedingungen) hoch unwahrscheinliche Formen finden und festhalten kann, die sich bei der Lösung von Problemen bewähren. Ein ausgearbeiteter Erklärungsansatz müßte also evolutionstheoretische Konzepte benutzen.

ankommt, genau sie zu erreichen. Ihr Sinn liegt nicht in der Bestimmung eines erstrebenswerten Zustandes, sondern allein in der Bifurkation, also in der Form selbst. Dank der Trennlinie gibt es zwei Seiten; ohne sie gäbe es diese Differenz nicht. Die Realität wird fiktional gespalten in eine positive und eine negative Welthälfte. Je nachdem, ob der Grenzwert unterschritten oder überschritten ist, kommen andere Maßnahmen in Betracht, andere Operationen (einschließlich Unterlassungen) und andere Programme. Mit der Festlegung von Grenzwerten entscheidet das System über die eigene Aktivierung/Deaktivierung in der Zukunft. Es legt sich auf Entscheidungsprämissen fest, ohne damit schon mehr zu bewirken als eben diese Selbstfestlegung. Es beruhigt sich selber mit Aktivitätsversprechen (so wie in der Wirtschaft mit Zahlungsversprechen gehandelt werden kann, um die Differenz von Gegenwart und Zukunft zu überbrücken).

Dabei gehört es mit zum Selbstberuhigungseffekt, daß die Grenzwerte verändert werden können. Angesichts der Tatsache, daß man es mit einer Gemengelage von kurzfristigen und langfristigen Effekten zu tun hat, mit marktabhängigen betriebswirtschaftlichen Bedingungen, mit kurzfristigen, aber auch mit langfristigen ökologischen Störungen und mit einem Wissensstand, der sich von heute auf morgen ändern kann oder auch nicht, und dies quer zu allen Gewichtungen der Probleme, liegt im Änderungsvorbehalt eine Art Sicherheit. Gerade die Tatsache, daß Grenzwerte arbiträr gezogen sind und begründungsabhängig gelten, wirkt als Tranquillizer. Im Moment ist man das Problem los. Bei neuen politischen Konstellationen oder auf Grund neuer Informationen, die auch die Effekte der derzeit geltenden Regelung einbeziehen, kann man den Grenzwert nach oben oder nach unten verschieben oder gar aufheben, wenn man bemerkt, daß die Regelung nicht nötig ist oder nichts ausrichtet.

Die Differenz zwischen tolerabel/intolerabel, die damit markiert wird, mag auf mehr oder weniger guten (zum Beispiel medizinischen) Gründen beruhen. Man wird nicht selten auf wissenschaftliche Untersuchungen oder Anhörung von Experten zurückgreifen, bevor man die Grenzlinie zieht. Man kann dabei auch das technisch Machbare im Auge haben und/oder die zumutbaren Kosten. Je mehr Gründe aktiviert werden, desto mehr Streit ist wahrscheinlich. Als Nebeneffekt trägt die Grenzwertpolitik zum Ruin des Ansehens der Experten bei. Das alles ist zum Glück für den Effekt der Form, zwei Seiten zu trennen und mit verschiedenen Anschlußmöglichkeiten zu versorgen, unerheblich. Dieser Effekt tritt aufgrund der Positivität der Entscheidung für einen »bestimmten« – und keinen »anderen« – Grenzwert ein. Und auf diesen Effekt kommt es politisch an.

Denn die Unterscheidung der beiden Seiten der Form differenziert zugleich die Informationsverarbeitung im politischen System von den Geschehnissen der Umwelt dieses Systems – und zwar sowohl von den gesellschaftsexternen Entwicklungen als auch von dem, was in der gesellschaftsinternen Umwelt des politischen Systems sonst noch passiert. Die täglich gemessenen Werte, die man zu regeln sucht, mögen sich ändern oder nicht. Es mag mehr oder weniger Staub, mehr oder weniger Blei, Schwefel, Dioxin geben; Temperaturen mögen steigen oder fallen – das alles wird politische Information nur, soweit es auf den Grenzwert bezogen werden kann, der markiert, was fürderhin Anlaß zu Eingriffen gibt und was nicht. Die Theorien über die Ursachen des Waldsterbens mögen sich ändern oder nicht; die Abgasnormen für Automobile bleiben, solange nicht sie selbst geändert werden: und dazu bedarf es einer speziell darauf gerichteten politischen Aktivität, die ihre eigenen Informationen konstruieren muß, um überzeugen zu können.

Schließlich ist die arithmetische Form der Schwelle ein wichtiges Merkmal. Die Schwelle trennt nicht Realitäten, sondern Zahlen. Ihre Überwachung erfordert Messungen. Dabei mag es, vor allem wenn man voraussehen will, ob und wie bestimmte Maßnahmen (etwa Motorkonstruktionen, die den Benzinverbrauch senken oder Abgaswerte verändern) den Grenzwert tangieren werden, mehr oder weniger komplizierte Rechnungen erfordern. Dafür hat man Computer. Der Formeffekt des Grenzwertes spekuliert jedoch nicht auf einen Rechenvorgang, nicht einmal auf die alltäglichen (von der Schularithmetik oft abweichenden) Rechenfähigkeiten, die das politische System eventuell mobilisieren könnte.[6] Es genügt, wenn man erkennen kann, ob eine Zahl ober-

6 Neuere Forschungen hierzu beziehen sich auf Straßenhändler (Kinder) in Brasilien, Hausfrauen in amerikanischen Supermarkets und so weiter (vgl. etwa Carraher/Carraher/Schliemann 1985; Lave 1988, S. 45 ff.; Lave 1988, S. 97 ff.; Lave 1988, S. 145 ff.). Ob Politiker überhaupt jemals mit Problemen konfrontiert sind, die man nur durch Rechnen lösen kann, ist meines Wissens noch nie erforscht worden.

halb oder unterhalb derjenigen Zahl liegt, die der Grenzwert markiert. Zahlen werden nur wegen ihrer eindeutigen Positionierung in Anspruch genommen, also deshalb, weil sich *alle* Zahlen von *jeder* Zahl aus binarisieren lassen nach mehr oder weniger.

Dieses Argument der einfachen Handhabung bleibt jedoch in einer wichtigen Hinsicht ergänzungsbedürftig. Es kommt hinzu, daß quantitative Angaben zu den beliebten Aufmerksamkeitsfängern der öffentlichen Meinung zählen (dazu Luhmann 1990a). Ihre Eindeutigkeit nährt die Illusion, man habe etwas verstanden, wenn man die Zahl oder die Veränderung der Zahl zur Kenntnis genommen hat. Auf die quantitative Distanz kommt es kaum an. Kleine Veränderungen können ebenso Aufmerksamkeit finden wie große. Wenn die Weltbevölkerung von 5 auf 10 Milliarden wächst, mag das schlimm sein. Aber ebenso schlimm wie die Zunahme des Bleigehaltes der Großstadtluft um 0,3 Prozent? Zahlen dienen als bevorzugter Erfolgsbeweis der Politik und mit gleichem Recht der Kritik bisheriger Ineffektivität. Sie dienen der Befriedigung ebenso wie der Beunruhigung. Sie sprechen buchstäblich »für sich«. Vor diesem Hintergrund haben Grenzwerte als Ziel und Ergebnis von Politik eine eigentümliche Attraktivität. Sie können Aktivität und Erfolg symbolisieren. Man hat sie (und damit sich) durchgesetzt. Sie können Gegenstand von Kritik sein. Die Art ihres Zustandekommens kann »hinterfragt« oder auch als Resultat einer friedlichen Verständigung, als nach zähen Verhandlungen erreichter Kompromiß konsensdemokratisch gefeiert werden. Sie können als eigentlich zuviel oder als eigentlich zuwenig gesehen werden, je nachdem, wessen Interessen ins Spiel gebracht sind. Mit all diesen Eigenschaften sind sie ein bevorzugtes Zwischenergebnis von Politik, und die Alltagspolitik ist nichts weiter als Produktion von Zwischenergebnissen.

Die bisherige Forschung legt jedoch die Vermutung nahe, daß sie sich in solchen Fällen nicht in der Weise helfen, von der Lehrer meinen, daß man sie in der Schule lernt, sondern irgendwie anders. Wie immer, der Umgang mit Grenzwerten erfordert keine Rechnung, sondern nur den mehr oder weniger naiven Gebrauch der Aussagekraft von Zahlen.

III

Grenzwerte existieren nur durch Kommunikation. Darin liegen eigentümliche Beschränkungen, die sich auf den Prozeß der weiteren Kommunikation auswirken. Das alles wird zwar auch im Bewußtsein der beteiligten Subjekte abgebildet und unterliegt damit auch eigentümlichen psychischen Deformierungen. Für eine soziologische Betrachtung sind jedoch diejenigen Bedingungen wichtiger, die sich aus der Kommunikation selbst ergeben. Sie sind weniger offensichtlich und drängen sich zugleich in einer fast zwingenden Weise auf.

Dafür ein Beispiel: In vielen Fällen kann man bei der Festlegung von Grenzwerten wissen, welche Verfahren, welche Produkte, welche Firmen dadurch betroffen sind und wie sie betroffen sind. Das gilt offensichtlich bei der Festlegung von Abgasnormen für Automobile. Eine Neuregelung teilt die Welt der Motoren in solche, die sie erfüllen, und solche, die sie nicht erfüllen. Sie diskriminieren also Produkte, die mit erheblichem Kostenaufwand entwickelt worden sind. Und da die Grenzwerte scharf schneiden, kann es sein, daß sie Produkte treffen, die die Norm gerade noch beziehungsweise gerade nicht erfüllen. Die regulierende Instanz kann nicht behaupten, das nicht gewußt zu haben, denn das liefe auf die Behauptung der eigenen Inkompetenz hinaus. Sie kann deshalb auch nicht plausibel machen, dies nicht gewollt zu haben. Grenzwertfestlegung ist diskriminierende Politik, sie bevorzugt und benachteiligt Firmen. Und gerade weil sie sich nicht als Anwendung von wissenschaftlichen Erkenntnissen darstellen kann, sondern gute Absichten in die Form einer willkürlichen Zäsur bringt, ist der Verdacht nicht auszuschließen, daß die Fixierung eigentlich durch den Vorausblick auf ihre Folgen für Firmen motiviert ist. Man kann es bestreiten, wird damit bei den Betroffenen aber nicht ankommen. Und diese haben um so legitimere Möglichkeiten, im Interesse ihrer Interessen zu intervenieren und offen zu sagen, was – wie man unterstellen kann – jedermann weiß. Der Motivverdacht ist in der Kommunikation nicht zu widerlegen. Er hat bessere Kommunikationschancen als die Entscheidungsbegründung. Daher wird Grenzwertfestlegung so gut wie unvermeidlich zur Interessenpolitik – und dies nicht nur in dem trivialen Sinne, daß Produzenteninteressen (Industrie, aber auch Landwirtschaft) gegen ökologische

Interessen abzuwägen sind, sondern in dem sehr viel brisanteren Sinne, daß die Grenzwertpolitik in den Markt selbst eingreift und Konkurrenten begünstigt beziehungsweise benachteiligt.

Man könnte vermuten, daß dies nur in wenigen Fällen zutrifft, nämlich nur dort, wo es, wie in der Automobilindustrie, um wenige Großproduzenten und wenige Produkte geht. Mit einem anderen Beispiel kann man diese Annahme jedoch rasch widerlegen. Wenn EG-Normen vorsehen, daß Äpfel einen Mindestdurchmesser von fünfundfünfzig Millimetern haben müssen, ist das eine Regel, die Kleinbauern beziehungsweise nichtspezialisierte landwirtschaftliche Betriebe benachteiligt. Hier kann die regelnde Instanz vielleicht noch etwas glaubwürdiger behaupten, daß dies nicht ihre Absicht war. Aber auch das liefe auf das Eingeständnis mangelnder Folgenvoraussicht und damit politischer Inkompetenz hinaus. Und jedenfalls führt die Vertretung der benachteiligten Interessen, sofern sie organisierbar ist, dazu, daß diese Seite der Regelung in die Kommunikation einbezogen wird.

Die psychologischen Korrelate solcher Sachverhalte kann man getrost vernachlässigen. Die Leute mögen denken, was sie wollen. Was sie denken, kann man ohnehin nicht wissen. Entscheidend ist die Selbstregulierung des Kommunikationsprozesses. Und hier ist es ganz unvermeidbar, daß die Kommunikation einer Form mit zwei Seiten als Sortiervorgang aufgefaßt wird, der, in eine vorhandene Welt einschneidend, Vorhandenes begünstigt beziehungsweise benachteiligt. So wird jedenfalls die Mitteilung, dieser oder jener Grenzwert sei geplant oder ab sofort in Geltung, verstanden. Und keine Kommunikation funktioniert, die nicht ungefähr abschätzen kann, wie sie verstanden wird.

IV

Um einen weiteren Überlegungsgang einzuleiten, greifen wir nochmals auf die Prämisse eines operativ geschlossenen politischen Systems zurück. Die genauere Analyse des Formkonzepts von Grenzwerten hat gezeigt, wie die Schließung im konkreten Falle zustande kommt: Die Grenzlinie, die die zwei Seiten des Überschreitens und Unterschreitens der Schwelle trennt, dient zugleich der Absonderung einer besonderen Sequenz der Erzeugung und Verarbeitung von Informationen, die nur systeminterne Bedeutung hat und Umwelt nur »referiert«. Ob Zustände in der Zone des Tolerablen liegen oder Grenzwerte verletzen, kann nur gefragt und nur festgestellt werden, weil die Grenzlinie gezogen ist. Nur in bezug auf sie konstruiert das System das, was für Innenzwecke als Information zählt. Die Differenz der Form differenziert das System. Sie erzeugt eine weitere Differenz: die von System und Umwelt. Und erst mit Hilfe dieser Differenz kann ein Operationsmotiv entstehen, das man üblicherweise Information nennt, nämlich ein Unterschied, der einen Unterschied macht. Den Begriff des (kommunikativen) Referierens nochmals aufnehmend, kann man auch sagen: das System prozessiert sein eigenes Referieren, es verändert laufend das, was es anhand eigener Unterscheidungen bezeichnet.

Man hört zwar, daß Politiker *fordern*, Grenzwertentscheidungen sollten politisch getroffen werden, und sie meinen damit: nicht den Technikern und Experten überlassen bleiben (Zöpel 1988, S. 11). Aber damit wird nur eine Selbstverständlichkeit gefordert – vermutlich im Interesse spezifischer politischer Präferenzen.[7] Denn selbstverständlich kommen verbindliche Grenz-

7 Auch die quasi »wissenschaftliche« Diskussion ist mit Fehlurteilen dieser Art durchwachsen. Das gilt natürlich für Wissenschaftler, die bestimmte Grenzwerte als Resultat ihrer Forschungen empfehlen und dabei das Ausmaß an ungesicherten Annahmen und Einschätzungen verschweigen. Es gilt aber ebenso für sozialwissenschaftliche Analysen dieses Sachverhalts, die sich auf dessen Entlarvung konzentrieren und dieses Wissen dann benutzen, um ihrerseits offene oder verdeckte politische Präferenzen als Selbstverständlichkeit zu insinuieren (siehe zum Beispiel Winter 1986, insbesondere die Einleitung des Herausgebers; Dieter 1986; Zeschmar-Lahl/Lahl 1987; Kortenkamp/Gahl/Grimme 1989). Sachgerecht ist dann eher schon eine Rechtsprechung, die davon ausgeht, daß es sich »nach Abwägung und Wertung letztlich um eine politische Willensentscheidung« handele – so das Oberverwaltungsgericht Lüneburg im Buschhaus-Urteil vom 28.2.1985. Das könnte dann allerdings auf ein hohes Maß an juristischer Enthaltsamkeit nach Art einer »Political-questions«-Doktrin hinauslaufen und dürfte die spezifisch rechtlichen Kontrollmöglichkeiten nicht zu schnell blockieren. Die in Rechtsprechung und Literatur absehbare praktische Konsequenz liegt in der Verlagerung des Problems auf die Ebene des Verfahrens, das zur Grenzwertfeststellung führt. Dazu raten seit längerem auch wissenschaftliche Analysen der Problemlage

werte nicht ohne politische Mitwirkung zustande. (Die einzige Ausnahme wäre nicht Expertenkonsens, der als solcher nichts bewirkt, sondern eine richterliche Entscheidung, die auf die Untätigkeit politischer Instanzen, also auf ein spezifisch politisches Verhalten reagiert.) Die Frage muß daher reformuliert werden. Es geht darum, wie in einem operativ geschlossenen System »autoritative« Festlegungen erzeugt werden, die sich für weitere Verwendungen eignen. Es geht, anders gesagt, um laufende Absorption von Unsicherheit. Dies kann jedes System nur für sich selber besorgen, das Wissenschaftssystem nur für die Wissenschaft und das politische System nur für die Politik. Wissenschaftssoziologische Untersuchungen zeigen, daß der politisch-administrative ebenso wie der rechtliche Gebrauch von Expertenwissen durch das aufnehmende System bestimmt werden.[8] Es findet keine Übertragung von feststehenden Wissenspartikeln statt, sondern das Wissen wird erst im Verwendungskontext konstruiert und mit der Autorität ausgestattet, die für die Fortsetzung der Autopoiesis des betreffenden Systems benötigt wird. Aber eben deshalb können auch die Anforderungen an die »ability to achieve closure« (Smith/Wynne 1989, S. 13) nur vom jeweiligen System selbst definiert und gegebenenfalls geändert werden. Die Forderung nach politischer Partizipation ergibt sich nicht aus der Unzulänglichkeit wissenschaftlichen Wissens (die ohnehin gegeben ist und in der Wissenschaft selbst mehr als im politischen System), sondern sie kann nur als politische Forderung politische Relevanz gewinnen.

Die Forderung, Grenzwertentscheidungen als politische Entscheidungen zu sehen und zu behandeln, darf allerdings nicht so verstanden werden, als ob man in diesem Kontext nun zu Verständigungen kommen könnte, wenn nicht gar zu Konsens. Das Gegenteil ist, auch und gerade bei Beteiligung aller Betroffenen, wahrscheinlicher.[9] Wie sollte auch, gerade bei scharf ausformulierten Meinungsverschiedenheiten, jemand anders zufriedenge-

(siehe Majone 1982). Hier kann dann Beteiligung der Betroffenen verlangt werden als *rechtliche* Konsequenz der Feststellung, daß es sich um *Politik* handele.

8 Siehe vor allem Smith/Wynne (1989). Für Umwelt betreffende Regulierungsprobleme insbesondere den Beitrag von Jasanoff (1989).

9 Siehe zu den eher skeptisch stimmenden Erfahrungen mit Partizipation Pollak (1985).

stellt werden als dadurch, daß die Entscheidung getroffen wird, die er begehrt? Als politische Forderung kann Partizipation also nur heißen: so viel wie irgend durchsetzbar Recht zu bekommen. Das wird bei Fragen der Genehmigung/Nichtgenehmigung von Anlagen ohne weiteres unterstellt werden können, und hier verlagert sich die Taktik der Opponenten denn auch deutlich aufs Prozessieren. In Fragen der Grenzwerte ist es jedoch schwieriger, dem Problem eine justiziable Form zu geben; und zugleich ergibt sich, soweit es um Quantitäten geht, ein Verhandlungsspielraum, der partizipative Verfahren sinnvoller macht als in vielen anderen ökologischen Streitfragen.

All das ändert jedoch nichts daran, daß die Entscheidung im politischen System getroffen wird und daß Partizipation nichts anderes bedeutet als Inklusion ins politische System. Diese Einschließung von Informationsverarbeitung in ein sich selbst organisierendes System verändert die relevanten Sinnhorizonte und vor allem, in der Zeitdimension, das Risikoproblem. Nach wie vor kann natürlich auch hier Unerwartetes passieren. Nach wie vor kann rückwirkend etwas auf Entscheidungen zugerechnet werden, das man vorher nicht bedacht hatte. Aber die Grenzwerte schaffen eine Art Sicherheit, ein Sicherheitsäquivalent; oder manche mögen auch sagen: ein Sicherheitsphantom. Die Politik hat mit der Festlegung und der Überwachung des Grenzwertes ihre Aufgabe erfüllt. Sie hat sich responsiv gezeigt. Sie hat etwas getan. Was infolge dieser Festsetzung geschieht, ist nun wieder Sache ihrer Umwelt. Die Bemühungen um Einhaltung des Grenzwerts mögen fehlschlagen, die entsprechenden Aufwendungen sich als vergeblich erweisen. Oder es mag sein, daß das Einhalten der Schwelle an den Problemen nichts ändert oder weniger ändert, als man gedacht hatte. Die natürliche Umwelt reagiert auf die Politik nicht so, wie erwartet worden war. Das alles mag dazu führen, das Thema erneut in die Politik einzuführen und nach anderen Lösungen zu suchen. Die alte Entscheidung wird kaum als Anlaß des Unglücks zum Vorwurf werden, da das System ja bereit ist, sie zu revidieren, wenn bessere Vorschläge in Sicht sind. Das Verfahren des Festlegens und Revidierens kann als ein Lernprozeß behandelt werden, der am Objekt erfolgt und nur so erfolgen kann. Und wer wird ein derart bereitwilliges Lernen zum Vorwurf machen!

Grenzwertpolitik ist somit eine Art politisches Risikomanagement. Das Risiko unberechenbarer, folgenschwerer Umweltauswirkungen technologischer Prozesse wird in eine Form gebracht, die politisch kaum noch riskant ist. Es wird angenommen – und wieder abgegeben. Die Politik stellt sich für Risikotransformation zur Verfügung. Da in der Selbstbeobachtung von Politik, in der die Perspektiven von Regierung und Opposition ohnehin gegeneinander gerichtet sind, ohnehin alles kritisiert wird, bleiben auch die Grenzwerte »politisch umstritten«. Aber das gehört zur Routine des Systems. Der übliche Lärm, die gewohnheitsmäßige Dramatisierung, die ständig überzogene Kritik jeder Entscheidung tragen ihrerseits zur Verdeckung der Risiken bei; besonders wenn der Opposition, falls sie regieren würde, in Risikolagen kaum wesentlich andere Entscheidungsmöglichkeiten zur Verfügung stünden; zwar vielleicht andere Zäsuren, was die Grenzwerte betrifft, aber kaum weniger riskante Entscheidungen, die in bezug auf unabsehbare Folgen größere Sicherheit bieten würden.

Mit diesen Überlegungen ist nicht die Effektivität staatlicher Politik im Bereich technologisch induzierter Risiken bestritten. Im Gegenteil. Die Grenzwertpolitik hat Auswirkungen, und bei längerfristigem Lernen wird sie zur Verbesserung der ökologischen Bedingungen der modernen Gesellschaft beitragen können, sofern dies ein vordringliches politisches Ziel bleibt. Was bezweifelt werden muß, ist nur, daß auf diese Weise Entscheidungsfolgen besser kontrolliert werden können. Die Risiken selbst, die sich aus dem Unbekanntsein der Zukunft bei komplexen, durch Entscheidungen änderbaren Sachlagen ergeben, können auf diese Weise nicht verringert werden. Sie werden nur anders verteilt – etwa in Richtung auf belastende, aber unnötige oder unwirksame Regulierungen und Aufwendungen. Unabhängig von allen konkreten Präferenzen, die man auf diese Weise verfolgen kann, scheint ein spezifisch politischer Sinn darin zu liegen, in der Form von Grenzwertbestimmungen auf die Überbeanspruchung von Politik durch eine risikoaverse Gesellschaft zu reagieren. Das politische System kann durch Vorgabe von Grenzwerten vermeiden, daß alle technologischen, ja alle Risiken überhaupt, direkt in politische Risiken transformiert werden. Sie zieht sich mit diesem Entscheidungstyp gewissermaßen aus der Affäre und verhindert, daß alle gesellschaftlichen Risiken letztlich, wenn es schiefgeht, ihr zugerechnet werden.

V

Grenzwerte haben als solche, als Formen, Effekte, die nicht selten den Wirkungsintentionen des Grenzwertgebers zuwiderlaufen. Sie veranlassen ein Verhalten, das nicht erwogen werden würde, wenn es keine Grenzwerte gäbe. Dafür zwei Beispiele: In Bielefeld dürfen Bäume auch in privaten Gärten nicht ohne besondere Genehmigung gefällt werden, wenn sie in der Höhe von einem Meter einen Umfang von achtzig Zentimetern erreicht haben. Was liegt daraufhin näher, als einen Baum, der möglicherweise stören könnte, zu fällen, sobald er den Umfang von neunundsiebzig Zentimetern erreicht hat. Denn nachher geht es nicht mehr. Man käme gar nicht auf diese »vorsorgliche« Maßnahme, wenn es diese Vorschrift nicht gäbe, und die Bäume könnten in Ruhe wachsen, bis es wirklich Gründe gibt, sie zu fällen. Staatliche Prävention erzeugt Gegenprävention der Privaten – und all dies als Verhalten im Kontext einer Zukunft, die man nicht kennt. Man wird sich deshalb fragen müssen, ob infolge einer solchen Regel mehr Bäume oder weniger Bäume gefällt (und vor allem: unnötigerweise gefällt) werden als ohne sie.

Ferner gibt es Fälle, in denen Grenzwerte, die zunächst als eine Zumutung aufgefaßt waren, technisch sehr leicht, ohne viel Kosten und vor Ablauf der Umstellungsfrist erreicht werden können. Was liegt dann näher, als sie zu verschärfen. Das gilt besonders, wenn Grenzwerte als Pressionsinstrumente aufgefaßt werden, deren »Grenze« überhaupt nur durch die Absicht legitimiert werden kann, sie demnächst zu verschärfen.[10] Was liegt dann aber näher, als in Voraussicht einer solchen politischen Reaktion die Grenzwerte so lange, wie es noch erlaubt ist, nicht zu erreichen, um dies Nachziehen der Politik nicht zu provozieren?[11] Man könnte meinen, dies Problem sei dadurch zu vermeiden, daß man rechtzeitig besser informiert und realitätsnäher entscheidet. Aber damit verlagert sich das Problem in vorsorgliche Informationsbeschaffung und -nichtbeschaffung, vorsorgliches Stöhnen und schwer zu durchschauende Rechnungen –

10 So das eklatant politische Votum eines Rechtssoziologen: Winter (1986, S. 23 f.).

11 Dieses Beispiel, bezogen auf industrielle und kommunale Abwässer, findet sich bei Simmrock (1988, S. 82 f.).

ganz abgesehen davon, daß in vielen Bereichen die Möglichkeiten sich erst im Prozeß ihrer Realisierung erkennen lassen.

Diese Überlegungen zeigen, daß eine Festlegung von Grenzwerten nicht allein in Voraussicht ihrer physikalischen, chemischen oder ökologischen Direkteffekte erfolgen sollte. Es geht nicht nur um die Voraussicht dessen, was der Fall sein würde, wenn die Grenzwerte eingehalten werden, im Unterschied zu dem Zustand, der eintreten würde, wenn sie nicht (oder weniger gut) eingehalten werden. Eine solche Voraussicht mag, weil es um Zukunft geht, schwierig genug sein und viel *»guesswork«* erfordern. Die Grenzwerte haben aber außerdem Formeffekte. Sie bestimmen als Unterscheidungen das Beobachten derer, die mit ihnen als Protagonisten oder als Antagonisten zu tun bekommen. Will man diese Formeffekte mitberücksichtigen, muß man also Beobachter beobachten. Dieses Beobachten zweiter Ordnung führt in ganz andere Zeithorizonte, ganz andere Wahrscheinlichkeitsüberlegungen, ganz andere Unsicherheiten, ganz andere Zusatzkalkulationen. Und es ist kein großer Schritt, wenn man daraufhin sagt: das »Politische« an den Grenzwerten zeigt sich erst in einer Beobachtung zweiter Ordnung.

VI

Grenzwertfestlegungen gehören in den allgemeineren Kontext einer *präventiven* Politik. Grenzwerte sind, wie schon gesagt, keine Zwecke. Man will nicht sie selbst, sondern mit ihrer Hilfe etwas anderes erreichen. Aber was?

Um die Bedeutung der Form zu erkennen, lohnt sich ein Seitenblick auf die allgemeine Problematik präventiver Politik. Wie alle Prävention tendiert präventive Politik zur Entdifferenzierung. Wie man auch am Fall der präventiven Medizin sehen kann, greifen vorbeugende Ratschläge oder Maßnahmen tief ins tägliche Leben ein. Je weiter der Zukunftshorizont gespannt wird, der gegenwärtig schon relevant sein soll, und je komplexer die Ursachenverkettungen sind, desto schwieriger wird es, Prävention einzugrenzen. Jede Einschränkung mindert die Erfolgswahrscheinlichkeit. Wenn es um Höchstwerte geht, und das kann man auch an der Seelenheilvorsorge der Devotionsbewegungen des späten Mittelalters und der frühen Neuzeit erkennen, muß das ganze Leben diszipliniert werden. Man darf nichts, was sich möglicherweise auswirken könnte, außer acht lassen. Und von radikalen Protagonisten wird Umweltpolitik nicht selten so vorgetragen, als ob es ums Seelenheil ginge.

Das führt in erhebliche und nicht zuletzt auch verfassungsrechtliche Probleme (vgl. Grimm 1990, S. 15 ff.). Zum Glück kann man jedoch erkennen, daß und wie in der Realität damit umgegangen wird. Es wird nicht so heiß serviert, wie man es sich vorstellen könnte, und vermutlich nicht einmal so heiß gekocht. Ein Vorteil – manche sagen: Nachteil – von Grenzwertpolitik liegt darin, daß sie nicht vorschreibt, wie das Einhalten der Grenzwerte zu erreichen ist. Die Industrie wird auf diese Weise nicht gezwungen, zu anderen, ökologisch sinnvolleren Produktionstechnologien überzugehen; sie kann, was Grenzwerte betrifft, denselben Effekt oft auch durch Einbau von Filteranlagen (mit Produktion entsprechender Abfälle) oder durch Mischungstechniken erreichen (vgl. Rehbinder 1988, S. 136 f.; Dürrschmidt 1989). Die Politik hält sich damit aus der Produktionssteuerung und der Übernahme entsprechender Verantwortungen heraus – freilich unter Verzicht auf Optimierung ihrer Präventionsziele. Damit verwandt sind Fälle, in denen Grenzwerte die Produktions*verfahren* so limitieren, daß auf der Ebene der *Produkte* umweltschädlichere Varianten gewählt werden.

Ungeachtet solcher Optimierungsmängel[12] profitiert auch die Grenzwertpolitik von der allgemein durchgesetzten Bereitschaft, Präventionspolitik zu akzeptieren.[13] Vor allem ist an den politischen Vorteil der Symbolik des Wahrscheinlichen zu denken. Präventive Maßnahmen leben von der bloßen Wahrscheinlichkeit, daß sie etwas bewirken werden. Politisch gesehen ist daher die bloße Wahrscheinlichkeit eine gegenwärtig schon verwendbare Münze, ein aktuell verfügbares, ausgebbares Zukunftssymbol. Um dieses Symbol verwenden zu können, muß man nicht warten, bis die Zukunft Gegenwart geworden ist; es kann viel-

12 Komplexere rechtspolitische Anreizinstrumente werden bereits diskutiert. Sie könnten zum Beispiel darin bestehen, während einer längeren Erprobungszeit Ausnahmen von den sonst geltenden Standards zu gewähren (Ashford/Ayers/Stone 1985, insbesondere S. 443 ff.).

13 Was natürlich nicht heißen kann, sie in all ihren möglichen Auszweigungen zu akzeptieren (vgl. Klages 1982).

mehr seine politische Funktion als Argument, als Begründung, als Mittel der Darstellung guter Absichten jetzt schon erfüllen. Die Symbolik des Wahrscheinlichen entkoppelt, mit anderen Worten, Realzeit und politische Zeit und erlaubt die Ausdifferenzierung einer Eigenzeit für politische Informationsverarbeitung, auf die dann freilich Realzeitereignisse innerhalb und außerhalb des Systems irritierend einwirken können.

Man könnte meinen, gerade dies sei die Gefahr. Eine präventive Politik müsse sich auf bloße Wahrscheinlichkeiten hin festlegen und sei damit strukturell gezwungen, zu expandieren und keinen möglicherweise relevanten Lebensbereich unangetastet zu lassen. Zu beobachten ist jedoch eher das Gegenteil. Gerade weil präventive Politik im Medium des bloß Wahrscheinlichen getrieben werden muß, kann sie sich ebensogut auch einschränken und auf spezifische Maßnahmen festlegen, die rechtlich zulässig, politisch durchsetzbar und, wie man sagt, erfolgversprechend sind. *Denn auch sie haben die Wahrscheinlichkeit einer beabsichtigten Wirkung für sich.* »Wahrscheinlichkeit« ist, mit anderen Worten, ein hinreichend weiches symbolisches Medium, in das sehr verschiedene Formen hineinorganisiert werden können.

Unter anderem auch Grenzwerte. Grenzwerte können, wie vieles andere auch, politisch damit begründet werden, daß sie wahrscheinlich in der erstrebten Richtung wirken werden. Sofern nur präventive Politik im Prinzip akzeptabel ist, kann man auch Grenzwerte vorschlagen. Die politische Diskussion gewinnt damit an Spezifität. Man kann immer noch für oder gegen bestimmte Grenzwerte sein. Weder die Zukunft noch die Wahrscheinlichkeit entscheiden über Politik. Sie gewährleisten die Politisierbarkeit der Themen. Über die Formen, die dieses Medium »binden«, muß die Politik selbst entscheiden. Später mag sich dann herausstellen, daß die erwarteten Effekte nicht oder nicht in lohnendem Umfange eingetreten sind. Aber dann kann man im stets gegenwärtigen Medium von Wahrscheinlichkeit immer noch disponieren, nur eben anders. Die Politik bleibt in Betrieb. Sie reproduziert sich selbst. Das Medium der Wahrscheinlichkeit geht ihr nicht aus, da sie selber es mitreproduziert. Man kann rückblickend immer noch sagen, daß es ohne die Vorgabe von Grenzwerten wahrscheinlich schlimmer gekommen wäre, man kann neue legitimierende Effekte finden, die seinerzeit nicht vorauszusehen waren, oder man kann die Grenzwerte selbst dem inzwischen gewonnenen Erkenntnisstand anpassen. Im Medium der für sie spezifischen Formen gelangt die Politik nie an ein Ende. Alles wird ihr zur Information, sofern es nur Unterschiede gibt, die, politisch gesehen, einen Unterschied machen.

VII

Die Überlegungen zur Funktion von Grenzwertregulierungen setzen systemtheoretische Vorinformationen voraus und bestätigen sie für einen sehr begrenzten Realitätsausschnitt. Das politische System kann als ein operativ geschlossenes System nur innerhalb der eigenen Grenzen operieren. Es kontaktiert die eigenen Grenzen nur auf der Innenseite, ohne sie überschreiten zu können, muß aber, anders könnte die Grenze nicht als Grenze erfahren werden, voraussetzen, daß es auch auf der anderen Seite etwas gibt. Wenn das aber so ist: wie verhält das politische System sich zur selbsterzeugten Differenz von »innen« und »außen«?

Am Beispiel der Grenzwerte können wir sehen, wie das funktioniert. Das System setzt voraus, *daß es die Umwelt nicht kennen kann* und sie im Bereich ökologischer Probleme auch nicht durch Kommunikation mit ihr kontrollieren kann. Materie reagiert nicht auf Macht. Das System kann also keine Informationen aus der Umwelt beziehen, sondern muß alle Informationen über die Umwelt im System selbst erzeugen. Dazu geeignete Techniken stehen aber zur Disposition, und sie verhelfen dem System zum Aufbau eigener Komplexität, mit der es auf Irritationen durch die Umwelt empfindlich reagieren kann.

In der Sprache der Computeringenieure kann man auch sagen: das System übersetzt analoge Veränderungen in digitale Information. Es verwendet Zahlen und im Medium der Quantitäten dann Zäsuren, die es erlauben, das, was gemessen wird, nochmals binär zu schematisieren nach diesseits oder jenseits der Grenze. Der »unmediated flux« (Hayles 1993) der Umwelt, von dem man nichts wissen kann, wird damit umgerechnet in etwas, was für das System, und nur für das System, Sinn ergibt und Anschlußmöglichkeiten eröffnet.

Grenzwerte dienen damit zugleich als Komponenten eines systemeigenen, alle Operationen des systembetreuenden *Gedächtnisses.* Wenn Grenzwerte festgelegt sind und nur dann, kann man erinnern, welche Erwartungen damit verbunden waren, welche Interessen berücksichtigt und welche übergangen worden sind oder überhaupt unbekannt waren; und ferner: welche Erfahrungen man mit den Grenzwerten gemacht hat. Gäbe es solche Anhaltspunkte nicht, wäre man auf diffus und zufällig wieder anfallende Erinnerungen angewiesen; und man hätte auch keine Anhaltspunkte dafür, unter welchen Bedingungen zurückgesetzte Interessen sich wieder in Erinnerung bringen können. Das politische Spiel wäre viel mehr als ohnehin unvermeidlich von Macht abhängig und weniger als möglich von Kognition. Das Gedächtnis privilegiert geradezu zurückgesetzte Interessen, wenn sich in relevanten Aspekten etwas ändert – was natürlich noch nicht sagt, daß sie sich dann auch durchsetzen können.

All das zeigt, daß und wie Reduktion von externer Komplexität zum Aufbau interner Komplexität benutzt werden kann. Damit experimentiert die Evolution – auch in diesem relativ kleinformatigen Fall. Es geht keineswegs beliebig zu. Nur wenige Formen werden sich eignen. Es geht aber auch nicht rational zu und vor allem nicht zweckrational. Diese Einsicht führt denn auch nicht zu einer Kritik mit Vorstellungen darüber, wie man es besser machen könnte, sondern eher zu einem Erstaunen darüber, daß es überhaupt geht und daß sich, mit guten oder mit schlechten Gründen, immer wieder eine Ordnung ergibt, an der man sich orientieren kann.

VIII

Wir schließen mit einer methodologischen Nachbemerkung. Sie betrifft den Unterschied zwischen Beobachtung erster Ordnung und Beobachtung zweiter Ordnung. Die Frage nach der Form hat uns auf die Ebene der Beobachtung zweiter Ordnung festgelegt. Die zwei Seiten der Form sind das Schema, mit dem ein Beobachter erster Ordnung das unterscheidet und bezeichnet, was ihn interessiert. Für ihn, in seiner »Nische«[14], kommt es darauf an, das zu bezeichnen, *was* er beobachtet. Das schließt ein: Zustände für wichtig halten, Zwecke setzen, Präferenzen bilden.

14 Ein Ausdruck von Maturana (1982, S. 36 f.) für genau diesen Sachverhalt. Vergleiche auch die Ausführungen zu »Objectivity in Parentheses« in: Maturana (1990, S. 55 ff. mit der Skizze auf Seite 117).

Solche Bezeichnungen setzen voraus, daß das, was bezeichnet wird, unterschieden werden kann; aber sie reflektieren nicht die Unterscheidung von Bezeichnung und Unterscheidung, weil sie es nicht darauf anlegen, die Unterscheidung selbst zu thematisieren (das heißt, sie im Kontext einer anderen Unterscheidung zu bezeichnen). Für den Beobachter erster Ordnung bildet der unauflösbare Zusammenhang von Bezeichnung und Unterscheidung eine einzige Operation, mit der er sich direkt seinem Gegenstand zuwendet. Das gilt entsprechend auch für einen Beobachter zweiter Ordnung, sofern dieser einen Beobachter (als seinen Gegenstand) beobachtet. Den Beobachter zweiter Ordnung interessiert jedoch, weil er den Beobachter erster Ordnung *als Beobachter* beobachten will, *wie* dieser beobachtet; das heißt, mit welchen Unterscheidungen er beobachtet (ausführlicher Luhmann 1990b, S. 68 ff.). Und nur für ihn besteht daher ein Interesse an Formen – im Unterschied zu Objekten, Gestalten, Ideen, Werten.

Als Funktionssystem ist auch das politische System bereits auf der Ebene eines Beobachtens zweiter Ordnung konstituiert. Es beobachtet das eigene Beobachten im Spiegel der öffentlichen Meinung (vgl. Luhmann 1992). Dabei werden bei aller Raffinesse der Kalkulation aber nur relativ kleine, themenabhängige Zirkel gebildet. Die gerade aktuellen Themen suggerieren, mit welchen Kommunikationen man selbst die eigene Position im Verhältnis zu derjenigen anderer verändern kann. Das Beobachten des Beobachtens dient so unmittelbar der Autopoiesis des politischen Systems.

Eine Formanalyse entwickelt die Beobachtung zweiter Ordnung in eine ganz andere Richtung. Sie macht die spezifische operative Blindheit des Unterscheidungsgebrauchs im beobachteten System zum Thema; und dies ohne Rücksicht darauf, ob Positionen im System dadurch verbessert werden können oder nicht. Sie arrangiert nicht die Selbstbeobachtung im System, sondern bleibt wissenschaftliche Analyse, also Fremdbeobachtung. Und nur hier gewinnen dann Fragen der Methodologie der Beobachtung zweiter Ordnung ihre eigentümliche Bedeutung – Methodologie begriffen als Form der Beobachtung des Beobachtens *im Wissenschaftssystem.*

Die Formanalyse macht für die Wissenschaft die *Einheit* der Form sichtbar, die in ihrem Gebrauch nur die *Unterschiedenheit* ihrer beiden Seiten thematisieren kann. Daß überhaupt diese (und keine andere) Form gebraucht wird, hat Effekte eigener Art, unabhängig davon, welche Präferenzen (hier: Einhaltung der Grenzwerte im Interesse an bestimmten Umweltzuständen) durch Gebrauch der Form realisiert werden sollen. Logisch gesehen liegt die Analyse dann nicht auf der Ebene der primären Wertungen positiv/negativ des Systems, sondern auf einer Ebene, auf der man fragen kann, ob das Schema der Trennung und Verbindung dieser beiden Werte angenommen oder abgelehnt wird. Gotthard Günther nennt die auf dieser Analyseebene gebrauchten Werte Akzeptionswert und Rejektionswert und hält für deren Gebrauch eine mehrwertige Logik für nötig.[15]

Unabhängig davon, ob eine solche Logik funktioniert und wie, und unabhängig davon, wie die üblichen logischen Kriterien geändert werden müssen, wenn man dieser Idee folgt, führt die Formanalyse aber auch unmittelbar zu Resultaten. Sie läßt andere Phänomene erscheinen, und zwar am selben Sachverhalt. Fragt man zum Beispiel in bezug auf Gedächtnis nach Form, so erkennt man, daß das Gedächtnis Erinnern *und Vergessen* reguliert – und *beides* in lebensdienlicher Weise. Fragt man nach der Einheit zweiwertiger Codierung, so liegt sie nicht in der Option für die eine oder die andere Seite, sondern *im Ausschluß dritter Werte*. Die auf die Einheit der Form zurückführbaren Einsichten gelten unabhängig davon, welche Seite der Form im Einzelfall aktualisiert wird – ob also, in unserem Fall, der Grenzwert überschritten oder unterschritten ist. Das läßt es zugleich aber auch fraglich werden, ob dem ein »praktischer Nutzen« abzugewinnen ist. Ebenso wie das politische System schließt auch das Wissenschaftssystem sich durch eine rekursive Vernetzung von Be-

15 Siehe seine Beiträge zur Grundlegung einer operationsfähigen Dialektik (3 Bde., Hamburg 1976-1980, insbesondere Bd. I, S. 229 ff., 286 ff.). Im Formenkalkül von Spencer Brown entspricht dem der Unterschied von »primary arithmetic«, die nur mit Konstanten (Zahlen) rechnet, und »primary algebra«, deren Bezugseinheiten Variablen sind, die jeweils zwei Werte annehmen können, wobei die Algebra auf Unbekanntsein dieser Werte eingestellt ist (Spencer Brown 1979, S. 25). Die »Algebra der Grenzwerte« würde danach bedeuten: mit ihrer Form zu kalkulieren, wo immer die Zäsur gesetzt ist und welche Zahlen immer auf der einen beziehungsweise anderen Seite der Grenze zu verbuchen sind.

obachtungen zweiter Ordnung. Im Falle des politischen Systems läuft diese Schließung, wie die Wissenschaft beobachtet, über den Spiegel der öffentlichen Meinung. Im Falle des Wissenschaftssystems wird sie, wie die Wissenschaft selbst beobachtet, durch Methodologie bewirkt. Daher kann die Wissenschaft wissen, daß sie durch die Methodologie der Formanalyse eine Differenz von System und Umwelt (Logiker würden es bevorzugen zu sagen: eine Ebenendifferenz) erzeugt, in der sie sich selber einschließt.[16] Politik gehört damit, für sie, zur Umwelt des Systems. Insofern spricht die Wissenschaft dann nur zu sich selbst und verweigert sich dem Gedanken an einen politischen Nutzen, der ja immer die Frage nach sich ziehen würde: für wen?

Allerdings muß diese Differenzierung nicht das letzte Wort bleiben. Denn letztlich sind alle Funktionssysteme Teilsysteme der modernen Gesellschaft. Eine Kommunikation zwischen ihnen kann von ihnen aus nicht gesteuert, aber auch nicht unterbunden werden. Ein Ideenaustausch findet statt, und daß er zu wechselseitigen Irritationen führt, ist gesamtgesellschaftlich gesehen kein Zufall.

Literatur

Ashford, N., C. Ayers und R. F. Stone, 1985, »Using Regulation to Change the Market for Innovation«, in: *Harvard Environmental Law Review* 9, S. 419-466.

Bateson, G., 1981, *Ökologie des Geistes. Anthropologische, psychologische, biologische und epistemologische Perspektiven*, Frankfurt am Main.

Carraher, T. N., D. W. Carraher und A. D. Schliemann, 1985, »Mathematics in the Streets and in Schools«, in: *British Journal of Developmental Psychology* 3, S. 21-29.

Dieter, H. H., 1986, »Grenzwerte und Wertfragen«, in: *Zeitschrift für Umweltpolitik und Umweltrecht* 9, S. 375-390.

Dürrschmidt, W., 1989, »Das Konzept der mittleren Technologie. Von der Begrenzung zur Vermeidung der Schadstoffe«, in: A. Korten-

16 Das gilt im übrigen genauso für den Bereich der Methodologie, der sich selbst »empirisch« nennt. Auch hier ist Methodensorgfalt ein Trennvorgang, der Wissenschaft und Politik gegeneinander schließt, auch wenn im politischen System dann politisch brauchbare Resultate der Forschung verwertet werden.

kamp, B. Gahl und H. Grimme (Hg.), *Die Grenzenlosigkeit der Grenzwerte. Zur Problematik eines politischen Instruments im Umweltschutz. Ergebnisse eines Symposiums des Öko-Instituts und der Stiftung Mittlere Technologie*, Karlsruhe, S. 242-259.

Grimm, D., 1990, »Die Zukunft der Verfassung«, in: *Staatswissenschaften und Staatspraxis* 1, S. 5-33.

Günther, G., 1973-1980, *Beiträge zur Grundlegung einer operationsfähigen Dialektik*, 3 Bände, Hamburg.

Hayles, N. K., 1993, »Constrained Constructivism. Locating Scientific Inquiry in the Theater of Representation«, in: G. Levine (Hg.), *Realism and Representation. Essays on the Problem of Realism in Relation to Science, Literature and Culture*, Madison, S. 27-43.

Jasanoff, S., 1989, »The Problem of Rationality in American Health and Safety Regulation«, in: R. Smith und B. Wynne (Hg.), *Expert Evidence. Interpreting Science in the Law*, London, S. 151-183.

Klages, H., 1982, »Prävention als Sozialutopie«, in: P. Herder-Dorneich und A. Schuller (Hg.), *Vorsorge zwischen Versorgungsstaat und Selbstbestimmung*, Stuttgart, S. 26-58.

Kortenkamp, A., B. Gahl und H. Grimme (Hg.), 1989, *Die Grenzenlosigkeit der Grenzwerte. Zur Problematik eines politischen Instruments im Umweltschutz. Ergebnisse eines Symposiums des Öko-Instituts und der Stiftung Mittlere Technologie*, Karlsruhe.

Lave, J., 1988, *Cognition in Practice. Mind, Mathematics and Culture in Everyday Life*, Cambridge.

Luhmann, N., 1986, *Ökologische Kommunikation. Kann die moderne Gesellschaft sich auf ökologische Gefährdungen einstellen?*, Opladen.

–, 1990a, »Soziale Komplexität und öffentliche Meinung«, in: ders., *Soziologische Aufklärung*, Bd. 5, Opladen, S. 170-182.

–, 1990b, *Die Wissenschaft der Gesellschaft*, Frankfurt am Main.

–, 1992, »Die Beobachtung der Beobachter im politischen System. Zur Theorie der Öffentlichen Meinung«, in: J. Willke (Hg.), *Öffentliche Meinung. Theorie, Methoden, Befunde. Beiträge zu Ehren von Elisabeth Noelle-Neumann*, Freiburg, S. 77-86.

Majone, G., 1982, »The Uncertain Logic of Standard-Setting«, in: *Zeitschrift für Umweltpolitik* 5, S. 305-323.

Maturana, H. R., 1982, *Erkennen. Die Organisation und Verkörperung von Wirklichkeit. Ausgewählte Arbeiten zur biologischen Epistemologie*, Braunschweig.

–, 1990, »Objectivity in Parentheses«, in: N. Luhmann, H. Maturana, M. Namiki, V. Redder und F. Varela, *Beobachter. Konvergenz der Erkenntnistheorien?*, München, S. 47-117.

Pollack, M., 1985, »Public Participation«, in: H. Otway und M. Peltu (Hg.), *Regulating Industrial Risk. Science, Hazards and Public Protection*, London, S. 76-93.

Rehbinder, E., 1988, »Vorsorgeprinzip im Umweltrecht und präventive Umweltpolitik«, in: U. E. Simonis (Hg.), *Präventive Umweltpolitik*, Frankfurt am Main, S. 129-141.

Spencer Brown, G., 1979, *Laws of Form*, New York.

Smith, R., und B. Wynne (Hg.), 1989, *Expert Evidence. Interpreting Science in the Law*, London.

Simmrock, K. H., 1988, »Kontrolle und Verordnungen aus der Sicht der Chemietechnik«, in: C. Zöpel (Hg.), *Technikkontrolle in der Risikogesellschaft*, Bonn, S. 75-83.

Winter, G. (Hg.), 1986, *Grenzwerte. Interdisziplinäre Untersuchungen zu einer Rechtsfigur des Umwelt-, Arbeits- und Lebensmittelschutzes*, Düsseldorf.

Zeschmar-Lahl, B., und U. Lahl, 1987, »Wie wissenschaftlich ist die Toxikologie? Zur Problematik der Grenzwertfindung«, in: *Zeitschrift für Umweltpolitik und Umweltrecht* 10, S. 43-64.

Zöpel, C. (Hg.), 1988, *Technikkontrolle in der Risikogesellschaft*, Bonn.

Klaus P. Japp

Die Ausdifferenzierung regulativer Risikopolitik

Die soziologische Theorie und vor allem ihre Empirie befinden sich in weitgehender Abhängigkeit von Begriffen, die individuelle Handlungssituationen beschreiben: Zwecke, Mittel, Intentionen, Präferenzen und »Akteure«, die all dies ins Werk setzen. Insbesondere wenn »kollektive Akteure« in ihrer Beziehung zu »Teilsystemen« der Gesellschaft nach diesem Muster beschrieben werden (Mayntz/Scharpf 1995), fällt schon *intuitiv* die extreme Selektivität dieser Begriffe gegenüber der Realkomplexität des beschriebenen Gegenstandes auf. Auf der Ebene von wissenschaftlichen Erklärungsprogrammen streiten sich hier diverse Handlungstheorien und vor allem (aber nicht nur) die soziologische Systemtheorie (vgl. exemplarisch: Esser/Luhmann 1996). In diesem Beitrag soll versucht werden, diese Selektivität für den Gegenstand der ökologischen Regulierung zu vermindern. Die dafür maßgebliche Leitunterscheidung ist durch den Kontrast zwischen dem systemtheoretischen Programm kommunikativer Differenzierungsdynamiken (vgl. etwa: Luhmann 1987; Luhmann 1990a) und einem Programm der Zweckorientierung des Handelns von Akteuren (vgl. Mayntz/Scharpf 1995) gegeben.

Wie soll man sich also vorstellen, daß Institutionen der ökologischen Regulierung entstehen, sich reproduzieren, sich fortentwickeln und verändern?[1] Daß diese Fragen durch Rekurs auf wie immer elaborierte Kategorien rationaler Zweckverfolgung beantwortet werden könnten, wird im folgenden bestritten.[2] Be-

1 Gemeint sind an dieser Stelle Normungsorganisationen wie das Deutsche Institut für Normung (DIN), der Verein deutscher Ingenieure (VDI) und viele andere.

2 Für dieses Forschungsprogramm generell: Esser (1993). Demgegenüber stimmen wir der folgenden Formulierung zu: »Actors ... are social constructions in a practical and contemporaneous sense. Goals and preferences, being so changeable, are not causes, but rather they are spun after the fact as part of accounting for what has already happened« (White 1992, S. 8).

sonders am Beispiel etablierter Beschreibungen der technischen Normung (vgl. Eichener/Heinze/Voelzkow 1991; Eichener/Heinze/Voelzkow 1993; Voelzkow/Hilbert/Heinze 1987a; Voelzkow/Hilbert/Bolenz 1987b), die durchgehend mit starken Annahmen über zweckrationales Handeln arbeiten, wird gezeigt, daß soziale Strukturen *latente Funktionen* benötigen, um ihre *Selektivität* – ihre Partikularität, letztlich ihre Kontingenz – abschirmen zu können. Bezugnahme auf intendierte Zwecke und entsprechenden Mitteleinsatz allein kann gerade dies nicht gewährleisten. Ebensowenig können »nichtintendierte Nebenfolgen« (Voelzkow/Hilbert/Heinze 1987a; Voelzkow/Hilbert/Bolenz 1987b) den Aufbau und die Reproduktion von (Regulierungs-)Systemen erklären. Dafür ist eine Beschreibung erforderlich, die sich auf die Ausdifferenzierung von Kommunikationszusammenhängen stützt. Und schließlich entwickeln Institutionen der ökologischen Regulierung sich selbst weiter, wenn latente Funktionen unter effektiven Beobachtungsdruck geraten und nicht etwa schon dann, wenn in ihrer Umwelt normative Gründe gegen Beteiligungsdefizite (etwa: Eichener/Heinze/Voelzkow 1993) oder für andere Zwecksetzungen, etwa für eine aktive staatliche Technikpolitik, zu sprechen scheinen (vgl. van den Daele 1993; Wolf 1991). Im folgenden soll also gezeigt werden, wie mit soziologischen Begriffen komplexe Regulierungssysteme beschrieben werden können, die zwar Zwecke und Mittel für ihre Kommunikation benötigen, diese selbst aber wieder nur auf Kommunikation gründen können.[3]

1. Manifeste und latente Funktionen technischer Normung

Diese Vorbemerkungen wollen wir jetzt sowohl theoretisch als auch gegenstandsbezogen spezifizieren: Manifeste Funktionen regulativer Risikopolitik liegen in der strategisch-instrumentellen Erzeugung von Sicherheit (vgl. Morone/Woodhouse 1993),

3 Kommunikative Strukturen sowie auch deren Veränderung können nicht absichtsvoll bezweckt werden. Dies bringt uns in Gegensatz zum »akteurzentrierten Institutionalismus« (Mayntz/Scharpf 1995). Siehe zu diesem Streit schon Luhmann/Scharpf (1989) und neuerdings Schimank (1996).

der rechtlichen Abwehr von Gefahren (vgl. Ladeur 1995) und immer mehr auch in der verhandlungsförmigen Erzeugung von Verständigung (vgl. Luhmann 1991a). Diese Funktionen werden im Regelfall als anzustrebende (manifeste) Zwecke thematisiert, die allenfalls als durch unerwünschte, auf jeden Fall aber nicht-intendierte Nebenfolgen (in Gestalt von Regelungsdefiziten etwa) belastet erscheinen. Demgegenüber wollen wir zeigen, daß manifeste Funktionen im Regelfall nicht mitkommunizierte, latente Funktionen voraussetzen.[4] Wer sicheres Wissen propagiert, wird nicht zugleich die eingebauten Unsicherheiten mitpropagieren. Wir ziehen der Unterscheidung von Zweck und Nebenfolgen also die von manifesten und latenten Funktionen vor und gehen in diesem Zusammenhang von Systemen als Beobachtern aus. Diese Beobachter identifizieren wir als Organisationen im Kontext regulativer Risikopolitik, die ihre immer riskante Unsicherheitsabsorption durch latente Funktionen, durch »blinde Flecken« absichern beziehungsweise überhaupt erst ermöglichen (vgl. Brunsson 1985; Japp 1992).

Wir beginnen mit dem Kern ökologischer Regulierung, der technisch-ökologischen Normung. Die einschlägige Literatur zur technischen Normung arbeitet mit einer altbekannten Unterscheidung. Sie bezieht sich auf die Schwierigkeiten, die man als Handlungstheoretiker mit dem Paradigma *interessierter Zweckverfolgung* bekommt, wenn die »eigentliche Wirkung« gar nicht beabsichtigt war. Die intentionale Zweckverfolgung wird dann ergänzt durch unbeabsichtigte Nebenfolgen[5], während das primäre Ziel der privaten Normungsorganisationen in der Abwehr sonst zu befürchtender staatlicher Normungspolitik, also in der Erhaltung privater Normungsautonomie besteht. Über dieses Interesse werden zugleich diverse Organisationsprobleme der privaten Normungsverbände gelöst. Zunächst das Problem der Entscheidungsfähigkeit bei Verfolgung privater (also partikularer) Interessen *und* (allgemeinem) Normungsgebot: Bei Entscheidungsunfähigkeit der Verbandsmitglieder wirkt in Aussicht gestellte Staatsintervention disziplinierend. Weiterhin gibt es (ebenso) manifeste Interessen an der allgemeinen und eben

4 Wie die bekannten nichtvertraglichen Voraussetzungen von Verträgen.

5 Siehe bereits Merton (1949) und, nach wie vor auf derselben Linie, etwa Esser (1993).

nicht mal hier und mal dort geltenden Verbindlichkeit technischer Normen. Dadurch kommt es zur Lösung des Vollzugsproblems: Nur Unterwerfung unter das *latente* (rechts)staatliche Durchsetzungspotential insgesamt führt im Zweifelsfall zur faktischen Allgemeinverbindlichkeit der Normen. Schließlich lösen private Interessen an der organisierten Einflußnahme auf staatlich initiierte Verfahren technischer Normung das Beteiligungsproblem. Immerhin geht es um *private* Interessen, bei denen weder Zustimmungs- noch Unterwerfungsbereitschaft und auch keine Beteiligungsbereitschaft ohne weiteres unterstellt werden kann. All das wird nur wahrscheinlich vor dem (latenten) Hintergrund staatlicher Intervention (»shadow of law«).

Die Verfolgung all dieser manifesten Zwecke bewirkt gegenüber einer bloß koordinativen eine »latente« Bereitschaft zu *regulativer* Normung. Diese selbst ist nicht manifester Zweck. Verbraucherschutz-, arbeitsschutz- und umweltschutzbezogene Funktionen der Internalisierung externer Effekte werden zum nicht-intendierten Bestandteil der privat organisierten technischen Normung. »Die privat gesetzten technischen Normen, die auf eine Internalisierung externer Effekte der Technik abzielen, setzen alternativ denkbare und angekündigte staatliche Technikstandards voraus. Die Übernahme öffentlicher Aufgaben durch Interessenverbände scheint nicht mehr zu sein als das Nebenprodukt einer ernsthaften Interventionsabsicht des Staates, die er sich ›abkaufen‹ läßt. Droht er nur, um Selbstregulierung zu stimulieren, fehlt ihm die Verhandlungsmasse und er zieht den kürzeren. Die Überführung der ›latenten‹ Funktionen kollektiver Interessenvertretung in ›manifeste‹, das heißt das zielgerichtete Anstreben verbandlicher Lösungen, zerstört die Grundlagen ihres Erfolgs« (Voelzkow/Hilbert/Heinze 1987a, S. 97).

Was ist in dieser Interpretation mit den Begriffen »latent« und »manifest« gemeint? Anscheinend zielen sie auf die Differenz von beabsichtigten und unbeabsichtigten Wirkungen. Von allen anderen Argumenten abgesehen, kann man das daran erkennen, daß die Autoren *die* kritische Variable der technischen Normung in der zu vermeidenden Überführung latenter (unbeabsichtigter) Wirkungen in manifeste (beabsichtigte) Wirkungen sehen und in diesem Zusammenhang die *ernsthafte* Interventionsabsicht des Staates beschwören. Ernsthaft muß sie sein, weil sonst der Grund für einen Primat staatsabwehrenden Handelns entfiele: Umweltschutz durch private Verbände würde »manifeste« Funktion und damit unwahrscheinlich. Gemeint ist offensichtlich, daß Umweltschutz durch private Verbände zur erklärten Absicht würde und *deshalb* unwahrscheinlich. Der Begriff »manifest« referiert auf Absichtlichkeit, der der »Latenz« auf Unabsichtlichkeit. Erreicht man mit diesen Begriffsfassungen die Ebene emergenter, organisierter Kommunikation?

Zentral ist dabei die Unterscheidung zwischen Intentionalität und Nicht-Intentionalität. Mit dieser Unterscheidung kann man zwar zeigen, daß es Handlungsfolgen (regulative Normierung) gibt, die ohne Absichten zustande kommen. Oder sogar: daß sie *nur* ohne darauf gerichtete Absichten zustande kommen.[6] Man kann jedoch nicht zeigen, daß die Nicht-Intentionalität der Handlungsfolgen nicht durchschaut oder gar thematisiert werden könnte. Die Unterscheidung ist so nah am Bewußtsein gelagert, daß Durchschauen und Thematisierung keinesfalls erschwert oder gar ausgeschlossen werden könnten. Und sie bezieht sich zugleich auf soziale Kommunikation (Handlungsfolgen), die aber lediglich durch Nicht-Intentionalität erschlossen wird, so daß auch hier keine kritische Schwelle kommunikativer Beobachtung und Thematisierung erkennbar wird. Das ist aber für den Begriff der Latenz zu wenig. Dieser impliziert gerade Schutz der Selektivität von Strukturen (der technischen Normung) durch Nicht-Beobachten und Nicht-Thematisierung latenter Funktionen. Es geht darum, »daß eine Kommunikation so weittragende Folgen haben würde, daß eine anschlußfähige … Kooperation von Mitteilendem und Verstehendem nicht zustande kommen kann« (Luhmann 1991b, S. 68). Demzufolge ist zunächst zwischen bewußtseinsförmiger und kommunikativer Latenz zu unterscheiden und dann für beide Referenzen von der strukturschützenden Funktion von Latenz auszugehen – und nicht etwa allein von deren Nicht-Intentionalität. Was immer sich unbeabsichtigt ergibt, als Nebenfolge also, ist ja allein auf Grund dieser Bedingung noch lange nicht der Beobachtung und Thematisierung entzogen.

Wir unterscheiden also zwischen bewußtseinsförmiger und kommunikativer Latenz (vgl. Luhmann 1984, S. 457). Die auf Bewußtsein und auf Kommunikation (irgendwie) zugleich refe-

6 Natürlich werden Absichten im Sinne von *retrospective sensemaking* nachträglich zugerechnet (vgl. Weick 1995).

rierende Interpretation der technischen Normung durch die Unterscheidung von intendierten Zwecken und nicht-intendierten Nebenfolgen ersetzen wir durch Unterscheidungen, die sich allein auf emergent organisatorische *Kommunikation* beziehen. Latenz liegt dann nicht mehr in der Nicht-Intentionalität von Handlungsfolgen, sondern in deren Absicherung durch nicht mitkommunizierte Funktionen, die in diesem Sinne latent bleiben und dadurch die Selektivität der Struktur technischer Normung schützen.

Von der manifesten Kommunikation technischen Wissens unterscheiden wir die latente Funktion technischen Nicht-Wissens, die etwa durch eine staatlich gestützte Technikpolitik manifest werden könnte (vgl. Ladeur 1987). Von der manifesten Kommunikation technischer Kompetenz unterscheiden wir die latente Funktion technischer Inkompetenz (vgl. March 1994, S. 96 f.), für die dasselbe gilt. Von der manifesten Kommunikation der Verallgemeinerungsfähigkeit technischer Problemlösungen unterscheiden wir deren Partikularität (vgl. Brunsson 1989). Wieder gilt, daß die Partikularität technischer Problemlösungen, im Sinne sozialer Diskriminierungseffekte etwa (vgl. Winner 1980)[7], im Normalfall nicht mitkommuniziert wird, sondern, wie gerade dieses Beispiel zeigt, erst im Falle erfolgreich dekonstruierter Latenz. Hier liegen wieder *latente* Möglichkeiten des Staates (vgl. erneut Ladeur 1987) als eines Beobachters, der durch zusätzliche Unterscheidungen manifeste Funktionen kontingent setzen und damit latente Funktionen schwächen könnte. Damit ergibt sich ein Relevanzbereich von zeitlichen, sachlichen und sozialen Unterscheidungen, der den jeweils wirksamen Latenzschutz organisiert. »Wenn Strukturen Latenzschutz benötigen, heißt dies dann nicht, daß Bewußtheit beziehungsweise Kommunikation unmöglich wäre; sondern es heißt nur, daß Bewußtheit beziehungsweise Kommunikation Strukturen zerstören beziehungsweise erhebliche Umstrukturierungen auslösen würde, und daß diese Aussicht Latenz erhält, also Bewußtsein beziehungsweise Kommunikation blockiert« (Luhmann 1984, S. 459).

Für unsere Zwecke heißt das: Die Kommunikation technischen Wissens lebt von der Latenz des davon zu unterschei-

7 Brücken zwischen Manhattan und den Stränden von Long Island, deren Konstruktion (in den zwanziger Jahren) die Durchfahrt der von der schwarzen Bevölkerung bevorzugten Fahrzeuge behinderte.

denden Nicht-Wissens.[8] Dieses »koloriert« die Gegenseite zur kommunikativen Gewißheit.[9] Durch dieses »Festsitzen« auf der anschlußsicheren Seite der Unterscheidung bleibt die Unterscheidung selbst latent und ermöglicht so die selbstsichere Kommunikation einer »manifesten« Funktion; etwa die der technischen Kompetenz (gegenüber staatlichen Interventionsvisionen), die sich wiederum nur halten läßt durch Ausblendung (Latenz) auch möglicher anders gearteter Kompetenzen (vgl. Ladeur 1987; March 1994: *competency traps*). Nicht anders die Behauptung allgemeiner Gültigkeit: Durch Abwertung anderer (zum Beispiel »grüner«) Beobachtungspositionen wird ein Latenzbereich geschaffen, der die *Behauptung* allgemeiner Geltung schützt.[10] Solange sich alternative Ansprüche latent halten (abkoppeln) lassen, können Allgemeingültigkeit beanspruchende Handlungsprogramme durchgesetzt werden (vgl. Brunsson 1989).

Manifeste und latente Funktionen bilden eine Unterscheidung, mit deren Hilfe ein System sich selbst beobachten oder durch andere Systeme beobachtet werden kann: Es handelt sich also um Beobachtung zweiter Ordnung. Diese führt nicht auf die Unterscheidung von Zwecken und Nebenfolgen zurück, sondern auf ein System, das immer schon vorausgesetzt werden muß, wenn manifeste und latente Funktionen – zum Schutze der Selektivität einer Struktur – unterschieden werden sollen. Diese begrifflichen Umstellungen beim Zugriff auf empirische Sachverhalte der technisch-ökologischen Normung nötigen uns im Prinzip also lediglich die Umstellung der maßgeblichen Unterscheidung von Zweck und Nebenfolgen auf System und Umwelt ab sowie die Einschränkung, daß die Unterscheidung zwischen Zweck und Nebenfolgen deshalb nicht überflüssig wird, sondern im Zuge

8 Beobachter, die das anders sehen könnten (van den Daele 1993; Ladeur 1987), kommunizieren eben nicht mit: Sie lassen sich in der Technikkommunikation durch »private Regierungen« vertreten (Voelzkow/Hilbert/Heinze 1987a).

9 »Offensichtlich koloriert der Gegenbegriff die Seite der Unterscheidung, die im Zentrum der Aufmerksamkeit steht; aber für den Beobachter erster Ordnung ... bleibt dies latent, weil er nicht sieht, daß er die Unterscheidung nicht sieht, die dies bewirkt« (Luhmann 1991b, S. 70).

10 An diese Konstruktion knüpfen demokratietheoretische Bedenken an (vgl. etwa Eichener/Heinze/Voelzkow 1991; Eichener/Heinze/Voelzkow 1993).

der Selbstsimplifikation des Systems in den Kontext von Selbstbeschreibungen zurückgesetzt wird. Diese Unterscheidung ist eben in einem zweifachen Sinne zu simpel. Einerseits führt sie in die Unterscheidung von Intentionalität und Nicht-Intentionalität, die sich wiederum nicht eignet, die doch gemeinte *Latenz* der Nebenfolgen von manifesten Zwecken zu unterscheiden. Andererseits ist diese Unterscheidung nicht allgemein genug: Nebenfolgen können für einen anderen Beobachter gerade der Zweck sein. Im Kontext der technischen Normung sind die Nebenfolgen in Gestalt regulativer Normung für den Staat gerade der Zweck der Veranstaltung. Mit Hilfe der Unterscheidung von System und Umwelt kann man also sehen, wer etwas für einen Zweck hält und wer darin nur Nebenfolgen sieht. Zwecke und Nebenfolgen erscheinen dadurch in ihrer begriffsstrategischen Reichweite begrenzt.

Wer Zwecke verfolgt – etwa die Erhaltung eines staatsfreien Normungsraumes –, kann sich der Latenz der Nebenfolgen (regulative Normung) nicht allein durch deren Ungewolltheit vergewissern. Das geht nur, wenn an Zwecken, wie der Verhinderung staatlicher Normung, festgehalten wird und Nebenfolgen, die »ungewollte« private Normung, *als Nebenfolgen* latent gehalten werden können. Das heißt, regulative Normung kann durchaus Gegenstand etwa öffentlichkeitswirksamer Verbandskommunikation sein, aber gerade nicht in der Form unbeabsichtigter Nebenfolgen. Das gerade bleibt latent. Jegliche Kommunikation der manifesten verbandlichen Normung (und wie könnte diese latent erfolgen?) hat dann ihre Funktion darin, ihren latenten Untergrund *nicht* zu kommunizieren – egal, was sich die Individuen dabei denken mögen. Würde dieser Untergrund manifest, zum Beispiel durch Rückzug des Staates, wäre es aus mit der – verbandlichen – Normung. Sie hätte ihren Anlaß verloren.

Regulative Normung ergibt sich aus den Wissens-, den Kompetenz- und den Allgemeinverbindlichkeitsansprüchen der Normungsverbände. Latent bleibt die andere Seite, die immer auch mögliche (Alternativ-)Normung durch öffentliche, das heißt staatliche Institutionen. Und damit bleibt auch die technische Normung *als unbeabsichtigte Nebenfolge* latent. Offensichtlich muß technische Normung dann als ein System begriffen werden, das die Unterscheidung von manifesten und latenten Funktionen durch die Spezifikation entsprechender Beobachtungen

(Unterscheidungen) ermöglicht. Erst dann profiliert sich Latenz als kommunikativer Schutz für die Selektivität sozialer Strukturen. Eine Beschreibung, die mit der Unterscheidung von Zwekken und Nebenfolgen arbeitet, kann zwar zeigen, daß sich regulative Normung als »latente« Nebenfolge *ergibt*, aber nicht, wie diese Latenz selbst in der Normungskommunikation *abgesichert* wird. Gerade dies ist aber nötig, denn die Dekonstruktion dieser Latenz der »verbandlichen Lösungen zerstört die Grundlagen ihres Erfolgs« (Voelzkow/Hilbert/Heinze 1987a, S. 97).

Technische Normung wird durch Organisationen hervorgebracht, die Unsicherheit absorbieren müssen, um interne Handlungs- beziehungsweise Entscheidungsfähigkeit sicherstellen zu können. Dazu benötigen sie Zwecke, die im Rahmen des Unterscheidens anderer möglicher Zwecke bezeichnet werden, wobei die Operation des Unterscheidens selbst nicht mitbeobachtet werden kann. Sie bleibt latent. Das gilt zum Beispiel für die (obigen) Bezeichnungen von Wissen, Kompetenz und Allgemeingültigkeit. Die Latenz der zugehörigen Unterscheidungen löst Probleme vom Typus der Entscheidungsfähigkeit, des Normenvollzuges und der Beteiligung. Würde dagegen die Gegenseite des potentiellen Nicht-Wissens immer mitkommuniziert werden, würde die Entscheidungsfähigkeit im Streit um Normen torpediert. Würde die Gegenseite der potentiellen Inkompetenz immer mitkommuniziert, wäre der Normenvollzug gefährdet, und analoges gilt für die Kommunikation von Partikularität und die Folgen für die Beteiligung interessierter und betroffener Wirtschaftsorganisationen. Darüber hinaus sind diese Latenzsektoren mit der Nicht-Kommunikation staatlicher Normungsoptionen verklammert. Man operiert »ohnehin« an der Obergrenze des Wissens, der Kompetenz und erreichbarer Allgemeinverbindlichkeit. Materiale Staatsnormung ist sprichwörtlich eine *latente Bedrohung*. Daß gerade diese nicht aktiviert wird, erklärt die relative Stabilität eines verbandlichen Systems der technischen Normung, das durch seine regulativen Funktionen eine gefahrenbezogene *Komplementärfunktion* zum Risikoverhalten etwa privater Wirtschaftsorganisationen unterhält, die sonst, bei Ausfall spezifischer Latenzen, als eher unwahrscheinlich erscheint. Diesen Kontext regulativer Komplementärfunktionen wollen wir uns jedoch ebenfalls anders als durch den üblichen Rekurs auf Zweckrationalität erschließen.

2. Zwecke und Funktionskontexte

Zwecke werden von der sozialen Kommunikation für die Kontexte erzeugt, in denen sie gebraucht werden.[11] Sie sind nichts, was der sozialen Kommunikation immer schon vorausliegt (vgl. grundsätzlich March 1994). So kann man etwa sagen, daß Normungsorganisationen gerade nicht die *Mittel* für die Unsicherheitsabsorption privater Wirtschaftsunternehmen in Fragen technischer und/oder ökologischer Sicherheit sind. Es mag so erscheinen, aber dann bliebe ungeklärt, wie sich die Aktivitäten der Normungsorganisationen durch die unsicherheitsabsorbierenden Zwecke anderer (privater Wirtschafts-)Organisationen *instruieren* lassen. Das ginge nur durch Übernahme systemfremder Entscheidungsprämissen. Normungsorganisationen sind jedoch – ebenso wie irgendwelche anderen Organisationen – keine Trivialmaschinen, die sich für Zwecke in ihrer Umwelt instrumentalisieren ließen. Sie müssen *selbst* Unsicherheit absorbieren, wofür sie *eigene* Zwecke benutzen. Und daraus mögen sich dann insgesamt Funktionserfüllungen *ergeben*, die für andere nützlich sind und deshalb als unsicherheitsabsorbierende Komplementärfunktionen bezeichnet werden können. So reduzieren Normungsorganisationen Unsicherheiten für private Wirtschaftsunternehmen, deren Risikoübernahmebereitschaft dadurch erhöht oder wenigstens abgestützt wird und die Reduktion von Unsicherheit im Hinblick auf andernfalls ungenutzte Chancen ermöglicht. Daraus wiederum entstehende Folgeunsicherheiten im Arbeits-, Verbraucher- und/oder Umweltschutz erzeugen erneuten Normungsbedarf und so fort. Auf diese Weise stellt sich ein dynamischer *Funktionszusammenhang* ein, der, auf funktionaler Komplementarität beruhend, Unsicherheit absorbiert. Aber dies nicht im Sinne von Zweck-Mittel-Relationen unter Bezug nur auf die beteiligten Organisationen, die sich dann wechselseitig mit Absorptionsleistungen versorgen, so als ob sich das bezwekken ließe. Anders aber in dem Sinn, daß Unsicherheit hier letztlich *durch* Organisationen *für* die gesellschaftliche Produktion *und* Kontrolle (Komplementarität!) von Risiken absorbiert wird. Und wer könnte *das* schon bezwecken? Die beteiligten Organisationen jedenfalls benutzen Zwecke für ihre *je spezifischen* Un-

11 Vorrangig für die Asymmetrisierung von Unterscheidungen.

sicherheitsabsorptionen, aus denen sich dann, auf dem Wege der Koevolution, solche Komplementärfunktionen ergeben können. Kein angestrebter Zweck könnte das gewährleisten.

Die unbeabsichtigten Nebenfolgen der »Zweckverfolgung« erklären sich gerade aus der je eigenen Strukturdynamik der als *Mittel* »instrumentalisierten« Systeme, und dementsprechend ist die *andere* Seite von Zwecken eine intransparente, nicht-linear geordnete Welt, die sich nicht durch zweckorientierte *Absichten* bestimmen läßt. Nichtintendierte und unerwünschte Nebenfolgen der Zweckerreichung sind daher keine Überraschungen, sondern zwingend erwartbar. Überdies können sie von anderen Beobachtungspositionen aus gerade als erwünscht oder direkt als Zwecke unterschieden werden.[12] Hohe Arbeitslosigkeit mag für die Politik zum Skandal werden, für die Wirtschaft senkt sie die Produktionskosten. Die Beschreibung von Komplementärfunktionen zwischen Sicherheit – etwa der Normung – und Unsicherheit – etwa privater Risikobereitschaft – lösen wir aus diesen Gründen von der an informierte Intentionalität gebundenen Zweckrationalität ab und binden sie an die kommunikativen *Unterscheidungen* zwischen vergangenen und zukünftigen Zwecken (Zeitdimension), zwischen erwünschten und nicht erwünschten Zwecken (Sachdimension) und zwischen konsentier-

12 Zwecke und Mittel fügen sich prinzipiell kontingenten Zurechnungen: »Mit der Zunahme technischer Realisationen wird schließlich auch die eigentümliche Schmalspurigkeit und Linearität des Verhältnisses von Mittel und Zweck evident. Es gibt immer auch andere Verwendungsmöglichkeiten für verfügbare Mittel, es gibt Opportunitätskosten und es gibt vor allem immer unbeabsichtigte und unerwünschte Nebenfolgen jeder Festlegung auf Mittel und Zwecke – eine Einsicht, die die Zweck/Mittel-Rationalität auf relativ kurzfristige Handlungszusammenhänge begrenzt. Die auf Politik zielende Steuerungstheorie orientiert sich heute zwar überwiegend noch handlungstheoretisch an der Unterscheidung von Zwecken und Nebenfolgen, die dann ihrerseits in Kosten und ungeplante Nebenfolgen unterschieden werden. Quer dazu stellt sich aber das Problem des Risikos, das teils noch akzeptable, noch rational verkraftbare Kostensteigerungen betrifft, teils dagegen ungewisse, aber mögliche Schäden, die dazu führen würden, daß man die Entscheidung, die man nicht mehr ändern kann, bereut. Und Risiken können nicht im Schema von Mittel und Zweck rationalisiert werden« (Luhmann 1996, S. 162).

ten und dissentierten Zwecken (Sozialdimension). Diese Unterscheidungen machen je in ihrer Dimension die Kontingenz der Zweckverfolgung durch die *Differenz* sichtbar, in die die Zweckverfolgung eingespannt ist.

Wenn wir davon ausgehen, daß solche Unterscheidungen *Unterscheidungen der Kommunikation* im Kontext von Risiko und Sicherheit sind, dann befinden wir uns in einem anderen Unterscheidungskontext. Wir hantieren dann mit Differenzen, die Zwecke unterscheiden, aber nicht mit diesen Zwecken selbst. Es geht dann um Differenzen, die als Unterscheidungen von Unterscheidungen zur Ausdifferenzierung von Kommunikationszusammenhängen führen. Die Institution der Risikoversicherung behandelt die zeitliche Unsicherheit zukünftiger Zwecke, Risikoregulierung behandelt die sachliche Unsicherheit erwünschter Zwecke und Risikokommunikation die soziale Unsicherheit umstrittener Zwecke.

Methodisch gesehen rekurrieren wir also nicht auf die – auf das Fassungsvermögen von Einzelhandlungen zugeschnittene – Zweckrationalität, sondern auf – zunächst rationalitätsfreie – Kategorien der Beobachtung, Kommunikation und Differenzierung von Systemen und durch Systeme. Mit alldem wollen wir nicht sagen, daß in realen Systemen etwa nicht mit der Semantik von Zwecken und Mitteln operiert wird oder anders – etwa ohne sie – operiert werden sollte. Letztlich wollen wir nur zeigen, daß die operative Nutzung von Differenzen – hier die Differenz von Sicherheit und Risiko oder die von Sicherheit und Unsicherheit – zur Ausdifferenzierung von entsprechenden Kommunikationszusammenhängen führt – und nicht etwa die Einheit von Mitteln und Zwecken. So, wie die Häufung von Produktionsausfällen zur Kommunikation von Unsicherheit führt und sich auf der Grundlage der Differenz von Sicherheit und Unsicherheit als *risk assessment* ausdifferenziert und in einem weiteren Schritt sich als versicherungsförmiger Kommunikationszusammenhang *ausdifferenziert* – und nicht etwa rational bezweckt werden kann. Beobachtungen, die immer zugleich Operationen sind[13], differen-

13 Unterscheidungen, wie die von Sicherheit und Unsicherheit, die auf einer ihrer Seiten *bezeichnet* werden (zum Beispiel Sicherheit), sind Beobachtungen und als sich selbst unzugänglicher *Vollzug* des unterscheidenden Bezeichnens zugleich Operationen. Zur Theorie der Beobachtung vgl. Luhmann (1990a, S. 68 ff.).

zieren sich aus als Systeme, wenn sie *rekursiv* – und nicht *intentional* – ausreichende Komplexität aufbauen. Differenz und Differenzierung durch rekursive Kommunikation setzen wir der Einheit von Formeln der Zweckrationalität und deren Verständnis von zweckorientierten Handlungen als intentionaler Form von Problemlösungen entgegen (vgl. Luhmann/Scharpf 1989). Daß sich Systeme dann mit Hilfe von Zwecken und Mitteln selbst beschreiben können – vor allem als »rational« –, wird natürlich in keiner Weise bestritten, ist aber auch nicht unser Thema.

3. Paradoxie der Sicherheit

Der Begriff organisatorischer Komplementärfunktionen produziert eine Problemstellung: Wenn wir auch bei diesem erweiterten Bezugsrahmen einen Zentralbezug auf Zwecke, Mittel und »Akteure« vermeiden wollen, fragt es sich nämlich, wie man beschreiben kann, daß Organisationen sich auf eine Weise mit Sicherheit des Entscheidens[14] *und* Folgenunsicherheit[15] beliefern können, so daß über ein Wechselverhältnis hinaus ein *Steigerungsverhältnis* von Sicherheit *und* Unsicherheit entsteht (vgl. Krohn/Krücken 1993, S. 38 f.). Diesen Verhältnissen liegt die funktionale Komplementarität von wohlfahrtssteigernder Risikobereitschaft und gefahrenbegrenzender Regulierung zugrunde (vgl. etwa Feess-Dörr/Prätorius/Steger 1992). Zum Beispiel können technische Innovationen mit höherer Risikobereitschaft organisiert werden, wenn staatlich durchgesetzte Sicherheitsauflagen für die nötige Absicherung gegen wildes Experimentieren sorgen. Prävention und Risikobereitschaft verhalten sich komplementär in einem möglichen Steigerungszusammenhang. Staatlich-verbandliche Systeme begrenzen privatwirtschaftlich generierte Unsicherheiten, und Marktorganisationen internalisieren Sicherheitsanforderungen, die sie überhaupt erst in die Lage versetzen, Risiken einzugehen. Andernfalls wäre genau das zu riskant. In modernen »Risikogesellschaften« haben wir also eine

14 Durch koordinative und regulative Normung seitens der Normungsorganisationen.

15 Durch die (komplementäre) Risikoübernahme von Wirtschaftsorganisationen, die sich auf Normen beziehen.

Konstellation, in der sich Organisationen im Regulierungskontext wechselseitig mit Sicherheit und Unsicherheit beliefern und die als gesellschaftliches Gesamtresultat (wie immer kontrovers) »kontrollierte« Risiken ermöglicht.[16]

Die zugrundeliegende Unterscheidung von Unsicherheit und Sicherheit (vgl. Japp 1992; Japp 1996a) indiziert einen komplexen Sachverhalt, nämlich Unsicherheitsabsorption und das damit zusammenhängende Risiko. Bekanntermaßen wird die paradoxe Selbstreferenz des Risikos – es ist ebenso riskant, zu entscheiden, wie nicht zu entscheiden – aufgelöst durch die Differenz von Risiko (System) und Gefahr (Umwelt: vgl. Luhmann 1990b). Die Zurechnung des Risikos richtet sich auf das operierende System – nicht auf die Umwelt –, das dafür Erwartungssicherheit benötigt, sonst käme es nicht zur Entscheidung. Erwartungssicherheit ist Produkt Unsicherheit absorbierender Operationen (vgl. etwa Brunsson 1985). Daran anschließend postulieren wir, daß Unsicherheitsabsorption die für einen Beobachter zweiter Ordnung virtuell sichtbare Paradoxie der Einheit von Sicherheit und Unsicherheit ist. Organisierte Unsicherheitsabsorption ist einerseits unabdingbar, um Entscheidungsfähigkeit zu gewährleisten, andererseits konstituiert sie sich durch Inanspruchnahme von »blinden Flecken« für alles dabei Ausgeblendete (vgl. Luhmann 1993). Dieses Ausgeblendete kehrt als Überraschung, als Irritation zurück und ist als Paradox riskanter, »eigentlich« unsicherer Festlegung beobachtbar (vgl. Japp 1996a, S. 163 f.). Und die Frage ist dann, wie diese Einheit aufgelöst werden kann. Die Antwort lenkt die Aufmerksamkeit auf *andere* Unterscheidungen, wie etwa Prävention und Gefahr oder Innovation und Stagnation, für die man andere Beobachter benötigt oder dieselben zu einem anderen Zeitpunkt.

16 Morone und Woodhouse machen neben Faktoren wie Glück und Ad-hoc-Anpassungen eben auch Regulierung für das Ausbleiben von Katastrophen verantwortlich: »Ein nicht unbedeutender Teil der Erklärung liegt jedoch auch im Umgang mit den Technologien, und zwar in der erstaunlich intelligenten Art und Weise ihrer Regulierung. ... Mehr noch, die jeweiligen Strategien scheinen zeitweise fast wie in einem System zusammenzuwirken« (1993, S. 217). Anzumerken wäre noch, daß Kriterien einer notwendigerweise immer relativen und kontingenten »Kontrolle« nicht mit solchen langfristiger Beherrschbarkeit zusammenfallen. Darüber kann man nichts wissen.

Entparadoxierung heißt dann nichts weiter als Ausdifferenzierung von Systemen, die – in unserem Fall – Komplementärfunktionen realisieren können. Die einen produzieren Sicherheit (Regulierung), die anderen Unsicherheit (Innovation), und beide sind in ihrem Wachstum auf den jeweils anderen angewiesen. Eine Komplementärfunktion zu erfüllen heißt aber, auf zwei Seiten *einer* Unterscheidung zu operieren und so gewissermaßen die Folgeparadoxie der Einheit dieser Unterscheidung heraufzubeschwören. Wie kann das funktionieren?

Ein Beobachter zweiter Ordnung könnte sehen, daß organisierte Unsicherheitsabsorption die Differenz von Sicherheit und Unsicherheit erzeugt.[17] Andersherum formuliert können wir auch sagen: Alle hier diskutierten Probleme gründen in Unsicherheitsabsorption, jedoch nicht als letzter Grund, sondern als die *andere Seite* von Unsicherheit. Deshalb könnte jener Beobachter auch sehen, daß er selbst oder ein anderer *als Beobachter erster Ordnung* der Asymmetrie zugunsten der sicheren Seite folgt, also etwa einem Informationsbias zugunsten bestehender Erwartungen Geltung verschafft. Die unsichere Seite wird dann »abgeblendet«, im Extremfall ist sie nicht mehr erreichbar – jedenfalls nicht ohne Hinnahme von Dissens, Konflikt und Zeitverlust. Für Brunsson (1985, S. 185) ist diese Asymmetrisierung gleichbedeutend mit Unsicherheitsabsorption als »Handlungsrationalität« *und* gefährlichen Folgen. Gerade wenn »handlungsrationale« Unsicherheitsabsorption funktioniert, erhöht sie die Wahrscheinlichkeit von unberechenbaren Rück- und Einwirkungen der Umwelt, die als – möglicherweise dramatische –

17 Mit *Sicherheit* meinen wir, daß die operativ geschlossene Rekursivität der Entscheidungskommunikation gewährleistet ist und das System also über eine wohldefinierte Grenze zwischen sich und seiner Umwelt verfügt. Mit *Unsicherheit* ist dann Gegenteiliges gemeint: die eingeschränkte Sicht zur Umwelt, die die operative Schließung des Systems durch Überraschungen irritiert. Wenn ein Beobachter den kompletten Unterschied sehen würde, würde er Unentscheidbarkeit, operative Blockierung, Entgrenzung von Informationslasten, Kontingenzüberlastung – eben Paradoxie sehen. Ob Luhmann mit der Behauptung recht hat, daß kein real operierendes System diesen (gefährlichen) Systemzustand annimmt, ist eigentlich unwichtig. In beiden Fällen wird das System als Entparadoxierer beobachtet werden – durch einen Beobachter zweiter Ordnung, der diese Unterscheidung benutzt, im Unterschied zum *operierenden* System.

Überraschungen auftreten (*post decisional surprise*: Harrison/March 1984). Die Zeitdifferenz zwischen interner Entscheidung und externer Rückwirkung schrumpft in dem Maße, wie die interne Sicherheitsproduktion Pfadabhängigkeit, also Verselbständigung (vgl. Dodgson 1993) nicht nur der Operation (Entscheidung), sondern auch der Kognition (Information) generiert (vgl. Japp 1992). Die Kontingenzentlastung des Systems nimmt ab, die Informationslasten zu und so die virtuellen Fälle von Unentscheidbarkeit. Und dann mögen sich die Beobachtungen häufen, die im Sinne von Entparadoxierung auf eine *andere* Unterscheidung als die von Sicherheit und Unsicherheit zurückgreifen (Japp 1996a, S. 163 f.).

Es liegt nahe, dabei an die Unterscheidung von Risiko und Gefahr zu denken. Risiko bezeichnet die Einheit von konstruierter, »eigentlich« fiktiver Sicherheit und Unsicherheit und damit genau die Paradoxie, daß Unsicherheitsabsorption (Sicherheit) unsicher geworden ist. Unsicherheitsabsorption ist riskant! Andererseits erzeugen solche Unsicherheiten beziehungsweise Risiken (das Risiko, Unsicherheit zu absorbieren) Betroffene, die von Entscheidungsfolgen belastet werden, ohne selbst entschieden zu haben. An dieser Seite der Unterscheidung können rekursive Operationen anschließen und Systeme ausdifferenzieren, die Gefährdungen anderer *versichern* (also Versicherungssysteme), autoritativ *normieren* (also staatlich-verbandliche Regulierungssysteme) und zum Gegenstand von *Verhandlungen* machen (also Verhandlungssysteme, Partizipation, Mediation: vgl. Hadden 1991; Hiller 1994; Vollmer in diesem Band).

Aus diesem Zusammenhang wollen wir die These entwickeln, daß die Vermeidung der Paradoxie von Sicherheit und Unsicherheit – konventionell: die Lösung des Problems der Gleichzeitigkeit von Sicherheit und Unsicherheit, der Unentscheidbarkeit – *evolutionär*, also nicht zweck- oder akteursrational, zur Ausdifferenzierung von gefahrenabwehrenden Kommunikationszusammenhängen (Systemen) führt. Diese ermöglichen im Sinne funktionaler Komplementarität das Eingehen von Risiken durch andere Systeme: Versicherungen kompensieren eine betroffene Umwelt (versicherte Haftung: vgl. Feess-Dörr/Prätorius/Steger 1992). Staatliche Gefahrenabwehr schützt eine potentiell betroffene Umwelt (Regulierung: vgl. Ladeur 1987; Ladeur 1995), und Verhandlungen schützen die Betroffenen vor dem Konsens der

Entscheider oder auch dem Dissens sozialer Bewegungen (Partizipation: vgl. Hadden 1991; Vollmer 1996). Die Externalisierung der Gefahrendimension ermöglicht dann eine komplementäre Steigerung von Risikopräferenzen der »Primärsysteme«.

4. Ausdifferenzierung regulativer Politik

Diese Möglichkeiten der Ausdifferenzierung spezifischer Kommunikationszusammenhänge sollen nun für den Kontext technisch-ökologischer Regulierung konkretisiert werden. Morone und Woodhouse (1993) beschreiben die Form der von ihnen untersuchten Entscheidungskommunikation in staatlichen Regulierungsbehörden im Kontext der Unterscheidung von Rationalität und Strategie. Rationalität oszilliert zwischen unvollständiger und vollständiger Information und impliziert bei Präferenz für vollständige Information letztlich ein unrealistisches Modell der Informationsverarbeitung. Strategische Kommunikation zielt auf die Unterscheidung von Versuch und Irrtum, also auf die Generierung von Information bei gegebener Unsicherheit. Die Autoren identifizieren allein auf der Seite der Strategie ein operativ handhabbares Entscheidungsverfahren. »In ihrer Orientierung am Lernen aus Fehlern – dem unabdingbaren Element des strategischen Ansatzes – entsprachen unsere Entscheider eindeutig mehr dem strategischen Typ als dem analytischen. Die zugrundeliegende Logik des Katastrophenvermeidungssystems besteht darin, dem Entscheider zu ermöglichen, mit der Zeit und mit wachsender Erfahrung mehr über die Natur der Gefahren zu lernen und die notwendigen Gegenmaßnahmen zu entwickeln. Das erfordert, anfänglich Sicherheitsmaßnahmen zu ergreifen, verlangt konservatives Vorgehen angesichts unsicherer und möglicherweise gravierender Risiken und die Unterstützung dieses Vorgehens durch Tests, kontrollierte Erfahrung und das Setzen von Prioritäten« (Morone/Woodhouse 1993, S. 237).

Die Ausdifferenzierungschancen solcher Entscheidungsverfahren im Kontext staatlich-verbandlicher Risikoregulierung sind sicherlich höher zu bewerten als solche (rational-analytischen), die unsicherheitsgenerative Rationalität von Alternativenkontingenz in den Mittelpunkt stellen (vgl. Brunsson 1985). Gleichwohl ist auch Rationalität anschlußfähig, etwa im wissenschaftlichen *risk assessment* (vgl. Covello u. a. 1985), und weitere Anschlußpfade ergeben sich, wenn die Auflösung der Sicherheitsparadoxie durch die Differenz von Risiko und Gefahr in Rechnung gestellt wird. Insgesamt ergibt sich eine nicht durch zweckrationale Absichten, sondern durch rekursive Operationen der Unsicherheitsreduktion bewirkte Ausdifferenzierung von strategischer Sicherheitskommunikation.

		Ausdifferenzierungschancen staatlicher Risikoregulierung	
		schwach: *Rationalität*	*stark:* *Strategie*
Sicherheitsparadox	*Risiko*	Unsicherheitssteigerung (Wissenschaft, z. B. *risk assessment*)	Unsicherheitsreduktion (staatliche Risikovorsorge)
	Gefahr	Handlungsunterlassung (Ethik, Moral)	Handlungskonditionierung (rechtliche Gefahrenvorsorge)

Abbildung 1: Ausdifferenzierung von Sicherheitskommunikation

Das Sicherheitsparadox wird durch die Differenz von Risiko und Gefahr zerlegt, verschoben, für alle empirischen Belange also vermieden. An den Risikoaspekt und an den Gefahrenaspekt von Unsicherheit können dann andere Differenzen anschließen. Man kann auch sagen, daß rationales und strategisches Verhalten, je nachdem, ob Risiko oder Gefahr gemeint sind, Unterscheidungen nahelegen, die je spezifische Kommunikation hervorbringen. Hier sind es wahrheitsfähige versus strategische Kommunikation und moralisierende versus rechtsförmige Kommunikation. Worauf es zunächst ankommt, ist die im Kontext staatlich-verbandlicher Risikoregulierung *erhöhte* Chance der Ausdifferenzierung strategischer Handlungsformen – sei es als regulative, sei es als rechtliche Kommunikation. An (Folgen- und/oder Alternativen-)Rationalität orientierte Kommunikation generiert demgegenüber zuviel Unsicherheit oder aber zu wenig effektive Prävention. Ethik und Moral schließen daran an, indem sie genau diesen Mangel einklagen.[18] Wissenschaftlich-rationale und ethisch-moralische Kommunikationstypen können im Kontext technisch-ökologischer Regulierung selbstverständlich ausdifferenziert werden und werden auch ausdifferenziert, etwa für einen Bedarf an symbolischer Darstellungskommunikation (vgl. Clarke 1989). Für die funktionalen Anforderungen an staatliche Risikoregulierung kommt ihnen jedoch nur eine *mindere* (oder doch *untergeordnete*) Ausdifferenzierungschance zu (vgl. Morone/Woodhouse 1993, S. 251 f.).[19]

Regulative Kommunikation kann sich nicht gut an »rationalen« Wahrheitsansprüchen orientieren, sondern wird im Regelfall mit der strategischen Differenz von funktionierenden Problemlösungen – gegenüber nicht oder schlecht funktionierenden – auskommen.[20] Bei technischer Normung gefahrstoffmindernder Filteranlagen, bei der Festlegung von ökologischen Grenzwerten oder bei der Zulassung neuer Medikamente geht es nicht um »Rationalität«, sondern um den Einschluß kontrollierter und den Ausschluß nicht-kontrollierter Kausalitäten (vgl. Japp 1996b; Luhmann 1991a, S. 93 f.). Da es in diesem Kontext niemals absolute Sicherheit geben kann (vgl. Morone/Woodhouse 1993; Reagan 1987; Wildavsky 1988), wird die regulative Kommunikation sich in dieser Hinsicht um Wahrscheinlichkeiten und

18 Vergleiche dazu diverse Beiträge in der Zeitschrift »Ethik und Sozialwissenschaften«.

19 In analoger Weise läßt sich die Ausdifferenzierung der zeitlichen und der sozialen Dimension der Differenz von Risiko und Gefahr zeigen. Die zeitliche Dimension wird erzeugt durch die Differenz von antizipativer Prävention (»reflexive« Unsicherheitssteigerung) und *Versicherung* (Unsicherheitsreduktion). Hier besteht die Asymmetrie zugunsten versichernder Operationen, die privatwirtschaftliche Innovationen (durch Schadensausgleich in der Zukunft) erst ermöglichen und Prävention in risikoaverse Antizipationsrationalität verweisen (vgl. dazu Schmidt in diesem Band). Die soziale Dimension wird erzeugt durch die Differenz von (prinzipiellem) Konsens und (pragmatischer) *Verständigung*. Hier besteht die Asymmetrie in der blockierenden Wirkung von »rationalem« Diskurs (Partizipation) und der Risikokommunikation ermöglichenden Pragmatisierung der Verständigung (Mediation, Verhandlung).

20 Die Ausdifferenzierung von Wahrheitskommunikation *durch das Wissenschaftssystem* bleibt von alldem natürlich gänzlich unberührt.

Unwahrscheinlichkeiten drehen. Und durch diese nicht auszuräumenden Unsicherheiten erzwingt sie Verhandlungssysteme, Kompromisse und Einflußchancen ansonsten nur betroffener Gruppen.[21]

Man könnte fast sagen: Wenn es diese Unsicherheiten nicht gäbe, dann müßten sie durch die gesellschaftliche Kommunikation erfunden werden, denn welche Sicherheiten könnten das sein, auf die sich etwa Wirtschaftsverbände und Umweltverbände einigen könnten? Damit diese die Frage »How safe is safe enough?« *aushandeln* können, muß es gleichsam Unsicherheiten geben (vgl. Vollmer 1996), ganz gleich, wie das aus ethischer Sicht wieder moniert wird (Jonas 1979). Im großen und ganzen haben wir es also mit der Ausdifferenzierung von Kommunikationszusammenhängen (Systemen) zu tun, die auf der Grundlage nicht zu beseitigender Unsicherheiten funktionale Komplementaritäten organisieren. Regulierungsregime koppeln Systeme aneinander, die im Gesamteffekt eben das rational nicht kontrollierbare Maß an »Risikokontrolle« realisieren, das in funktional differenzierten Gesellschaften möglich scheint. Und dieses Maß folgt jedenfalls nicht wie immer rationalen Zwecken, sondern den Unterscheidungen, die funktional komplementäre Risikokommunikationen überhaupt ermöglichen.

Aber was ist bei alldem manifest und was latent? Zur Beantwortung dieser Frage beziehen wir uns auf die kritischen Schwellenwerte, auf die »kritischen Variablen« dieser Systembildungen. Die kritische Variable regulativer Kommunikation fassen wir im Begriff des »tragbaren Risikos« zusammen. Ein nicht tragbares Risiko kommt nicht vor, kann nicht vorkommen – jedenfalls wird es nicht als reale Möglichkeit kommuniziert (vgl. hierzu auch March 1994, S. 48 f.). Regulative Kommunikation differenziert sich mit der manifesten Funktion einzuschließender »tragbarer Risiken« aus und schließt dadurch zugleich »nicht tragbare Risiken« aus ihrem Zuständigkeitsbereich aus. Dafür gibt es dann den im Regelfall unzugänglichen Bereich struktureller Latenz. Ohne diesen Schutz könnte sich kein System regulativer Kommunikation ausdifferenzieren. Daß manche diese Risiken gleichwohl für untragbar halten, muß irrationalisiert werden –

21 »Die moderne Regulationsstruktur transformiert prinzipielle Unsicherheitsprobleme in die Durchsetzungsstrategien organisierter Akteure« (Latzke 1990, S. 97).

solange relevante Beobachter dabei mitmachen. Ähnlich verfährt die rechtliche Kommunikation der Gefahrenabwehr und -vorsorge. Ihr ist latent, was nicht im Verfügungsbereich des normalerweise durch Rekurs auf verfügbares Wissen (vgl. Ladeur 1995, S. 16 f.) Vermeidbaren liegt.[22] Diese Bereiche kommunikativer Latenz sind keine unbeabsichtigten Nebenfolgen beabsichtigter Zwecke, sondern Resultat und Voraussetzung rekursiver Kommunikation ausdifferenzierter Sozialsysteme.

Die Unterscheidung von Zwecken und Nebenfolgen bezieht sich demgegenüber auf ausgesprochen kurzfristige Handlungszusammenhänge. Instruktive Zwecke sind von kurzfristiger Geltung, längerfristig geltende Zwecke sind selten instruktiv. Wenn es auf Instruktivität ankommt, kann sie ohnehin nur durch rekursive Kommunikation erzeugt werden, die sich dann selbst auf Zwecke vereinfachen mag. Die Voraussetzung dafür sind Systeme, die sich durch Unterscheidungen von ihrer Umwelt lösen, für die es in jener keine Entsprechung gibt. Zwecke können demgegenüber nur, aber immerhin die Zurechnung von Handlungen instruieren.[23]

5. Systemdifferenzierung

Die Bearbeitung von Unsicherheit durch Regulierungssysteme bezieht sich – wie bereits angedeutet – auf die zeitliche, sachliche und soziale Dimension der für Risikokontexte typischen Unsicherheiten. In diesen Hinsichten kommt es zur Produktion von Systemgrenzen. Obwohl man sagen könnte, daß Versicherung, staatlich-rechtliche Gefahrenabwehr und akzeptanzsichernde Verhandlungssysteme nur Aspekte von Risikoregulierung darstellen, werden sie doch in der Form besonderer Systeme ausdifferenziert. Man könnte deshalb auch sagen: Die Evolution nutzt die Vorteile problembezogener Systemdifferenzierung. Auch wenn die staatlich-verbandliche Gefahrenabwehr zur Normung von Sicherheitsstandards führt, bleibt für die private Inno-

22 Daß auch hier inzwischen Mißtrauen ansetzt und sich etwa als *Gefährdungshaftung* gegen den »Stand von Technik und Wissenschaft« durchsetzt (vgl. Feess-Dörr/Prätorius/Steger 1992), sei immerhin angemerkt.

23 Vergleiche Heidenescher (1992).

vation doch offen, ob solchermaßen sichere Verfahren oder Stoffe *in Zukunft* Schäden anrichten oder nicht. Und selbst wenn dies immer zuverlässiger ausgeschlossen werden kann, ist damit noch nicht gesichert, daß Verfahren und/oder Stoffe *sozial akzeptiert* werden. Unsicherheit muß also in zeitlicher, in sachlicher und in sozialer Hinsicht absorbiert werden.

Andererseits bestand in allen diesen Hinsichten das Problem mit organisatorischer Unsicherheitsabsorption ja gerade darin, daß die Seiten der durch sie generierten Unterscheidung zwischen Sicherheit und Unsicherheit sich nicht *trennen* lassen, jedenfalls nicht, wenn man die jederzeitige Möglichkeit von Beobachtungen zweiter Ordnung unterstellt, woraus dann ein Risikoparadox resultiert: Sicherheit ist riskant. Die Seiten schnappen immer wieder zusammen.[24] Für ein System liegt die Problemlösung vor allem in der Exklusion der latenten Funktionen in die Umwelt des Systems. So wie gesteigerte Rationalitätsansprüche an politische Regulierung dann eben zur Sache von Wissenschaft oder Ethik werden (siehe Abbildung 1). Intern wird dann nicht mehr zwischen Strategie und Rationalität unterschieden, sondern nur noch zwischen brauchbaren (bezahlbare *containments*) und unbrauchbaren Strategien (unbezahlbare *containments*). Die Formeln Sicherheit = Unsicherheit und Unsicherheit = Sicherheit, also die schwache Konditionierung der Grenze, wird »hochgezogen« durch den Einbau von Grenzen für anschlußfähige Kommunikation. Damit ist die Paradoxie von organisatorischer Unsicherheitsabsorption natürlich nicht aus der Welt (wie könnte sie auch?), aber ein spezifizierter Systemkontext kann sich durch Differenzierung (= Konditionierung von Grenzen) von ihren blockierenden Implikationen entlasten, auf der operativen Ebene Kontingenz *ausschalten*. Wie lange und mit welchen Folgekosten, ist eine andere Frage.[25] Die für das jeweilige System latenten

24 Und dadurch natürlich die Tendenz für Beobachter erster Ordnung, Überraschungen, wenn nicht Enttäuschungen ausgesetzt zu sein, die ihn oder sie in einen zirkulären Teufelskreis von *reinforcements* treiben (etwa Brockner et al. 1986; Japp 1992) – oder ihn oder sie selbst in den Operationskontext eines Beobachters zweiter Ordnung.

25 »Die Vorstellung von selbstkontrollierten Organisationsgrenzen, die formal durch die Mitgliedschaftsnormen konstituiert und durch Sinndifferenzen zur Umwelt kommunikativ ›bewacht‹ werden, wird ... immer wieder durch empirische Beobachtungen in Frage

Funktionen sind in der jeweiligen Umwelt gerade kritische Variablen einer laufenden Gegenbeobachtung. Man denke nur an die Ein- und Ansprüche einer ökologisch-technischen Ethik gegenüber den reduzierten Rationalitätsansprüchen regulativer Politik, gegenüber bloßer Versicherung und im Hinblick auf die elementaren Geltungsansprüche der Betroffenen (zusammenfassend: Rescher 1983).

Und was darf man sich von alldem versprechen? Nichts weiter als den Austausch von Intentionalität und Zweckrationalität gegen Differenz, Rekursivität und Ausdifferenzierung als Bezugsrahmen für die Beschreibung des Verhältnisses von organisierter Sicherheit und Unsicherheit in der Gesellschaft. Die Ausdifferenzierung von Kommunikationszusammenhängen (Systemen) wird durch Differenzen ermöglicht, die in der gesellschaftlichen Kommunikation Selektionsvorteile organisieren können, und die Durchsetzung dieser Selektionsvorteile erfolgt über die Differenzierung von manifesten und latenten Funktionen. Wenn solche Differenzen aus der Vermeidung von Paradoxien resultieren, dann sind sie auch notwendig.[26]

Differenzerzeugung durch Paradoxievermeidung folgt nun aber gerade keinen Absichten, die auf bestimmte Zwecke zielen, auch nicht gesondert guten Absichten – etwa im Sinne eines politischen Gemeinwohls. Differenzerzeugungsdynamiken sind transintentional; sie sind nicht das Resultat sogenannter »Akteursdynamiken« (vgl. Schimank 1996, S. 204 ff.).[27] Diese prakti-

gestellt. Bei hoher Unsicherheit der Umweltbedingungen und/oder hoher Komplexität der kognitiven Funktionen werden auch die Identität verbürgenden Annahmen im Orientierungssystem der Organisation von Ambiguität erfaßt. Der Zwang, sich auf die Verarbeitung unerwarteter Umweltereignisse einzustellen, impliziert Kontrollverluste an der Grenze. Grenzen werden diffus; die eigenlogischen Grenzdefinitionen verlieren an Bedeutung. Damit kann es zu ungeplanten und ungewollten Sinnimporten kommen« (Wiesenthal 1993, S. 25). Wir werten das alles als Indikatoren für mögliche Paradoxierung: für Kontingenz*einschaltung*, für Resymmetrisierung, die ein Beobachter zweiter Ordnung sehen kann.

26 »Es liegt in der Logik solcher Paradoxien, daß sie zugleich vorhanden und nichtvorhanden, zugleich gesehen und nichtgesehen sind. Sie machen es notwendig, sie zu vermeiden, und sie machen das, was dazu verhilft, sie zu vermeiden, notwendig« (Luhmann 1987, S. 23).

27 Was nicht hindert, daß für Zwecke der Selbststeuerung laufend –

sche Implikation der hier geführten Diskussion, daß gegenüber Systemen die *Absicht der Kritik* weniger leicht durchschlägt als bei Handlungszwecken, kann im Kontext gesellschaftspolitischer Optionen der regulativen Normung illustriert werden. Dabei wird ein weiteres Mal deutlich, daß gute Absichten nicht an den schlechten Absichten »interessierter Kreise« scheitern, sondern an latenten Funktionen.

Gegenüber der verbandlich organisierten Normung »privater Regierungen« wird oft eingewandt, daß sie zwar *effektiv* sei (Durchsetzungsfähigkeit von Normen), aber durch einen Mangel an Rechtsstaatlichkeit erkauft werde (Wolf 1982; Wolf 1991) oder, präziser noch, keine ausreichende Interessenberücksichtigung gewährleiste, also *undemokratisch* sei und an den Maßstäben einer »assoziativen Demokratie« gemessen werden müsse (Eichener/Heinze/Voelzkow 1991). Diese Kritik zielt auf Erweiterung des Unterscheidungsvermögens verbandlicher Normung in der Sozialdimension: Mehr und andere Interessen (etwa ökologischer Minderheiten) sollen einbezogen werden. Dabei wird übersehen, daß die Reduktion von dieser Art Beobachtung zweiter Ordnung in der Sozialdimension gerade der Erzeugung von Kompromiß- und Verständigungsfähigkeit dient und für die Zwecke (!) der Durchsetzungsfähigkeit des Systems *latent* bleiben muß. Diese Art Kritik bleibt deshalb eigentümlich *normativ*. Partizipatorische Absichten gewährleisten noch keine Systemrationalität (vgl. Brunsson/Olsen 1993; Wiesenthal 1990).

Ein anderer Einwand zielt auf das »Momentum«, auf die Pfadabhängigkeit und die entsprechend eingebauten Irreversibilitäten der verbandlichen Normung. Diese Kritik zielt darauf, daß die empirisch vorfindliche Normung zwar durchsetzungsfähig sei, aber gerade *ineffektiv*, insofern zu viele alternativ mögliche Normungen gar nicht auf dem Bildschirm der Normungsinstitutionen erscheinen. Zu fordern sei deshalb eine »konstruktive staatliche Technologiepolitik«, die diesem Manko abhelfe (vgl. Ladeur 1987; van den Daele 1993): Mehr Unterscheidungen auf der Ebene von Normungspfaden sollen ermöglicht werden. Dabei wird übersehen, daß die Reduktion von dieser Art zweiter Beobachtung in der Sachdimension gerade der Stabilisierung von Strategiefähigkeit dient und deshalb gegenüber Rationalitätszumutun-

und das *kommunikativ* – auf Absichten *zugerechnet* wird. Und genau dies erfordert dann wieder Latenzschutz.

gen *Latenzschutz* genießt (siehe oben). Diese Art Kritik bleibt deshalb ebenfalls eigentümlich normativ. Strategien der Optionssteigerung gewährleisten ebenfalls noch keine Systemrationalität (vgl. Japp 1996a, S. 216 f.).[28]

		Interessenberücksichtigung	
		schwach	*stark*
Durchsetzungsfähigkeit	*schwach*	staatliche Normung (konstruktive Technikpolitik)	partizipatorische Normung (assoziative Demokratie)
	stark	verbandliche Normung (private Regelungen)	? (institutionelle Innovation)

Abbildung 2: Strukturen regulativer Normung

Mit diesen Argumenten wollen wir natürlich nicht sagen, daß es im Bereich technisch-ökologischer Normung nur Evolution und keinen auf (Steuerungs-)Absichten gestützten sozialen Wandel gäbe. Was herausgestellt werden soll, ist nur, daß ein solcher Wandel auf transintentionalen Differenzerzeugungsdynamiken beruht, auf die Absichten nur in der umwegigen (gleichsam: nicht absichtlichen) Form von kommunikativen Zurechnungsartefakten Einfluß gewinnen können.[29] Also im Kontext von Evolution, und das immerhin ist möglich.

28 Das Schema hängt demzufolge an den Prämissen, daß Partizipation allein nicht hilft (vgl. Wiesenthal 1990) und daß »der Staat« nicht ohne weiteres »allgemeine« Interessen fördert (vgl. Eichener/Heinze/Voelzkow 1993). Daraus ergeben sich die Zuordnungen zu den Ausprägungen der beiden Variablen.

29 Ein möglicher Kontext für den im obigen Schema mit Fragezeichen versehenen Quadranten kompliziert sich dadurch erheblich: »Allerdings gibt es gute Gründe zu bezweifeln, daß die Standardisierungsorganisationen arbeitsfähig bleiben, wenn bei den gegebenen Arbeits- und Entscheidungsprozeduren immer mehr intermediäre Organisationen mitwirken. Es bedürfte wohl auch einiger institutioneller Innovationen, um bei verbreiterter Partizipation in effizienter

Damit hat die Geschichte jedoch nicht ihr Ende. Vor allem entstehen durch den Umbau der strategisch relevanten Unterscheidungen die für Anpassungserfordernisse erforderlichen Irritationskanäle.[30] Dies ist vor allem dem Mechanismus der Systemdifferenzierung zu danken, der operativ geschlossene Kommunikationszusammenhänge voneinander trennt und über *strukturelle*, also nicht: zweck- oder zielorientierte Kopplungen dennoch zusammenhält. Das Ergebnis ist dann ein *structural drift*, der die Systeme – keineswegs störungsfrei, sondern gerade durch strukturell limitierte Irritation – koevolutiv hervorbringt (Luhmann 1994). Die Unterscheidung von internen *Selbstbindungen*, zum Beispiel geringstmögliche ökologische Normung, und extern ausgelösten, jedoch immer intern interpretierten *Irritationen*, zum Beispiel öffentliche Forderung nach Steigerung ökologischer Normung, würde ab diesem Punkt gewissermaßen operationsleitend werden. So ist leicht zu sehen, daß präventiv-strategische Normungsoperationen und quasi-experimentelle Operationen privater Unternehmen sich stören können. Durch Störungen können Systeme *produktiv* aufeinander aufmerksam machen. Störungen im Bereich der kritischen Variablen »struktureller Latenz« lösen möglicherweise Innovationen aus, die dann nachträglich auf Absichten zugerechnet werden können (Weick 1995: *retrospective sensemaking*).

Dies dürfte vor allem durch das problemdruckbedingte Aufbrechen von Latenzbereichen geschehen. Ein augenfälliges Beispiel liegt im Angriff auf das Quasi-Monopol der privaten Normungsverbände. Gegenläufige »kritische« Beobachter können diese Verbände mit dem Verweis auf notwendige, bislang latente, staatliche Normungsinitiativen nachhaltig irritieren (vgl. van den Daele 1993). Das Aufbrechen latenter Funktionen wäre demzufolge *der* Mechanismus sozialen Wandels. Ebenso lassen sich Ver-

Weise negative Externalitäten von Technik durch regulative Standards zu verhindern« (Werle 1995, S. 274).

30 Denn es ist ja klar, daß trotz oder gerade wegen institutioneller Differenzierung sicherer und unsicherer Operationszusammenhänge im jeweiligen System die Paradoxie der Unsicherheitsabsorption erneut auftritt. Nur kann man sich jetzt vorstellen, daß die getrennten, aber komplementär operierenden Systeme sich nicht blockieren, sondern *irritieren* und dadurch übermäßige Festlegungen als Ergebnis von Unsicherheitsabsorption korrigieren können.

sicherungen durch zunehmende, hier vor allem technische Erwartungsunsicherheit bei ihren Vertragsnehmern irritieren (vgl. Farny 1992) und bisher latente Bereiche der Kommunikation (zum Beispiel Ausschluß von »Entwicklungsrisiken«[31]) manifest werden. Und umgekehrt lassen sich natürlich Wirtschaftsunternehmen durch Vertragsunsicherheiten seitens der Versicherer (vgl. Feess-Dörr/Prätorius/Steger 1992) irritieren mit der Folge etwa, bislang latent gehaltene Erwartungs*unsicherheiten* bei Risikoübernahme für die Kommunikation freizugeben. Schließlich stört Partizipation allein schon durch Verbrauch von Zeit und Ressourcen sowie durch Vermehrung und Verlängerung von Entscheidungswegen bei relativer Ungewißheit des Ergebnisses (Wiesenthal 1990). Umgekehrt stören »bloße« Verständigungen die Vertreter eher fundamentalistischer Positionen (vgl. Japp 1996a, S. 199 ff.). In allen Fällen können Latenzen der Kommunikation aufgebrochen werden und also neue Unsicherheiten mit neuen Strukturfolgen nicht nur sichtbar, sondern manifest werden. All dies ist möglich und geschieht dauernd. Jedoch nicht aufgrund von – zweifellos guten – Absichten.

Literatur

Brockner, J., R. Houser, B. Birnbaum, K. Lloyd, J. Deitcher, S. Nathanson und J. Z. Rubin, 1986, »Escalation of Commitment to an Ineffective Course of Action: The Effect of Feedback Having Negative Implications for Self-Identity«, in: *Administrative Science Quarterly* 31, S. 109-126.

Brunsson, N., 1985, *The Irrational Organization*, Chichester.

–, 1989, *The Organization of Hypocrisy*, Chichester.

– und J. P. Olsen, 1993, *The Reforming Organization*, London/New York.

Clarke, L., 1989, *Acceptable Risk? Making Decisions in a Toxic Environment*, Berkeley.

31 Entwicklungsrisiken, etwa die nachträgliche Risikoidentifikation von Asbest oder Thalidomid, können einem Anlagenbetreiber beziehungsweise Hersteller im Kontext der Gefährdungshaftung zugeschrieben werden, obwohl dieser in Übereinstimmung mit dem »Stand der Technik« gehandelt hat: verschuldensunabhängige Haftung.

Covello, V. T., J. L. Mumpower, P. J. M. Stallen und V. R. R. Uppuluri (Hg.), 1985, *Environmental Impact Assessment, Technology Assessment, and Risk Analysis*, Berlin.
Daele, W. van den, 1993, »Restriktive oder konstruktive Technikpolitik?«, in: W. Krohn und G. Krücken (Hg.), *Reflexion und Regulation. Einführung in die sozialwissenschaftliche Risikoforschung*, Frankfurt am Main, S. 284-304.
Dodgson, M., 1993, »Organizational Learning: A Review of Some Literatures«, in: *Organization Studies* 14, S. 375-394.
Eichener, V., R. G. Heinze und H. Voelzkow, 1991, »Von staatlicher Technikfolgenabschätzung zu gesellschaftlicher Techniksteuerung«, in: *Aus Politik und Zeitgeschichte* 43/91, S. 3-14.
–, R. G. Heinze und H. Voelzkow, 1993, »Techniksteuerung im Spannungsfeld zwischen staatlicher Intervention und verbandlicher Selbstregulierung«, in: R. Voigt (Hg.), *Abschied vom Staat – Rückkehr zum Staat?*, Baden-Baden, S. 393-421.
Esser, H., 1993, *Soziologie. Allgemeine Grundlagen*, Frankfurt am Main/New York.
– und N. Luhmann, 1996, »Individualismus und Systemdenken in der Soziologie«, in: *Soziale Systeme* 2, S. 131-135.
Farny, D., 1992, »Künftige Umwelten und Versicherungen: Das System der Umwelten, die zukünftigen Veränderungen und die Beziehungen zu den Versicherungen«, in: *Zeitschrift für die gesamte Versicherungswissenschaft* 81, S. 19-43.
Feess-Dörr, E., G. Prätorius und U. Steger, 1992, *Umwelthaftungsrecht. Bestandsaufnahme, Probleme, Perspektiven*, Wiesbaden.
Hadden, S., 1991, »Public Perception of Hazardous Waste«, in: *Risk Analysis* 11, S. 47-57.
Harrison, J. R., und J. G. March, 1984, »Decision Making and Postdecision Surprises«, in: *Administrative Science Quarterly* 29, S. 26-42.
Heidenescher, M., 1992, »Zurechnung als soziologische Kategorie. Zu Luhmanns Verständnis von Handlung als Systemleistung«, in: *Zeitschrift für Soziologie* 21, S. 440-455.
Hiller, P., 1994, »Risiko und Verwaltung«, in: K. Dammann, D. Grunow und K. P. Japp (Hg.), *Die Verwaltung des politischen Systems*, Opladen, S. 108-125.
Japp, K. P., 1992, »Selbstverstärkungseffekte riskanter Entscheidungen. Zum Verhältnis von Rationalität und Risiko«, in: *Zeitschrift für Soziologie* 21, S. 31-48.
–, 1994, »Verwaltung und Rationalität«, in: K. Dammann, D. Grunow und K. P. Japp (Hg.), *Die Verwaltung des politischen Systems*, Opladen, S. 126-141.
–, 1996a, *Soziologische Risikotheorie. Funktionale Differenzierung, Politisierung und Reflexion*, Weinheim/München.

–, 1996b, »Die Technik der Gesellschaft?«, in: W. Rammert (Hg.), *Technik und Sozialtheorie*, Frankfurt am Main.
Jonas, H., 1979, *Das Prinzip Verantwortung*, Frankfurt am Main.
Kirsch, G., 1988, »Präventive Umweltpolitik – Chance oder Illusion?«, in: *Zeitschrift für Umweltpolitik und Umweltrecht* 11, S. 269-285.
Krohn, W., und G. Krücken, 1993, »Risiko als Konstruktion und Wirklichkeit. Eine Einführung in die sozialwissenschaftliche Risikoforschung«, in: W. Krohn und G. Krücken (Hg.), *Riskante Technologien: Reflexion und Regulation. Einführung in die sozialwissenschaftliche Risikoforschung*, Frankfurt am Main, S. 9-44.
Ladeur, K.-H., 1987, »Jenseits von Regulierung und Ökonomisierung der Umwelt: Bearbeitung von Ungewißheit durch (selbst-)organisierte Lernfähigkeit«, in: *Zeitschrift für Umweltpolitik und Umweltrecht* 10, S. 1-22.
–, 1995, *Das Umweltrecht der Wissensgesellschaft. Von der Gefahrenabwehr zum Risikomanagement*, Berlin.
Latzke, H. E., 1990, »Risikoabsorption durch Institutionen: Das Beispiel der Bundesrepublik«, in: H. P. Dreitzel und H. Stenger (Hg.), *Ungewollte Selbstzerstörung*, Frankfurt am Main, S. 88-105.
Luhmann, N., 1984, *Soziale Systeme*, Frankfurt am Main.
–, 1987, »›Distinctions directrices‹. Über Codierung von Semantiken und Systemen«, in: ders., *Soziologische Aufklärung*, Bd. 4, Opladen, S. 13-31.
–, 1990a, *Die Wissenschaft der Gesellschaft*, Frankfurt am Main.
–, 1990b, »Risiko und Gefahr«, in: ders., *Soziologische Aufklärung*, Bd. 5, Opladen, S. 131-169.
–, 1991a, *Soziologie des Risikos*, Berlin/New York.
–, 1991b, »Wie lassen sich latente Strukturen beobachten?«, in: P. Watzlawick und P. Krieg (Hg.), *Das Auge des Betrachters. Beiträge zum Konstruktivismus*, München, S. 61-74.
–, 1992, »Ökologie des Nichtwissens«, in: ders., *Beobachtungen der Moderne*, Opladen, S. 149-220.
–, 1993, »Die Paradoxie des Entscheidens«, in: *Verwaltungsarchiv* 84, S. 287-310.
–, 1996, »Umweltrisiko und Politik«, in: ders., *Protest. Systemtheorie und soziale Bewegungen*, herausgegeben von K.-U. Hellmann, Frankfurt am Main, S. 160-174.
– und F. W. Scharpf, 1989, »Politische Steuerung (Diskussionsbeiträge)«, in: *Politische Vierteljahresschrift* 30, S. 4-21.
Majone, G., 1976, »Standard Setting and the Theory of Institutional Choice«, in: *Policy and Politics* 4, S. 35-49.
March, J. G., 1994, *A Primer On Decision Making*, New York.
Mayntz, R., und F. W. Scharpf, 1995, »Der Ansatz des akteurzentrierten Institutionalismus«, in: R. Mayntz und F. W. Scharpf (Hg.), *Gesell-*

schaftliche Selbstregelung und politische Steuerung, Frankfurt am Main/New York, S. 39-72.
Merton, R., 1949, *Social Theory and Social Structure*, Glencoe.
Morone, J. G., und E. J. Woodhouse, 1993, »Die Vermeidung von Katastrophen«, in: W. Krohn und G. Krücken (Hg.), *Riskante Technologien: Reflexion und Regulation. Einführung in die sozialwissenschaftliche Risikoforschung*, Frankfurt am Main, S. 217-283.
Reagan, M., 1987, *Regulation. The Politics of Policy*, Boston/Toronto.
Rescher, N., 1983, *Risk. A Philosophical Introduction to the Theory of Risk Evaluation and Management*, Lanham/London.
Schimank, U., 1996, *Theorien gesellschaftlicher Differenzierung*, Opladen.
Schmidt, J. F. K., 1997, »Politische Risikoregulierung als Risikoerzeugung? Zur Bedeutung von Gefährdungshaftung und Versicherung im Rahmen gesellschaftlicher Risikobearbeitung«, in diesem Band, S. 279-312.
Voelzkow, H., J. Hilbert und R. G. Heinze, 1987a, »›Regierung durch Verbände‹ – am Beispiel der umweltschutzbezogenen Techniksteuerung«, in: *Politische Vierteljahresschrift* 28, S. 80-100.
–, J. Hilbert und E. Bolenz, 1987b, »Wettbewerb durch Kooperation – Kooperation durch Wettbewerb. Zur Funktion und Funktionsweise von Normungsverbänden«, in: M. Glagow und H. Willke (Hg.), *Dezentrale Gesellschaftssteuerung. Probleme der Integration polyzentrischer Gesellschaft*, Pfaffenweiler, S. 93-116.
Vollmer, H., 1996, »Akzeptanzbeschaffung: Verfahren und Verhandlungen«, in: *Zeitschrift für Soziologie* 25, S. 147-164.
–, 1997, »Zur Akzeptanzorientierung des Verwaltungshandelns in Risikokonflikten«, in diesem Band, S. 11-38.
Weick, K. E., 1995, *Sensemaking in Organizations*, Thousand Oaks.
Werle, R., 1995, »Staat und Standards«, in: R. Mayntz und F. W. Scharpf (Hg.), *Gesellschaftliche Selbstregelung und politische Steuerung*, Frankfurt am Main/New York, S. 266-298.
White, H. C., 1992, *Identity and Control: A Structural Theory of Social Action*, Princeton.
Wiesenthal, H., 1990, »Ist Sozialverträglichkeit gleich Betroffenenpartizipation?«, in: *Soziale Welt* 41, S. 28-46.
–, 1993, »Konventionelles und unkonventionelles Organisationslernen. Ein Literaturbericht«. Arbeitspapiere AG TRAP, MPG Humboldt-Universität Berlin, Berlin.
Wildavsky, A., 1988, *Searching for Safety*, New Brunswick/London.
Winner, L., 1980, »Do Artifacts have Politics?«, in: *Daedalus* 109, S. 121-136.
Wolf, R., 1982, »Rechtsordnung und Technostruktur: Die Grenzen regulativer Politik im Bereich der Kernenergie«, in: V. Gessner und

G. Winter (Hg.), *Rechtsformen der Verflechtung von Staat und Wirtschaft. Jahrbuch für Rechtssoziologie und Rechtstheorie*, Bd. 8, Opladen, S. 240-265.
–, 1991, »Zur Antiquiertheit des Rechts in der Risikogesellschaft«, in: U. Beck (Hg.), *Politik in der Risikogesellschaft*, Frankfurt am Main, S. 378-423.

Dieter Kerwer

Mehr Sicherheit durch Risiko?

Aaron Wildavsky und die Risikoregulierung[1]

1. Einleitung

Der Umgang mit technisch-ökologischen Risiken ist eine der wichtigsten Herausforderungen, denen sich die hochindustrialisierte Gesellschaft heute stellen muß. Dies wirft die Frage nach den Möglichkeiten der politischen Risikoregulierung auf.

Ausgangspunkt der folgenden Überlegungen ist die gegenwärtig dominierende Annahme, daß sich Risiken am besten bewältigen lassen, indem man sie vermeidet (2). Risikovermeidung ist jedoch selbst riskant. Sie erschwert eine effektive Reaktion auf neue Risiken, weil die Gelegenheiten, den Umgang mit Risiken zu erlernen, dadurch abnehmen (3). Technisch-ökologische Risiken bedeuten damit für die politische Regulierung ein scheinbar unlösbares Dilemma: Sowohl das Ziel der Risikovermeidung als auch das pragmatische Lernen aus der Erfahrung mit Risiken ist zu gefährlich (4). In einigen Fällen ist es allerdings gelungen, Lernen im Umgang mit Risiken und Risikoprävention zu verbinden. Wo immer sich eine solche flexible Risikoregulierung umsetzen läßt, ist auch ein Ausweg aus dem Dilemma der politischen Risikoregulierung gefunden (5). Diese Argumentation wird im folgenden in der Auseinandersetzung mit dem Ansatz von Aaron Wildavsky entfaltet, der sich in zahlreichen Arbeiten als einer der schärfsten Kritiker der Risikovermeidung profiliert hat (vgl. Wildavsky 1979; Wildavsky 1988; Wildavsky 1993; Wildavsky 1995).

1 Für Anregung und Kritik an einer früheren Fassung meinen herzlichen Dank an Christoph Knill, Dirk Lehmkuhl, Michael Teutsch und besonders an die Herausgeberin und den Herausgeber dieses Bandes. Die Übersetzungen fremdsprachlicher Beiträge stammen vom Autor.

2. Das Präventionsparadigma

Das Modell der Risikoregulierung ist in seinen Grundzügen in allen wichtigen Industrienationen das gleiche: Es ist Aufgabe des Staates, potentiell gefährliches Verhalten mit Hilfe von Regulierung so gut es geht unter Kontrolle zu halten. Bekannte Beispiele solcher Versuche sind die Festlegung von Grenzwerten oder die Zulassung von Verfahren und Produkten.[2] Eine zentrale Frage, die sich seit den Anfängen der Risikoregulierung stellt, ist, wie diese Regeln festgelegt und neuen Umständen angepaßt werden sollten.

Wie in vielen anderen Politikfeldern spielt das pragmatische *Lernen aus Erfahrung*, das »Durchwursteln« (vgl. Lindblom 1959), auch im Bereich der Risikoregulierung eine wichtige Rolle. Größere Umweltskandale sind häufig Anlässe für eine Weiterentwicklung der Risikoregulierung. So löste zum Beispiel der Unfall in Three-Miles-Island weltweit eine Verschärfung der Sicherheitsvorschriften für Kernkraftwerke aus, und der Unfall von Seveso führte zu einer stärkeren Regulierung der chemischen Industrie. Niemand wird bestreiten, daß es sinnvoll ist, aus solchen Ereignissen Schlußfolgerungen zu ziehen. Die Frage ist nur, welches Gewicht dem Lernen aus Erfahrung zukommen soll. Der Nachteil einer inkrementalistischen Verbesserung der Risikoregulierung ist, daß diese meist erst stattfindet, nachdem Umweltschäden eingetreten sind. Als Alternative bietet sich eine Risikoregulierung an, die sich am *Prinzip der Prävention* orientiert, das heißt Umweltschäden antizipativ vermeidet.

In der Theorie und der Praxis des Umgangs mit technisch-ökologischen Risiken erfreut sich das Präventionsprinzip gegen-

2 Alternativen zum regulativen Risikomanagement haben bisher keine vergleichbare Bedeutung erlangt. Der Einsatz ökonomischer Instrumente anstelle von Vorschriften, zum Beispiel in Form der Einrichtung eines Marktes für Emissionsrechte, ist mit großen Problemen behaftet und selbst wieder von einer regulierenden Verwaltung abhängig (vgl. Majone 1989, S. 120 ff.). Andere Alternativen, die zu einer Entlastung der an der Risikoregulierung beteiligten Verwaltung führen würden, wie etwa eine Selbstregulierung der Industrie, der verstärkte Einsatz von Versicherungen oder des Zivilrechts (zum Beispiel durch die Einführung des Produkthaftungsrechts), können regulative Maßnahmen nur ergänzen, nicht aber ersetzen (vgl. Baram 1982, S. 6 f.).

wärtig einer so weiten Verbreitung, daß man ohne Übertreibung von einem Präventionsparadigma sprechen kann (vgl. Wynne 1992a). Eine wichtige Form der Institutionalisierung von unmittelbar praktischer Bedeutung ist die Formulierung des Präventionsgedankens als Rechtsprinzip. In der Bundesrepublik wurde Prävention Anfang der siebziger Jahre als »Vorsorgeprinzip« in das Verwaltungsrecht eingeführt (vgl. Lersner 1988, S. 1086 ff.). Zuvor waren einschränkende Maßnahmen der Verwaltung in Hinblick auf mögliche zukünftige Schäden nach dem Prinzip der Gefahrenabwehr nur dann zulässig, wenn aus einer Handlung mit großer Wahrscheinlichkeit ein nicht unerheblicher Schaden folgte. Der Spielraum für präventive Maßnahmen war damit stark begrenzt. Das Vorsorgeprinzip erweitert diesen klar zugeschnittenen Begriff der Gefahrenabwehr, indem es niedrigere Anforderungen an die Zurechenbarkeit des möglichen zukünftigen Schadens auf eine gegenwärtige Aktivität stellt (vgl. Ladeur 1995, S. 99 f.). Auf dessen Grundlage ist es zum Beispiel möglich, Vorschriften zur Reduktion von Emissionen zu erlassen, ohne daß genau spezifiziert werden müßte, welche Schäden diese verursachen. Begründet wurde diese Akzentverschiebung in Richtung Prävention mit der sogenannten »Ignoranztheorie«. Sie geht davon aus, daß die Auswirkungen menschlicher Eingriffe in die Natur prinzipiell niemals völlig bekannt sein können und Emissionen deshalb möglichst niedrig sein sollten (vgl. Lersner 1988, S. 1087 f.). Mit der Reform des EWG-Vertrags durch die Einheitliche Europäische Akte wurde das Prinzip der Prävention inzwischen auch auf europäischer Ebene übernommen. Diese Orientierung wurde mit dem Vertrag von Maastricht noch verstärkt. Die Europäische Union ist nun verpflichtet, mögliche Schäden für die Umwelt durch »präventives Handeln« abzuwenden und die Umweltverschmutzung möglichst schon an der Quelle zu bekämpfen (vgl. Krämer 1995, S. 51 ff.). In einigen Industrieländern ist ein ausformuliertes umweltrechtliches Präventionsprinzip allerdings unbekannt. In solchen Fällen kann man aber häufig zeigen, daß implizit eine ähnliche Regel gilt. Die amerikanische Umweltbehörde »Environmental Protection Agency« begründete schon in den siebziger Jahren ihre Politik der Festlegung sehr strenger Grenzwerte mit dem Prinzip der Prävention und fand dabei die Unterstützung des Obersten Verwaltungsgerichts (vgl. Vogel 1986, S. 182 ff.), ohne daß dieses jemals explizit in das Verwaltungsrecht aufgenommen worden wäre. Das Ideal der Prävention wurde Anfang der neunziger Jahre durch die Verabschiedung des »Pollution Prevention Act« bestätigt, der für alle Emissionen vorschreibt, diese möglichst gar nicht erst entstehen zu lassen oder wenigstens nahe an der Quelle zu bekämpfen (vgl. Fiorino 1995, S. 33). Selbst in Ländern wie etwa Frankreich oder Großbritannien, in denen das Prinzip der Prävention keine dominierende Rolle spielt, lassen sich zumindest umweltpolitische Teilbereiche finden, in denen es dennoch zur Anwendung kommt (Rehbinder 1991, S. 237 ff.).

Auch in der Risikoforschung erfreut sich das Präventionsparadigma einer weiten Verbreitung. Man geht nicht zu weit, wenn man behauptet, daß die Entwicklung von Präventionsstrategien einer der Hauptgründe für die Entstehung dieses Forschungsgebiets war. Hintergrund dieser Ausrichtung war die tiefe Akzeptanzkrise, in die die zivile Nutzung der Atomenergie in den westlichen Industrienationen geraten war. Das neuartige Katastrophenpotential, das mit dieser Technologie verbunden wurde, schien eine Strategie der ständigen Verbesserung der Sicherheit durch das Lernen aus Fehlern nicht mehr zu erlauben und statt dessen umfassende Maßnahmen zur Prävention zu erfordern (vgl. Häfele 1974, S. 313 ff.). Innerhalb dieser Problemfassung bewegt sich bis heute die Forschung zur Risiko- und zur Technikfolgenabschätzung. Mit Hilfe unterschiedlicher Methodologien wird versucht, zukünftige Probleme der technischen Entwicklung antizipativ zu identifizieren und damit das Lernen aus Fehlern durch *prognostisches Wissen* (insbesondere für politische Entscheider) zu ersetzen. Im Rahmen sozialwissenschaftlicher Forschung zur Risikoabschätzung werden zahlreiche quantitative Ansätze für die Bestimmung der Risiken und ihrer sozialen Akzeptanz entwickelt (vgl. Rowe 1993). Die Technikfolgenabschätzung unterscheidet sich von der Risikoabschätzung vor allem dadurch, daß sie sich nicht nur auf genau identifizierbare Risiken beschränkt und den relevanten Zeithorizont weiter ausdehnt (vgl. Petermann 1992, S. 273 f.). Die zahlreichen Kritiken, die die Technikfolgenabschätzung auf sich gezogen hat (vgl. Petermann 1992, S. 275 ff.; Bechmann/Gloede 1992, S. 126 f.), konnten bisher ihre grundsätzliche Ausrichtung an der Antizipation zukünftiger Entwicklungen nicht erschüttern. Die im engeren Sinn *soziologische* Risikoforschung hat sich zwar vom ingenieurwissenschaftlichen *risk assessment* und der interdisziplinären Technikfolgenabschätzung distanziert (vgl. Wynne 1982) und dabei vor allem das soziale »framing« der Erzeugung von Wissen über Risiken betont (vgl. Cambrosio/Limoges 1991), ist aber zum großen Teil der diesen zugrunde liegenden Logik der Prävention gefolgt.[3] So liegt zum Beispiel den organisationssoziologischen Forschungen von LaPorte (1981; 1982; LaPorte/Consolini 1991) explizit die Frage zugrunde, wie man die Sicherheit technischer Systeme präventiv gewährleisten kann, wenn weder die mit ihrem Management betraute Organisation noch die regulierende Verwaltung aus Fehlern lernen darf. Weniger offensichtlich bewegt sich auch die vielbeachtete Studie von Perrow (1992) im Rahmen des präventiven Paradigmas. Da bei Hochrisikosystemen Unfälle keine Ausnahmen, sondern zwangsläufig Teil des Betriebsalltags sind, plädiert er dafür, diejenigen Systeme aufzugeben, die ein Katastrophenpotential beinhalten (vgl. 1992, S. 355). Als einer der prominentesten Vertreter der sozialwissenschaftlichen Risikodiskussion in Deutschland sei als letztes Beispiel Ulrich Beck genannt. Seiner Meinung nach ist das Modell der technischen Modernisierung der Industriegesellschaft in eine Krise geraten, weil ihre Mechanismen des Umgangs mit negativen Folgen angesichts »nachsorgeloser Großgefahren« (1988, S. 10) obsolet geworden ist. Sie verlasse sich weiter auf das Lernen aus Fehlern und mache damit die Welt zum »Experimentierfeld riskanter Technologien« (1988, S. 19). Beck erhofft sich vor allem durch eine umfassende Demokratisierung des technischen Fortschritts eine Veränderung dieses Modells der technischen Entwicklung, und zwar in Richtung auf einen fundamentalen Wandel von der langsamen inkrementellen Weiterentwicklung durch das Lernen aus Fehlern zur Prävention

3 Dies gilt sicher nicht für das gesamte Spektrum der soziologischen Risikoforschung. Neben denjenigen, die sich im Rahmen des Präventionsparadigmas bewegen, gibt es skeptische bis kritische Stimmen (vgl. Japp 1992, S. 99) und vor allem solche, die sich der Frage nach einer angemessenen Strategie des Risikomanagements entziehen und diese allein als Produkt der Risikokommunikation ansehen. Siehe zu der zuletzt genannten Position explizit Wynne (1992b, S. 289 ff.) und implizit zum Beispiel die kulturtheoretische Risikoforschung (vgl. Douglas/Wildavsky 1982, S. 174 ff.; Rayner 1992, S. 96 ff.) sowie die systemtheoretische Risikosoziologie Luhmanns (1990; 1991).

durch die Einführung des Verursacherprinzips: »Es geht dieses Mal nicht nur um Technik oder Gesetze, sondern darum, die Sturmflut immer neuer Gefahren *in* ihrer Entstehung, *vor* ihrer Entstehung durch Umkehrung der Beweislasten *präventiv* zu drosseln« (1988, S. 274, Hervorhebungen im Original).

Der vielleicht aussagekräftigste Indikator für die bleibende Aktualität des Präventionsparadigmas ist die atemberaubende Karriere des Begriffs »sustainable development«. Sie nahm ihren Ausgangspunkt 1987 mit der Veröffentlichung des Berichts der World Commission on Environment and Development (bekannt geworden als »Brundtland-Bericht«), und inzwischen darf der Begriff in keinem Partei- oder Regierungsprogramm mehr fehlen. In seiner ursprünglichen Fassung bezeichnet »sustainable development« das umweltpolitische Ziel, jegliche menschliche Aktivität so zu gestalten, daß sie für immer andauern könnte (vgl. World Conservation Union/United Nations Environment Programme/World Wide Fund for Nature 1991, S. 10). Es geht also um das unbescheidene Vorhaben, die Weiterentwicklung der Weltgesellschaft auf unbestimmte Zeit hin schon heute sicherzustellen. In diesem Zusammenhang steht insbesondere das Wirtschaftswachstum der industrialisierten Länder zur Disposition (vgl. Binswanger 1995), aber auch das Streben der unterentwickelten Länder nach einer wirtschaftlichen Entwicklung ähnlichen Typs (vgl. Redclift 1987, S. 52 ff.). Das Konzept »sustainable development« erweitert den Anwendungsbereich präventiven Handelns in zwei Hinsichten. *Erstens* wird der Zeithorizont, innerhalb dessen mögliche Folgen für das gegenwärtige Handeln relevant sind, ins Unendliche ausgedehnt.[4] *Zweitens* beschränkt sich präventives Handeln nun nicht mehr auf einzelne, möglicherweise gefährliche Technologien oder Emissionen, sondern jegliche Aktivität mit möglichen Umweltauswirkungen wird relevant. Es ist daher keine Überraschung, daß es bisher nicht gelungen ist, diejenigen Kriterien festzulegen, die eine wirtschaft-

4 Die Definition von »sustainable development« der World Commission on Environment and Development betont diesen Aspekt des offenen Zeithorizonts: »Nachhaltige Entwicklung ist Entwicklung, die die Bedürfnisse der Gegenwart befriedigt, ohne zu riskieren, daß zukünftige Generationen ihre eigenen Bedürfnisse nicht befriedigen können« (World Conservation Union/United Nations Environment Programme/World Wide Fund for Nature 1991, S. 10).

liche oder gesellschaftliche Entwicklung erfüllen muß, damit sie als »sustainable« bezeichnet werden kann. Die Konsequenzen, die sich aus diesem Konzept für die Praxis, zum Beispiel für den Alltag des wirtschaftlichen Entscheidens in Unternehmen, ergeben, sind unklar (vgl. Binswanger 1995, S. 5 f.). Die Schwierigkeiten bei der Operationalisierung der Formel »sustainable development« bedeuten eine im Vergleich zum Vorsorgeprinzip eingeschränkte Relevanz für die Praxis des gesellschaftlichen Umgangs mit ökologischen Gefahren. Um so überraschender ist die große Popularität des Begriffs. Man kann sie nur als Ausdruck einer anhaltenden Attraktivität des Präventionsparadigmas erklären.

3. Wildavskys Kritik am Präventionsparadigma

Der 1993 verstorbene amerikanische Politikwissenschaftler Aaron Wildavsky war der Überzeugung, daß die Verfechter des Präventionsprinzips die Regulierung technisch-ökologischer Risiken in den westlichen Industrienationen inzwischen entscheidend beeinflußt haben. Am Ende eines posthum veröffentlichten Buches skizziert er die Umrisse einer heraufdämmernden »Präventionsgesellschaft« (vgl. Wildavsky 1995, S. 442 ff.). Er begrüßte diese Entwicklung aber keineswegs. Im Gegenteil, Wildavsky zählte zu ihren schärfsten Kritikern. Seiner Meinung nach ist Sicherheit nicht das Ergebnis einer weitgehenden Vermeidung, sondern einer ständigen Einführung neuer Risiken. Nur im Umgang mit Risiken kann man lernen, sie zu bewältigen, lautet seine Botschaft. Besonders die Auffassung, daß diese Lernprozesse zwar Schäden an Mensch und Umwelt einschließen, aber in Kauf genommen werden müßten, hat ihm den Ruf eines »enfant terrible« eingetragen (vgl. Symposium 1989).

Das erste Argument Wildavskys gegen präventive Risikoregulierung ist, daß die Bedingungen für das erfolgreiche Vermeiden zukünftiger Technikfolgen mit negativen Auswirkungen für Mensch und Umwelt nur selten gegeben sind. Oft seien sowohl die möglichen negativen Folgen als auch wirksame Gegenmaßnahmen unbekannt.[5] Die Ignoranz in bezug auf die Folgen der

5 Diese Unsicherheit bezieht sich nicht nur auf das Nichtwissen um die

technischen Entwicklung hat in der Vergangenheit immer wieder zu bösen Überraschungen geführt, die niemand vorausgesehen hatte (vgl. Wildavsky 1988, S. 93), und Maßnahmen zur Vorsorge sind häufig wirkungslos geblieben oder hatten sogar neue Risiken zur Folge (vgl. Wildavsky 1979, S. 33). Beispiele für solche Risiken der Risikovermeidung sind die Gefährdung von Arbeitern bei der Sanierung leckgeschlagener Mülldeponien, die zur Abwehr einer viel geringeren Gefahr für die Bevölkerung unternommen werden, oder das Verbot gefährlicher Substanzen, das die Verwendung von noch gefährlicheren Ersatzstoffen nach sich zieht (vgl. Wildavsky 1988, S. 201 f.).

Im Gegensatz zur herrschenden Meinung besteht Wildavsky zufolge keine Hoffnung, die Probleme des Präventionsprinzips durch eine Einschränkung der Anwendung auf irreversible Schäden zu lösen.[6] Die Unsicherheit möglicher Technikfolgen gilt auch für Katastrophenpotentiale. Sie sind schwer zu identifizieren. Hypothetische Katastrophenpotentiale können für fast alle Techniken konstruiert werden. Der Begriff erlaubt deshalb nicht, den Anwendungsbereich präventiver Regulierung einzuschränken (vgl. Wildavsky 1988, S. 28). Außerdem ist, wie bei allen technisch-ökologischen Risiken, ungewiß, was man gegen mögliche zukünftige Katastrophen unternehmen kann, so daß auch hier wieder mit den Risiken der Risikovermeidung zu rechnen ist (vgl. Wildavsky 1993, S. 315). Das klassische Beispiel für präventive Maßnahmen gegen Katastrophenpotentiale, die selbst zu einer Gefahrenquelle werden, sind die vielfach redundanten Sicherheitssysteme in Kernkraftwerken (vgl. Wildavsky 1988, S. 125 ff.).

Unabhängig von der jeweiligen Technologie ist es nach Wildavsky also wahrscheinlich, daß präventive Maßnahmen gegen mögliche negative Technikfolgen am Problem der Ignoranz scheitern. Das zweite Argument Wildavskys schließt hier unmittelbar an. Präventive Risikoregulierung erschwert auf vielfältige Weise, daß

Eintrittswahrscheinlichkeit bestimmter Ereignisse, sondern vor allem auf die Art möglicher Technikfolgen. Vergleiche hierzu die klassischen Ausführungen von Knight (1965, S. 233 f.) zum Unsicherheitsbegriff und dessen Abgrenzung vom kalkulierbaren Risiko.

6 Das Prinzip der Prävention im Umgang mit technisch-ökologischen Risiken wurde zuerst im Rahmen der zivilen Nutzung der Kernenergie entwickelt (vgl. Häfele 1974; LaPorte 1981; LaPorte 1982).

diese Ignoranz vermindert wird. Der *Logik der Prävention* zufolge sollten Irrtümer im Umgang mit Technik so gut es geht ausgeschlossen werden, denn diese könnten negative Folgen für Mensch und Umwelt haben. Dies widerspricht der *Logik der technischen Innovation*, die nicht so sehr in der Anwendung wissenschaftlicher Theorien, sondern im ständigen Experimentieren mit neuen Techniken besteht. Technische Innovation ist ein sozialer Prozeß, bei dem eine Vielzahl von Produzenten und Anwendern durch Ausprobieren etwas über eine neue Technik lernen. Ein solcher inkrementeller Lernprozeß setzt Irrtümer als Chance zum Lernen geradezu voraus (Wildavsky 1988, S. 32 f.). Je stärker das zur Prävention gesponnene Netz von Regulierungen technische Irrtümer ausschließt, desto größer sind die Verzögerungen, die sich für technische Lernprozesse und damit auch für den Erwerb von Wissen über mögliche negative Folgen ergeben.

Die Verzögerung des technischen Innovationsprozesses durch präventive Risikoregulierung bedeutet nach Wildavsky darüber hinaus, daß der unerwartete Nutzen einer technischen Innovation für die Steigerung des technischen Sicherheitsniveaus möglicherweise übersehen wird. Sogar im Fall der Kernenergie, einer Technik, von der man sich kaum einen solchen indirekten Sicherheitsnutzen versprochen und allenfalls unerwartete Gefahren befürchtet hat, ist eine solche Entdeckung gemacht worden (vgl. Wildavsky 1988, S. 52 f.). Im Zusammenhang mit den problematischen Veränderungen des Weltklimas wird die Energieerzeugung durch Kernkraftwerke wieder positiver bewertet, denn sie ist nicht direkt mit klimaverändernden Emissionen verbunden. Bei der Entwicklung der zivilen Nutzung der Kernenergie wurde diese Eigenschaft noch gar nicht als Vorteil gesehen, weil die Auswirkungen der Verbrennung von fossilen Brennstoffen auf das Klima noch nicht als Problem thematisiert wurden.[7]

7 Die Innovationsfeindlichkeit der präventiven Risikoregulierung hat nach Wildavsky auch einen politischen Preis: Wenn die gesellschaftliche Reaktionsfähigkeit durch präventive Maßnahmen ständig geschwächt wird, dann vermindert sich das Vertrauen sowohl in technische Lernprozesse als auch in die regulierenden Institutionen. Wenn diese daraufhin ihre Vertrauenswürdigkeit durch mehr präventive Regulierung unter Beweis stellen wollen, droht ein Teufelskreis ständig steigender Ansprüche, die immer weniger eingelöst werden können

Die Kritik am Präventionsparadigma in der Risikoregulierung provoziert die Frage, welche Strategie im Umgang mit technisch-ökologischen Risiken statt dessen wünschenswert wäre.[8] Die Antwort Wildavskys ist schlicht die Rückkehr zum technischen Lernprozeß durch Ausprobieren und des Lernens aus eventuell unerwünschten Folgen. Dieses Modell der technischen Modernisierung, das sich mit der Industrialisierung durchgesetzt hat, scheint noch lange nicht überholt, wenn man bedenkt, daß sich das Sicherheitsniveau trotz gelegentlicher negativer Folgen ständig erhöht hat (vgl. Wildavsky 1988, S. 42 ff.). Tatsächlich ist ja im Laufe der Geschichte der industrialisierten Länder die Lebenserwartung ihrer Bevölkerung ständig gestiegen. Auch im internationalen Vergleich haben hochtechnisierte Länder ein höheres Sicherheitsniveau erreicht als ärmere Länder. Vergleichbare Naturkatastrophen, wie etwa Erdbeben oder Überschwemmungen, fordern in reichen Ländern weitaus weniger Todesopfer als in armen. Daraus muß man nach Wildavsky schließen, »daß die Gesellschaft sicherer wird, trotz der andauernden Einführung neuer Gefährdungen« (vgl. Wildavsky 1988, S. 42). Nach Wildavsky gibt es also gute Gründe, das Risiko technischer Lernprozesse dem Risiko präventiver Risikoregulierung vorzuziehen: »Sicherheit ist weder eine Treibhauspflanze, die nur in einer sorgfältig kontrollierten Umwelt überleben kann, noch eine reife Frucht, die darauf wartet, gepflückt zu werden ... Sicherheit ist das Resultat eines Entdeckungsprozesses. Der Versuch, diesen durch Wettbewerb vorangetriebenen Prozeß des evolutionären Versuch-und-Irrtum abzukürzen, indem man den Zweck erwünscht (Sicherheit), ohne dafür das Mittel zur Verfügung zu stellen (dezentralisierte Suche), ist zum Scheitern verurteilt« (Wildavsky 1988, S. 228).

(vgl. Wildavsky 1979, S. 37). Dieses Argument spielt aber in der Kritik am Präventionsparadigma nur eine untergeordnete Rolle.

8 Die massive Kritik an der präventiven Risikoregulierung bedeutet allerdings nicht, daß diese aus der Sicht Wildavskys niemals und unter keinen Umständen zur Anwendung kommen kann. Wenn die Gefahr bekannt ist und Gegenmaßnahmen möglich sind, dann sind präventive Maßnahmen durchaus angebracht (vgl. Wildavsky 1988, S. 86). Es wäre beispielsweise unsinnig, die Feuerwehr abzuschaffen. Jedoch sind diese Bedingungen für den Bereich technisch-ökologischer Risiken seiner Meinung nach nur selten gegeben.

4. Das Dilemma der Risikoregulierung

Die Polemik Wildavskys gegen präventive Risikoregulierung besteht aus einer Vielzahl heterogener Argumente, die scheinbar nur lose miteinander verbunden sind. Ihr innerer Zusammenhang wird klarer, wenn man sie zur Diagnose eines grundlegenden Dilemmas verdichtet: *Präventive Risikovermeidung verstrickt sich nach Wildavsky in das Dilemma, daß sie durch Maßnahmen zur Vermeidung technischer Risiken den inkrementellen Lernprozeß mit technischen Innovationen behindert, der allein das nötige Wissen produzieren könnte, das für eine effektive Risikoregulierung nötig wäre. Sie vermeidet mit den technischen Risiken auch eine ihrer wesentlichen Erfolgsbedingungen.* Präventive Risikoregulierung kann daher nicht einfach mit dem Streben nach mehr Sicherheit gleichgesetzt werden, sondern ist selbst eine höchst riskante Strategie im Umgang mit technischen Risiken. Es ist das Verdienst Wildavskys, dieses grundlegende Problem von Prävention in das Zentrum der Überlegungen über Risikoregulierung gerückt zu haben. Im folgenden gilt es nun herauszufinden, ob es ihm darüber hinaus gelungen ist, einen Ausweg aus diesem Dilemma zu skizzieren. Wenn die Argumente Wildavskys überzeugen, bleibt Politik und Verwaltung bei der Vermeidung technischer Risiken eine nur sehr bescheidene Rolle. Anstatt sich mit exzessiver Regulierung auf unlösbare Probleme einzulassen, sollten sie sich dann allein auf die alte Aufgabe der Gefahrenabwehr konzentrieren. Den Rest besorgt der Markt. Sind aber die einzelnen Argumente, auf denen das Plädoyer für eine Deregulierung des Umweltschutzes beruht, tatsächlich überzeugend?

Das systematische Bagatellisieren technischer Katastrophenpotentiale ist eine erste Auffälligkeit in der Argumentation Wildavskys. Die hypothetische Konstruktion von Katastrophenszenarien für alle möglichen Technologien kann zwar durchaus kontraproduktiv sein[9], aber andererseits kann nicht geleugnet werden, daß es schon eine beachtliche Menge von Technologien gibt[10], bei denen eine Weiterentwicklung nach dem Prinzip des

9 Ein Bereich, in dem dies problematisch wäre, ist die Zulassung neuer Medikamente (vgl. hierzu Clark 1980, S. 299 ff.; Krücken in diesem Band, S. 116-146).

10 Neben dem offensichtlichen Fall der Kernenergie handelt es sich

Lernens aus Fehlern nicht mehr in Frage kommt, weil deren Folgen nicht immer unverzüglich vorliegen und die von ihnen verursachten Schäden nicht immer im Rahmen des Erträglichen bleiben (vgl. Morone/Woodhouse 1993, S. 241). Eine viel einschneidendere Begrenzung dieser Strategie liegt allerdings in ihren politischen Konsequenzen. Die psychologische Risikoforschung hat gezeigt, daß die Akzeptanz bestimmter Technologien von der »Schrecklichkeit« möglicher Folgen abhängt, die ihnen zugeschrieben wird (vgl. Jungermann/Slovic 1993, S. 175). Eine weitere wichtige Beobachtung ist, daß die Wahrnehmung von technischen Katastrophenpotentialen nur lose mit den statistischen Gefahren für Leib und Leben zusammenhängt, die für eine bestimmte Technik errechnet werden können. Solche Gefahren sind Ergebnisse gesellschaftlicher Konstruktionsprozesse (vgl. Roqueplo 1986; Lau 1989; Kasperson 1992). Technische Katastrophen haben deshalb in der Vergangenheit regelmäßig zu massiven politischen Legitimationsverlusten geführt, und zwar auch dann schon, wenn nach Unfällen mit geringen Schäden bis dato rein hypothetische Katastrophenpotentiale konkret modellierbar wurden (zum Beispiel Three-Miles-Island) oder sich die Katastrophe in einem anderen Land ereignete, die Verwaltung aber die nationalen Folgen nicht bewältigen konnte (zum Beispiel Tschernobyl).[11] Schwindendes Vertrauen ist aber nicht ohne Konsequenzen für technische Lernprozesse. Sie können das politische Ende von weiterem Lernen aus Fehlern bedeuten, denn bei Katastrophenpotentialen sind weder die sachlichen noch die sozialen Voraussetzungen für eine inkrementelle Lernstrategie gegeben.

Die zweite Auffälligkeit an der Argumentation Wildavskys ist die Bedeutung, die dem Markt bei der Steigerung gesellschaftlicher Sicherheit zugeschrieben wird. Es ist fraglich, ob der Markt allein technische Innovationsprozesse katalysiert. In der Begriff-

zum Beispiel um toxische Chemikalien, die Gentechnik und, im Anschluß an Perrow (1992), um petrochemische Anlagen, Luftverkehrssysteme, Schiffe, Staudämme etc. Von spezifischen Technologien unabhängige Probleme mit katastrophalen Konsequenzen wären zum Beispiel das Waldsterben sowie globale Umweltgefährdungen wie das Ozonloch und der Treibhauseffekt.

11 Für die beachtlichen Legitimationsverluste in der Bundesrepublik Deutschland nach Tschernobyl vergleiche Krohn/Weingart (1986).

lichkeit der ökonomischen Innovationsforschung ist die Position Wildavskys als eine Spielart des »Demand-pull«-Ansatzes zur Erklärung des technischen Wandels anzusehen. Dieser Ansatz geht davon aus, daß die Hauptantriebskraft für den Innovationsprozeß in den Bedürfnissen von Anwendern oder Konsumenten zu sehen ist, die durch Marktsignale vermittelt werden (vgl. Dosi 1982, S. 149 ff.). Er kann die tatsächliche Dynamik des technischen Wandels aber nicht erklären. Das liegt zum einen daran, daß andere Faktoren, wie etwa der Beitrag der Wissenschaft zur Technikgenese und die Komplexität von Forschung und Entwicklung innerhalb von Unternehmen, die einen wesentlichen Einfluß auf die Technikentwicklung haben, vernachlässigt werden.

Es geht aber bei einer realistischen Einschätzung der Rolle des Marktes für Innovationsprozesse nicht nur darum, zusätzliche Faktoren zu berücksichtigen, um so von einem monokausalen Erklärungsansatz zu einem angemesseneren multikausalen zu gelangen. Vielmehr ist es auch wichtig, die Grenzen der Leistungsfähigkeit des Marktes zur Kenntnis zu nehmen. Unter den Bedingungen des reinen Marktes sind technische Innovationen sogar extrem unwahrscheinlich (vgl. Lundvall 1988, S. 350 ff.). Ein Informationsaustausch findet dort nur in bezug auf schon existierende Produkte, vermittelt über Preise, statt. Käufer und Verkäufer bleiben anonym. Unter diesen Bedingungen entsteht ein *Informationsproblem*. Die Produzenten haben keine Information über mögliche Käuferbedürfnisse, und die Käufer haben keine Information über die Verwendungsmöglichkeiten neuer Produkte. Daraus würde sich auf beiden Seiten das Problem ergeben, unter hoher Unsicherheit entscheiden zu müssen. Unter diesen Bedingungen wären Innovationen aber sehr unwahrscheinlich. Um das Informationsproblem zu lösen und Innovationsprozesse zu stabilisieren, müssen sich Märkte deshalb zu »organisierten Märkten« wandeln, in denen neben Marktbeziehungen auch Kooperationsformen treten, die eher für Organisationen typisch sind.

Diese abstrakten Überlegungen werden durch die Empirie bestätigt. Die Anreize des Marktes beschränken sich üblicherweise auf die Förderung kleiner Verbesserungen von schon bekannten Produkten. Fundamentale Produktinnovationen sind selten marktinduziert, weil für ein noch nicht existierendes Produkt noch keine Nachfrage oder zumindest kein berechenbarer Markt existieren kann. Die hohe Unsicherheit legt nahe, auf das waghalsige Geschäft mit Innovationen zu verzichten (vgl. Ladeur 1987, S. 11 ff.). Mit diesem Einwand soll nicht in Abrede gestellt werden, daß der Markt eine bedeutende Randbedingung für technische Innovationen darstellt. Bezüglich der von Wildavsky vermuteten Problemlösungskapazität ist allerdings Skepsis angebracht: Auf den zweiten Blick erscheint der Markt als ein eher schwacher Katalysator technischer Lernprozesse.

Die Zweifel an der starken positiven Korrelation von marktgesteuerten technischen Innovationsprozessen und gesellschaftlichem Sicherheitsniveau lassen sich vom Marktmechanismus selbst auf dessen externe Effekte ausdehnen. Voraussetzung dafür, daß diese sichtbar werden, ist eine *neue Zieldefinition von Risikoregulierung*. Das von Wildavsky vorgeschlagene Ziel der gesamtgesellschaftlichen Sicherheit (das heißt im wesentlichen Gesundheit und hohe Lebenserwartung) ist zu anthropozentristisch gefaßt (vgl. Symposium 1989). Probleme des Umweltschutzes werden damit ausgeblendet und in ihrer Bedeutung heruntergespielt. Eine zerstörte Umwelt impliziert aber neben gesundheitlichen auch wirtschaftliche Schäden und ist deshalb von unmittelbarer Bedeutung für die Risikoregulierung – sogar im Sinne Wildavskys. Wenn man Umweltschutz als Ziel ökologisch-technischer Risikoregulierung einschließt, dann gerät der Nachteil des marktförmigen Innovationsprozesses in den Blick. Er besteht darin, daß der Markt bei der Allokation natürlicher Ressourcen, die in Produktionsprozessen gebraucht werden, keine effiziente Lösung findet (vgl. Voelzkow/Hilbert/Heinze 1987, S. 81 f.).

Zur Erklärung dieses »Marktversagens« wird in der Umweltökonomie die Theorie »externer Effekte« herangezogen. Diese Theorie konzeptualisiert das Umweltproblem als ein Problem der optimalen Verwendung der knappen Ressource Umwelt (zum Beispiel Wasser oder Luft als Medien des Abtransportes für Schadstoffe, vgl. Weimann 1990, S. 16 f.). Der Markt ist derjenige Koordinationsmechanismus, der über Preise eine optimale Verteilung der Ressourcen bewirkt, weil er sie dorthin lenkt, wo diese am effizientesten eingesetzt werden können. Da die Ressource Umwelt aber kostenlos zur Verfügung steht (im Gegensatz zum Beispiel zur Ressource »Arbeitskraft«), kommt es zu

»externen Effekten«, das heißt zu »Beeinflussungen, die gewissermaßen am Preissystem vorbei den direkten Nutzen betreffen, und die deshalb auch durch den Preismechanismus nicht koordiniert werden können« (Weimann 1990, S. 19). Die Folge ist eine Lähmung der »invisible hand«, eine Trennung zwischen Privat- und Gemeinwohl und damit ein verschwenderischer Umgang mit der Ressource Umwelt, die die ökologische Situation verschärft. Üblicherweise wird dieses Problem mit der Forderung nach Internalisierung dieser externen Kosten beantwortet. Gelänge eine solche Internalisierung, könnte der Marktmechanismus eine optimale Verwendung des knappen Guts »Umwelt« gewährleisten. Die Nachteile der marktförmigen Innovationsstrategie hielten sich dann in Grenzen. In der Praxis haben sich aber die in Frage kommenden ökonomischen Regulierungsinstrumente, wie zum Beispiel Börsen für Emissionsrechte, als wenig erfolgreich erwiesen (vgl. Ladeur 1987, S. 9 ff.; Majone 1989, S. 120 ff.).

Aber selbst wenn eine Internalisierung der externen Effekte zu erreichen wäre, darf nicht vergessen werden, daß das Umweltproblem auf diese Weise als Knappheitsproblem gelöst werden soll. Das heißt, das knappe Gut Umwelt soll möglichst effektiv ausgenutzt werden.[12] Auch bei gelingender Internalisierung externer Effekte ist eine Bewältigung der Umweltproblematik nicht garantiert, denn auf einem hohen Niveau ressourcenintensiver industrieller Produktion kann auch eine effiziente Ausnutzung des knappen Gutes Umwelt zu untragbaren Folgen führen (Ladeur 1987, S. 3). So bleibt zumindest Skepsis gegenüber den von Wildavsky behaupteten automatischen Sicherheitsgewinnen des marktförmigen Innovationsprozesses. Auch hier könnten die indirekten Nachteile des Marktes für die Sicherheit die Vorteile der Wohlstandssteigerung überwiegen.

Zusammenfassend können wir festhalten, daß die zentralen Argumente, die Wildavsky zur Verteidigung des inkrementellen Lernens mit Technik anführt, nicht durchgängig zu überzeugen vermögen. Es ist durchaus fraglich, ob sich ein Gewinn an Sicherheit automatisch aus dem technischen Fortschritt ergibt, wenn man nur Versuch-und-Irrtums-Prozessen, die über den Markt

12 »[W]enn Umweltgüter ... effizient alloziiert wären, würde aus ökonomischer Perspektive kein Umweltproblem existieren«, formuliert Weimann (1990, S. 19) die Problemfassung der Umweltökonomie.

koordiniert werden, genügend Raum läßt. *Erstens* sind die sachlichen und politischen Voraussetzungen inkrementellen Lernens oft nicht erfüllt. *Zweitens* sind Marktmechanismen allein nur schwache Katalysatoren für Lernprozesse, die darüber hinaus mit negativen externen Effekten verbunden sind. Eine langfristig positive Bilanz für die Sicherheit nach einer Verrechnung von Schäden und Nutzen ist keine letzte Gewißheit des traditionellen Modells technischen Fortschritts. Inkrementelle Lernprozesse stellen deshalb keine Alternative zur präventiven Risikoregulierung dar. Am Anfang der Risikoforschung stand die Beobachtung, daß die Form der technischen Modernisierung durch evolutionäre Lernprozesse zu einem Problem geworden ist (vgl. Starr 1993). Es sieht nicht so aus, als könne man mit guten Gründen die Rückkehr zu einem solchen Modernisierungsmodell empfehlen. Demgegenüber scheint Wildavskys Auflösung des Präventionsdilemmas geradewegs in ein politisches Dilemma hineinzuführen. Wenn unsere Einwände gegen Wildavsky stichhaltig sind, dann bedeutet eine große Zurückhaltung des Staates bei präventiven Maßnahmen, daß eine erfolgreiche Vermeidung technischer Gefahren eher unwahrscheinlich wird. In einer Situation, in der ein umfassender gesellschaftlicher Risikodiskurs zu einer Politisierung der Risiken neuer Technologien geführt hat, ist eine Strategie des weitgehenden Präventionsverzichts keine brauchbare Alternative. Wenn man aber das von Wildavsky diagnostizierte Dilemma der Risikoregulierung anerkennt, dann ist auch die Strategie der Prävention problematisch. In politisch-administrativen Entscheidungsprozessen bleibt bei der Regulierung, so scheint es, nur die Wahl zwischen zwei Alternativen, die gleichermaßen höchst problematisch sind.

5. Flexible Risikoregulierung zwischen Prävention und inkrementalistischem Lernen?

Unserer bisherigen Diskussion der Formen des Umgangs mit technischen Risiken liegen im Anschluß an Wildavsky zwei Idealtypen zugrunde: Entweder herrscht eine durch Politik und Verwaltung umgesetzte Strategie der präventiven Regulierung vor, oder es dominieren marktgesteuerte inkrementelle Lernprozesse mit Risiken. Zwar sind Mischformen durchaus denkbar und letztlich als einzige praktikabel, aber diese sind als Nullsummenspiele gedacht: Mehr Prävention bedeutet weniger technische Lernprozesse und umgekehrt. Das Beschränkungsverhältnis erscheint plausibel, wenn man an die im Anschluß an das Theorem der beschränkten Rationalität (vgl. Simon 1957) konstruierte Unterscheidung zwischen Planung und Inkrementalismus denkt (vgl. Lindblom 1959; Lindblom 1979). Nach dieser Unterscheidung muß ein politischer Entscheider wählen, wie er sein begrenztes Zeitbudget verwenden will, um eine optimale Entscheidung zu treffen: Er kann entweder mit umfassenden Plänen versuchen, die Zukunft zu antizipieren, oder aber auf das Lernen aus den Effekten einer einmal getroffenen Entscheidung vertrauen. Die Tradition der Unterscheidung zwischen Markt und Hierarchie als Formen der Handlungskoordination legt ebenfalls ein Beschränkungsverhältnis nahe, wenn man inkrementalistisches Lernen als marktkoordiniert ansieht und Prävention als bürokratisch-hierarchische Intervention. In der Kulturtheorie von Mary Douglas beispielsweise erscheinen Markt und Hierarchie als zwei von vier Grundtypen sozialer Institutionen, die auf einem Kontinuum liegen.[13] Gesellschaften können mal mehr zu der einen, mal mehr zu der anderen Seite neigen. Eine wechselseitige Verstärkung ist nicht denkbar.[14] Ist aber, so könnte man fragen, das politische Dilemma der Risikoregulierung nicht einfach nur ein Artefakt dieses Beschränkungsverhältnisses zwischen Prävention und Lernen, das einen »dritten Weg« jenseits der Alternative nicht erkennen läßt?

In der Tat spricht einiges dafür, daß für das Verhältnis von präventiver Risikoregulierung und technischen Lernprozessen ein Nullsummenverhältnis nicht *vorausgesetzt* werden kann.[15]

13 Die Kulturtheorie von Mary Douglas ist ein naheliegendes Beispiel, weil Wildavsky selbst an deren Anwendung auf das Risikothema beteiligt war (vgl. Douglas/Wildavsky 1982).

14 Vergleiche zum Grid-group-Schema der Kulturtheorie: Douglas (1978), Rayner (1992) und, mit einer kritischen Diskussion, Spickard (1989).

15 Damit werden Theorieangebote wie die soziologische Gesellschaftstheorie Luhmanns attraktiv, die ein Steigerungsverhältnis zwischen verschiedenen Handlungsrationalitäten nicht nur als Möglichkeit, sondern geradezu als Voraussetzung der Entstehung der modernen Gesellschaft sehen. Zu einer Argumentationsskizze vergleiche Luhmann (1988).

Zwar gab es in der Vergangenheit Fälle, in denen regulative Maßnahmen den technischen Lernprozeß behindert haben, bei denen also mehr Regulierung tatsächlich weniger Wissen bedeutet, aber genauso lassen sich Fälle einer wechselseitigen Verstärkung finden. Eine Verbesserung des technischen Lernprozesses durch präventive Regulierung ist bei Wildavsky systematisch ausgeschlossen, weil er die Vermehrung des technischen Wissens allein als ein Produkt der Erfahrung im Umgang mit Technik sieht. Auf diese Weise gibt es aber strenggenommen keine Möglichkeit, technisches Wissen tatsächlich zu vermehren, weil sich ohne *theoretische Erwartungen* gar keine Abweichungen als Fehler feststellen lassen (vgl. Short 1990, S. 185 f.; Krohn/Krücken 1993, S. 39; van den Daele 1993, S. 301). Ohne die Definition von Erwartungen bezüglich des Einsatzes einer Technik und deren Folgen werden Fehler in der Form einer mangelhaften Funktionsfähigkeit oder negativer ökologischer Konsequenzen erst gar nicht sichtbar. Bei dieser Fehlerdefinition spielt präventive Regulierung eine wichtige Rolle. Die Prognosen von technischen Risiken, auf die präventive Regulierung angewiesen ist, definieren die Erwartungen über Funktion und Folgen einer Technik und machen damit zukünftige Abweichungen als Fehler sichtbar. Ein gutes Beispiel für die Schwierigkeiten, schlicht durch Versuch und Irrtum eine Technik zu verbessern, sind die in den Industrieländern entstandenen sozio-technischen Systeme zur Behandlung von Sondermüll (vgl. Wynne 1987, S. 45 ff.). Ziel dieser Systeme ist die Vermeidung von Risiken während des gesamten Lebenszyklus von giftigen Stoffen, angefangen bei der industriellen Produktion, über Transport, Zwischenlagerung, Recycling und schließlich deren Endlagerung. In jeder dieser Phasen sind eine Vielzahl möglicher Gefährdungen denkbar. Ohne eine theoretische Modellierung dieser Risiken wäre es sehr wahrscheinlich, daß bestimmte Schäden und damit bestimmte technische Fehler übersehen werden. Und selbst wenn sie entdeckt werden würden, wäre nicht klar, wie aus einem festgestellten Fehler gelernt werden könnte und welche Maßnahme in welcher Phase zu einer Verbesserung der Technik führen würde. Das Risiko beim Transport von Sondermüll etwa könnte durch die Weiterentwicklung von Transportbehältern oder auch durch eine veränderte Vorbehandlung des Mülls vermindert werden. Die dazu notwendige Modellierung von Risiken während des gesamten

Lebenszyklus ist aber von Daten abhängig, die im Rahmen eines präventiven Regulierungsregimes wesentlich leichter erzeugt werden können.[16]

Maßnahmen zur präventiven Risikoregulierung können einen wichtigen Beitrag zur Vermehrung technischen Wissens leisten. Daraus folgt allerdings nicht der umgekehrte Schluß, daß man immer ein Positivsummenspiel zwischen präventiver Regulierung und technischen Lernprozessen voraussetzen kann. Ein Ausweg aus dem Dilemma der Risikoregulierung ist an eine Mindestvoraussetzung gebunden, die nicht immer erfüllt ist: die ständige dynamische Anpassung der Maßnahmen zur Gefahrenprävention an den aktuellen Wissensstand über eine regulierte Technik (vgl. Morone/Woodhouse 1993, S. 233). Solange ein Lernprozeß mit einer Technologie gesichert bleibt, können anfangs relativ rigide Maßnahmen zum Schutz auch gegen hypothetische Gefahren ergriffen werden. Unter diesen Bedingungen der Gefahrenprävention kann aus der Technik gelernt werden. Ein solcher Lernprozeß ermöglicht dann wiederum, die präventiven Maßnahmen anzupassen. Die am Beginn des Regulierungsprozesses noch herrschenden Unsicherheiten, wieviel Prävention notwendig ist, um die größten Gefahren einer Technik zu verhindern, wird so mit der Zeit abgebaut. Das Geheimnis der wechselseitigen Verstärkung von Prävention und technischen Lernprozessen liegt also in der *Flexibilität* der Risikoregulierung. Findet eine dynamische Anpassung allerdings nicht statt, dann droht mit dem sinkenden Lernertrag das von Wildavsky beschriebene Dilemma der Prävention.

Im Rahmen dieses Beitrages ist es nicht möglich, die notwendi-

16 In seiner Studie zur Regulierung von Sondermüll berichtet Wynne von einem Fall, in dem Risikoregulierung sogar bewußt zur Verbesserung technischen Wissens eingesetzt wurde: »Der holländische Umweltminister L. Ginjaar entschied sich 1979 dafür, das Chemieabfallgesetz zur Verabschiedung zu bringen, obwohl er der Auffassung war, daß es noch fehlerhaft sei, weil es zumindest Meldevorschriften enthielt, die langfristig zu Informationen über Produzenten, Mengen, Zusammensetzung und Bewegung einer großen Vielfalt industrieller Abfälle führen würden ... Nach seiner Ansicht war die Zusammenstellung und Analyse dieser Informationen die Voraussetzung für eine Verbesserung des Gesetzes und einer soliden Forschung, um Risiken zu definieren und bessere Regulierungsinstrumente und Grenzwerte zu finden« (Wynne 1987, S. 78).

ge Lernfähigkeit politischer Entscheider auch nur für zentrale Bereiche der Risikoregulierung der wichtigsten Industrieländer zu untersuchen.[17] Statt dessen sollen zwei Beispiele aus dem amerikanischen Regulierungskontext angeführt werden, in denen es zu einer *adaptiven Anpassung präventiver Regulierung* aufgrund durch sie gewonnener neuer Erkenntnisse gekommen ist, um die Möglichkeit einer wechselseitigen Verstärkung von Regulierung und technischem Lernen wenigstens zu plausibilisieren.

Die Geschichte der Liberalisierung der Gentechnikregulierung in den USA ist ein Beispiel dafür, wie sich präventive Risikoregulierung und technische Lernprozesse wechselseitig verstärken können. Am Anfang der Forschung mit genetisch veränderten Organismen waren Freisetzungsversuche in den USA verboten. Nachdem sich herausgestellt hatte, daß viele der hypothetischen Gefahren sich durch Forschungen im Labor nicht konkretisieren ließen, erfolgte eine Aufhebung des Verbots im Jahr 1982 (vgl. Morone/Woodhouse 1986, S. 57 ff.). An die Stelle des Verbots trat ein Genehmigungsverfahren. Um den potentiellen Gefahren durch eine umfassende Risikoabschätzung des geplanten Freisetzungsversuchs begegnen zu können, mußten die Antragsteller detaillierte Informationen über sicherheitsrelevante Fragen liefern (vgl. Naimon 1991, S. 325). Eine externe Beratungskommission überprüfte, ob diese Informationen ausreichten oder weitere Experimente nötig waren. Diese Aktivitäten wurden durch Informationsbeschaffung bei anderen Regulierungsbehörden und Organisationen sowie durch die Möglichkeit der öffentlichen Beteiligung in Form von Kommentaren zum Verlauf der Risikoabschätzung ergänzt. Am Ende dieses Prozesses stand die Genehmigung, da sich keines der hypothetischen Risiken als so wahrscheinlich herausgestellt hatte, daß es ein Verbot hätte rechtfertigen können (vgl. Krimsky/Plough 1988, S. 91). Die »Environmental Protection Agency« (EPA) erteilte die Genehmi-

17 J. Morone und E. Woodhouse (1986) vertreten in ihrer Studie zur Regulierung von riskanten Technologien für die USA die Ansicht, daß eine wechselseitige Verstärkung zwischen Lernprozessen mit Technik und Prävention weit verbreitet ist. Sie sehen darin einen wesentlichen Grund für den Erfolg der politischen Vermeidung größerer Katastrophen im Zusammenhang mit zivilen Hochrisikotechnologien. Die diskutierten Beispiele sind toxische Chemikalien, die Kernenergie, gentechnische Forschung, das Ozonloch und der Treibhauseffekt.

gung aber nur mit der Auflage, daß sie selbst auf dem Testgelände den Versuch überwachen darf. Ziel dieser Überwachung war unter anderem die Erhebung weiterer Daten, die für zukünftige Verfahren der Risikoabschätzung bei Freisetzungsversuchen nützlich sein könnten. Die Logik dieses Regulierungsprozesses bestand also darin, durch präventive Maßnahmen mögliche Schäden gentechnischer Forschungen zu vermeiden und gleichzeitig die Erforschung ihrer sicherheitsrelevanten Aspekte zu forcieren. Damit war die Voraussetzung für den nötigen Wissenserwerb gegeben, der es ermöglichen sollte, die Regulierung anzupassen und das Verbot endgültig aufzuheben.[18]

Als ein weiteres Beispiel für die flexible Anpassung der Regulierung an das durch sie selbst miterzeugte Wissen bietet die Einführung der Regulierung von Sondermüll in den USA auf bundesstaatlicher Ebene (vgl. Barke 1985). Der 1976 erlassene »Resource Conservation and Recovery Act« (RCRA) delegierte den Erlaß von detaillierten Vorschriften an die »Environmental Protection Agency« (EPA). Sie sollte in einem Zeitraum von drei Jahren Kriterien für die Definition von Sondermüll festlegen, Melde- und Transportvorschriften ausarbeiten, technische Anforderungen an Deponien aufstellen und die Zulassung für Betreiber dieser Deponien regeln. Trotz mehrfacher Verlängerung der Umsetzungsfrist scheiterte die EPA daran, diese Regulierungen rechtzeitig zu erlassen. Der Grund dafür war, daß die dazu

18 Die Dauer des Genehmigungsverfahrens – fünf Jahre – scheint allerdings dafür zu sprechen, daß dieser Lernprozeß viel zu langsam fortgeschritten ist und deshalb in wirtschaftlicher Hinsicht durchaus ein Innovationshemmnis darstellte. Die lange Dauer des Verfahrens läßt sich aber durch die Schwierigkeiten erklären, die die Verwaltung im Umgang mit diesem neuartigen Risiko der gentechnischen Freisetzungsversuche hatte. Am Anfang waren weder die Zuständigkeiten noch die gesetzlichen Grundlagen geklärt, so daß dieser Präzedenzfall ein weitaus schwerfälligeres Verfahren zur Folge hatte als in späteren Fällen (vgl. Krimsky/Plough 1988, S. 86). Ein weiterer Grund für die lange Dauer sind die Anstrengungen, die im Bereich der Information der Betroffenen unternommen wurden. Zwar konnten die Maßnahmen zur Risikokommunikation eine Kontroverse auf lokaler Ebene nicht vermeiden, aber die Befürchtungen, die Gentechnik könnte bezüglich gesellschaftlicher Akzeptanz dasselbe Schicksal erleiden wie die Kernenergie, bewahrheitete sich auch nicht (vgl. Krimsky/Plough 1988, S. 102 f.).

nötigen Daten nur sehr schwer zu erheben waren. Grundlegende Tatsachen, wie etwa die Anzahl der Deponien, deren Auswirkungen auf das Grundwasser und geeignete technischen Alternativen, waren ungeklärt. Der Versuch einer umfassenden Risikoregulierung für den Sondermüllbereich deckte aber nicht nur das Wissensdefizit in diesem Bereich auf, sondern war auch Anlaß für gezielte Forschung, um dieses Wissen zu gewinnen. Dies geschah in der Form einer Evaluation der bisher erlassenen Regulierungsmaßnahmen durch das »Office of Technology Assessment«. Die Reform des RCRA im Jahre 1984 muß vor allem als Folge einer unter anderem durch diese Studie verbesserten Informationslage verstanden werden (vgl. Barke 1985, S. 129 f.). Der Anlaß der Veränderung des regulativen Rahmens für die EPA ist vor allem auf ein besseres Problemverständnis im Bereich Sondermüll zurückzuführen. Andere Faktoren, wie etwa veränderte politische Machtverhältnisse, spielten bei dieser Reform keine Rolle.

6. Schlußbemerkung

Wenn die Einschätzung richtig ist, daß flexible Risikoregulierung jenseits der Alternative von Prävention und technischen Lernprozessen keine theoretische Schimäre, sondern schon Teil der Praxis ist, dann ergibt sich daraus ein Forschungsprogramm, das die Warnung Wildavskys vor der Prävention zwar ernst nimmt, aber entscheidend über seine Problemstellung hinausweist. Anstatt eine umfassende Deregulierung von Risiken zu fordern, um technische Lernprozesse zu ermöglichen, müßte man die Voraussetzungen flexibler Risikoregulierung untersuchen (vgl. Ladeur 1995). Im Rahmen einer solchen Fragestellung wäre zu klären, wie die Organisationsform der regulierenden Verwaltung ihre Lernmöglichkeiten beeinflußt. Welche Vorteile bieten zum Beispiel unabhängige Regulierungsbehörden nach amerikanischem Muster im Vergleich zur Ministerialverwaltung (vgl. Majone 1994, S. 84 f.; Jasanoff 1990)? In sachlicher Hinsicht müßte ermittelt werden, von welchen technischen Eigenschaften die Flexibilität der Regulierung abhängt. Eine generelle Vermutung wäre in diesem Zusammenhang, daß Fehlerfreundlichkeit eine wichtige Voraussetzung ist.

Literatur

Baram, M. S., 1982, *Alternatives to Regulation*, Lexington/Toronto.

Barke, R., 1985, »Policy Learning and the Evolution of Federal Hazardous Waste Policy«, in: *Policy Studies Journal* 14, S. 123-131.

Bechmann, G., und F. Gloede, 1992, »Erkennen und Anerkennen: Über die Grenzen der Idee der ›Frühwarnung‹«, in: T. Petermann (Hg.), *Technikfolgen-Abschätzung als Technikforschung und Politikberatung*, Frankfurt am Main/New York, S. 271-298.

Beck, U., 1988, *Gegengifte. Die organisierte Unverantwortlichkeit*, Frankfurt am Main.

Binswanger, M., 1995, »Sustainable Development: Utopie in einer wachsenden Wirtschaft?«, in: *Zeitschrift für Umweltpolitik und Umweltrecht* 18, S. 1-19.

Cambrosio, A., und C. Limoges, 1991, »Controversies as Governing Processes in Technology Assessment«, in: *Technology Analysis and Strategic Management* 3, S. 377-396.

Clark, W. C., 1980, »Witches, Floods, and Wonder Drugs: Historical Perspectives on Risk Management«, in: R. C. Schwing und W. A. Albers (Hg.), *Societal Risk Assessment: How Safe is Safe Enough?*, New York/London, S. 287-313.

Daele, W. van den, 1993, »Restriktive oder konstruktive Technologiepolitik?«, in: W. Krohn/G. Krücken (Hg.), *Riskante Technologien. Reflexion und Regulation. Einführung in die sozialwissenschaftliche Risikoforschung*, Frankfurt am Main, S. 284-304.

Dosi, G., 1982, »Technological Paradigms and Technological Trajectories. A Suggested Interpretation of the Determinants and Directions of Technical Change«, in: *Research Policy* 11, S. 147-162.

Douglas, M., 1978, »Cultural Bias«. London Royal Anthropological Institute, Occasional paper No. 35; wiederabgedruckt in: M. Douglas, *In the Active Voice*, London 1982, S. 183-245.

– und A. Wildavsky, 1982, *Risk and Culture. An Essay on the Selection of Technological and Environmental Dangers*, Berkeley.

Fiorino, D. J., 1995, *Making Environmental Policy*, Berkeley.

Häfele, W., 1974, »Hypotheticality and the New Challenges: The Pathfinder Role of Nuclear Energy«, in: *Minerva* 12, S. 303-322.

Japp, K. P., 1992, »Prevention as a Component of Regulation in ›Risk Societies‹«, in: H.-U. Otto und G. Flösser (Hg.), *How to Organize Prevention. Political, Organizational, and Professional Challenges to Social Services*, Berlin/New York, S. 93-100.

Jasanoff, S., 1990, *The Fifth Branch. Science Advisers as Policymakers*, Cambridge/London.

Jungermann, H., und P. Slovic, 1993, »Charakteristika individueller Risikowahrnehmung«, in: W. Krohn und G. Krücken (Hg.), *Riskante*

Technologien. Reflexion und Regulation. Einführung in die sozialwissenschaftliche Risikoforschung, Frankfurt am Main, S. 79-100.
Kasperson, R. E., 1992, »The Social Amplification of Risk: Progress in Developing an Integrative Framework«, in: S. Krimsky und D. Golding (Hg.), *Social Theories of Risk*, Westport/London, S. 153-178.
Knight, F., 1965, *Risk, Uncertainty and Profit*, New York.
Krämer, L., 1995, *E.C. Treaty and Environmental Law*, London.
Krimsky, S., und A. Plough, 1988, »The Release of Genetically Engineered Organisms into the Environment: The Case of Ice Minus«, in: S. Krimsky und A. Plough, *Environmental Hazards. Communicating Risks as a Social Process*, New York, S. 75-129.
Krohn, W., und G. Krücken, 1993, »Risiko als Konstruktion und Wirklichkeit. Eine Einführung in die sozialwissenschaftliche Risikoforschung«, in: W. Krohn und G. Krücken (Hg.), *Riskante Technologien. Reflexion und Regulation. Einführung in die sozialwissenschaftliche Risikoforschung*, Frankfurt am Main, S. 9-44.
– und P. Weingart, 1986, »›Tschernobyl‹ – das größte anzunehmende Experiment«, in: *Kursbuch* 85, S. 1-26.
Krücken, G., 1997, »Risikotransformation. Voraussetzung, Strukturen und Folgen der politischen Regulierung von Arzneimittelgefahren«, in diesem Band, S. 116-146.
Ladeur, K.-H., 1987, »Jenseits von Regulierung und Ökonomisierung der Umwelt: Bearbeitung von Ungewißheit durch (selbst-) organisierte Lernfähigkeit – eine Skizze«, in: *Zeitschrift für Umweltpolitik und Umweltrecht* 10, S. 1-22.
–, 1995, *Das Umweltrecht in der Wissensgesellschaft. Von der Gefahrenabwehr zum Risikomanagement*, Berlin.
LaPorte, T. R., 1981, »Managing Nuclear Waste«, in: *Society* 18, S. 57-65.
–, 1982, »On the Design and Management of Nearly Error-Free Organizational Control Systems«, in: D. L. Sills, C. P. Wolf und V. B. Shelanski (Hg.), *Accident at Three-Miles-Island: The Human Dimension*, Boulder, S. 185-200.
– und P. M. Consolini, 1991, »Working in Practice But Not in Theory. Theoretical Challenges of ›High-Reliability Organizations‹«, in: *Journal of Public Administration Research and Theory* 1, S. 19-47.
Lau, C., 1989, »Risikodiskurse: Gesellschaftliche Auseinandersetzungen um die Definition von Risiken«, in: *Soziale Welt* 40, S. 418-436.
Lersner, H. von, 1988, »Vorsorgeprinzip«, in: O. Kimminich, H. von Lersner und P.-C. Storm (Hg.), *Handwörterbuch des Umweltrechts*, Bd. 2, Berlin, S. 1086-1092.
Lindblom, C. E., 1959, »The Science of ›Muddling Through‹«, in: *Public Administration Review* 19, S. 79-88.
–, 1979, »Still Muddling, Not Yet Through«, in: *Public Administration Review* 39, S. 517-526.

Luhmann, N., 1988, *Ökologische Kommunikation. Kann die moderne Gesellschaft sich auf ökologische Gefährdungen einstellen?*, 2. Auflage, Opladen.
–, 1990, »Risiko und Gefahr«, in: ders., *Soziologische Aufklärung*, Bd. 5, *Konstruktivistische Perspektiven*, Opladen, S. 131-169.
–, 1991, *Soziologie des Risikos*, Berlin/New York.
Lundvall, B.-A., 1988, »Innovation as an Interactive Process: From User-Producer Interaction to the National System of Innovation«, in: G. Dosi, C. Freeman, R. Nelson, G. Silverberg und L. Soete (Hg.), *Technical Change and Economic Theory*, London, S. 349-369.
Majone, G., 1989, *Evidence, Argument and Persuasion in the Policy Process*, New Haven.
–, 1994, »The Rise of the Regulatory State in Europe«, in: *West European Politics* 17, S. 77-101.
Morone, J. G., und E. J. Woodhouse, 1986, *Averting Catastrophe. Strategies for Regulating Risky Technologies*, Berkeley.
– und E. J. Woodhouse, 1989, *The Demise of Nuclear Energy? Lessons for the Democratic Control of Technology*, New Haven/London.
– und E. J. Woodhouse, 1993, »Die Vermeidung von Katastrophen«, in: W. Krohn und G. Krücken (Hg.), *Riskante Technologien. Reflexion und Regulation. Einführung in die sozialwissenschaftliche Risikoforschung*, Frankfurt am Main, S. 217-283.
Naimon, J. S., 1991, »Using Expert Panels to Assess Risks of Environmental Biotechnology Applications: A Case Study of the 1986 Frostban Risk Assessments«, in: M. A. Levin und H. S. Strauss (Hg.), *Risk Assessment in Genetic Engineering*, New York, S. 319-353.
Perrow, C., 1992, *Normale Katastrophen. Die unvermeidbaren Risiken der Großtechnik*, 2. Auflage. Frankfurt am Main/New York.
Petermann, T., 1992, »Weg von TA – aber wohin?«, in: T. Petermann (Hg.), *Technikfolgen-Abschätzung als Technikforschung und Politikberatung*, Frankfurt am Main/New York, S. 271-298.
Rayner, S., 1992, »Cultural Theory and Risk Analysis«, in: S. Krimsky und D. Golding (Hg.), *Social Theories of Risk*, Westport/London, S. 83-115.
Redclift, M., 1987, *Sustainable Development. Exploring the Contradictions*, London/New York.
Rehbinder, E., 1991, *Das Vorsorgeprinzip im internationalen Vergleich*. Düsseldorf.
Roqueplo, P., 1986, »Der saure Regen: ein Unfall in Zeitlupe. Ein Beitrag zu einer Soziologie des Risikos«, in: *Soziale Welt* 37, S. 402-426.
Rowe, W. D., 1993, »Ansätze und Methoden der Risikoforschung«, in: W. Krohn und G. Krücken (Hg.), *Riskante Technologien. Reflexion und Regulation. Einführung in die sozialwissenschaftliche Risikoforschung*, Frankfurt am Main, S. 45-78.

Simon, H. A., 1957, *Models of Man. Social and Rational. Mathematical Essays on Rational Human Behavior in a Social Setting*, New York.
Short, J. F., 1990, »Hazards, Risks, and Enterprise: Approaches to Science, Law, and Social Policy«, in: *Law and Society Review* 24, S. 179-198.
Spickard, J. V., 1989, »A Guide to Mary Douglas's Three Versions of Grid/Group Theory«, in: *Sociological Analysis* 50, S. 151-170.
Starr, C., 1993, »Sozialer Nutzen versus technisches Risiko«, in: G. Bechmann (Hg.), *Risiko und Gesellschaft. Grundlagen und Ergebnisse interdisziplinärer Risikoforschung*, Opladen, S. 3-24.
Symposium 1989, »Risk, Safety and Capitalism«, in: *Society* 27, S. 4-31.
Voelzkow, H., J. Hilbert und R. G. Heinze, 1987: »›Regierung durch Verbände‹ – am Beispiel der umweltschutzbezogenen Techniksteuerung«, in: *Politische Vierteljahresschrift* 28, S. 80-100.
Vogel, D., 1986, *National Styles of Regulation. Environmental Policy in Great Britain and the United States*, Ithaca/London.
Weimann, J., 1990, *Umweltökonomik. Eine theorieorientierte Einführung*, Berlin.
Wildavsky, A., 1979, »No Risk Is the Highest Risk of All«, in: *American Scientist* 67, S. 32-37.
–, 1988, *Searching for Safety*, New Brunswick/Oxford.
–, 1993, »Die Suche nach einer fehlerlosen Risikominderungsstrategie«, in: W. Krohn und G. Krücken (Hg.), *Riskante Technologien. Reflexion und Regulation. Einführung in die sozialwissenschaftliche Risikoforschung*, Frankfurt am Main, S. 305-319.
–, 1995, *But Is It True? A Citizen's Guide to Environmental Health and Safety Issues*, Cambridge/London.
World Conservation Union/United Nations Environment Programme/ World Wide Fund for Nature, 1991, *Caring for the Earth. A Strategy for Sustainable Living*, Gland.
Wynne, B., 1982, »Institutional Mythologies and Dual Societies in the Management of Risk«, in: H. C. Kunreuther und E. V. Ley (Hg.), *The Risk Analysis Controversy. An Institutional Perspective*, Berlin, S. 127-143.
–, 1987, *Risk Management and Hazardous Waste. Implementation and the Dialectics of Credibility*, Berlin.
–, 1992a, »Uncertainty and Environmental Learning. Reconceiving Science and Policy in the Preventive Paradigm«, in: *Global Environmental Change* 2, S. 111-127.
–, 1992b, »Risk and Social Learning: Reification to Engagement«, in: S. Krimsky und D. Golding (Hg.), *Social Theories of Risk*, Westport/ London, S. 275-300.

Johannes F. K. Schmidt

Politische Risikoregulierung als Risikoerzeugung?

Zur Bedeutung von Gefährdungshaftung und Versicherung im Rahmen gesellschaftlicher Risikobearbeitung

1. Einleitung

Die Frage, wie die moderne Gesellschaft mit den von ihr selbst erzeugten technisch-ökologischen Gefährdungen umgehen sollte, wird seit einiger Zeit vermehrt gestellt. Die politische Risikoregulierung greift im wesentlichen auf Möglichkeiten vor allem des öffentlichen Rechts (Verwaltungsrecht) zurück. Neuerdings wird aber auch die Wirksamkeit privatrechtlicher Instrumente, unter anderem des zivilen Haftungsrechts, diskutiert. So trat 1991 als politische Reaktion auf die Rheinverschmutzung, die aus einem Brandunfall beim Baseler Chemieunternehmen Sandoz resultierte, das Umwelthaftungsgesetz (UmweltHG) in Kraft, mit dem Betreiber industrieller Anlagen einer verschärften Haftung unterworfen werden. Vermittelt über eine entsprechende Risikopolitik der Haftpflichtversicherer, so die Hoffnung des bundesdeutschen Gesetzgebers, werde es zu einer verstärkten Investition in Sicherheitstechnologien oder aber – bei Nichtversicherbarkeit – zu einer Einstellung des Betriebs der dann zu gefährlichen Anlagen kommen.

Gegenüber dieser politiknahen Sichtweise und der damit implizit verbundenen steuerungstheoretischen Annahme, mittels des (adäquaten) Einsatzes des Haftungsrechts könne eine *Reduzierung technisch-ökologischer Risiken für die Gesellschaft* erreicht werden, wird im vorliegenden Beitrag eine andere Perspektive eingenommen. Zu diesem Zweck wird zunächst ein gesellschaftstheoretisches Modell des zugrundeliegenden Prozesses der *gesamtgesellschaftlichen* Risikobearbeitung entwickelt, um so den Stellenwert und die Folgen der *politischen* Risikoregulierung mittels des Haftungsrechts bestimmen zu können. Dabei wird einerseits von einem *weiter gefaßten Risikobegriff* ausgegangen, der nicht primär auf Technik, sondern auf den Umgang mit Zeit in Form der Differenz von Vergangenheit und Zukunft abstellt (2.1); andererseits wird auf das Luhmannsche *Theorem der gesellschaftlichen Differenzierung* zurückgegriffen, nach dem die moderne Gesellschaft differenziert ist in operational geschlossene, untereinander strukturell gekoppelte Funktionssysteme (2.2). Mit Hilfe dieser Theoriegrundlagen kann gezeigt werden, daß die politische Risikoregulierung ›nur‹ Ausgangspunkt beziehungsweise Katalysator eines *iterativ verlaufenden Prozesses der ›Risikoverschiebung‹ innerhalb der Gesellschaft* ist. Politische Regulierungsmaßnahmen stellen eine Form der gesellschaftlichen Unsicherheitsabsorption dar; gleichzeitig dienen sie aber – als Teil des politischen Risikomanagements – der Risikoabwälzung, das heißt, sie erzeugen an anderer Stelle in der Gesellschaft neue, ›andere‹ Risiken (3). Im Zuge der gesellschaftlichen Entwicklung haben sich dabei je funktionssystemspezifische Formen der Risikobearbeitung entwickelt. Im Rechtssystem, das durch seine Funktion der kontrafaktischen Erwartungsstabilisierung eigentlich quer zur Risikoorientierung der Gesellschaft steht, ist dies unter anderem die *Gefährdungshaftung*. Die verschuldensunabhängige Haftung kann als rechtlich noch handhabbare Reaktion auf die vermehrte Entscheidungszurechnung in der modernen Gesellschaft beschrieben werden (4.1). Die Gefährdungshaftung ermöglicht zudem eine ›Verschiebung des Risikos‹ in die Wirtschaft in einer Form, in der wirtschaftliches Operieren mit der rechtlich erzeugten Zukunftsoffenheit umgehen kann. Dies zeigt die Analyse der Leistung von *Versicherungen*, die als die wirtschaftssystemspezifische Überbrückung der Differenz von Vergangenheit und Zukunft identifiziert wird (4.2). Vor dem Hintergrund des skizzierten theoretischen Konzepts wird die Debatte um die (Un-)Versicherbarkeit der aus dem Umwelthaftungsgesetz resultierenden Haftpflichtrisiken analysiert. Dabei steht die Frage nach den strukturellen Schwierigkeiten, die bei der versicherungswirtschaftlichen Bearbeitung der politisch gesetzten und rechtlich mediatisierten wirtschaftlichen Risiken auftreten, im Mittelpunkt (5). Abschließend wird die gesamtgesellschaftliche Perspektive wieder explizit aufgenommen und die Becksche These der *Überbeanspruchung der Versicherung in der Risikogesellschaft* mit dem vorgelegten

Theoriekonzept und dessen Ergebnissen konfrontiert. Dabei wird die reduzierte Versicherbarkeit nicht auf ein ›objektiv‹ anwachsendes Risikopotential zurückgeführt, sondern als Folge der Selbstüberforderung gesellschaftlicher Formen der Risikobearbeitung durch vermehrte Entscheidungszurechnung interpretiert (6).

2. Theoretische Grundlagen: Risiko und Gesellschaft

Um den Prozeß der *gesamtgesellschaftlichen* Risikobearbeitung in den Blick nehmen zu können, muß ein allgemeiner, entscheidungstheoretisch ansetzender und deshalb zeit- und nicht technikzentrierter Risikobegriff sowie das Theorem der funktionalen Differenzierung der modernen Gesellschaft zugrunde gelegt werden. Beide Voraussetzungen sollen im folgenden kurz expliziert werden.

2.1 Der Risikobegriff

Der Begriff des Risikos bezeichnet eine spezifische Form von Zeitbindung, die auf eine Entscheidung zurückgeführt werden kann (vgl. im folgenden Luhmann 1991a, S. 21 ff., 45 ff.): Die Entscheidung eliminiert die Unsicherheit, die vor der Entscheidung bestanden hat, und begründet das Risiko, potentiell Schäden initiiert zu haben. Risiken sind *Zurechnungsartefakte*. Von einem Risiko kann man nur dann sprechen, wenn eine Entscheidung erkennbar ist, auf die die Schadensentstehung zurückgeführt werden kann. Im Anschluß an die Entscheidungsorientierung des Begriffs und auf der Grundlage der System/Umwelt-Differenz kann dann zwischen *Risiko* und *Gefahr* unterschieden werden: Wenn der Schaden als Folge der eigenen Entscheidung gesehen – mithin dem System zugerechnet – wird, handelt es sich um ein Risiko; wenn der Schaden als extern veranlaßt gesehen – also der Umwelt zugerechnet – wird, um eine Gefahr.

Der Begriff des Risikos weist zugleich auf eine Zeitdifferenz hin: die Entscheidung wird vor und nach dem Eintritt des Schadensfalls unterschiedlich beurteilt. Die Risikosemantik reagiert damit auf eine für die moderne Gesellschaft charakteristische Zeitauffassung, die durch eine *Diskontinuität von Vergangenheit und Zukunft* geprägt ist. Zukunft wird als offen erlebt, sie findet nicht einfach statt, sondern muß in der jeweiligen Gegenwart gestaltet werden (vgl. Neckel 1988, S. 471 ff.). Damit kommt es zu einer zunehmenden gesellschaftlichen *Transformation von Gefahren in Risiken* (vgl. Luhmann 1991a, S. 52 f.; Krücken 1991, S. 4): Immer mehr Zustände werden nicht mehr als schicksalhaft hinzunehmende Gefahren interpretiert, sondern als Folge von Entscheidungen wahrgenommen. So steigt einerseits das Vertrauen in die gesellschaftliche Gestaltbarkeit der Verhältnisse (vgl. Evers/Nowotny 1987, S. 72 ff.) – der in diesem Zusammenhang aufkommende Fortschrittsbegriff steht dafür, daß die Unbegrenztheit des künftig Möglichen als Chance verstanden wird. Andererseits kommt es aber zu einer zunehmenden gesellschaftlichen Selbstverunsicherung durch die Erfahrung der Riskanz vergangener Chancenrealisierungen – eine Umstellung von der Fortschritts- zur Risikosemantik ist die Folge (vgl. Hiller 1993, S. 50 ff.).

2.2 Die funktionale Differenzierung der Gesellschaft

Soziologische Beschreibungen der Gesellschaft greifen häufig auf eine Theorie sozialer Differenzierung zurück. Ausgehend von einer Theorie, die soziale Systeme als operational geschlossene Kommunikationszusammenhänge konzipiert, stellt die Luhmannsche Gesellschaftstheorie spezifisch auf *System*differenzierung ab (vgl. Luhmann 1984, S. 22 f., 37 ff., 258 ff.). Die *moderne* Gesellschaft kann als *funktional differenziert* beschrieben werden: Die ausdifferenzierten Teilsysteme sind jeweils auf die exklusive Erfüllung einer Funktion hin spezialisiert. Die rekursive Schließung und damit die Ermöglichung der Ausdifferenzierung aus dem umfassenden Kommunikationszusammenhang Gesellschaft erfolgt durch die Orientierung an dieser Funktion und an einem je spezifischen binären Code (vgl. Luhmann 1997, Kap. 4, VIII). Als Funktionssysteme, die das Bild der modernen Gesellschaft bestimmen, lassen sich (zumindest) Wirtschaft, Recht, Wissenschaft, Politik, Religion und Erziehung unterscheiden (vgl. Luhmann 1986).

Die These der operationalen Geschlossenheit sozialer Systeme besagt, daß es auf der Ebene der Operationen keinen Umweltkontakt gibt. Die funktional differenzierte Gesellschaft kann nun aber nicht als eine Menge autonomer Teilsysteme beschrieben werden, die ausschließlich den je eigenen Reproduktionszwängen folgen. Vielmehr sind alle Funktionssysteme »faktisch ... durch strukturelle Kopplungen miteinander verbunden und in der Gesellschaft gehalten« (Luhmann 1997, Kap. 4, IX). Der Begriff der *strukturellen Kopplung*[1] bezieht sich auf ein spezifisches Umweltverhältnis operational geschlossener Systeme, die zum internen Komplexitätsaufbau das ›Rauschen‹ der Umwelt (›Order-from-noise‹-Prinzip) nutzen. Strukturelle Kopplungen binden das System an bestimmte Ausschnitte der Umwelt, so daß die mitgeführte Umwelt nur selektiv relevant wird. Dabei wirken sie als Dauerirritationen insofern, als sie eine bestimmte Strukturentwicklung der jeweiligen Systeme zur Folge haben können (›structural drift‹). Strukturelle Kopplungen dürfen aber nicht als Integrationsmechanismen der Gesellschaft im Sinne einer *andauernden* Synchronisation des Operierens von Teilsystemen mißverstanden werden, vielmehr leisten sie immer nur eine Gleichzeitigkeit von System und Umwelt im jeweiligen Geschehen.

Spezifische Formen struktureller Kopplungen in der modernen Gesellschaft sind unter anderem Steuern und Abgaben als Kopplung von Politik und Wirtschaft, Verfassung als Kopplung von Politik und Recht, Eigentum und Vertrag als Kopplung von Recht und Wirtschaft, Beratung/Expertise als Kopplung von Politik und Wissenschaft (vgl. Luhmann 1993a, S. 453 ff., 467 ff.; Luhmann 1997, Kap. 4, IV).

1 Das Konzept der strukturellen Kopplung hat erst relativ spät Eingang in die Luhmannsche Theorie gefunden, obwohl das Autopoiesismodell ohne diesen ›Gegenbegriff‹ letztlich unvollständig bleibt (vgl. Kräling 1992, S. 37 ff.). Darauf deutet auch die zunehmende Verwendung des Begriffs in den neueren Luhmannschen Schriften hin, mit dem mittlerweile sowohl das Verhältnis von sozialen und psychischen Systemen als auch das von sozialen Systemen untereinander bezeichnet wird (vgl. Luhmann 1993a, S. 440 f.; Luhmann 1993b, S. 191 f.).

3. Gesellschaftliche Risikobearbeitung durch Risikoerzeugung

Im Rahmen der gesellschaftlichen Risikobearbeitung wird die funktionale Differenzierung der Gesellschaft in zweifacher Weise relevant: So kann zum einen nicht von *dem* Risiko *der* Gesellschaft gesprochen werden, sondern nur von jeweils *teilsystemspezifisch* wahrgenommenen beziehungsweise erzeugten Risiken[2]; außerdem werden einem Funktionssystem Risiken nicht von außen – von anderen Teilsystemen oder der ökologischen Umwelt der Gesellschaft – zugewiesen, vielmehr werden jeweils *mittels teilsystemspezifischer Mechanismen extern zugerechnete Gefahren in Risiken transformiert.* Risikobearbeitung kann dann immer nur heißen: systemspezifischer Umgang mit systemspezifischen Risiken. Kein gesellschaftliches Funktionssystem ist für *die* Risikobearbeitung *der* Gesellschaft privilegiert, vielmehr sind in den Prozeß der gesellschaftlichen Risikobearbeitung in der Regel mehrere Teilsysteme der Gesellschaft involviert.

Dabei spielt die *politische* Risikoregulierung eine wesentliche Rolle. *Technisch-ökologische* Probleme werden erst dann *gesellschaftlich* relevant, wenn sie durch die Politik ›aufgegriffen‹ und damit als gesellschaftliches Problem definiert werden.[3] Begründet liegt diese Katalysatorwirkung in der hohen Risikosensibili-

2 Die Redeweise von technisch-ökologischen Risiken, die die Gesellschaft *als Ganze* bedrohen, muß deshalb als eine *spezifisch politische Beobachtungsweise* verstanden werden (siehe unten). In dem Begriff der ›sich selbst gefährdenden Gesellschaft‹ – exemplarisch Becks (1986) ›Risikogesellschaft‹ – kommt damit in der funktional differenzierten Gesellschaft eine Einheits*perspektive* zum Ausdruck (vgl. Fuchs 1992, S. 135 f.).

3 In diesem Zusammenhang muß auch die Bedeutung der *Wissenschaft* erwähnt werden, die eine Gefahr beziehungsweise ein Risiko als solche(s) sichtbar machen kann, indem sie zum Beispiel die Schädlichkeit von Emissionen wissenschaftlich nachweisen und damit die Voraussetzung für eine (legitime) politische Thematisierung schaffen kann. Vergleiche beispielhaft für das Waldsterben und die damit verbundene politische Kontroverse die Studie von Roqueplo (1986). Die gesellschaftliche Relevanz des Risikos wird aber nicht allein durch die wissenschaftliche Definition der Schädlichkeit konstituiert, sondern erst durch die Kombination mit (öffentlichen) Zurechnungen auf politisches (Nicht-)Entscheiden.

tät der Politik, die trotz der *Divergenz* der Perspektiven von Risikoakteuren (Entscheidern) und Gefahrengemeinschaften (Betroffenen) *kollektiv bindende* Entscheidungen treffen muß (vgl. Luhmann 1993b, S. 20 ff.; 46 ff.). Die Legitimation des politischen Systems wird dabei zunehmend von der Vermittlung von ›Sicherheit‹ abhängig, die politische Bearbeitung von Umweltrisiken absorbiert gesellschaftliche Ungewißheit. Indem die Politik entsprechende Themen aufgreift, werden allerdings technisch-ökologische Probleme damit auch in politische Risiken transformiert, denn nun wird sichtbar, daß es im Hinblick auf ein spezifisches Umweltproblem (politische) Entscheidungsoptionen gibt. Diese politische Risikoübernahme (vgl. Krücken 1993) wird durch die Regierung/Opposition-Codierung des Systems verschärft. Politische Risikoregulierung dient dann weniger einer (wie immer gearteten) direkten Kontrolle von Risiken. Als Teil des politischen Risikomanagements führt politische Risikoregulierung vielmehr zu einer Risikoabwälzung in Form einer ›Verschiebung des Risikos‹ aus der Politik (mit Hilfe des Rechts) in die Wirtschaft. Dabei greift die Politik auf die politische Formbarkeit des Rechts, zum Beispiel durch die Gesetzgebung als Ort der *politischen* Konditionierung des Rechts und der *rechtlichen* Beschränkung der Politik[4], sowie auf die Kopplungen von Recht und Wirtschaft zurück. Allerdings kann dabei nicht von einer *kontrollierten* politischen Inanspruchnahme der übrigen gesellschaftlichen Teilsysteme im Sinne einer Absehbarkeit der von der politischen Risikoregulierung ausgelösten Irritationen gesprochen werden.

Der skizzierte *gesamtgesellschaftliche* Sachverhalt ist sprachlich nicht einfach auszudrücken, da ›Verschiebung‹ suggeriert, das Risiko werde das Funktionssystem wechseln, ohne in seinem Kernbestand verändert zu werden. Daß es sich dabei immer noch um ›dasselbe‹ Risiko handelt, kann aber nur ein Beobachter behaupten, der einen (sachlichen, zeitlichen?) Zusammenhang von politischen und wirtschaftlichen Risiken auf der Basis einer ge-

4 Statt von einem hierarchischen wird hier von einem »wechselseitig-parasitären« (Luhmann 1993a, S. 426) Verhältnis von Politik und Recht ausgegangen: Die verfassungskonforme Gesetzgebung stellt eine Form struktureller Kopplung zweier operational geschlossener Funktionssysteme dar und bietet diesen so die Möglichkeit, an einer externen Differenz zu wachsen.

fährlichen Technik oder ähnlichem konstruiert. Von einer solchen Sichtweise, die von einem technikzentrierten und damit quasi-ontologischen Risikobegriff ausgeht, soll mit dem hier skizzierten Modell insbesondere auch deshalb abgewichen werden, weil nur dann sichtbar wird, daß erst der Prozeß der ›Risikoverschiebung‹ und der damit verbundenen ›Risikoabgabe‹ innerhalb der funktional differenzierten Gesellschaft einen *gesellschaftlichen* Umgang mit Risiken ermöglicht. Bei dieser iterativen Risikobearbeitung fungiert die funktionale Differenzierung als ein Unterbrecher- *und* Verbindungsmechanismus. So ermöglicht gerade die Abschottung der funktionalen Teilsysteme voneinander eine gesellschaftliche Risikobearbeitung. Was politisch riskant ist, ist nicht automatisch wirtschaftlich riskant und umgekehrt – funktionale Differenzierung funktioniert hier also als eine Art ›loose coupling‹ (Weick 1976). Dies ist wesentlich auf die jeweils nur spezifischen Irritationsverhältnisse auf der Basis struktureller Kopplungen der Funktionssysteme zurückzuführen, so daß es nicht zu einer beliebigen ›Risikoverschiebung‹ zwischen den Teilsystemen und damit zu einer unkontrollierten Risikoüberflutung einzelner Funktionssysteme kommt. Die unterschiedlichen Operationsgeschwindigkeiten, Zeitorientierungen und sachlichen Aufmerksamkeitskriterien der Funktionssysteme können so zur gesellschaftlichen Risikobearbeitung ›genutzt‹ werden – womit nicht behauptet wird, daß die beschriebene Form der Risikobearbeitung, die sich als gesellschaftliches Operationsmuster evolutionär herausgebildet hat, auch *gesamtgesellschaftlich funktional* ist.[5]

5 Die von Luhmann (1986) gestellte Frage: »Kann die moderne Gesellschaft sich auf ökologische Gefährdungen einstellen?«, die auf die *gesamtgesellschaftliche* Resonanzfähigkeit der funktional differenzierten Gesellschaft auf Ökologieprobleme abzielte, wird hier explizit nicht aufgegriffen – auch weil sie meines Erachtens auf der Grundlage einer differenztheoretischen Konzeptualisierung der Gesellschaft nicht sinnvoll gestellt (und beantwortet) werden kann.

4. Rechtliche und wirtschaftliche Formen der Risikobearbeitung

Im weiteren muß es also darum gehen, die in den Funktionssystemen Recht und Wirtschaft als Folge der zunehmenden Risikoorientierung der Gesellschaft – und damit verbunden auch der Politik – entwickelten Operationsmuster genauer in den Blick zu nehmen.

4.1 Gefährdungshaftung als eine Form der rechtlichen Risikoorientierung

Über strukturelle Kopplungen zweier operationaler Systeme können sich längerfristige systeminterne strukturelle Wandlungsprozesse wechselseitig beeinflussen. Entsprechend kann die *zunehmende Risikosensibilität der Politik* nicht ohne *Folgen für das rechtliche Operieren* bleiben. Andererseits aber unterliegen rechtliche Mechanismen in ihrer Reagibilität auf Risikoprobleme *strukturellen Limitierungen*, da das Recht aufgrund seiner Funktion der kontrafaktischen Erwartungsstabilisierung und der damit verbundenen Vergangenheitsorientierung (vgl. Luhmann 1993a, S. 124 ff.) zu einer solchen Risikoorientierung in der Form eines zunehmenden Auseinandertretens von Vergangenheit und Zukunft geradezu quersteht.

Dieser Sachverhalt wird an der Entwicklung des öffentlichen Rechts, das sich seit Mitte des 19. Jahrhunderts mit der Regulierung technischer Risiken befaßt (vgl. Wolf 1987, S. 360), deutlich. Dem in dieser ersten Phase entwickelten Gedanken der *Gefahrenabwehr*, der erfahrungsbasiert und damit vergangenheitsorientiert ist, wird in jüngerer Zeit ein präventives, das heißt zukunftsorientiertes Modell in Form des Konzepts der *Risikovorsorge* zur Seite gestellt: Um ein rechtliches Eingreifen zu ermöglichen, reicht nun bereits ein Gefahren*verdacht* aus, eine konkrete Gefahr muß nicht mehr vorliegen (vgl. Ladeur 1995, S. 11 ff., S. 69 ff.; Scherzberg 1993, S. 489 ff.). Die damit einhergehende Ungewißheitsorientierung des öffentlichen Rechts kommt auch in einer zunehmenden Unbestimmtheit der gesetzlichen Normierung von Schutzerfordernissen (Generalklauseln), dem Instrument der nachträglichen Anordnung sowie der Befugnis der Verwaltung zur Normkonkretisierung zum Ausdruck (vgl. Köck 1993, S. 136 ff.; Hiller 1993, S. 71 ff.). Trotz dieser Entwicklung stößt die regulative Umweltpolitik zunehmend an ihre Grenzen, so daß es Mitte der achtziger Jahre im Zuge der allgemeinen Deregulierungsdebatte zu einer politischen wie steuerungstheoretischen Diskussion um alternative umweltrechtliche Handlungsformen gekommen ist (vgl. Kloepfer 1991, S. 741 ff.). Dabei hat neben sogenannten ›Ökosteuern‹, spezifischen Umweltabgaben und dem Handel mit Emissionsrechten (Zertifikatmodell) auch das zivile *Haftungsrecht* eine zentrale Stellung eingenommen.

Nach traditioneller juristischer Sichtweise besteht die Aufgabe des Haftungsrechts in einer Ausgleichsfunktion (Schadensrestitution): Der Verursacher eines Schadens muß für diesen aufkommen und physisch-real (Naturalrestitution) oder wirtschaftlich (Schadensersatz durch Geldkompensation) den ursprünglichen Zustand wiederherstellen. Der Grundsatz, daß nur bei persönlichem Verschulden (Fahrlässigkeit oder Vorsatz) für Schäden Dritter gehaftet wird – das sogenannte *Verschuldensprinzip* – bestimmt dabei bis weit ins 19. Jahrhundert hinein die Ausformung des Haftpflichtrechts (vgl. Ogorek 1975, S. 23 ff.). Es sollte durch Androhung von Sanktionen dem Mißbrauch der Handlungsfreiheit entgegenwirken. Mit dem Preußischen Eisenbahngesetz von 1838 wurde dann die erste gesetzliche Grundlage geschaffen, die eine verschuldensunabhängige Haftung – die *Gefährdungshaftung* – vorsah. Grundlage dieses Haftungstyps war (und ist) die Idee, ein mit besonderen, nicht vermeidbaren Gefahren verbundenes Verhalten *trotzdem* zu erlauben, wenn das Verhalten selbst von *allgemeinem Interesse* ist; gleichzeitig aber wird der Handelnde dazu verpflichtet, für diese auch im *eigenen Interesse* selbst gesetzte Gefahr im Schadensfalle einzustehen (vgl. Esser 1941, S. 97 f.; Deutsch 1992, S. 74). Die Gefährdungshaftung wurde aber als eng begrenzte Ausnahme vom Verschuldensprinzip angesehen – auch als sich im Laufe des 20. Jahrhunderts in der zivilrechtlichen Dogmatik der Gedanke des gerechten Schadensausgleichs als primäre Aufgabe des Haftpflichtrechts durchsetzte (vgl. Rehbinder 1992b, S. 38 f.) und sich der Gesetzgeber zunehmend des Instruments der Gefährdungshaftung bediente.[6]

6 Zu nennen sind dabei die jeweils in Spezialgesetzen festgelegten Gefährdungshaftungen für Verkehrsmittel (§§ 1 HpflG, 7 StVG, 33

Der oben explizierte Theoriehintergrund läßt nun erkennen, daß diese vermehrte *Umstellung von der Verschuldens- auf die Gefährdungshaftung* eine Reaktion des Rechtssystems auf die zunehmende gesellschaftliche Zurechnung auf Entscheidungen darstellt. Angelpunkt des auf dem Verschuldensdogma fußenden Schadensersatzrechts ist ein *moralischer Vorwurf*, der sich aus einer zu mißbilligenden Willensbildung – eben Fahrlässigkeit oder Vorsatz – herleitet (vgl. Ogorek 1975, S. 31 f.). Die Verschuldensorientierung des Haftungsrechts bedeutet dann: »Schaden, der durch Unrecht entstand, fällt auf den Schädiger zurück, Schaden, der durch Unglück oder Unheil entstand, bleibt Sache und Schicksal des Betroffenen« (Esser 1941, S. 2). Eine solche schädigerorientierte Konzeption war dem Gedanken der Selbstverantwortung des Handelnden verpflichtet. Mit der Folge, daß dann Schäden, in bezug auf deren Entstehen dem Schädiger kein konkreter Vorwurf gemacht werden konnte, die also nicht auf Entscheidungen zurechenbar waren, als Zufall oder Unglück – eben als Gefahr – gefaßt werden mußten.[7] Mit der vermehrten Zurechnung auf Entscheidungen reicht aber eine solche Schadensregelung, die allein auf das Motiv des Schädigers abstellt, nicht mehr aus. In der Zeit der zunehmenden Industrialisierung Mitte des 19. Jahrhunderts kommt es zu einer systematischen Beeinflussung der Handlungsräume anderer, womit deren Schädigung – der ›Un-Fall‹ – zum Normalfall wird (vgl. Ewald 1993, S. 16 ff.). Damit gewinnt das Problem an politischer Relevanz. Ein generelles Verbot industrieller Betätigung ist aber gerade nicht mehr möglich, vielmehr kommt es zu einer ›Gefahrenkontrolle‹ durch die behördliche Genehmigung, das heißt Zulassung

LuftVG), für wesentliche Teile der energieerzeugenden Industrie (§ 2 HpflG), für Atomkraftwerke (§ 25 AtomG), zum Schutz der Wasservorräte (§ 22 WHG), für Arzneimittel (§ 84 AMG), für Risiken des Bergbaus (§ 114 BBergG) und neuerdings für Produkte (ProdHG), für Gentechnologie (§ 32 GenTG) sowie für Umweltschäden (UmweltHG) (vgl. Cosack 1992, S. 1439).

7 Typisch für das ursprünglich dominierende Verschuldensdogma ist die Ansicht, daß der durch das Handeln eines Menschen erzeugte Schaden ohne das Vorhandensein einer subjektiven Schuld mit dem durch ein Naturereignis (zum Beispiel Hagel) verursachten vergleichbar sei (Jhering 1867, S. 41), in der hier verwendeten Terminologie also eine Gefahr darstellt, die nicht auf Entscheidungen zurechenbar ist.

gefährlicher Tätigkeiten beziehungsweise Anlagen. Die Einführung der Gefährdungshaftung bedeutet in diesem Zusammenhang dann eine Legalisierung der Gefährdung und *gleichzeitig* eine Haftungsverschärfung dadurch, daß auch bei Nichtverschulden gehaftet wird.[8] Indem Gefährdungen aufgrund (riskanter) Entscheidungen anderer durch das Recht nicht mehr abgewehrt, sondern zugelassen werden, wird ein Wechsel des Zurechnungsprinzips *von der Verschuldens- zur Risikozurechnung* ermöglicht.[9]

Die skizzierte Entwicklung zeigt, daß die *Funktion des Rechts* – die kontrafaktische Erwartungsstabilisierung – durch die zunehmende Zukunfts- und Entscheidungsorientierung der modernen Gesellschaft wichtiger und zugleich prekärer wird. Die Zuteilung der Codewerte Recht/Unrecht hängt davon ab, was zum Zeitpunkt der Entscheidung als Vergangenheit behandelt werden kann; mithin spielen zukünftige Tatsachen bei der Entscheidung über die Richtigkeit der Zuteilung von Recht und Unrecht keine Rolle (vgl. Luhmann 1993a, S. 165 ff.). Vor dem Hintergrund der Betonung der zeitlichen Dimension des Risikos kann die Gefährdungshaftung dann als ein *politisch induziertes* und trotzdem *rechtstypisches* Instrument der Reaktion auf zunehmende Risikoprobleme der modernen Gesellschaft verstanden werden. Statt die Entscheidung über die Richtigkeit der Zuteilung von Recht/Unrecht zu verzeitlichen, wird darüber in der Gegenwart entschieden und gleichzeitig riskantes Handeln zugelassen, indem bereits in der Gegenwart festgelegt wird, daß der potentielle Schädiger bei (gegenwärtig noch unsicherem) Eintreten des Schadens diesen zu ersetzen hat. Damit stellt sich das Recht auf die Ungewißheit der Zukunft ein, ohne die Funktion der Erwartungsstabilisierung *grundlegend* zu gefährden. Allerdings kann

8 Geht man vom politischen System als Referenzpunkt aus, dann stellt das Instrument der Gefährdungshaftung eine Form der politischen Risikoabwälzung durch die Schaffung und Nutzung einer Differenz zwischen behördlicher Genehmigung und privatrechtlicher Haftung dar.

9 Und damit korrespondierend eine Umdefinition des Umgangs mit Gefährdungen: »Galt früher gefahrenvermeidendes Verhalten als Sorgfalt, so hat sich ... der Begriff der Sorgfalt dahin gewandelt, daß der sachgerechte Umgang mit der Gefahr als sorgfältig anzusehen ist« (Deutsch 1992, S. 74).

es nun zur Kollision rechtmäßiger Interessen kommen, deren rechtliche Regelung vom *Zufall* des Eintretens beziehungsweise Nichteintretens des Schadens abhängig wird. Dies bedeutet für den potentiellen Schädiger (Entscheider) eine Einschränkung des Orientierungswertes des Rechtscodes, da die Rechtmäßigkeit des Handelns mögliche Schadensersatzzahlungen nicht ausschließt, mithin nicht mehr nur unrechtes Handeln auf die andere Seite des Risikos – nämlich die durch die Entscheidung für die Betroffenen erzeugte Gefahr – hinweist, sondern auf beiden Seiten der Unterscheidung von Recht und Unrecht die Unterscheidung Risiko/Gefahr für den Entscheider sichtbar und relevant wird. Letztlich schützt also auch die Selbstfestlegung in Rechtsangelegenheiten nicht (mehr) vollständig vor Überraschungen, die eine unbekannte Zukunft bereithält.

4.2 Wirtschaftliche Risikoverarbeitung durch Versicherung

Die politische Risikoregulierung mit Hilfe des Haftungsrechts führt zu einer ›Risikoverschiebung‹ in das Wirtschaftssystem, da dort durch die politische Risikoregulierung neue – nämlich wirtschaftssystemspezifische – Risiken erzeugt werden, indem neue Entscheidungslagen entstehen. Auf diesen Sachverhalt stellt implizit schon die ökonomische Analyse des Rechts ab. Diese betont im Unterschied zur traditionellen Ausgleichsfunktion des Haftungsrechts die *Anreizwirkung* zur Investition in (zusätzliche) Sicherungsmaßnahmen, die von der Haftungsdrohung ausgeht. Das Haftungsrecht führe so zu einer gesamtgesellschaftlich adäquaten *präventiven* Internalisierung von (möglichen) Schadenskosten (vgl. Endres 1992, S. 2 f., 31 f.).[10]

Unter wirtschaftssystemspezifischen Risiken sollen im folgenden allein solche Risiken verstanden werden, die mit *Zeitdifferenzen bei der Verwendung von Geld* zu tun haben. Hintergrund dieser Auffassung ist neben dem oben explizierten Risikobegriff eine Beschreibung des Wirtschaftssystems, die auf der Basis

10 Nach allgemeiner Auffassung erlaubt dabei gerade im Umweltrecht die Gefährdungshaftung eine im Vergleich zur Verschuldenshaftung angemessenere Umsetzung des Verursacherprinzips (vgl. Paschke 1990, S. 287 f.).

des Konzepts symbolisch generalisierter Kommunikationsmedien an einer Theorie des Geldes ansetzt (vgl. Luhmann 1988). Zu ihrer Funktionserfüllung – der Entproblematisierung zukünftiger Bedürfnisbefriedigung durch die Verknüpfung einer zukunftsstabilen Vorsorge mit je gegenwärtigen Verteilungen – bedarf das Wirtschaftssystem eines ›Operationsmechanismus‹, der eine Zukunftssicherheit hinsichtlich der Möglichkeit generiert, jetzt und zukünftig an stets knappen Verteilungen partizipieren zu können. Nur wenn dies gewährleistet ist, kann der einzelne den gegenwärtigen Zugriff anderer auf knappe Mittel und damit die Steigerung gegenwärtiger Knappheit zulassen (vgl. Luhmann 1991a, S. 70 f.). Das Medium Geld ermöglicht eine Codierung wirtschaftlicher Operationen in der Form Zahlung/Nichtzahlung, die genau dies gewährleistet: Der Zahlungsverkehr produziert zugleich Zahlungsfähigkeit beim Empfänger und Zahlungsunfähigkeit beim Zahlenden, der auf längere Sicht wieder Zahlungsfähigkeit herstellen muß, um nicht aus dem System auszuscheiden (vgl. Luhmann 1988, S. 134 ff.). Die Regeneration des Zahlungsverkehrs wird dabei wesentlich von Organisationen bewerkstelligt, die in ihrem Operieren insoweit auf das Medium Geld angewiesen sind, als sie festlegen, was und wofür gezahlt wird, und dabei langfristig ihre eigene Zahlungsfähigkeit erhalten (müssen).

Ausgehend von einer solchen Beschreibung des Wirtschaftssystems ist das Risikoproblem der Wirtschaft allein ein geldwirtschaftliches Problem. Es geht um die Reproduktion von Zahlungsfähigkeit der Wirtschaftsteilnehmer und nicht um ein Problem, das ›direkt‹ mit der Verwendung gefährlicher Technologien oder ähnlichem zu tun hat: Der Ausfall einer solchen Technologie ist zunächst eine (wirtschaftsexterne) Gefahr, die erst unter dem Gesichtspunkt der finanziellen Belastung – zum Beispiel dem dann aufgrund der Gesetzeslage zu zahlenden Schadensersatz – zum wirtschaftlichen Risiko wird, wenn diese Belastung auf früheres Entscheiden zugerechnet werden kann beziehungsweise muß.[11]

11 Zum Beispiel sind mögliche Investitionen in Sicherheitstechnologien, die den Vorfall und damit die Schadensersatzzahlung hätten verhindern können, oder der Abschluß einer entsprechenden Versicherung (siehe unten) gegen Schadensersatzverpflichtungen unterblieben.

Im Zusammenhang mit dem Haftungsrecht, das eine ›Verschiebung‹ des (politischen) Risikos in die Wirtschaft ermöglicht, indem die betroffenen Unternehmen durch die gesetzlich festgelegte Haftpflicht im Schadensfall gezwungen werden, ihre Zahlungsfähigkeit neu zu konditionieren, kann das Wirtschaftssystem auf ein Instrumentarium zurückgreifen, das den Wirtschaftsorganisationen ein Rechnen mit sicheren Zukünften ermöglicht: die *Versicherung*.

Bereits im 14. Jahrhundert, fast gleichzeitig mit dem Aufkommen von See- und Landhandel, entwickeln sich bereits erste Formen von Transportversicherungen, und seit Mitte des 16. Jahrhunderts kann von einer Versicherung im modernen Sinne gesprochen werden (vgl. Bonß 1995, S. 149 ff., 179 ff.). Während sich die Unbekanntheit der Zukunft in der Frühphase des Handels und der industriellen Betätigung primär aus der ›Unberechenbarkeit der Elemente‹ – in Form schlechten Wetters oder versagender Technik – zu ergeben schien, führt die zunehmende gesellschaftliche Regulierung im Sinne einer kontrollierten, das heißt nicht beliebigen Zulassung dieser Tätigkeiten dazu, daß die Risiken der eigenen Entscheidungen auf eine erweiterte Grundlage gestellt werden. So erlaubt die Gefährdungshaftung nicht nur riskantes Handeln und öffnet damit Zukunft, sondern sie macht durch die gleichzeitige Haftungsverpflichtung diese Eröffnung von Handlungsmöglichkeiten auch zum Problem. Und in der Tat wird genau in diesem Zusammenhang die Leistung des Instrumentariums der Versicherung verständlich: Versicherungen sollen in der Gegenwart für die Versicherungsnehmer den *Schluß von der Vergangenheit auf die Zukunft ermöglichen* in dem Sinne, daß eine wirtschaftliche Kalkulierbarkeit des zukünftigen Operierens möglich bleibt, obwohl gegenwärtig unsicher ist, ob zukünftig Haftungsverpflichtungen eintreten. Dies geschieht dadurch, daß die Versicherungsnahme eine mögliche, das heißt unsichere zukünftige Zahlung aufgrund eines Schadensfalls – die sowohl hinsichtlich der Wahrscheinlichkeit ihres Eintretens als auch hinsichtlich der Schadenshöhe kaum kalkulierbar ist – ersetzt durch eine sichere gegenwärtige Zahlung in Form einer Versicherungsprämie. Versicherungen stellen also eine wirtschaftssystemspezifische Form der Generierung von Erwartungssicherheit dar und ermöglichen dadurch einen funktionssystemspezifischen Umgang mit Zukunft.

Zu fragen ist nun, wie diese Schließung wirtschaftlich relevanter Zukünfte ermöglicht wird. Mit anderen Worten: Welche Risiken gehen die Versicherungsorganisationen selbst ein?

Das Prinzip der Versicherung besteht in der Übernahme vieler Wahrscheinlichkeitsverteilungen von Schäden gegen eine entsprechende Prämienzahlung und in der Zusammenfassung dieser Schadensverteilungen zu einem Kollektiv ähnlicher Schäden, in dem sich im Ablauf der Zeit Risikoausgleichseffekte ergeben. Die Berechnung der zu erhebenden Prämie orientiert sich dabei in erster Linie an den Erfahrungen mit vergangenen Schadensverläufen, die vom Versicherer statistisch erfaßt und auf zukünftige Schadensverläufe übertragen werden.[12] Das wesentliche Risiko der Versicherer besteht dabei in der Indeterminiertheit des kollektiven Jahresgesamtschadens, für den der Versicherer im Rahmen seiner Versicherungsverträge aufkommen muß (vgl. Albrecht 1992, S. 4 ff.; Farny 1989, S. 62 ff.). Zum Zeitpunkt der Kalkulation der Versicherungsprämie durch den Versicherer sind Eintrittszeitpunkt und Schadenshöhe des jeweiligen Versicherungsfalls sowie die Gesamtzahl der Versicherungsfälle zufallsabhängige, das heißt unsichere Größen. Das dadurch bedingte sogenannte *versicherungstechnische Risiko* besteht unter anderem aus dem sogenannten *Zufallsrisiko* – in Form der Zufallsabhängigkeit der Kosten für die Versicherungsleistungen – und dem sogenannten *Irrtumsrisiko* – in Form der unvollständigen Information über die Zufallsgesetzmäßigkeit der Schadensgenerierung. Letzteres setzt sich wiederum aus zwei Komponenten zusammen: dem sogenannten *Diagnoserisiko* in Form von Fehlern, die bei der statistischen Analyse der Schadensgesetzmäßigkeiten vergangener Perioden begangen werden, und dem sogenannten *Prognoserisiko*. Damit wird die selbst bei fehlerfreier Diagnose verbleibende *Unsicherheit* bezeichnet, *ob die für die Vergangenheit festgestellten Schadensgesetzmäßigkeiten auch in der Zukunft Gültigkeit behalten werden*. Dieses Risiko ist *prinzipiell* nicht reduzierbar, da die statistische Prognose auf einem direkten (deduktiven) Schluß von der Vergangenheit auf die Zukunft und damit auf der ex ante prinzipiell nicht bestätigbaren Hypothese

12 Ein Erfahrungssatz aus der Versicherungspraxis drückt diesen versicherungsspezifischen Umgang mit Zeit treffend aus: »Wir kalkulieren heute mit der Schadenerfahrung von gestern die Prämie für die Schäden von morgen« (Albrecht 1992, S. 12).

beruht, daß die inferierte Gesetzmäßigkeit unverändert bestehen bleibt (vgl. Albrecht/Schwake 1988, S. 653).

Trotz dieses versicherungstechnischen Risikos kommt es zum Abschluß von Versicherungsverträgen, was einerseits in der Tatsache begründet liegt, daß das Prognoserisiko für das Operieren der Versicherer in der Regel nur eine untergeordnete Rolle spielt, das heißt hinsichtlich der relevanten Schadensverläufe eine Differenz von Vergangenheit und Zukunft nicht zu beobachten ist. Andererseits ist dies auf die Handhabung spezieller ›Produktionstechniken‹ des Umgangs mit der Differenz von Vergangenheit und Zukunft zurückzuführen, die für den Versicherer in der Gegenwart ein Operieren mit Zukunft möglich machen. Zu nennen sind unter anderem eine Bestandspolitik, die einen Ausgleich im Kollektiv ermöglicht, das Instrument der Rückversicherung und eine entsprechende Prämiengestaltung (vgl. zum Beispiel Heilmann/Karten 1988, S. 661 ff.; Albrecht 1992, S. 19 ff.). *Versicherbarkeit ist kein ›objektiv‹ vorliegender Sachverhalt, sondern muß vom Versicherer jeweils hergestellt werden*. Auf diesen Konstruktionscharakter verweist nicht zuletzt die im historischen Zeitverlauf seit dem 18. Jahrhundert zu beobachtende Verschiebung der Abgrenzung von versicherbaren und nicht versicherbaren Phänomenen (vgl. Bonß 1995, S. 235 ff.).

5. Das Umwelthaftungsgesetz – Unversicherbarkeit von Umwelt(haftpflicht)risiken?

Anfang 1991 trat in der Bundesrepublik das Umwelthaftungsgesetz (UmweltHG) in Kraft, das Inhaber gefährlicher industrieller Anlagen einer verschärften Gefährdungshaftung unterwirft (vgl. Schmidt-Salzer 1991). Unabhängig vom Verschulden wird bei Verletzung (zumindest) eines der Rechtsgüter Leben, Körper, Gesundheit oder Sacheigentum gehaftet, wobei die verschuldensunabhängige Haftung sowohl Schadensfälle, die aus Störfällen resultieren, umfaßt wie auch solche, die aus dem *störungsfreien und bestimmungsgemäßen Normalbetrieb* der Anlage resultieren. Der Haftungsumfang beträgt insgesamt 320 Millionen DM, für besonders gefährliche Anlagen wird eine Deckungsvorsorge gesetzlich vorgeschrieben.

Das Umwelthaftungsgesetz ist Ergebnis der politischen Reaktion auf den Brandunfall in dem schweizerischen Chemieunternehmen Sandoz in der Nähe von Basel im November 1986. Bei diesem Unfall gelangte mit Agro-Chemikalien kontaminiertes Löschwasser in den Rhein, das im Oberlauf des Flusses beträchtliche ökologische Schäden verursachte und zur vorübergehenden Schließung von Trinkwasserbrunnen entlang des gesamten Flußlaufs führte. Wenn man die Analyse auf die politische Problematik technisch-ökologischer Risiken konzentriert, zeigt sich, daß der Vorfall, der zudem äußerst ›mediengerecht‹ und damit öffentlichkeitswirksam ablief[13], auf ein umweltpolitisch hochsensibilisiertes Umfeld traf.[14] Die durch den Unfall plötzlich ›sichtbar‹ gewordene gesellschaftliche Selbstgefährdung durch nichtfunktionierende technische Sicherheitssysteme sowie die deutlich werdenden Grenzen der bisherigen politischen Risikoregulierung mittels des Umweltverwaltungsrechts (insbesondere der Störfallverordnung) machten eine politische Reaktion im Sinne der Funktion der Absorption gesellschaftlicher Ungewißheit unumgänglich. Obwohl die spezifische Katastrophe aus *juristischer* Perspektive dazu völlig ungeeignet war (vgl. zum Beispiel Rehbinder 1989, S. 149), wurde ›Sandoz‹ *politisch* dazu genutzt, eine allgemeine Gefährdungshaftung im bundesdeutschen Umweltrecht zu begründen.

5.1 Die These der Unversicherbarkeit

Das politisch intendierte Ziel des verabschiedeten Umwelthaftungsgesetzes ist eine Verbesserung des Umweltschutzes. Inhaber entsprechender industrieller Anlagen sollen durch wirtschaftliche Anreize zu einem verstärkten Vorsorgeverhalten angehalten werden. Dabei spielt die Versicherbarkeit der entsprechenden Risiken eine entscheidende, nämlich mediatisierende Rolle: Es wird angenommen, daß (erst) eine entsprechende Risi-

13 So war die Rheinverseuchung auch noch mit bloßem Auge zu sehen, da einer der gelagerten Chemikalien (aus Sicherheitsgründen!) ein roter Markierungsfarbstoff beigemischt war.

14 Tschernobyl lag erst ein halbes Jahr zurück, die sogenannten neuartigen Waldschäden waren ein politisches Dauerthema, und die bundesdeutsche Politik befand sich mitten im Wahlkampf für die Bundestagswahl im März 1987.

kopolitik der Versicherer die notwendigen Anreize zur Risikovorsorge setzt.[15] Die Versicherungswirtschaft reagierte auf die neue gesetzliche Bestimmung zunächst mit der These der *Unversicherbarkeit* solcher Haftpflichtrisiken.

Vor dem Hintergrund des oben skizzierten gesellschaftlichen Risikobearbeitungsprozesses soll hier genauer nach den Folgen der Transformation politischer Risiken in wirtschaftliche Risiken für den wirtschaftssysteminternen Risikoverarbeitungsmechanismus Versicherung gefragt werden.

5.1.1 Die Probleme der Versicherbarkeit

Die politischen Bestrebungen zur Haftungsausweitung im industriellen Bereich trafen auf eine im Hinblick auf Umweltschäden höchst sensibilisierte Versicherungsbranche. Diese war Mitte der achtziger Jahre im Rahmen der zu diesem Zeitpunkt bestehenden Versicherung von Umwelthaftpflichtrisiken[16] mit einer nicht er-

15 Eine optimale Schadensverhütung wird allerdings nur bei entsprechender Gestaltung der Versicherungskonditionen, insbesondere durch eine individuelle, risikogerechte Prämiengestaltung erreicht. Für Umweltrisiken ist es aber gerade typisch, daß ein Informationsdefizit des Versicherers über das Risikopotential und Vorsorgeverhalten des Versicherungsnehmers besteht, so daß eine angemessene Risikopolitik durch den Versicherer nur schwer möglich ist (vgl. Endres/Schwarze 1991, S. 13 ff.). Auf den ersten Blick mindert zudem die Versicherbarkeit die Präventionswirkung der Gefährdungshaftung, da die finanzielle Belastung auf die Gemeinschaft der Beitragszahler abgeschoben wird. Das Plädoyer für eine *unversicherbare* Gefährdungshaftung als effektivstes Lenkungsinstrument (vgl. Kloepfer 1988, S. 245) übersieht allerdings, daß die daraus resultierenden Steuerungsimpulse sehr undifferenziert wirken und auf längere Sicht entweder eine eher übertriebene Vorsorge oder aber die vollständige Einstellung industrieller Tätigkeiten zur Folge haben würde. Aufgrund des hier verfolgten theoretischen Ansatzes soll auf diese steuerungstheoretische Debatte im folgenden aber nicht weiter eingegangen werden.

16 Ursprünglich erfolgte die Deckung von Umwelthaftpflichtrisiken (für die in der Regel nach § 823 BGB gehaftet wurde) im Rahmen der konventionellen Betriebshaftpflichtversicherung der Unternehmen aufgrund der sogenannten ›Allgemeinen Versicherungsbedingungen für die Haftpflichtversicherung (AHB)‹ (vgl. Meyer-Kahlen 1988,

warteten Zahl von Versicherungsfällen im industriellen Bereich konfrontiert (vgl. Schmidt-Salzer 1992b, S. 794). Diese Entwicklung kann auf die Spezifik der von den Versicherern zu dieser Zeit angebotenen Deckungskonzeption zurückgeführt werden. Diese ging nämlich *nicht* von einer Differenz von Vergangenheit und Zukunft aus. So hatten sich die Versicherer bei der Dekkungs- und Prämienkonzeption auf Stoffe wie Benzin, Heizöl und Diesel konzentriert, Lösungs- und Reinigungsmittel sowie Chemikalien dagegen, die bei den nun auftretenden Schadensfällen dominierten, aber nicht als typisch in Betracht gezogen; zudem waren sie bezüglich der Risikoart von dem plötzlichen Verlust größerer Mengen gefährlicher Stoffe ausgegangen – also Betriebsstörungen oder Unfällen –, nicht aber von sogenannten Kleckerschäden – also Schadensverursachungen durch langjähriges Verschütten oder Abtropfen kleinster Mengen, die in den siebziger und achtziger Jahren zu einen wesentlichen Faktor industriell verursachter Umweltschäden wurden (vgl. Schmidt-Salzer 1988, S. 427 ff.).

Dieses ›Altlastenproblem‹ begründet den Widerstand der Versicherungswirtschaft gegen die Bestimmungen des UmweltHG, insbesondere die Versicherung der Haftung für Schäden aus dem *Normalbetrieb* einer industriellen Anlage. Diesen Widerstand ausschließlich als strategisch motiviert anzusehen greift aber zu kurz. Vielmehr macht er auf zwei Aspekte der Versicherbarkeit von Umwelthaftpflichtrisiken aufmerksam, die im Hinblick auf die hier identifizierte Leistung der Versicherung – der Schließung offener Zukünfte – *strukturelle Probleme* darstellen:

(a) *Entwicklungsrisiken:* Unter Entwicklungsrisiken werden in der Versicherungswirtschaft solche Risiken verstanden, deren potentielle Schädlichkeit zum Zeitpunkt der Vornahme der schädigenden Handlung nach dem Stand von Wissenschaft und Technik nicht vorhersehbar war (vgl. Wagner 1991, S. 258). Entwicklungsrisiken stellen damit *den prototypischen Fall der Unterscheidung von Vergangenheit und Zukunft* dar. Hier ist es nicht

S. 1 ff.). Nach Einführung der (medialen) Gefährdungshaftung für Gewässerschäden durch das Wasserhaushaltsgesetz (WHG) wurde 1963 eine eigenständige Gewässerschaden-Haftpflichtversicherung (sogenannte WHG-Zusatzpolice) als fakultative Ergänzung zur Betriebshaftpflichtversicherung entwickelt (vgl. Schmidt-Salzer 1988, S. 426).

möglich, aufgrund vergangener Erfahrungen das zukünftige Eintreten von Schäden abzuschätzen. Im Hinblick auf das Operieren der Versicherer heißt dies, daß der Kernbestand des Umgangs mit Risiken betroffen ist, nämlich die Unsicherheit, ob die für die Vergangenheit festgestellten Schadensgesetzmäßigkeiten auch in der Zukunft Gültigkeit haben werden. Die besondere Problematik von Entwicklungsrisiken für die Versicherer wird dann sichtbar, wenn man den Begriff von seiner unmittelbaren Technikzentriertheit löst. Das überraschende Auftreten vorher unbekannter Schäden ist nämlich nicht allein Ergebnis einer verbesserten Nachweistechnik, sondern auch Folge einer erhöhten Risikosensibilität. Die Generierung von Entwicklungsrisiken hängt also nicht unerheblich von der Veränderung der allgemeinen gesellschaftlichen Umweltsensibilität ab (vgl. Schmidt-Salzer 1988, S. 426 f.; Cosack 1992, S. 1441) – die wiederum nicht ohne Einfluß auf die Entwicklung der wissenschaftsbasierten Nachweistechnik bleibt.
(b) *Allmählichkeitsschäden:* Umweltschäden lassen sich unter versicherungstechnischen Gesichtspunkten in zwei große Fallgruppen unterteilen. *Zeitpunkt*artig fixierbare Schadensverursachungssachverhalte sind versicherungstechnisch unproblematisch, nicht jedoch *zeitraum*artig sich aufbauende Schadensverursachungsvorgänge (vgl. Schmidt-Salzer 1992b, S. 795 ff.; Endres/Schwarze 1992, S. 106 f.). Das Umwelthaftungsgesetz (§§ 1, 3) legt eine Dreistufigkeit des Schadensentstehungsprozesses fest durch die Unterscheidung von *Emissionssachverhalt*, durch den Emissionsvorgang *verändertem Umweltmedium* sowie *Immissionssachverhalt*. Daraus ergibt sich die Möglichkeit eines sich zeiträumlich erstreckenden Schadensentstehungsprozesses.[17] In diesem Fall werden Versicherungspolicen, die von einem zeitpunktartig fixierbaren Schadensverursachungsvorgang ausgehen, insbesondere dann problematisch, wenn die Haftung – wie in der bundesdeutschen Versicherungspraxis (bisher) üblich – an dem *Zeitpunkt der Rechtsgutverletzung* (sogenannte ›Theorie des ersten Tropfens‹) ansetzt. Diese Schadensereig-

17 Genauer betrachtet ergibt sich folgende rechtlich konstituierte zeitliche Dimensionierung des Schadensentstehungsprozesses: Emission – Umwelteinwirkung – Umweltveränderung – Schädlichkeit der Umweltveränderung – Immission (Rechtsgütereinwirkung) – Rechtsgutverletzung – Schadensentstehung – Erkennbarkeit des Schadens.

nispolice führt zur sogenannten *Spätschadensproblematik*. Damit ist der Tatbestand bezeichnet, daß zum Beispiel ein 1990 gemeldetes Schadensereignis für den Versicherer einen Spätschaden darstellt, der der Versicherungsdeckung des Jahres 1986 zugeordnet werden muß, da der Schaden zu diesem Zeitpunkt entstanden ist. Rückblickend betrachtet übernimmt der Versicherer damit die Deckung zukünftiger Risiken, die durch ein *weites Auseinanderziehen* von Vergangenheit und Zukunft und zugleich durch eine *starke Bindung* der Zukunft durch die Vergangenheit gekennzeichnet sind. Da die zukünftige Beendigung des ›eigentlich‹ vergangenen Versicherungsverhältnisses aber nicht mehr absehbar ist, das heißt die Differenz von Vergangenheit und Zukunft nicht mehr überblickt werden kann, müssen die Versicherer dann für gegenwärtig noch nicht bekannte zukünftige Spätschäden (notwendig pauschale) Rückstellungen vornehmen, womit der gegenwärtige Operationsspielraum entscheidend eingeschränkt wird.

5.2 Die Herstellung der Versicherbarkeit

Trotz der genannten Probleme der Versicherbarkeit von Umwelthaftpflichtrisiken, die den Kern versicherungswirtschaftlichen Operierens betreffen, kann in bezug auf die Risiken aus dem Umwelthaftungsgesetz von einer generellen Unversicherbarkeit *nicht* gesprochen werden. Vielmehr hat der für die bundesdeutschen Schadenversicherer maßgebende HUK-Verband[18] 1992 seinen Mitgliedern mit seinem amtlich genehmigten sogenannten Umwelthaftpflicht-Modell empfohlen, eine modifizierte Versicherung vorzunehmen (vgl. Küpper 1993, S. 23 ff.; Poschen 1993, S. 658 f.). Die Empfehlung, die mittlerweile im Bereich der industriellen Versicherungsnehmer größtenteils und im Bereich der gewerblichen Versicherungsnehmer zumindest teilweise umgesetzt worden ist[19], enthält zwei herausragende Ele-

18 Verband der Haftpflicht-, Unfall- und Kraftverkehrsversicherer e.V. Am 1. 1. 1995 hat der HUK-Verband mit dem Deutschen Transportversicherungsverband und dem Verband der Sachversicherer fusioniert und trägt jetzt die Bezeichnung Verband der Schadenversicherer (VdS) e.V.

19 Auskunft des Deutschen Versicherungs-Schutzverbands (DVS) und

mente: (a) Die Deckung wird *nicht* auf betriebliche Störfälle begrenzt, so daß im Prinzip sowohl Entwicklungsrisiken wie auch gedehnte Schadensereignisse unter Deckung genommen werden; (b) es wird eine neue Versicherungsfalldefinition eingeführt, bei der nur noch die nachprüfbar erste *Feststellung* des Schadens relevant ist (›Manifestationstheorie‹). So soll eine klare zeitliche Einordnung und damit versicherungstechnische Bearbeitbarkeit auch von gedehnten Schadensereignissen ermöglicht werden.

Auf dieser Basis soll im folgenden nach den *grundlegenden* Auswirkungen der Bestimmungen des Umwelthaftungsgesetzes auf das Instrument der wirtschaftssystemspezifischen Risikoverarbeitung gefragt werden. Es lassen sich dabei zwei Entwicklungen feststellen, die beide an der Leistung der Versicherer – der Schließung unbekannter Zukünfte – ansetzen und eine wesentliche Veränderung des Umgangs mit der Differenz von Vergangenheit und Zukunft zur Folge haben.

5.2.1 Von der vergangenheitsbezogenen Schadensstatistik zur zukunftsbezogenen Risikoexpertise

Die oben skizzierten Erfahrungen der Versicherer haben offenkundig werden lassen, daß im Bereich der Versicherung von haftpflichtigen Umweltschäden die etablierten Risikoinstrumente in Form von Schadensstatistiken und Wahrscheinlichkeitsberechnungen nicht mehr ausreichen, um zukünftige Schadensverläufe abschätzen zu können. Mit der expliziten Einbeziehung von Entwicklungsrisiken in die Haftung nach dem Umwelthaftungsgesetz wird die Relevanz der zunehmenden Differenz von Vergangenheit und Zukunft für das Operieren der Versicherer nun (gesetzlich) festgeschrieben. Als Reaktion auf diese Entwicklung weichen die Versicherer vermehrt auf eine andere Form der Antizipation von Zukunft aus: die (wissenschaftliche) *Risikoexpertise*, die Auskunft über vorhandene und mögliche Risiken einer zu versichernden Anlage geben soll (vgl. Vogel 1995, S. 1294 f.). Kann aber von einem *funktionalen Äquivalent* von vergangen-

des VdS vom September beziehungsweise Oktober 1995. Zu den Einzelheiten des aktuellen Versichererverhaltens vergleiche Klinkhammer (1993, S. 190 f.), Schimikowski (1995, S. 113 ff.) und Vogel (1995, S. 1207 ff.).

heitsbezogener *Schadensstatistik* und zukunftsbezogener *Risikoexpertise* im Hinblick auf den Umgang mit der Differenz von Vergangenheit und Zukunft ausgegangen werden?

Die bisherige Praxis der deutschen Haftpflichtversicherer bei der WHG-Deckung zeigt, daß bei der Versicherung von Umwelthaftpflichtrisiken grundsätzlich eine Orientierung an relativ einfach zusammengesetzten Schadensstatistiken und den konventionellen Methoden versicherungsmathematischer Wahrscheinlichkeitsrechnung erfolgte.[20] Es greift nun aber entschieden zu kurz, diese Art der Risikoanalyse und Prämienberechnung als eine bloße ›Zeichnungspolitik‹ zu kritisieren, die primär am Abschluß möglichst vieler Versicherungsverträge interessiert war (so Rehbinder 1992a, S. 160; Fleck 1990, S. 80), mithin dieses Verhalten als ein temporäres Mißmanagement der Versicherer zu betrachten. Vielmehr ist davon auszugehen, daß gerade eine weitgehende *Nichtberücksichtigung wissenschaftlicher Analysemöglichkeiten die Voraussetzung für ein wirtschaftliches Operieren* der Organisationen der Versicherungsbranche darstellt. Die Zeitbedarfe wissenschaftlichen und wirtschaftlichen Operierens sind nur schwer kompatibilisierbar[21], so daß es wirtschaftliche Organisationen häufig ›vorziehen‹, *wirtschaftssystemspezifische* Indikatoren zu beobachten, um zu Entscheidungen zu gelangen. In dem hier interessierenden Fall der Versicherungen sind dies unter anderem der Umsatz beziehungsweise die Bonität des potentiel-

20 Unter der Berücksichtigung von Menge und Art der gefährlichen Stoffe wurde das Unfallereignis hinsichtlich der Eintrittswahrscheinlichkeit sowie Art und Umfang der möglichen Schäden abgeschätzt, dabei wurden lediglich die Zahl und Größe der Tankbehälter zugrunde gelegt (vgl. Rehbinder 1992a, S. 159 f.).

21 »Viele Versicherer meiden die Beschäftigung von Ingenieuren, Risiko-Analytikern und dergleichen, weil der Zeichnungsvorgang dann zwar mehr auf Information gestützt, aber auch erheblich kompliziert werden würde« (Kleindorfer 1987, S. 20), eingehende Risikoanalysen würden »einen für das letztlich kaufmännische Umfeld unerträglich langen Zeitraum beanspruchen« (Mehlhorn 1988, S. 599). So verzichten im Rahmen der Einführung des HUK-Konzepts viele Versicherungsgesellschaften insbesondere in Bereichen des Kleingewerbes auf eine detallierte Risikoprüfung vor Ort (briefliche Auskunft des VdS vom 9. 10. 1995) beziehungsweise eine genaue Risikoerfassung durch detallierte – und damit aus kaufmännischer Sicht unhandliche – Fragebögen (Vogel 1995, S. 1297).

len Versicherungsnehmers (vgl. Mehlhorn 1988, S. 598), organisationseigene ›Constraints‹ wie Stabilitäts- und Insolvenzgesichtspunkte (vgl. Kunreuther/Hogarth/Meszaros 1993, S. 76 f.) sowie das Zeichnungsverhalten der konkurrierenden Versicherer, das anzuzeigen scheint, ob das fragliche Risikopotential versicherbar ist (vgl. Nierhaus 1986, S. 83 f.). Eine umfassende ›rationale‹ risikopolitische Entscheidung würde dagegen die simultane Einbeziehung aller Risikopotentiale verlangen, was praktisch unmöglich ist.[22]

Hinzu kommt, daß entsprechende Risikoanalysen in der Sicherheitswissenschaft derzeit nicht lückenlos durchführbar sind, die fehlende Unabhängigkeit verschiedener Fehler bei komplexeren Anlagen erhebliche Analyseschwierigkeiten mit sich bringen und zudem prinzipielle Grenzen der Risikoanalyse des Mensch-Maschine-Umwelt-Systems (vgl. Perrow 1987, S. 116 ff.) bestehen. Gewißheit über das Risikopotential und damit die Voraussetzung für Versicherbarkeit sind so kaum herstellbar. Die wissenschaftliche Ungesichertheit vieler Teilergebnisse wird beim Versicherer die Zukunftsunsicherheit eher vergrößern und Ambiguität sowie Risikoaversion erzeugen. Da die meisten analytischen Verfahren der Risikobestimmung[23] daran orientiert sind, das jeweilige *Unsicherheit*spotential auszuweisen (vgl. Kuhlmann 1988, S. 184 f.), und aufgrund ihrer Unvollständigkeit keine umfassende Risikobewertung erlauben, nutzen die Versicherer die Risikoanalyse primär dazu, den *Versicherungsausschluß* einzelner (möglicher) Risiken zu spezifizieren, indem die versicherten Stoffe eindeutig benannt werden. Folge einer Risikoexpertise ist dann die Klärung der Grenzen der Versicherbarkeit insofern, als ›zu riskante‹ Risiken aufgespürt und aus der Deckung ausgeschlossen werden (vgl. Martin 1992, S. 605 f.; Meyer-Kahlen 1988, S. 23; Nickel 1988, S. 607 f.).

22 Bei den komplexen industriellen Anlagen, für die das Umwelthaftungsgesetz konzipiert worden ist, hätte eine Risikoanalyse als relevante Faktoren neben den stofflichen und anlagenbezogenen Risiken auch Organisationsrisiken, standortbedingte Schadensausbreitungsbedingungen sowie organisatorische und technische Sicherungsmaßnahmen zu berücksichtigen (vgl. Fleck 1990, S. 80 f.; Martin 1992, S. 602 f.).

23 Unter anderem vorläufige Gefahrenanalyse, Fehlerbaumanalyse, Störfallablaufanalyse, Ausfallart- und Fehlereffektanalyse.

Von einem *funktionalen Äquivalent* von vergangenheitsbezogener *Schadensstatistik* und zukunftsbezogener *Risikoexpertise* kann also – um die oben gestellte Frage wiederaufzunehmen – nur in einer *sehr eingeschränkten Weise* die Rede sein, denn es gibt einen fundamentalen Unterschied. Während der Blick in die Vergangenheit bisher gerade den Schluß auf die Zukunft erlaubt hat, zeigt der Blick in die künftige Zukunft, daß ein solcher Schluß nicht ohne weiteres möglich ist.[24]

5.2.2 Von der vergangenheits- zur gegenwartsbezogenen Deckungskonzeption

Wie gezeigt, hat die Anwendung des Schadensereignisprinzips im Bereich der Umwelthaftpflichtrisiken zum sogenannten Spätschadenrisiko geführt. Der Versicherer bindet, ohne dies letztlich abschätzen zu können, sein zukünftiges Verhalten dadurch, daß die Versicherungskonzeption Vergangenheit und Zukunft überspannt. Als ein Kernpunkt der neuen Umwelthaftpflichtpolice für das Umwelthaftungsgesetz wurde deshalb eine grundlegend neue Versicherungsfalldefinition eingeführt, die auf der sogenannten *Manifestationstheorie* basiert. Der Versicherungsschutz knüpft an die Feststellung des Schadens durch den Versicherungsnehmer, den Geschädigten oder Dritte (zum Beispiel Behörden) an.[25] Von den Versicherern hervorgehoben werden dabei die Vorteile dieser Regelung für den Versicherungsnehmer: Versicherungsschutz zu den jeweils aktuellen Deckungssummen und Klarheit über die Zuständigkeit der Versicherungspolice beziehungsweise des Versicherers. Zugestanden wird aber auch, daß bei sich abzeichnender (zukünftiger) negativer Schadensent-

24 Darüber hinaus erschwert die mit der Risikoexpertise einhergehende Individualisierung des jeweiligen Versicherungsfalls den Aufbau neuer Schadensstatistiken; das heißt, daß auch zukünftig ein generalisiertes ›Lernen aus der Vergangenheit‹ für den Versicherer nur schwer möglich sein wird.

25 Bei gedehnten Schadensereignissen ergeben sich eine Vielzahl von Möglichkeiten der Definition des Ereignisbegriffs, die dann als Setzung von Zäsuren innerhalb der Abfolge Schadensverursachung – Schadensentfaltung – Schadensmanifestation – Schadensmeldung verstanden werden können (vgl. Endres/Schwarze 1992, S. 106 f.).

wicklung auch eine rasche Korrektur der Versicherungsmodalitäten oder gar ein Ausstieg der Versicherer aus dem Vertrag möglich wird (vgl. Breining 1992, S. 1334; Schimikowski 1992, S. 263 f.). Letzteres verweist genau auf den Kernbestand der neuen Versicherungsfallregelung, nämlich die ›Lösung‹ des Zeitproblems. Die eindeutige zeitliche Definition des versicherten Ereignisses führt zur *Umstellung der vergangenheitsbezogenen auf eine gegenwartsbezogene Deckung* im Hinblick auf Deckungsumfang, Deckungssumme und Versicherungsprämie. Die Versicherer führen damit eine *Trennung zwischen Vergangenheit und Zukunft* ein und *beschränken den für sie relevanten Zeitraum auf die Gegenwart*, das heißt, sie operieren gerade nicht mehr zukunfts-, sondern gegenwartsorientiert.

Dies wird insbesondere deutlich an den *einjährigen* Laufzeiten von Versicherungsverträgen, bei denen über die Modalitäten der Fortsetzung des Vertragsverhältnisses im Lichte der neuesten Erkenntnisse über das Risikopotential – das heißt des prinzipiell unsicheren Blicks in die Zukunft anstelle des Blicks in die Schadensstatistiken als Widerspiegelung der Vergangenheit – jeweils neu entschieden wird (vgl. Schmidt-Salzer 1992a, S. 56; Vogel 1995, S. 1207). Die dadurch ermöglichte rasche Reaktion auf festgestellte Schäden durch entsprechende Prämienerhöhungen im nächsten Versicherungsjahr bedeutet faktisch eine Umlage des Schadens auf den ursprünglichen Risikoträger, wodurch eine Prognoseunsicherheit kaum noch besteht.[26] Durch diese Annäherung des Zeitpunkts der Prämienkalkulation an den der Schadensentdeckung kann der Versicherer nach Abschluß der jeweiligen Versicherungsperiode bezüglich der jeweiligen Police »die Bücher ... schließen«, wie Kleindorfer (1987, S. 17) anschaulich formuliert. Wie bereits erwähnt, besteht darüber hinaus für den Versicherer auch die Möglichkeit, bei sich ankündigenden Schäden, die sich aber noch nicht manifestiert haben, aus dem Versicherungsverhältnis ›auszusteigen‹.[27] Gleichzeitig ist für eine ge-

26 Eine solche Erfahrungstarifierung ist für den Versicherer auch zwingend notwendig, da die aktuellen Deckungssummen nicht durch die zurückliegenden Prämien gedeckt sind (vgl. Endres/Schwarze 1992, S. 108).

27 Der im HUK-Modell festgeschriebene Nachhaftungszeitraum von drei Jahren bei gleichzeitiger Deckungsbegrenzung auf den dann noch unverbrauchten Teil der für das letzte Versicherungsjahr verein-

genwartsbezogene Deckungskonzeption ein Altlastenausschluß zwingend notwendig, da sonst eine Kalkulation der Risiken durch einen Neuversicherer unmöglich gemacht würde, denn er müßte damit rechnen, die ›Altlast‹ – im doppelten Sinne des Wortes – aller Vorverträge tragen zu müssen.

Zusammenfassend läßt sich sagen, daß die neue Versicherungsfalldefinition dazu dient, *unsichere Zukünfte aus dem Relevanzhorizont der Versicherer völlig auszublenden*. Zukunft spielt fast keine Rolle mehr, das Operieren der Versicherer ist auf die Gegenwart konzentriert. Damit wird aber die wesentliche Leistung der Versicherer – die Minimierung der Differenz von Vergangenheit und Zukunft – massiv in Frage gestellt. Die Schließung von Zukunft als Voraussetzung für das wirtschaftliche Operieren anderer Organisationen erfolgt nur noch für reduzierte Zeithorizonte (›kürzere Zukünfte‹), deren Gegenwartsnähe langfristige Investionen wirtschaftlich unsicherer und damit die Spezifik wirtschaftlichen Operierens – das Rechnen mit Zukunft – tendenziell unmöglich macht.

6. Schlußbemerkungen

Abschließend soll nach der *gesamtgesellschaftlichen* Bedeutung der modifizierten Form der Versicherung von Umweltrisiken gefragt werden.

Eine solche gesellschaftstheoretische Perspektive einzunehmen beansprucht explizit Ulrich Beck, der im Anschluß an die Überlegungen François Ewalds (1993) zur gesellschaftlichen Bedeutung der Versicherung und in Übernahme der von der Versicherungswirtschaft (zunächst) artikulierten Unversicherbarkeitsthese von Umweltrisiken das Fehlen eines privatwirtschaftlichen Versicherungsschutzes als gesellschaftlich selbst erzeugten *Indikator der Risikogesellschaft* bezeichnet (Beck 1993, S. 40 ff.). Die Nichtversicherbarkeit technisch-ökologischer Risiken gewinnt damit Bedeutung über die ökonomische und umweltpolitische Dimension hinaus und wird zum Gradmesser für die gesell-

barten Deckungssumme erscheint vor dem Hintergrund der Erfahrungen über die zeitliche Streckung von Umweltschäden eher als eine Nachhaftungs*ausschluß*klausel.

schaftliche (Un-)Verantwortbarkeit dieser – die Gesellschaft offensichtlich ›objektiv‹ bedrohenden – Risiken.

Vor dem Hintergrund der hier skizzierten Einbettung des Versicherungsinstrumentariums in einen gesellschaftlichen Prozeß der Risikoregulierung stellt die Becksche These eine zumindest verkürzende Sichtweise dar. So wird nicht nur der Konstruktionscharakter von Versicherbarkeit durch die Annahme einer harten Unterscheidung von versicherbar/nicht versicherbar überdeckt, sondern auch die Bedeutung des ›Versicherungsmechanismus‹ insofern überschätzt, als von einem *Abbildverhältnis* der die Gesamtgesellschaft gefährdenden technisch-ökologischen Risiken und funktionssystemspezifischen, nämlich versicherungswirtschaftlich relevanten Haftungsrisiken ausgegangen wird. Dabei hätte Beck (1993, S. 46) seine eigene Formulierung von einer *gesellschaftlichen* Überbeanspruchung der Möglichkeiten der Versicherung nur konsequent zu Ende denken müssen, um zu sehen, daß die reduzierte Versicherbarkeit von Umweltrisiken nicht auf eine neue, gewissermaßen ›gesellschaftsexterne‹ Qualität von Risiken zurückgeführt werden kann. Vielmehr ist diese Entwicklung Ergebnis eines komplizierteren Prozesses der ›gesellschaftsinternen‹ Risikoregulierung der funktional differenzierten Gesellschaft, in dem die Politik durch den Zugriff auf das zivile Haftungsrecht auf politikeigene Risikolagen reagiert, die Folgen einer vermehrten Entscheidungszurechnung in der modernen Gesellschaft sind. Die Risikopräventionsorientierung der Politik hat eine gegenwartsorientierte Festlegung von unbekannten Zukünften zur Folge, die – vermittelt über strukturelle Kopplungen – die etablierten funktionssystemspezifischen Formen des Umgangs mit Zeitbindungen in Recht und Wirtschaft tendenziell überdehnt.

(a) Für das *Recht* bedeutet die Ausweitung des Gefährdungshaftungstatbestands auf Entwicklungsrisiken, daß von dem – für diesen Haftungstyp geradezu konstitutiven – Prinzip der Absehbarkeit des Risikos abgegangen wird. Damit der Entscheider (als potentieller Schädiger) die ihm überlassene Kalkulation des Risikos der Entscheidung vornehmen kann, muß die (zukünftige) Möglichkeit des Schadens dem Entscheider bereits gegenwärtig bekannt sein. Die Unsicherheit, die die traditionelle Gefährdungshaftung setzt, liegt damit ausschließlich in der *Zeitdimension* begründet: (Wann) tritt der prinzipiell bekannte Schaden

ein? Mit dem Einbezug unbekannter Zukunft in Form von Entwicklungsrisiken gewinnt die rechtlich gesetzte Unsicherheit eine neue Dimension. Der Entscheider kann nämlich bei seiner Entscheidung für eine riskante Tätigkeit nicht mehr absehen, *welche* Risiken er überhaupt eingeht. Letztlich kann er damit nicht mehr entscheiden und auch nicht mehr die ›andere Seite‹ des Risikos in Form der Gefahr, die seine Entscheidung für andere darstellt, in seine Kalkulation einbeziehen. Der *politisch* motivierte Versuch, die Differenz von Vergangenheit und Zukunft zu minimieren, führt so dazu, daß die *rechtliche* Funktion der Generierung von Erwartungssicherheit und damit die Überbrückung der Differenz von Vergangenheit und Zukunft in Form der kontrafaktischen Erwartungsstabilisierung in Frage gestellt wird.
(b) Für die *Wirtschaft* wird dadurch die funktional äquivalente Möglichkeit der Generierung von Erwartungssicherheit in Form der Versicherung wichtiger – und zugleich problematisch. Die wirtschaftssystemspezifische Form der Zukunftsschließung wird nämlich genau dann in Frage gestellt, wenn die Differenz von Vergangenheit und Zukunft auch für das Operieren der Versicherer relevant wird – und genau dies ist der Fall, wenn es zum Einbezug von Entwicklungsrisiken in die Gefährdungshaftung kommt. Sobald der Umgang mit der unbekannten Zukunft im Modus der Wahrscheinlichkeitsrechnung auf der Basis vergangener Schadensaufkommen nicht mehr möglich ist, beschränkt der Versicherer seinen für ihn relevanten Operationszeitraum auf die punktuelle Gegenwart. Die Folge eines solchen Versichererverhaltens ist eine radikale Verkürzung der Zukunftshorizonte wirtschaftlichen Operierens. Langjährige Investitionen müssen zunehmend ohne eine Absicherung unbekannter Zukunft durch Versicherungen geplant werden. Letztlich werden so wirtschaftliche Risiken wieder in Gefahren transformiert, ohne daß damit gesagt werden kann, daß diese in einem außerhalb der Gesellschaft liegenden – wie immer zu bestimmenden – technisch-ökologischen Gefährdungspotential begründet sind. Vielmehr erscheint die reduzierte Versicherbarkeit von Umweltrisiken allein als Folge einer gesellschafts*internen* Überbeanspruchung eingespielter Formen der funktionssystemspezifischen Risikobearbeitung, mithin einer gesellschaftlichen Selbstüberforderung durch vermehrte Entscheidungszurechnung.

Literatur

Albrecht, P., 1992, *Zur Risikotransformationstheorie der Versicherung: Grundlagen und ökonomische Konsequenzen*, Karlsruhe.

– und E. Schwake, 1988, »Risiko, versicherungstechnisches«, in: D. Farny, E. Helten, P. Koch und R. Schmidt (Hg.), *Handwörterbuch der Versicherung (HdV)*, Karlsruhe, S. 651-658.

Beck, U., 1986, *Risikogesellschaft. Auf dem Weg in eine andere Moderne*, Frankfurt am Main.

–, 1993, *Die Erfindung des Politischen: Zu einer Theorie reflexiver Modernisierung*, Frankfurt am Main.

Bonß, W., 1995, *Vom Risiko. Unsicherheit und Ungewißheit in der Moderne*, Hamburg.

Breining, W., 1992, »Im Mittelpunkt: Die Umwelthaftpflicht«, in: *Versicherungswirtschaft* 82, S. 1328-1335.

Brunsson, N., 1989, *The Organization of Hypocrisy: Talk, Decisions, and Actions in Organizations*, New York.

Cosack, T., 1992, »Die Gefährdungshaftung im Vordringen: Hintergründe und Entwicklungslinien der aktuellen Tendenz im deliktischen Haftungsrecht«, in: *Versicherungsrecht* 43, S. 1439-1444.

Deutsch, E., 1992, »Das neue System der Gefährdungshaftungen: Gefährdungshaftung, erweiterte Gefährdungshaftung und Kausal-Vermutungshaftung«, in: *Neue Juristische Wochenschrift* 45, S. 73-77.

Endres, A., 1992, »Haftpflichtrecht und Verhütung von Umweltschäden: Ökonomische Aspekte«, in: A. Endres, E. Rehbinder und R. Schwarze, *Haftung und Versicherung für Umweltschäden aus ökonomischer und juristischer Sicht*, Berlin, S. 1-33.

– und R. Schwarze, 1991, »Allokationswirkungen einer Umwelt-Haftpflichtversicherung«, in: *Zeitschrift für Umweltpolitik und Umweltrecht* 14, S. 1-25.

– und R. Schwarze, 1992, »Gibt es Grenzen der Versicherbarkeit von Umweltrisiken? Eine ökonomisch-technische Analyse der Besonderheiten einer Umwelthaftpflicht-Versicherung«, in: A. Endres, E. Rehbinder und R. Schwarze, *Haftung und Versicherung für Umweltschäden aus ökonomischer und juristischer Sicht*, Berlin, S. 83-119.

Esser, J., 1941, *Grundlagen und Entwicklung der Gefährdungshaftung: Beiträge zur Reform des Haftpflichtrechts und zu seiner Wiedereinordnung in die Gedanken des allgemeinen Privatrechts*, München.

Evers, A., und H. Nowotny, 1987, *Über den Umgang mit Unsicherheit. Die Entdeckung der Gestaltbarkeit von Gesellschaft*, Frankfurt am Main.

Ewald, F., 1993, *Der Vorsorgestaat*. Mit einem Essay von Ulrich Beck, Frankfurt am Main.

Farny, D., 1989, *Versicherungsbetriebslehre*. Karlsruhe.

Fleck, P., 1990, »Einschätzbarkeit und Versicherbarkeit von Umweltrisiken«, in: F. Wiebecke (Hg.), *Umwelthaftung und Umwelthaftungsrecht*, Wiesbaden, S. 70-86.

Fuchs, P., 1992, *Die Erreichbarkeit der Gesellschaft. Zur Konstruktion und Imagination gesellschaftlicher Einheit*, Frankfurt am Main.

Heilmann, W.-R., und W. Karten, 1988, »Risikopolitik des Versicherungsunternehmers«, in: D. Farny, E. Helten, P. Koch und R. Schmidt (Hg.), *Handwörterbuch der Versicherung (HdV)*, Karlsruhe, S. 659-665.

Hiller, P., 1993, *Der Zeitkonflikt in der Risikogesellschaft. Risiko und Zeitorientierung in rechtsförmigen Verwaltungsentscheidungen*, Berlin.

Jhering, R. von, 1867, *Das Schuldmoment im römischen Privatrecht*, Gießen.

Kleindorfer, P. R., 1987, »Die Umwelt-Haftpflicht-Versicherung: Ein Ausblick auf die Krise in der US-Versicherungswirtschaft«, in: *Zeitschrift für die gesamte Versicherungswissenschaft* 76, S. 1-23.

Klinkhammer, G., 1993, »Das Umwelthaftpflicht-Modell in der praktischen Umsetzung aus der Sicht der gewerblichen Versicherungsnehmer«, in: *Die Versicherungspraxis* 83, S. 186-192.

Kloepfer, M., 1988, »Umweltrisiken und Haftungsregeln – Rechtspolitische Aspekte«, in: *Zeitschrift für Umweltpolitik und Umweltrecht* 11, S. 243-258.

–, 1991, »Zu den neuen umweltrechtlichen Handlungsformen des Staates«, in: *Juristen-Zeitung* 46, S. 737-744.

Köck, W., 1993, »Die rechtliche Bewältigung technischer Risiken. Bestandsaufnahme und Ausblick vor dem Hintergrund der Risiko-Debatte«, in: *Kritische Justiz* 26, S. 125-145.

Kräling, W., 1992, »Soziale Systeme – konstruiert als autopoietische Kommunikationssysteme? Überlegungen zum Paradigmenwechsel in der Theorie sozialer Systeme Niklas Luhmanns«, Manuskript, Bielefeld.

Krücken, G., 1991, »Politische Risiken der Regulierung technischer und ökologischer Probleme«. Studie für das Centro di Studi sul Rischio, Manuskript, Bielefeld.

–, 1993, »Risiko und Unsicherheitsabsorption«, Manuskript, Bielefeld.

Küpper, G., 1993, »Anmerkungen zu dem genehmigten Umwelthaftpflicht-Modell und Umwelthaftpflicht-Tarif des HUK-Verbandes«, in: *Die Versicherungspraxis* 83, S. 17-32.

Kuhlmann, A., 1988, »Moderne Risikoermittlung mit vorbeugender Schadensverhütung – Immanente Voraussetzung eines Umwelthaftungsrechts«, in: F. Nicklisch (Hg.), *Prävention im Umweltrecht: Risikovorsorge, Grenzwerte, Haftung*, Heidelberg, S. 179-190.

Kunreuther, H., R. Hogarth und J. Meszaros, 1993, »Insurer Ambiguity

and Market Failure«, in: *Journal of Risk and Uncertainty* 7, S. 71-87.
Ladeur, K.-H., 1995, *Das Umweltrecht der Wissensgesellschaft. Von der Gefahrenabwehr zum Risikomanagement*, Berlin.
Luhmann, N., 1984, *Soziale Systeme. Grundriß einer allgemeinen Theorie*, Frankfurt am Main.
–, 1986, *Ökologische Kommunikation. Kann die moderne Gesellschaft sich auf ökologische Gefährdungen einstellen?*, Opladen.
–, 1988, *Die Wirtschaft der Gesellschaft*, Frankfurt am Main.
–, 1991a, *Soziologie des Risikos*, Berlin/New York.
–, 1991b, »Selbstorganisation und Information im politischen System«, in: U. Niedersen und L. Pohlmann (Hg.), *Selbstorganisation. Jahrbuch zur Komplexität in den Natur- und Geisteswissenschaften*, Bd. 2, Berlin, S. 11-26.
–, 1993a, *Das Recht der Gesellschaft*, Frankfurt am Main.
–, 1993b, »Die Politik der Gesellschaft«, Manuskript, Bielefeld.
–, 1997, *Die Gesellschaft der Gesellschaft*, Frankfurt am Main.
Martin, K., 1992, »Die Risikoanalyse bei Umwelt-Haftpflicht-Deckungen. Wie kann der Umwelttechniker dem Versicherer helfen?«, in: *Versicherungswirtschaft* 42, S. 602-608.
Mehlhorn, P., 1988, »Die Haftpflichtversicherung im Visier (II): Impressionen aus der Umwelt«, in: *Versicherungswirtschaft* 43, S. 596-599.
Meyer-Kahlen, W., 1988, »Umwelthaftungsrisiken und Betriebshaftpflichtversicherung«, in: *Die Versicherungspraxis* 78, S. 1-8, 21-26, 41 bis 48.
Neckel, S., 1988, »Entzauberung der Zukunft. Zur Geschichte und Theorie sozialer Zeitperspektiven«, in: R. Zoll (Hg.), *Zerstörung und Wiederaneignung von Zeit*, Frankfurt am Main, S. 464-486.
Nickel, F., 1988, »Der Umweltschaden in der Betriebshaftpflichtversicherung – panta rhei: Ein Deckungskonzept im Wandel«, in: *Versicherungswirtschaft* 43, S. 600-611.
Nierhaus, F., 1986, »A Strategic Approach to Insurability of Risks«, in: *The Geneva Papers on Risk and Insurance* 11, S. 83-90.
Ogorek, R., 1975, *Untersuchungen zur Entwicklung der Gefährdungshaftung im 19. Jahrhundert*, Köln.
Paschke, M., 1990, »Eckwerte zivilrechtlicher Umwelthaftung – Zum Diskussionsentwurf eines Gesetzes über die Haftung für Umweltschäden«, in: *Jahrbuch des Umwelt- und Technikrechts*, Bd. 12, S. 281 bis 300.
Perrow, C., 1987, *Normale Katastrophen. Die unvermeidbaren Risiken der Großtechnik*, Frankfurt am Main/New York.
Poschen, A., 1993, »Das Deckungskonzept für die Versicherung der Haftpflicht wegen Schäden durch Umwelteinwirkung (Umwelthaftpflichtmodell)«, in: *Versicherungsrecht* 44, S. 653-659.
Rehbinder, E., 1989, »Fortentwicklung des Umwelthaftungsrechts in

der Bundesrepublik Deutschland«, in: *Natur und Recht* 11, S. 149 bis 163.
–, 1992a, »Risikomanagement von Versicherungen, Schadensfonds und Umweltgenossenschaften zur Verhütung von Umweltschäden aus juristischer Sicht«, in: A. Endres, E. Rehbinder und R. Schwarze, *Haftung und Versicherung für Umweltschäden aus ökonomischer und juristischer Sicht*, Berlin, S. 151-171.
–, 1992b, »Haftpflichtrecht und Verhütung von Umweltschäden aus juristischer Sicht«, in: A. Endres, E. Rehbinder und R. Schwarze, *Haftung und Versicherung für Umweltschäden aus ökonomischer und juristischer Sicht*, Berlin, S. 34-57.
Roqueplo, P., 1986, »Der saure Regen: ein ›Unfall in Zeitlupe‹. Ein Beitrag zu einer Soziologie des Risikos«, in: *Soziale Welt* 37, S. 402-426.
Scherzberg, A., 1993, »Risiko als Rechtsproblem: Ein neues Paradigma für das technische Sicherheitsrecht«, in: *Verwaltungsarchiv* 84, S. 484 bis 513.
Schimikowski, P., 1992, »Konturen künftiger Umwelthaftpflicht-Versicherung«, in: *Zeitschrift für das Versicherungswesen* 43, S. 262-271.
–, 1995, »Umwelthaftpflichtversicherung – Stand und Perspektiven«, in: *Die Versicherungspraxis* 85, S. 113-119.
Schmidt-Salzer, J., 1988, »Umwelthaftpflicht und Umwelthaftpflichtversicherung (I)«, in: *Versicherungsrecht* 39, S. 424-432.
–, 1991, »Das Umwelthaftungsgesetz«, in: *Versicherungsrecht* 42, S. 9 bis 18.
–, 1992a, »Zur Versicherbarkeit von Umweltschäden nach dem Umwelthaftungsgesetz unter besonderer Berücksichtigung von Allmählichkeitsschäden«, in: *Jahrbuch des Umwelt- und Technikrechts*, Bd. 17, S. 35-62.
–, 1992b, »Umwelthaftpflicht und Umwelthaftpflichtversicherung (V): Grundsatzfragen der Umwelthaftpflichtversicherung«, in: *Versicherungsrecht* 43, S. 793-804.
Vogel, J., 1995, »Anwendung des Umwelthaftpflicht-Modells im Breitengeschäft«, in: *Versicherungswirtschaft* 50, S. 1207-1212, 1294-1299.
Wagner, G., 1991, »Umwelthaftung und Versicherung«, in: *Versicherungsrecht* 42, S. 249-260.
Weick, K., 1976, »Educational Organizations as Loosely Coupled Systems«, in: *Administrative Science Quarterly* 21, S. 1-19.
Wolf, R., 1987, »Zur Antiquiertheit des Rechts in der Risikogesellschaft«, in: *Leviathan* 15, S. 357-391.

Hinweise zu den Autorinnen und Autoren

Klaus Dammann, geboren 1939 in Itzehoe; Studium der Soziologie, Politik- und Rechtswissenschaft in Freiburg i. Br., Rabat (Marokko), Tübingen, Hamburg und Speyer. 1967-1972 Promotion, zweites juristisches Staatsexamen, Lehre und Forschung an den Universitäten Hamburg, Konstanz und Heidelberg. 1972 Professor für Politikwissenschaft, insbesondere Verwaltungssoziologie an der Freien Universität Berlin, seit 1973 Professor für Öffentliche Verwaltung an der Fakultät für Soziologie der Universität Bielefeld. Forschungsschwerpunkte: riskantes Entscheiden (besonders Umweltverwaltung), Genozid (besonders NS-Verwaltung).

Anita Engels, geboren 1969 in Leverkusen; Studium der Soziologie in Bielefeld und Marseille. Diplom 1994 in Bielefeld. Bis 1995 wissenschaftliche Mitarbeiterin am Zentrum für interdisziplinäre Forschung (ZiF) der Universität Bielefeld, danach am Bielefelder Institut für Wissenschafts- und Technikforschung (IWT) im DFG-Forschungsprojekt »Kommunikationen über Klimawandel zwischen Wissenschaft, Politik und Massenmedien«. 1996/1997 Forschungsaufenthalt am Institut fondamental d'Afrique Noire (IFAN) der Universität Dakar (Senegal). Forschungsschwerpunkte: Wissenschaftssoziologie, Entwicklungssoziologie.

Raimund Hasse, geboren 1962 in Lippstadt; Studium der Soziologie an der Universität Bielefeld (Diplom 1989, Promotion 1995). 1992-1994 wissenschaftlicher Mitarbeiter im BMFT-Forschungsprojekt »Die Technologisierung der Biologie. Zur Durchsetzung eines neuen Wissenstyps in der Forschung« an der Universität Erlangen-Nürnberg. Seit 1994 Forschung und Lehre am Institut für Soziologie der RWTH Aachen. Forschungsschwerpunkte: Umwelt- und Risikoforschung, Wissenschaftssoziologie, Organisationstheorie.

Adrienne Héritier, geboren 1944 in Basel; Studium der Soziologie, Politikwissenschaft und Psychoanalyse in Gießen, dort 1971 M.A. und Dr. phil.; 1980 Habilitation an der Universität Münster. 1983-1989 Professorin an der Universität Konstanz; seit 1990 Professorin für Politikwissenschaft an der Fakultät für Soziologie der Universität Bielefeld; seit 1995 Professor for Public Policy am Europäischen Hochschulinstitut in Florenz. Seit 1995 Mitglied der Berlin-Brandenburgischen Akademie der Wissenschaft und im Rat der Sachverständigen für Umweltfragen.

1994 Leibniz-Preisträgerin der DFG; 1991-1995 Chefredakteurin der *Politischen Vierteljahresschrift*. Forschungsschwerpunkte: Policy-Forschung, Europaforschung, vergleichende Politikforschung.

Petra Hiller, geboren 1961 in Heilbronn; Studium der Sozialwissenschaften, Soziologie und Verwaltungswissenschaften in Wuppertal, Bielefeld und Speyer. Diplom 1986 in Bielefeld, Magistra der Verwaltungswissenschaften 1987 in Speyer, Promotion 1992 in Bielefeld. Seit 1987 Lehre und Forschung als wissenschaftliche Mitarbeiterin an der Fakultät für Soziologie der Universität Bielefeld. 1997/1998 Visiting Scholar am International Institute for the Sociology of Law, Oñati (Spanien). Forschungsschwerpunkte: Verwaltungssoziologie, Organisationssoziologie, Risikosoziologie.

Klaus Peter Japp, geboren 1947 in Dörverden; Studium der Soziologie in Frankfurt am Main, dort 1974 Diplom und 1975 Promotion. Wissenschaftlicher Mitarbeiter am Institut für Systemanalyse (Kernforschungszentrum Karlsruhe, 1975-1977), im DFG-Forschungsprojekt »Entwicklungsdynamik des Dienstleistungssektors« (Universität Bielefeld, 1977 bis 1981), 1983 Habilitation an der Fakultät für Soziologie der Universität Bielefeld, Post-Habilitationsstipendiat der VW-Stiftung und »Visiting Scholar« an den Universitäten Berkeley und Harvard. Seit 1989 Professor für Soziologie ökologischer Risiken an der Fakultät für Soziologie der Universität Bielefeld. Mitherausgeber der Zeitschrift *Soziale Systeme* und der Reihe »Zukunft der Arbeit«. Forschungsschwerpunkte: Systemtheorie und Neo-Institutionalismus, Politische Soziologie und Organisationssoziologie, jeweils mit Schwerpunkt auf Fragen einer in Entwicklung befindlichen Risikosoziologie.

Dieter Kerwer, geboren 1968 in München; Studium der Soziologie, Politikwissenschaft und Philosophie an den Universitäten Freiburg i. Br. und Bielefeld. Diplom (Soziologie) 1994 in Bielefeld. Seit 1995 wissenschaftlicher Mitarbeiter im DFG-Forschungsprojekt »Veränderung von Staatlichkeit in Europa – Umwelt- und Verkehrspolitik« am Europäischen Hochschulinstitut in Florenz. Forschungsschwerpunkte: Theorie politischer Entscheidungen, Verkehrspolitik, Umweltpolitik.

Georg Krücken, geboren 1962 in Bad Honnef/Rhein; Studium der Soziologie, Philosophie und Politikwissenschaften in Bielefeld und Bologna. 1989 Diplom, 1996 Promotion an der Fakultät für Soziologie der Universität Bielefeld. 1990 Promotionsstipendiat der Studienstiftung des deutschen Volkes; 1991 Projekttätigkeit am Centro di Studi sul Rischio, Lecce (Italien). Seit 1992 wissenschaftlicher Mitarbeiter an der Fakultät für Soziologie der Universität Bielefeld. Mitglied des Bielefelder Instituts für Wissenschafts- und Technikforschung (IWT). Forschungsschwerpunkte: Sozialwissenschaftliche Risikoforschung, Wissenschaftssoziologie, Organisationssoziologie.

Niklas Luhmann, geboren 1927 in Lüneburg; Studium der Rechtswissenschaften, der Verwaltungswissenschaft und der Soziologie in Freiburg i. Br. und Harvard. 1954-1962 Tätigkeit in der öffentlichen Verwaltung; 1962-1965 Referent am Forschungsinstitut der Hochschule für Verwaltungswissenschaften in Speyer, danach Abteilungsleiter an der Sozialforschungsstelle der Universität Münster. 1966 Promotion und Habilitation für das Fach Soziologie an der Universität Münster. Seit 1968 Professor für Soziologie an der Fakultät für Soziologie der Universiät Bielefeld (emeritiert 1993). Seit 1974 Mitglied der Rheinisch-Westfälischen Akademie der Wissenschaften, seit 1995 Auswärtiges Mitglied der Koninklijke Nederlandse Akademie von Wetenschappen. 1988 Hegel-Preis der Stadt Stuttgart. Ehrendoktorate der Universitäten Bologna, Gent, Lecce, Leuven, Macerata, Recife und Trier. Ehrensenator der Universität Bielefeld. Mitherausgeber diverser Zeitschriften und Reihen (*Verwaltungsarchiv*, *Zeitschrift für Rechtssoziologie*, *Jahrbuch für Rechtssoziologie und Rechtstheorie* und andere). Forschungsschwerpunkte: soziologische Systemtheorie, Gesellschaftstheorie.

Johannes F. K. Schmidt, geboren 1966 in Birkenfeld/Nahe; Studium der Soziologie in München und Bielefeld, Diplom 1995 in Bielefeld. Seit 1996 wissenschaftlicher Mitarbeiter an der Fakultät für Soziologie der Universität Bielefeld im Rahmen eines von der Volkswagen-Stiftung geförderten Forschungsprojekts zur Verrechtlichung von Intimbeziehungen. Forschungsschwerpunkte: Soziologie persönlicher Beziehungen, Systemtheorie, Rechtssoziologie.

Hendrik Vollmer, geboren 1972 in Herford; Student der Fakultät für Soziologie der Universität Bielefeld. 1997/1998 Studium an der Universirty of Edinburgh (DAAD-Jahresstipendiat). Studienschwerpunkte: Gesellschaftstheorie, Wissenssoziologie.

Peter Weingart, geboren 1941 in Marburg; Studium der Soziologie und Ökonomie in Freiburg i. Br., Berlin und Princeton; Promotion 1969 in Berlin; 1971-1974 Geschäftsführer des Universitätsschwerpunkts Wissenschaftsforschung, Universität Bielefeld; seit 1973 Professor für Wissenschaftssoziologie und -politik an der Fakultät für Soziologie, Universität Bielefeld; 1983/1984 Fellow am Wissenschaftskolleg zu Berlin; 1984/1985 Visiting Scholar, Harvard University; 1988-1996 Mitglied des Wissenschaftlichen Direktoriums im Zentrum für interdisziplinäre Forschung (ZiF) und 1989-1996 Geschäftsführender Direktor des Zentrums für interdisziplinäre Forschung der Universität Bielefeld; seit 1994 Direktor des Instituts für Wissenschafts- und Technikforschung (IWT), Universität Bielefeld; Mitherausgeber des *Yearbook Sociology of the Sciences* und von »ZiF – Interdisziplinäre Studien«. Forschungsschwerpunkte: Wissenschaftssoziologie und -politik, Diskurs- und Metaphernanalyse.